KB034167

멍든 아동기, 평생건강을 결정한다

성인기를 위협하는
아동기 부정적 경험 치유하기

도나 잭슨 나카자와 지음
박다솜 옮김

모멘토

CHILDHOOD DISRUPTED by Donna Jackson Nakazawa
Copyright © 2015 by Donna Jackson Nakazawa
All rights reserved.
This Korean edition was published by Momento Publishing Company in 2020
by arrangement with Donna Jackson Nakazawa c/o Elizabeth Kaplan Literary Agency, Inc.
through KCC(Korea Copyright Center Inc.), Seoul.

이 책은 (주)한국저작권센터(KCC)를 통한 저작권자와의 독점계약으로 모멘토에서 출간되었습니다.
저작권법에 의해 한국 내에서 보호를 받는 저작물이므로 무단전재와 복제를 금합니다.

추천사

아동기 독성 스트레스가 성인기의 심신 건강에 미치는 해악을 탁월하게 설명하는 책이지만, 거기에 그쳤다면 굳이 읽기를 권하지 않았을 것이다. 『멍든 아동기, 평생건강을 결정한다』의 가장 큰 장점은, 그로 인한 몸과 마음의 질병을 어떻게 스스로 치유할 수 있는지, 나아가서 어떻게 해야 아이들이 더 나은 아동기를 살게 할 수 있는지를 풍부한 실증연구 결과를 토대로 하여 쉽고도 따뜻한 글로 보여준다는 데 있다.
—김완석 (아주대 심리학과 교수, 한국명상학회 이사장, 『마인드 다이어트』와 『과학명상』 저자)

이 획기적인 저작은 그토록 많은 성인들이 안고 사는 신체적·정신적 고통과 생애 초기의 트라우마 사이에 어떤 연결점들이 있는지를 하나하나 밝혀낸다. 저자 나카자와는 그 과학적 근거들을 매혹적이고 명료하게 서술하는 한편, 자신을 비롯해 인생을 뒤흔드는 질환과 맞서 싸운 이들의 감동적인 이야기로 독자를 사로잡는다. 트라우마의 영향에 대한 신선한 통찰과 치유를 향해 나아가게 해주는 소중한 안내가 한데 담긴 책이다.
—타라 브락 (심리학자, 『받아들임』과 『호흡하세요 그리고 미소지으세요』의 저자)

오래전에 나왔어야 할 책 … 공감에 바탕을 둔 대담하고 철저한 안내서로, 우리 각자의 삶에 존재하는 아동기 트라우마의 공통된 근원과 장기적 영향에 대해 누구나 쉽게 읽을 수 있도록 설명하고 있다. 이 책은 노련하게 독자를 실천으로 이끌어 … 트라우마가 개인적·집단적 삶에 남긴 유산을 치유하게끔 한다.
—크리스티나 베셀 (존스홉킨스대학교 블룸버그 공중보건대학원 교수)

당신이 왜 결혼을 세 번이나 하게 됐는지, 담배 끊는 게 어째서 그리 어려운지, 음주를 조절하는 능력이 점점 사라지는 까닭은 뭔지, 몸이 온갖 이상 증세를 보이는데도 의사는 별 도움이 안되는 듯한 건 왜인지, 나름대로 '성공한' 편인데도 삶에 기쁨이 전혀 없는 것 같은 이유는 무엇인지를 알고 싶다면 … 이 책을 읽으라. 성인기에 힘겹게 씨름해온 문제들이 실은 어린 시절의 사건들에 뿌리를 두고 있음을 알게 될 것이다. 지금의 문제와 관련 있으리라고는 생각조차 못했을 일들 말이다. **—제인 스티븐스 (에이시스커넥션닷컴 편집장)**

이 책은 생애 초기 역경이 성인기의 신체적, 정서적 건강에서 어떤 역할을 하는지를 드러냄으로써 건강과 안녕을 이해하는 우리의 패러다임을 바꾸는 데 기여한다. 저자는 왜 남성보다 여성이 훨씬 높은 비율로 몸과 마음의 만성적인 건강 문제에 시달리는지를 알게 해줄잃어버린 퍼즐 조각을 찾아 보여주면서 치유로 나아가기 위해 꼭 필요했던 새로운 문을 열어준다.
—에이미 마이어스 (기능의학 전문 의사, 《뉴욕 타임스》 베스트셀러 『자가면역의 해법』 저자)

도나가 또 한 번 해냈다. 어려운 의학적 주제를 이해하기 쉽게, 게다가 흥미진진하게 풀어낸 것이다. 눈을 틔워주고 용기를 북돋우는 책으로, 생애 초기의 스트레스가 훗날의 질환과 연결되는 원리와 나이에 상관없이 치유를 시작하는 방법을 알려주는 혁신적 패러다임의 로드맵을 제시한다. … 독자들, 특히 여성들이 스트레스의 생리를 더 잘 이해하고 건강과 웰빙을 위한 중요한 대화를 곧바로 시작할 수 있도록 도울 것이다!
—멜리사 페어웨더 (메이오클리닉 심혈관 질환 중개연구실장)

몇 년에 한 번, 우리 자신과 사회와 세상 속 우리의 위치를 보는 관점을 바꿔놓는 책이 나온다. 이 책이 바로 그렇다. 눈을 뗄 수 없을 만큼 술술 읽히며 마음을 깊이 울린다.
—새넌 브라운리 (라운 인스티튜트 부소장, 『과잉진료』 저자)

정신이나 신체의 건강에서 어려움을 겪고 있는 모든 사람, 그들을 아끼는 사람들의 필독서다. 의사를 비롯한 모든 건강관리 전문가에게 영감을 불어넣을 책이기도 하다.
—제라드 E. 멀린 (존스홉킨스대학교 의대 부교수, 『장내 균형 혁명』의 저자)

자신이 아동기에 어떤 일을 겪은 건지, 그 일이 자신의 건강에 무슨 영향을 끼쳤을지 이해하고자 고투하고 있는 독자들을 위한 공감과 연민의 저작이다. … 과학적인 내용을 매력적으로 담아냈다.
—의료 저널 《헬스 어페어스》

저자는 우리를 한 걸음 한 걸음 이끌어 회복의 길로 나아가도록 한다. 삶의 초기에 맞닥뜨린 부정적 경험의 후유증으로 고통받는 모든 사람에게 이 책은 희망과 영감의 소중한 원천이 될 것이다.
—루스 A. 레이니어스 (캐나다 웨스턴온타리오대학교 정신의학 교수, PTSD 연구실장)

크리스천과 클레어에게

| 차례 |

2부 아동기역경후증후군에서 회복하기:
어떻게 진정한 자신으로 돌아올 것인가

여는 글

　이 책은 아동기의 경험들이 성인기에까지 미치는 영향을 탐구한다. 최신 연구에 따르면, "우리를 죽이지 못하는 시련은 우리를 더 강하게 만든다"라는 옛말이 꼭 옳은 건 아니다. 오히려 정반대인 경우가 훨씬 많다. 어린 시절에 겪은 만성적이고 예측 불가능한 스트레스 인자, 상실, 역경은 우리의 신체에 새겨지며, 그로써 우리의 성인기 건강을 미리 결정한다. 생애 초기에 작성되는 이 생물학적 청사진에는 성인기에 심장병, 암, 자가면역질환, 섬유근육통, 우울증과 같이 삶을 크게 바꿀 질병에 걸릴 경향성이 어느 정도일지가 그려진다. 이 청사진은 또한 우리가 남들과 어떻게 소통하고, 애정 관계를 얼마나 성공적으로 꾸려나가며, 자녀를 얼마나 잘 양육할 수 있을지에 대한 밑그림도 담게 된다.

　내가 아동기 역경과 성인기의 신체적 건강의 관계를 연구하게 된 것은 십여 년간 여러 가지 자가면역질환 때문에 불편하게 살면서 어린 자녀들을 키우고 저널리스트로 일하는 고투를 벌인 뒤였다. 나는 40대에 길랑-바레증후군(Guillain-Barre syndrome)이라는 자가면역질환으로 인해 두 차례 마비를 겪었다. 신체 내의 항체가 말초신경계를 공격하고 손상해 마비를 일으키는 이 병은 다발경화증과 비슷하지만 훨씬 갑작스럽게 시작된다. 나는 근육이 약화되었고 온 몸이 저렸다. 기절과 마비를 일으키는 혈관미주신경성 실신을 다스리기 위해 심장박동기를 달고 살았다. 백혈구와 적혈구 수치가 하도 낮아서, 의사에게서 골수에도 문제가 있으리라는 얘기를 들었다. 내겐 갑상선 질환도 있었다.

그럼에도 나는 운이 좋다는 걸 알았다. 살아 있는 것만으로도 행운이니, 남은 삶을 가능한 한 충만하게 살겠노라 다짐했다. 손의 근육들이 서로 협응하지 않을 때는 대형 연필을 주먹에 쥐고 글을 썼다. 다리가 말을 듣지 않아 계단을 오르기 힘들 때면 중간에 앉아서 쉬었다. 나는 독감에 걸렸을 때와 다름없는 피로와 싸우며 하루하루를 살았다. 앞으로 내 몸에 닥칠 일들에 대한 두려움을 애써 밀쳐내면서. 바닥에 엎드린 채로 아무렇지 않은 척 업무 전화를 주고받았다. 아이들, 남편과 시간을 보내고 가정생활을 꾸려가기 위해 아득바득 에너지를 모았다. 우리 나름의 '정상적'인 생활이 나에게 전혀 문제가 되지 않는 양 굴었다. 다른 대안이 보이지 않았으니까.

시간이 흐르면서 나는 과학 저널리스트로서 갈고닦은 능력을 만성 질환을 지닌 여자들을 돕는 데 활용하게 되었다. 신경과학과 면역계와 우리 심장의 가장 내밀한 작용의 교차점에 대해 글을 썼고, 질병의 여러 유발 인자에 관해 조사했고, 환경과 식품에 편재하는 화학물질들, 유전 문제, 염증성 스트레스가 우리의 건강을 어떻게 갉아먹는지에 대한 기사를 썼다. 친환경적 생활과 건강에 좋은 식사, 심신 수련을 위한 명상 같은 것이 어떻게 회복과 쾌유를 도울 수 있는지를 알렸다. 나는 건강 관련 콘퍼런스에서 환자, 의사, 과학자 들을 상대로 강연했다. 만성적인 고통과 염증, 통증의 순환에 빠진 독자들이 더 건강하고 더 나은 삶을 영위하도록 힘닿는 대로 돕는 것이 나의 임무가 되었다.

그 여정이 한창이었던 2012년, 지금으로부터 3년 전에 나는 공중보건 연구에 한 획을 그은 '아동기의 부정적 경험 연구(Adverse Childhood Experiences Study, 약칭 ACE Study)'를 바탕으로 하여 꾸준히 발표되어온 학술 논문들을 접하게 되었다(ACE 연구는 미국 질병통제예방센터와 건강관리 컨소시엄인 카이저 퍼머넌테이가 주관하여 1995년부터 97년까지 1만 7,000여 명을 대상으로 진행했으며, 이후 지금까지 대상자들의 건강 상태를 추적하고 있다.—옮긴이). ACE 연구는 아동기에 겪은 여러 유형의 역경과 성인기에 시작되는 신체적 질병 및 정신질환 사이에 뚜렷한 과학적 연결고리가 있음을 밝혀냈다. 이 연구에서는 언어적 폄훼와 모욕, 정서적 · 신체적 방임, 신체적 · 성적 학대, 함께 사는 어머니나 아버지의 우울증 · 정신질환 혹은 알코올을 비롯한 물질 중독, 어머니가 학대받는 장면 목격, 별거나 이혼으로 한쪽 부모를 잃는 것 등의 아동기 트라우마(정신적 외상, 심적 외상이라고도 한다.—옮긴이)를 다루었으며, 이들을 포함한 열 가지 유형의 역경을 지표로 삼았다. 그러나 이후의 연구에서 밝혀진 바로는 부모 중 한쪽의 사망, 형제의 학대 장면 목격, 공동체 내 폭력, 빈곤, 아버지가 어머니에게 학대당하는 장면 목격, 급우나 교사에게 괴롭힘을 당하는 것 등 원래의 연구에 포함되지 않은 유형의 아동기 트라우마 역시 장기적인 영향을 미친다고 한다.[1]

이렇듯 아동이 만성적으로 겪는 유형의 역경은 아동의 뇌 구조를 변화시켜 스트레스 호르몬 분비를 조절하는 유전자의 발현에 변이를 일으킴으로써 평생 동안 과민한 염증성 스트레스 반응을 촉발하고, 아동을 성인기 질병에 취약한 체질로 만든다. ACE 연구 결과에 따르면, 미국 성인의 64%가 아동기의 부정적 경험을 적어도 한 가지는 지니고 있으며, 두 가지 이상을 경험한 비율도 40%에 달한다.

존스홉킨스 병원에서 나를 진료한 의사는 내 몸과 뇌가 아동기에 겪은 만성 스트레스로 인해 평생 동안 독성의 염증 촉진 화학물질에 절어진 셈이라고 말했다. 그래서 내가 지금 앓고 있는 질환에 취약한 체질이 되었으리라는 것이었다.

나의 이야기는 단순한 상실의 이야기다. 어렸을 적 아버지가 갑자기 돌아가셨다. 우리 가족은 생활고를 겪었고, 한때 끈끈한 관계였던 친척들과도 소원해졌다. 나는 아버지와 각별한 사이였으며 그에게서 내가 안전하고 괜찮으며, 세상에서 가치 있게 여겨지는 사람이라는 느낌을 얻곤 했다. 가족사진에서 나는 언제나 아버지의 팔에 꼭 안겨 미소를 짓고 있다. 아버지가 돌아가시자 나의 유년기는 하룻밤 사이에 갑작스럽게 끝나 버렸다. 지금 과거를 솔직하게 돌이켜 보면, 그날 이후 내 유년기에서 '행복한 추억'은 단 한 가지도 떠올릴 수 없다. 누구의 잘못도 아니다. 그저 그렇게 된 것일 뿐. 나는 과거의 어떤 아픔도 곱씹지 않았다. 과거를, 특히 어린 시절을 되새기며 사는 사람들은 정서적으로 문제가 있다고 생각했다.

나는 꿋꿋이 전진했다. 삶은 쏜살같이 앞으로 나아갔다. 나는 바람직한 생활을 꾸렸고, 과학 저널리스트로서 사회적 대의에 보탬이 되고자 열심히 일했고, 정말 훌륭한 남편과 결혼했고, 사랑하는 아이들을 키웠다. 그 애들을 위해 나는 살아 있고자 노력했다. 하지만 어렵사리 일궈낸 가정생활의 백미를 즐기거나 가까운 친구들과 시간을 보낼 때를 제외하면, 나는 언제나 고통을 힘겹게 밀쳐내고 있었다. 인생이라는 파티의 불청객이 된 기분이었다. 나는 아주 오랫동안 큰 상실을 숨기고 있었고, 아무리 아닌 척해도 몸이 그 사실을 꾸준히 일깨워 주었다. 나는 자신이 '남들과 다르다'고 느꼈다.

아동기의 부정적 경험이라는 새로운 연구의 렌즈를 통해 나 자신을 들여다보자, 갑자기 많은 것이 거의 예측 가능했던 일처럼 보였다. 40대에 이르러 건강이 악화된 것도, 내가—거의 문자 그대로—무릎을 꿇게 된 것도.

ACE 개념을 처음 접하고, 우리가 성인이 되어 겪는 일들의 많은 부분이 어린 시절의 경험과 떼놓을 수 없는 관계를 지닌다는 말을 들었을 때, 나도 남들처럼 깜짝 놀랐고 의심을 품기까지 했다. 그때 나는 자신을 아동기의 부정적 경험을 지닌 사람으로 간주하지 않았다. 그러나 ACE 검사를 받고 점수를 확인하자, 내 인생의 이야기가 전보다 훨씬 쉽게 이해되기 시작했다. 아동기의 부정적 경험 이론은 완전히 새로운 것이었지만, 사실 그 안에는 우리가 오랫동안 진실로 믿어온 과거의 지혜가 담겨 있었다. "어린 이는 어른의 아버지다"라는 것 말이다(이 말은 19세기 영국의 낭만주의 시인 윌리엄 워즈워스의 시 「하늘의 무지개를 바라보면 가슴이 뛰네」의 한 구절이다.—옮긴이). 이 연구는 또한 고통받는 사람 누구도 혼자가 아니라는 사실을 내게 알려주었다.

미국인 1억 3,300만 명이 만성 질환을 지니고 있고, 1억 1,600만 명이 만성통증으로 고생한다. 이제 아동기 역경과 성인기 질병의 관계가 드러났으니만큼, 우리는 스스로를 치유하기 위한 노력의 모든 방면에서 도움을 얻을 수 있다. 의사를 비롯한 의료·건강관리 종사자, 심리학자 등은 환자를 더 잘 이해하고 그들을 도울 새로운 통찰을 얻을 수 있다. 우리는 우리가 보살피는 아이들이—부모, 멘토, 교사, 코치로서 만나는 아이들이—아동기 역경의 장기적 영향으로 인해 고통받지 않도록 도울 수 있다.

나는 아동기의 부정적 경험에 관해 가능한 한 많은 것을 알아내겠다는 일념으로, 그러한 경험의 영향과 아동기의 독성 스트레스 연구를 선도하는 과학자들을 2년에 걸쳐 인터뷰했다. 본디의 ACE 연구에서 나온 논문 70편과 그것을 뒷받침하고 보충하는, 미국 유수의 연구기관들에서 시행한 수백 개 연구의 결과물을 꼼꼼히 읽었다. 그에 더해, 생애 초기에 역경을 겪고 성인이 되어 건강이 악화되었으나 신체적·정서적 치유를 향해 자기 삶을 바꾸어 나간 사람 열세 명을 추적했다.

이 책에서 내가 탐구하는 주제들은 다음과 같다. 아동기의 부정적 경험은 뇌와 신체에 어떤 피해를 입히는가? 뇌와 신체의 보이지 않는 변화들은 자가면역질환을 비롯한 여러 성인기 질환의 발생에 어떻게 기여하는가? 왜 어떤 사람은 남들보다 생애 초기의 역경에 더 크게 영향받는가? 남자보다 여자가 더 큰 영향을 받는 이유는 무엇인가? 생애 초기의 역경은 우리가 사랑하고 양육하는 능력에 어떤 영향을 미치는가?

여기서 내가 위의 주제들과 똑같이 중요하게 다루는 것은, 생애 초기의 독성 스트레스가 우리의 심신에 미친 영향을 되돌리고 원래의 우리로 돌아갈 수 있는 방법이다. 나는 독자들이 인생의 너무 많은 시간을 고통에 갇혀 살아가지 않도록 돕고 싶다.

이 책을 읽으면서 염두에 두어야 할 사실 몇 가지를 일러두겠다.

• 아동기의 부정적 경험은 회복탄력성을 길러주는 어린 시절의 불가피한 작은 난관들과 혼동되어서는 안 된다. 상황이 아이의 뜻대로 돌아가지 않거나, 부모가 버럭 화를 냈다가 아이에게 사과하거나, 아이가 실패하고 다시 도전하는 법을 배우는 순간들은 행복한 아동기에도 많이 있으며 정상이다. 아동기의 부정적 경험은 이와는 아예 다른 범주에 속하는, 두렵고 만성적이며 예측할 수 없는 스트레스 인자다. 아동이 이런 경험들을 안전하게 헤쳐나가도록 도와줄 어른이 없는 경우도 혼하다.

16

• 아동기의 부정적 경험을 지닌 사람은 성인기에 질환을 앓을 가능성이 크게 높아지지만, 그것이 유일한 요인은 아니다. 모든 질병은 여러 요소가 복합적으로 작용해 발생한다. 유전, 독소에 대한 노출, 감염 모두 질병을 일으키는 요소다. 다만, 아동기에 부정적 경험과 독성 스트레스에 노출된 이들은 질병을 일으키는 다른 요소들에 의해 더 큰 피해를 입을 수 있다. 단순한 비유를 들자면, 면역계(면역체계)는 커다란 물통과 같다. 화학물질과 중금속 등의 환경독소, 가공식품 위주의 저질 식단, 바이러스, 감염, 성인기의 만성 혹은 급성 스트레스 인자와 같은 요소들을 너무 많이 접하고 그것들이 한 방울씩 천천히 물통을 채우다 보면 언젠가는 마지막 한 방울로 인해 물통이 넘치고 병이 발생한다. 그런데 아동기의 부정적 경험이라는 만성적이고 예측 불가능한 스트레스 인자에 노출되었던 이들은 반쯤 찬 물통을 가지고 인생을 시작한 것과 마찬가지다. 아동기의 부정적 경험은 생애 후기에 병을 앓게 될지 여부를 결정짓는 유일한 요소가 아니다. 그러나 질환을 앓게 될 가능성을 높일 수는 있다.

• 아동기의 부정적 경험에 대한 연구(ACE 연구)는 외상후스트레스장애(post-traumatic stress disorder, PTSD)에 대한 연구와 얼마간 공통점이 있다. 그러나 아동기의 역경은 외현적인 PTSD 증상들에 비해 신체적·정서적 건강에 훨씬 폭넓은 영향을 미칠 수 있다. 둘은 같지 않다.

• 본래의 ACE 연구에서는 극심한 빈곤과 동네에서 벌어지는 폭력을 아동기 부정적 경험의 유형으로 포함시키지 않았다. 그러나 빈곤하고 폭력 집단이 판치는 안전치 못한 동네나 세계 어느 곳이든 전쟁으로 피

폐해진 지역에서 자라는 아동이 독성 스트레스에 노출되리라는 것은 분명하며, 빈곤 및 폭력과 아동기 독성 스트레스의 이 같은 관계가 지금은 더 깊이 연구되고 있다. 중요한 연구 분야지만, 여기서는 다루지 않겠다. 그것은 다른 책으로 다룰 주제이며 물론 그 책도 이 책만큼이나 중요할 것이다.

• 아동기의 부정적 경험은 못되게 행동할 구실이 될 수 없다. 매사에 '유년기 탓'을 하면 그만이라는 식의 도덕적 면죄부로 여겨서는 안 된다는 뜻이다. ACE 연구 덕분에 우리는 마침내 완전히 새로운 관점에서 실재적이고 지속적인 신체적·정서적 변화를 다룰 수 있게 되었지만, 이는 면죄부를 제공하는 것이 아니다.

• ACE 연구는 부모를 탓하라고 부추기지 않는다. 아동기의 부정적 경험은 한 세대에서 다음 세대로 대물림되는 유산인 경우가 많다. 방임과 학대, 역경의 패턴은 거의 모든 경우 지금의 당사자보다 훨씬 앞선 세대에서 기원한다.

아동기의 부정적 경험과 독성 스트레스에 대한 연구는 인간의 삶을 더잘 이해하는 데 쓸 새로운 렌즈를 우리에게 제공했다. 우리는 그것을 통해 우리가 어째서 고통에 시달리는지, 자녀를 어떻게 보살피고 양육하고 멘토링 하는지, 우리의 의료체계에서 질병을 더 잘 예방하고 치료하고 관리할 방법은 뭔지, 예전에는 불가능하다고 여겼을 심원한 수준에서 회복과 치유를 이뤄낼 방법은 또 무엇인지 등을 알 수 있다.

그중에서도 회복하고 치유할 수 있다는 것, 그것이 최고의 소식이다. 뇌는 어린 시절엔 크게 변할 수 있으며, 일생 내내 가소성(可塑性)을 유지한다. 오늘날 전 세계의 연구자들은 아동기의 부정적 경험이 뇌와 신체에 입힌 피해를 되돌릴 여러 가지 강력한 방법들을 발견했다. 당신의 나이가, 혹은 자녀의 나이가 몇 살이든 늦지 않았다. 비교적 간단하며 과학에 근거한 몇 단계를 밟음으로써 뇌를 재시동하고, 치유를 촉진할 새로운 경로를 열고, 당신이 원래 되었어야 할 사람으로 돌아갈 수 있다.

자신이 아동기나 청소년기에 과연 몇 가지 범주의 부정적 경험을 겪었는지를 알아내고, 그러한 경험의 합산 점수(ACE Score)는 얼마인지를 확인하려면, 다음 페이지에 나오는 '아동기의 부정적 경험 검사(ACE Survey)'를 받아보자.

아동기의 부정적 경험에 대해 검사하기

당신이 이 책을 집어든 것은 고통스럽거나 트라우마를 남긴 아동기를 보냈기 때문일지도 모른다. 현재의 건강 문제나 우울증, 또는 불안에 과거 경험이 어떤 식으로든 연관되어 있는 건 아닐까 짐작하면서 말이다. 아니면 트라우마나 역경을 겪은 당신의 배우자나 파트너, 친구, 부모의—어쩌면 자녀의—건강을 염려해서 이 책을 읽는 것일 수도 있다. 책을 읽기 전에, 당신 혹은 당신이 아끼는 이의 건강에 영향을 미치고 있는 것이 아동기의 부정적 경험일 가능성을 진단하기 위해, 잠시 시간을 내어 아래의 검사를 받아보기 바란다.

아동기의 부정적 경험 검사

당신의 18세 생일 이전에:

1. 부모 혹은 가정 내의 다른 성인이 **자주 또는 매우 자주** … 당신에게 욕을 하거나, 당신을 모욕하거나, 폄하하거나, 창피를 주었습니까? 혹은

당신이 신체적으로 다치지 않을까 두려워하게 만드는 행동을 했습니까?

네 / 아니요

답이 '네'일 경우, 숫자 1을 적으시오. _____

2. 부모 혹은 가정 내의 다른 성인이 **자주 또는 매우 자주** … 당신을 밀치거나, 꽉 움켜잡거나, 손바닥으로 때리거나, 당신에게 물건을 던졌습니까? **혹은** 몸에 흔적이 남았거나 부상을 입었을 정도로 세게 때린 적이 한 번이라도 있습니까?

네 / 아니요

답이 '네'일 경우, 숫자 1을 적으시오. _____

3. 성인 혹은 당신보다 적어도 5세 이상 나이가 많은 사람이 **한 번이라도** … 성적으로 당신의 몸을 만지거나 애무하거나, 자신의 몸을 만지라고 시킨 적이 있습니까? **혹은** 구강이나 항문이나 질을 통한 성교를 시도하거나 실행한 적이 있습니까?

네 / 아니요

답이 '네'일 경우, 숫자 1을 적으시오. _____

4. 당신은 **자주 또는 매우 자주** … 가족 구성원 중 누구도 당신을 사랑하거나, 당신이 중요하거나 특별한 사람이라고 생각지 않는다고 느꼈습니까? **혹은** 가족 구성원들이 서로 돌보지 않고, 서로 친밀감을 느끼지 않고, 서로 지지하지 않는다고 느꼈습니까?

네 / 아니요

답이 '네'일 경우, 숫자 1을 적으시오. _____

5. 당신은 **자주 또는 매우 자주** ··· 먹을 것이 충분치 않고, 더러운 옷을 입어야 하고, 당신을 보호해 줄 사람이 전혀 없다고 느꼈습니까? **혹은** 부모님이 술이나 약에 너무 취해 있어서 당신을 돌보지 못하거나, 필요할 경우에도 당신을 병원에 데려갈 수 없을 거라고 느꼈습니까?

네 / 아니요

답이 '네'일 경우, 숫자 1을 적으시오. ＿＿＿＿＿

6. 친부모를 이혼, 유기, 또는 다른 이유로 잃은 적이 있습니까?

네 / 아니요

답이 '네'일 경우, 숫자 1을 적으시오. ＿＿＿＿＿

7. 누군가가 어머니나 새어머니를 **자주 또는 매우 자주** 밀치거나 꽉 움켜잡거나, 손바닥으로 때리거나, 그녀에게 물건을 던지곤 했습니까? **혹은 가끔, 자주, 또는 매우 자주** 발로 차거나, 깨물거나, 주먹으로 때리거나, 단단한 물체로 쳤습니까? **혹은 한 번이라도** 몇 분 이상 반복적으로 구타를 하거나 총이나 칼로 위협을 한 적이 있습니까?

네 / 아니요

답이 '네'일 경우, 숫자 1을 적으시오. ＿＿＿＿＿

8. 음주 문제가 있거나 알코올 중독이거나 마약을 하는 사람과 함께 산 적이 있습니까?

네 / 아니요

답이 '네'일 경우, 숫자 1을 적으시오. ＿＿＿＿＿

9. 가족 구성원 중 우울증이나 정신질환을 앓거나, 자살을 시도한 사람이 있었습니까?

네 / 아니요

답이 '네'일 경우, 숫자 1을 적으시오. _____

10. 가족 구성원 중 교도소에 간 사람이 있었습니까?

네 / 아니요

답이 '네'일 경우, 숫자 1을 적으시오. _____

'네'라고 답한 문항의 수를 더하면: _____ (이것이 당신의 ACE[아동기의 부정적 경험] 점수입니다)

이제 잠시 멈춰서, 당신의 경험들이 자신의 신체적, 정서적, 정신적 건강에 어떻게 영향을 미치고 있을지 자문해 보라. 당신이 아끼는 이가 아동기의 부정적 경험에 영향을 받았을 가능성은 없는가? 당신이 보살피는 아동이나 청소년이 현재 부정적인 환경에 있지는 않은가?

지금부터 이 책에 담긴 이야기와 연구 결과를 읽는 동안 당신이 위에서 확인한 ACE 점수를 기억하고, 당신 자신이나 당신이 아끼는 이의 아동기 부정적 경험들을 염두에 두기 바란다. 이 책에서 소개하는 연구 결과는 당신이나 당신이 아끼는 이에게 건강 문제가 생긴 까닭을 이해하게 해주는, 잃어버린 연결고리일 수 있다. 그리고 이 고리가 당신을 치유에 필요한 정보로 이끌 것이다.

1부

우리는 어떻게 지금의 우리가 되었는가

제1장
어른은 누구나 한때 아이였다

로라는 적갈색 머리에 초록색 눈을 지닌 46세의 뉴요커다. 세련된 차림새로 거리를 활보하는 그녀에게서는 "나는 중요한 사람이다"라고 하는 듯한 분위기가 물씬 풍긴다. 그녀는 자신의 삶을 완전히 통제하고 있는 것처럼 보인다. 그녀의 뒤를 밟고 있는 작은 유령들을 보지 않는 한은.

로라는 양극성장애(조울증)를 앓는 어머니 밑에서 자랐다. 그녀의 어머니에게도 좋은 순간들은 있었다. 딸의 학교 과제를 도와주었고, 머리를 땋아주었고, 새 모이통에 날아오는 온갖 새들의 이름을 알려주었다. 그러나 울증이 찾아오면 몇 시간이고 방에 틀어박혀 있기 일쑤였다. 또 다른 때에는 조증으로 비정상적인 흥분 상태가 되어 주위의 모든 사람에게 피해를 끼쳤다. 혈관외과 의사였던 로라의 아버지는 딸에게 다정했으나 집에 붙어 있는 일이 드물었다. 로라의 표현대로라면, 그는 "늦게 집에 왔고, 일찍 현관을 나섰어요. 그러다가 어느 날, 문을 나서서 다시는 돌아오지 않았습니다."

로라는 열 살 적에 그랜드캐니언으로 가족 여행을 갔던 일을 기억한다. 그날 찍은 사진 속에서 로라와 부모님은 관광객들이 입곤 하는 흰색 옷차림으로 벤치에 앉아 있다. 하늘은 구름 한 점 없이 푸르고, 세 사람 뒤로는 그랜드캐니언 협곡의 짙은 그림자가 긴 리본 모양으로 깊고도 넓게 펼쳐져 있다. 완벽한 여름날이다.

로라는 회상한다. "그날 오후 엄마는 제게 폰데로사 소나무를 알아보는 방법을 알려주고 있었어요. 우리는 누구에게나 정상적이고 애정 넘치는 가족으로 보였을 겁니다." 그러던 어느 순간, 종종 그렇듯이 무언가 틀어졌다. 로라의 부모님은 가족사진을 찍기 위해 삼각대를 설치할 장소를 두고 말다툼을 벌이기 시작했다. 세 사람이 벤치에 앉았을 때쯤 부모님은 서로 말을 하지 않고 있었다. 카메라 앞에서 거짓 미소들을 짓고 있던 중, 어머니가 갑자기 로라의 반바지 위로 드러난 뒤허리의 맨살을 꼬집더니 "허공을 멍하니 보지 마" 하고 꾸짖었다. 그리고는 로라를 한 번 더 꼬집으며 말했다. "어젯밤에 치즈케이크를 그렇게 먹어대더니 아주 뚱보가 되었구나. 바지 위로 살이 막 흘러내리는걸!"

사진 속 로라의 얼굴을 유심히 보면, 그녀는 애리조나의 햇살이 눈부셔 찡그리고 있는 게 아니라 눈물을 참고 있다.

로라가 열다섯 살 되던 해 아버지가 세 주나 떨어진 먼 지역으로 이사를 갔다. 새로 아내가 될 여자와 함께였다. 아버지는 로라에게 카드와 돈을 보내곤 했지만 전화 연락은 점점 뜸해졌다. 어머니의 양극성장애는 치료를 받지 않은 탓에 더욱 악화되었다. 로라는 하루에도 몇 번씩, 거실을 오가는 중에 무방비로 인신공격을 당했다. "엄마는 이런 말을 내뱉곤 했어요. '뒤태가 푸짐하기 짝이 없네. 왜 너한테 데이트 신청하는 남자가 없는지 모르겠니? 네가 뚱뚱해서 그래!'" 로라의 어머니가 자주 반복하는 말이 있었다. "어렸을 적엔 그렇게 예뻤는데, 대체 무슨 일이 벌어진 건지 모르겠구나." 로라는 회상한다. "때로 엄마는 아빠에 대해 입가에 거품이 맺힐 정도로 맹비난을 퍼부었어요. 저는 엄마의 독설이 계속되는 동안 그저 가만히 서서, 그 말을 듣지 않으려고 노력했죠. 하지만 속으론 온통 덜덜 떨고 있었어요." 로라는 친구들에게 비밀을 들킬까 봐 집에 아무도 초대하지 않았다. 자기 엄마가 "다른 엄마들과는 다르다"는 것 말이다.

그로부터 30년가량 흐른 지금 로라는 말한다. "어디를 가든 무엇을 하든, 저는 여러모로 아직도 엄마의 집에 있는 것 같아요. 운전을 하는데 웬 차가 내 앞으로 끼어들거나, 식료품점 직원이 무례하게 굴거나, 남편과 말다툼을 하거나, 상사가 무슨 문제에 대해 이야기하자고 호출하면 제 안의 무언가가 홱 뒤집어지는 걸 느껴요. 마치 제 안에 성냥 하나가 꽂혀 있고 그 바로 옆에 불길이 있어서, 실바람 한 줄기만 불어도 성냥에 불이 붙는 것 같습니다." 로라는 이렇게 털어놓는다. "그냥 무언가 잘못돼 있는 것 같아요. 별것 아닌 일도 실제보다 크게 느껴져요. 어떤 날들은 꼭 볼륨을 지나치게 높인 감정의 카세트 라디오 안에서 사는 기분이에요."

로라를 겉으로 보는 것만으론 절대 알 수 없지만, 그녀는 "남들에게 보이지 않을 뿐, 항상 저 깊이 세포 수준에서 조금씩 떨고 있어요"라고 말한다.

무언가 잘못되었다는 느낌은 로라의 건강에 그대로 반영되었다. 30대 중반부터 그녀는 편두통으로 며칠씩 침대에 누워 있곤 했다. 40세가 되자 자가면역성 갑상선 질환을 앓게 되었다. 44세에는 정기검진을 받다가 의사에게서 심장 소리가 이상하다는 말을 들었다. 심전도검사를 받아보니 부정맥이 있었다. 이어 심장초음파검사에서 확장성 심근병증이 있다는 사실이 밝혀졌다. 좌심실이 약해서 근육이 심장 안으로 피를 펌프질해 보내는 데 문제가 있었다. 졸지에 로라는 심장병 환자가 되어 수술을 받고 있었다. 지금 로라는 가슴 왼쪽에 심부전 방지를 위한 제세동기가 삽입되어 있다. 수술 부위에 남은 5cm의 상처는 그녀가 어린 시절부터 겪은 고통에 비해 우습도록 미미하다.

존의 부모님은 아버지가 육군 장교로 파병되었던 아시아에서 만났다. 폭풍 같은 연애 끝에, 두 사람은 결혼해서 미국으로 왔다. 존은 기억할 수 있는 가장 이른 시기부터 "부모님의 결혼생활에는 깊은 문제가 있었고, 아버지와 저의 관계도 그랬습니다"라고 회상한다. "저는 어머니와 외할머니 손에 자랐다고 생각합니다. 아버지와 더 깊이 연결된 느낌을 갈망했지만, 그건 불가능했어요. 아버지는 그런 쪽의 노력은 할 줄 모르는 사람이었습니다."

존은 이따금 짧은 금발을 손으로 쓸어 올리면서 신중하게 말을 골랐다. "아버지는 사소한 것들에 과하게 흥분하고 화를 내곤 했어요. 사실과 다르다는 걸 모두가 뻔히 아는 의견을 고집하면서 언쟁을 이어가곤 했죠." 존의 아버지가 뉴욕주의 주도가 뉴욕시라고 말했다면, 존이 주도는 올버니라는 증거를 들이밀어도 소용없었다. "차고에서 아버지를 도와 30분쯤 순조롭게 일을 하다가, 가령 스크루드라이버 하나를 잘못된 자리에 놓기라도 하면 바로 불호령이 시작되어 그칠 줄을 몰랐어요. 칭찬을 해주는 일도 없었습니다. 실수를 한 사람이 아버지여도 결국엔 제 잘못이 되었어요. 아버지는 절대 잘못할 수 없는 사람이었으니까요."

나이를 먹으면서 존은 "아버지가 자신의 실수는 하나도 인정하지 않고 두 아들의 실수만 끊임없이 지적하는 것"은 잘못된 일이라고 생각하게 되었다. 존의 어머니는 그에 따르면 "더 친절하고 더 자신감 있는" 사람이었는데, 아버지는 그런 어머니에 대한 비판을 입에 달고 살았다.

열두 살 때, 존은 부모님의 부부싸움에 끼어들었다. 열다섯 살이 된 해 크리스마스이브에 존은 "비명과 소동" 소리에 잠에서 깼다. "어머니의 비명 소리였습니다. 저는 침대를 뛰쳐나가 부모님 방으로 뛰어 들어가며 외쳤어요. '대체 무슨 일이에요?' 어머니가 더듬거리며 말했습니다. '네 아버지가 내 목을 조르고 있어!' 아버지가 어머니 목에 손을 감고 있는 게 보였습니다. 저는 아버지에게 소리쳤습니다. '여기 가만히 계세요! 움직일 생각은 하지도 마요! 엄마는 내가 데려가겠어요!' 저는 어머니를 모시고 1층으로 내려왔습니다. 어머니는 흐느끼고 있었습니다. 저는 무슨 일이 벌어졌는지 이해하고자, 부모님 사이에서 어른스럽게 행동하고자 애썼습니다."

날이 밝고 크리스마스 아침이 되자 존과 어머니가 잠들어 있는 거실로 아버지가 내려왔다. "두 분 다 아무런 설명이 없었습니다. 남동생이 내려오자 우리는 아무 일 없었던 것처럼 크리스마스 아침을 맞았습니다."

그로부터 오래 지나지 않아 존과 어머니에게 크나큰 사랑을 주었던 외할머니가 갑작스럽게 세상을 떠났다. 존은 말한다. "어머니와 저 둘 다에게 할머니의 죽음은 끔찍한 충격과 상실감을 안겼습니다. 한데 아버지는 슬픔에 잠긴 어머니와 저를 지지해 주기는커녕, 어머니에게 이렇게 말했습니다. '그런 일은 그냥 극복해!' 아버지는 전형적인 자기애적 성격이었습니다. 자신에 관한 일이 아니면 아무것도 중요하지 않았고, 없는 일이나 마찬가지였습니다."

오늘날 존은 마흔 살이지만 외모는 여전히 소년 같다. 눈은 따뜻한 담갈색이고, 환하고 서글서글한 미소를 지을 때면 그에게 마음을 열지 않기가 어렵다. 하지만 편안하고 숨김없는 태도 저 아래, 한 꺼풀을 벗겨보면 그는 일련의 만성 질환들에 고통받고 있다.

33세가 되었을 때 존은 혈압이 젊은 사람치고 충격적일 만큼 높았다.

찌르는 듯한 복통과 설사가 찾아오기 시작했고, 종종 혈뇨도 보았다. 그 빈도가 갈수록 잦아졌다. 존은 매일 두통을 느꼈다. 34세가 되었을 때 그는 만성피로에 시달리고 있었고, 직장에서 하루를 버티는 것조차 때로는 버거울 만큼 피곤해했다.

존은 여러 해 동안 스트레스를 해소하는 수단으로 하이킹을 즐겼으나, 35세가 되자 하이킹을 할 체력조차 없었다. "어느 날 저는 깨달았습니다. '나는 아직 젊은데 앞으로 다시는 하이킹을 하지 못하겠구나'라고."

존의 신체와 마찬가지로 연애도 그다지 건강하지 못했다. 존은 30대 초반에 한 여자를 만나 깊이 사랑했다. 연애를 한 지 1년이 되자 여자 친구가 가족들에게 존을 소개했다. 존은 그녀의 가족과 함께 지내는 동안 느낀 것을 기억한다. "어린 시절 제가 견뎌내야 했던 것과 같은 수치와 비난을 겪어보지 않고 자란 사람들과 제가 얼마나 다른지를 날카롭게 자각하게 되었습니다." 어느 날 밤, 여자 친구네 자매들과 그들의 남자 친구가 다 함께 춤추러 가기로 했다. "모두 저녁 식탁에 둘러앉아 이 신나는 외출을 계획하는 동안, 저는 그녀의 가족을 둘러보았습니다. 제 머릿속에 떠오르는 생각은 단 하나였습니다. '나는 여기 어울리지 않아.' 모두가 너무나 정상이고 행복해 보였습니다. 나도 그들에게 맞추어 행복한 가정의 일원으로 사는 법을 아는 척해야 한다고 생각하니 갑자기 섬뜩해지더군요."

그래서 존은 아주 지친 척을 했다. "여자 친구는 다정하게도, 다른 사람들과 함께 춤추러 가지 않고 제 곁에 머물러주었습니다. 계속 제게 무슨 문제가 있느냐고 물었죠. 저는 어느 시점에 갑자기 울기 시작했습니다. 울음을 멈출 수 없었어요. 여자 친구는 저를 돕고 싶어 했지만 저는 그녀에게 제 불안감을 털어놓거나 저를 안심시켜 달라고 부탁하는 대신, 제가 우는 이유가 그녀를 사랑하지 않아서라고 말했습니다."

존의 여자 친구는 "엄청난 충격"을 받았다고 한다. 그날 밤 그녀는 차로 존을 호텔에 데려다주었다. "여자 친구와 그 가족 모두 충격을 받았습니다. 대체 무슨 일이 일어난 건지 아무도 이해할 수 없었죠." 존은 여자 친구를 깊이 사랑했는데도 결국은 두려움에 지고 말았다. "평생 품고 산 수치심과 비통함 때문에 제가 얼마나 엉망이 되었는지 그녀에게 들키고 싶지 않았습니다."

존은 장의 염증으로 인해 출혈을 했고, 만성피로로 기진맥진했으며, 심한 두통으로 인해 쇠약하고 산만해졌다. 존은 일터에서도 자주 힘겨워했고, 이성과의 관계에서 편안함을 느낄 수 없었다. 존은 고통과 고독의 세계에 갇혀 탈출할 길을 찾지 못하고 있었다.

조지아의 아동기는 평균적인 아동기보다 훨씬 나아 보인다. 두 부모가 생존했으며 상황이 좋을 때나 안 좋을 때나 결혼생활을 유지했다. 조지아가 자란 멋진 집의 벽에는 아이비리그 대학 졸업장들이 걸려 있었다. 조지아의 아버지는 예일대학교 출신의 존경받는 투자은행 간부였다. 어머니는 집에 머무르며 조지아와 두 여동생을 키웠다. 사진 속 다섯 사람은 완벽한 가족처럼 보인다.

조지아의 성장기 환경은 겉보기에는 모든 것이 멀쩡했다. 완벽하다고까지 할 수 있었다.

조지아는 말한다. "하지만 저는 아주 이른 시기부터 저희 집에 무언가 문제가 있다고, 그런데 아무도 그에 대해 얘기하지 않는다고 느꼈습니다. 저희 집에는 항시 어떤 불편한 분위기가 짙게 감돌았어요. 그게 무언지 정확히 짚어낼 수는 없었지만, 아무튼 엄연히 존재하는 불편감이 있었어요."

조지아는 어머니를 "정서적으로 냉담하고, 통제하려 드는" 사람이었다고 회상한다. "어머니가 좋아하지 않는 말이나 행동을 하면 어머니는 눈앞에서 즉시 돌처럼 냉랭해지곤 했습니다. 그럴 때면 저는 어머니가 아니라 어머니를 닮은 움직이는 조각상을 보고 있는 기분이었어요. 저를 보려고도 하지 않고 제게 말을 하지도 않는 조각상요." 조지아에게 제일 어려운 건 자신이 무얼 잘못했는지 모른다는 점이었다. "그때 제가 안 건 딱 하나, 어머니가 저를 다시 대화할 가치가 있는 상대라고 판단할 때까지 저는 어머니의 세계에서 쫓겨나 있다는 사실이었어요."

예를 들어 조지아의 어머니는 세 딸에게 아이스크림을 딱 한 숟가락, 그것도 아주 작은 숟가락으로 주고서는 "셋이 나눠 먹어야 한다"라고 말하곤 했다. "저희는 거기에 대고 불평을 할 만큼 어리석진 않았어요. 만에 하나 그랬다가는, 어머니는 저희가 얼마나 배은망덕한지를 지적하고는 곧바로 저희에게 입을 꾹 다물어버릴 테니까요."

조지아의 아버지는 알코올 중독의 경계에 있었고, 조지아에 의하면 "가끔 별것 아닌 일로 느닷없이 폭발하고는" 했다. "한번은 전구를 갈던 중에 전구가 깨졌다고 갑자기 욕을 하고 소리를 지르는 거예요. 아버지는 이렇듯 예기치 못한 순간에 분노를 폭발시키곤 했어요. 흔한 일은 아니었지만, 웬만해선 잊을 수 없었죠." 조지아는 때로 너무나 겁이 나서 "다리 사이에 꼬리를 감춘 개처럼 달아나서는, 다시 나와도 안전할 때까지 숨어 있었어요"라고 말한다.

조지아는 회상한다. "저는 집안의 분위기 변화에 어찌나 예민해졌는지, 아버지가 언제 폭발할지를 아버지 본인보다 더 빨리 알 수 있었습니다. 분위기가 긴장되면 곧 다시 한 번 그 일이 일어날 걸 알았어요." 제일 나빴던 건 세 자매가 "아버지의 폭발이 없었던 것처럼 행동해야" 했다는 것이다.

"아버지는 사소한 일에 대해 고함을 막 지르고는 낮잠을 자러 가곤 했습니다. 아니면 잠시 뒤 서재에서 기타를 치는 소리가 들렸죠."

침묵과 무시로 못마땅함을 나타내는 어머니, 긴 욕설과 고함으로 화를 푸는 아버지 사이에서 아동기를 보내면서 조지아는 부모님의 분노를 예측하고 피하는 데 많은 시간을 썼다. 고작 열 살 무렵에도 그녀는 "부모님의 분노가 서로를 향해" 있음을 감지할 수 있었다. "대놓고 싸우지는 않았지만, 어머니와 아버지 사이에는 끊임없이 낮은 소리로 웅웅대는 듯한 적의가 있었어요. 가끔은 두 사람이 서로를 맹렬히 증오하는 것처럼도 보였습니다." 조지아는 언젠가 아버지의 차 키를 훔치고, 돌려주지 않겠다고 떼를 쓴 일도 있었다. 술에 취한 아버지가 어머니와 언쟁한 후에 차를 타고 나가서 사고를 일으킬까 걱정한 것이다.

이제 49세가 된 조지아는 자신의 유년기를 성찰적으로 돌아본다. "저는 어렸을 적 집 안에서 제 주위를 휘몰아치던 모든 감정들을 내면화했습니다. 어떤 면에서, 저는 그런 외부의 불안과 고뇌 전부를 평생 제 안에 담고 살아온 것과 같아요." 그렇게 수십 년이 흐르는 사이, 조지아는 고통을 안고 산 것에 대해 커다란 대가를 치러야 했다. 처음에 신체적 고통은 "몸 안의 낮은 속삭임"으로 시작했다고 한다. 하지만 조지아가 고전학 박사 학위를 따고자 컬럼비아대학교 대학원에 입학했을 즈음에는 상황이 달라졌다. "심한 허리통증이 시작되었습니다. 통증이 너무 심해서 의자에 앉을 수조차 없었어요. 저는 누워서 공부해야 했습니다." 조지아는 26세에 퇴행성 추간판 질환을 진단받았다. "제 몸이 통증을 통해 비명을 지르기 시작한 거죠."

이어지는 몇 년 동안 조지아는 퇴행성 추간판 질환 외에도 심한 우울증과 부신피로증후군, 마지막으로 섬유근육통을 진단받았다. 그녀는 말한다. "성인이 된 후 저는 의사 진료실에서 살다시피 했습니다. 고통을 경감시킬 온갖 약물을 처방받아 써보았지만, 고통으로부터 벗어나는 건 아직도 요원해 보이는군요."

로라와 존, 조지아의 인생 이야기는 아동기의 역경에 대해 성인기의 신체가 어떤 대가를 치러야 하는지를 보여준다. 그간 신경과학, 심리학, 의학의 새로운 연구들을 통해 아동기의 역경이 정확히 어떤 방식으로 평생 우리 몸의 생리를 바꾸는지가 밝혀졌다. 아동기의 부정적 경험에 대한 획기적인 연구는 우리가 어릴 적 당면하는 정서적 트라우마가 과거에 상상했던 것보다 더 광범위하고 중대한 영향을 미친다는 사실을 알려준다. 아동기의 부정적 경험은 우리 뇌의 구조와 면역계의 건강 상태를 바꾸고, 신체와 뇌 둘 다에서 염증을 유발하고 유지시키며, 성인이 되고 한참 뒤까지도 전반적 신체 건강과 수명에 영향을 미친다. 이런 신체적 변화는 나아가 우리가 성인기 내내 주위 세상에 어떻게 반응할지, 일하고 아이를 키우고 친구를 사귀고 다른 사람들을 사랑하는 일을 얼마나 잘 해낼 수 있을지를 미리 결정한다.

이는 아동기에 입은 상처가 가정폭력을 목격한 존의 경우처럼 깊은 트라우마든, 로라의 경우처럼 가정에서 흔한 유형의 굴욕들을 만성적으로 견뎌야 했던 것이든, 조지아의 경우처럼 좀 더 내밀하지만 일상의 면면에 만연한 가족 역기능을 겪은 것이든 똑같이 적용되는 사실이다.

이러한 아동기의 부정적 경험들은 모두 해당 아동에게서 심층적인 생물물리학적 차원의 변화를 유발하여 발달 중인 뇌와 면역계를 크게 바꿀 수 있고, 그 결과 성인으로 자라난 뒤의 건강에도 심대한 영향을 미칠 수 있다.

과학자들이 아동기의 부정적 경험과 성인기의 신체적 질환 사이의 이 놀라운 연관성을 확인할 수 있게 된 데에는 두 사람—샌디에이고의 한 헌신적인 의사와 미국 질병통제예방센터(Centers for Disease Control and Prevention, CDC)의 심지 굳은 역학자—의 연구가 큰 몫을 했다. 이들은 (로라, 존, 조지아의 성장기이기도 했던) 1980년대와 1990년대에 힘을 합쳐서, 아동기의 부정적 경험과 그로부터 시차를 두고 나타나는 신체와 신경의 염증 등 삶을 바꾸는 성인기 건강 문제들 사이의 놀라운 과학적 연결고리들을 차근차근 밝혀냈다.

지혜로운 의사들

1985년 어느 날, 샌디에이고 소재 카이저 퍼머넌테이 병원(카이저 퍼머넌테이는 미국 최대의 통합 의료 서비스 컨소시엄이다.─옮긴이)에서 의사이자 연구자로서 혁명적인 예방의학 프로그램을 이끌고 있던 빈센트 J. 펠리티의 눈에 놀라운 패턴 하나가 들어왔다. 성인 비만 환자 여러 사람이 아동기에 트라우마를 남긴 일을 겪었다고 언급한 것이다.

펠리티가 이 패턴을 깨달은 계기는 우연에 가까웠다. 1980년대 중반, 카이저 퍼머넌테이 병원의 비만 관리 프로그램에 등록한 환자 상당수가 펠리티와 그가 이끄는 간호사들의 도움과 지지를 받아, 수술 없이 연간 수백 파운드까지 감량하는 놀라운 성과를 내고 있었다. 한데 완전히 성공한 줄로만 알았던 비만 프로그램에 한 가지 문제가 생겼다. 몸무게를 순조롭게 줄이고 있던 환자 다수가 프로그램에서 하차하기 시작한 것이다. 이해할 수 없는 감소율이었다. 펠리티는 문제가 무엇인지 알아내야겠노라 결심하고, 환자 286명을 직접 일대일로 면담했다. 그리고 면담 중에 놀랄 정도로 많은 수의 환자에게서 어린 시절에 트라우마를 겪었다는 고백을 들었다. 특히 성적 학대를 당한 이가 많았다. 그들에게 먹는 것은 하나의 해결책이었다. 먹어댐으로써 수십 년 동안 속 깊이 감춰 온 불안과 공포, 우울을 달랠 수 있었다. 불어난 체중은 원치 않는 신체적 관심을 받는 걸 막아주는 방패로서 기능하기도 했고, 환자들은 그 방패를 잃고 싶지 않았다.[2]

이 많은 환자와 대화를 나누면서 펠리티는 다른 의사들이 보지 못하는 하나의 패턴을—그리고 인간의 건강과 행복을 바라보는 새로운 관점을—인식하게 되었다. 그가 분명하게 알게 된 사실은, 환자들에게 비만은 "명백한 신체적 징후"이긴 하지만 "연기가 화재에서 해결해야 할 핵심 문제가 아니듯이" 치료해야 할 핵심 문제는 따로 있다는 것이었다.[3]

1990년에 펠리티는 자신이 발견한 사실을 북미비만연구협회(NAASO) 전국 콘퍼런스에서 발표했다. 그는 그 자리에 모인 의사들 앞에서 "공중보건의 어떤 까다로운 문제들"은 그 근본 원인이 "수치심, 비밀주의, 그리고 삶의 경험 중 특정한 영역들에 대한 탐구를 막는 사회적 금기에 의해" 숨겨져 있다고 믿는다고 말했다.

동료 의사나 연구자들은 펠리티의 발표를 듣고 그를 맹비난했지만—어떤 사람은 객석에서 일어나 펠리티가 환자들의 "실패한 인생"에 "핑곗거리"를 제공하고 있다고 꾸짖었다—펠리티는 끄떡도 하지 않았다. 이 콘퍼런스에는 펠리티의 동료 의사이자 질병통제예방센터 소속 역학자 한 사람이 참석해 있었는데, 그는 펠리티에게 당신의 주장이 사실이라면 의학 전반에 대단한 의미가 있는 발견이라고 했다. 그러고는 연구를 비만 환자에 국한하지 말고, 온갖 유형의 병을 앓는 환자 수천 명을 대상으로 확장시켜 보라고 권했다.[4] 펠리티는 이에 동의했다. 실제로 그는 대규모 연구를 통해 사회적 차원에서 건강 문제의 더 큰 패턴을 밝혀낼 수 있지 않을까 생각했다. 아동기에 겪은 여러 유형의 역경과 성인기에 각종 심각한 건강 문제가 발생할 가능성 사이의 연결고리 말이다.

펠리티는 질병통제예방센터와 힘을 합쳤다. 당시 카이저 퍼머넌테이 병원 예방의학과의 건강평가 분과에서는 연간 성인 5만 8,000명에게 이례적으로 철저한 건강진단 및 평가를 실시하고 있었다. 샌디에이고에 있는 이 병원 예방의학과를 질병통제예방센터 소속 의사이자 역학자로 관상동맥 심장 질환과 우울증 사이의 관계를 조사하고 있었던 로버트 앤다가 방문했다. 그는 펠리티에게 이 클리닉을 전국적 규모의 역학 연구실로 만드는 게 어떻겠느냐고 조언했다. 환자 집단이 워낙 방대한 만큼, 아동기에 다양한 역경을 겪은 사람들이 심장병, 자가면역질환, 암과 같은 성인병에 걸릴 가능성이 더 높은지 여부를 확인할 수 있을지도 모른다는 얘기였다.

펠리티와 앤다는 예방의학과를 방문한 환자 2만 6,000명에게 "아동기에 겪은 일들이 성인기의 건강에 어떻게 영향을 미치는지 알아보고자 하는 연구에 협조할 의향이 있는지"를 물었다. 이에 1만 7,000명 이상이 동의했다.

앤다는 펠리티가 당초에 실시한 286명과의 면담을 토대로 삼아 새로운 연구를 구상하고 설계하면서, 펠리티가 이전에 사용해온 환자 문진표에 일련의 질문 항목을 추가했다. 10개 유형의 역경, 즉 아동기의 부정적 경험에 초점을 맞추어 환자들의 아동기·청소년기 내력을 면밀히 조사하는 질문들이었다.

처음 다섯 개의 문항은 응답자 자신에 대한 것이었다. 응답자가 아동 혹은 청소년 시절에 겪었을 수 있는 정서적·신체적 스트레스 인자를 평가하는 이 문항들은 아버지나 어머니가 아이(즉 어린 시절의 환자)를 모욕하거나 폄하하거나 정서적으로 두려움을 느끼게 했는지, 주먹이나 손바닥으로 때리거나, 밀치거나, 몸을 성적으로 만졌는지를 묻는다. 또한, 가족 구성원 가운데 아이 자신을 중요하게 여기는 사람이 한 명도 없다고, 혹은 가족 구성원들이 서로 돌보지 않는다고 느꼈는지, 자신을 보호해줄 사람이 아무도 없다고 느꼈는지, 깨끗한 옷이나 충분한 음식을 주지 않거나 아파도 병원에 데려가지 않을 정도로 방치되었는지를 묻는다.

그다음 다섯 문항은 다른 가족 구성원들에 대한 것이었다. 성장기의 가정 상황을 구체적으로 평가하기 위한 이 문항들에선 별거나 이혼 등으로 한쪽 부모를 잃었는지, 어머니가 맞거나 꽉 붙잡히거나 위협받거나 길게 구타당했는지를 묻는다. 집안에 알코올이나 다른 물질에 중독된 사람이 있었는지, 우울증 등 정신건강이나 행동상의 문제를 지닌 사람이 있었는지, 자살을 시도한 사람 또는 교도소에 간 사람이 있었는지도 묻는다. 펠리티와 앤다의 연구에 참여한 환자들은 면담 후 자신이 어렸을 적 겪은 역경, 즉 트라우마를 남긴 사건들의 범주가 몇 가지나 되느냐에 따라 아동기의 부정적 경험 점수(ACE Score)를 부여받았다.[5]

열 개의 문항은 전부 어떤 식으로든 가족 역기능과 관련된 것이었다.

그리고 이 열 개의 문항으로부터 아동기의 부정적 경험 연구(ACE Study)가 탄생했다.

이 책 앞부분(20쪽)에서 아동기의 부정적 경험 검사에 응한 사람은 그리로 돌아가 다시 한 번 검사 설문과 결과를 살펴보자. 당신 자신에 대해, 그리고 당신의 건강에 대해 더 깊이 이해하는 데 도움이 될 것이다.

시간이 모든 상처를 치유하는 것은 아니다

펠리티와 앤다의 조사에 참여한 환자들은 특별히 문제가 많거나 불우한 계층이 아니었다. 응답자의 평균 연령은 57세였고 네 명 중 세 명은 대학 교육을 받았다. 다시 말해서, 좋은 교육을 받았고, 대부분이 백인이고 중산층이며, 건강보험 혜택을 받고 안정적인 직장을 지닌 '성공한' 남녀들이었다. 두 연구자는 이들이 '네'라고 응답한 문항 수가 상당히 적으리라고 예상했다.

그러나 이들이 '네'라고 답한 문항의 수는 그 누구의 예상보다도 훨씬 많았다. 하나 이상의 문항에 '네'라고 답한 사람, 즉 18세가 되기 전에 아동기의 부정적 경험(ACE)을 적어도 한 가지 범주 이상 겪었다는 응답자가 전체의 64%로 세 명 중 두 명꼴이었다. 그리고 한 개의 ACE 문항에 '네'라고 답한 사람 가운데 87%가 적어도 하나의 다른 문항에 '네'라고 응답했다.[6] 전체의 40%가 두 범주 이상의 ACE를 경험했고, ACE 점수가 4 이상인 응답자가 전체의 12.5%였다.[7]

ACE 점수가 0인 응답자는 3분의 1에 불과했다.

펠리티와 앤다의 목표는 개인이 겪은 ACE 범주의 수와 그가 성인이 되어 발생한 질환 및 신체적 장애의 정도 사이에 상관관계가 있는지를 밝히는 것이었다.

그 상관관계는 앤다가 "아연실색"을 넘어 정서적으로 깊은 충격을 받을 만큼 강력한 것으로 드러났다.

앤다는 말한다. "눈물이 났습니다. 사람들이 얼마나 많은 고통을 받았는지를 보고 눈물을 흘릴 수밖에 없었습니다."

펠리티 역시 마음 깊이 동요했다. "저희의 연구 결과는 상상했던 것보다 훨씬 심각했습니다. 힘들었던 아동기와 성인기 질환 사이의 상관관계는 인간의 건강과 질병을 바라보는 전혀 새로운 관점을 제시했습니다."

펠리티는 이것이 바로 "인간으로서 우리가 말 못 하며 겪는 고통들의 아주 많은 부분이 어디에서 연유하는지를 알려줄, 잃어버린 퍼즐 조각이었습니다"라고 말한다.[8]

한 사람이 겪은 ACE 범주가 몇 가지인지를 보면, 그가 성인기에 어느 정도의 의료를 필요로 할지 대체로 예측할 수 있었다. ACE 점수가 높을수록 직전 한 해 동안 의사의 진료를 받은 횟수가 많았고, 설명되지 않은 신체 증상의 숫자도 많았다.

ACE 점수가 4점인 사람들은 0점인 사람들보다 암 진단을 받을 확률이 두 배나 됐다.[9] 점수가 1점씩 올라갈 때마다 성인기에 자가면역질환으로 입원하게 될 가능성이 20%씩 상승했다. ACE 점수가 4점인 사람은 0점인 사람보다 우울증에 걸릴 확률이 460%나 높았다.

ACE 점수가 6점 이상이면 수명이 20년 가까이 단축되었다.[10]

펠리티와 앤다는 이렇듯 강력한 상관관계가 나타나는 까닭이 다른 데 있는 것은 아닌지 의심했다. 이를테면 아동기에 트라우마를 겪은 이들은 만성 불안을 다스리기 위한 일종의 자기 대처 전략으로 흡연하고 술을 마시고 과식할 가능성이 더 높았고, 그래서 건강이 나빠진 것일지도 몰랐다. 실제로 환자들에게서 이런 건강치 못한 대처 기제(coping mechanism)가 흔하게 나타났지만, 그것이 강력한 상관관계의 주된 요인은 아니었다. ACE 점수가 7점 이상인 사람 가운데 담배나 술을 하지 않고, 과체중이 아니며, 당뇨가 없고, 콜레스테롤 수치가 높지 않은 이들조차 ACE 점수가 0점인

이들보다 심장병에 걸릴 확률이 360% 높게 나타났다.

성장기에 겪은 정서적 · 신체적 역경에서 비롯된 만성적 스트레스는 수십 년이 지나고 성인이 된 뒤에도 병을 만들어내고 있었다. 건강한 습관과 생활 방식을 지닌 이들조차 이를 피해 갈 수 없었다. 과학자들이 생애 초기의 스트레스가 생물의학적 질병으로 변환되는 정확한 메커니즘을 알아내려면 아직 몇 년이 더 지나야 한다(이 이야기는 2장에서 다룰 것이다). 하지만 전반적인 패턴만 보아도 둘의 관련성은 부정할 수 없는 수준이었다.

펠리티는 말한다. "시간이 모든 상처를 치유하는 건 아닙니다. 사람들은 어떤 일을 '그냥 극복'하지 못해요. 50년이라는 세월이 지나도요." 그렇다면 시간은 치유 아닌 무엇을 한단 말인가? 펠리티는 말한다. "시간은 은폐합니다. 그리고 사람들은 트라우마로 남은 아동기의 감정적 경험을 생애 후기에 기질성 질환으로 변환시키지요."

이런 질환은 종종 만성적이고, 죽는 날까지 계속된다. 자가면역질환. 심장병. 만성 장 질환. 편두통. 지속성 우울증. 오늘날에도 의사들은 이런 질병들을 두고 의아해한다. 어째서 이토록 만연하는 것일까? 왜 어떤 사람들은 이런 병들에 특히 취약할까? 어째서 치료하기가 그렇게 어려울까?

현재 79세인 펠리티는 풍성한 머리가 하얗게 세었고, 눈썹은 희끗희끗하다. 그는 지금까지 아동기의 부정적 경험 연구를 기반으로 앤다와 논문 74편을 공저했다. 펠리티와 앤다는 아동기의 부정적 경험이 신체 생리에 변화를 일으킴으로써 살아가는 동안 만성 질환을 낳고 건강에 부정적 영향을 미칠 수 있다는 사실을 전 세계에 알린 광범위한 연구의 과학적 아버지로 여겨지고 있다. 오늘날 1,500개가 넘는 연구들이 ACE 조사 연구를 인용하고 있으며, 세계보건기구(WHO)는 현재 14개 국가에서 ACE 설문을 활용하여 건강 악화로 이어질 수 있는 정서적 고통과 트라우마를 검사하고 있다. 미국에서는 29개 주와 워싱턴 D.C.에서 공중보건을 개선하는 일에 ACE 설문 검사를 이용한다.

조사와 연구를 해나갈수록 부정적 경험과 성인기 질환 사이의 깊은 연관성에 대한 세부 사항들이 더 많이 드러났다. 듀크대학교와 캘리포니아대학교 샌프란시스코 캠퍼스(의학 중심 대학임−옮긴이), 브라운대학교의 과학자들이 밝혀낸 바에 따르면, 아동기의 역경은 우리에게 세포 수준에서 피해를 주며, 그로 인해 세포가 정상보다 이르게 노화하고 우리의 수명도 영향을 받는다고 한다. 생애 초기에 스트레스를 겪은 성인들은 텔로미어가 다른 사람들보다 많이 단축되어 있다(텔로미어란 DNA 사슬로 이루어진 염색체의 양쪽 말단에 있는 일종의 보호덮개로서, DNA를 건강하고 온전한 상태로 유지시키는 기능을 한다).[11] 텔로미어가 단축되면 질병에 걸리기 더 쉽고, 더 빠르게 노화한다. 텔로미어가 노화로 소멸하면, 우리의 세포도 소멸하고, 끝내는 우리 자신도 소멸한다.

연구자들은 아동기 부정적 경험의 특정한 유형들과 다양한 질병 간의 상관관계도 밝혀냈다. 예를 들어 부모가 사망했거나, 정서적·신체적 학대를 당했거나, 방임되었거나, 부모 사이의 불화를 목격한 아동들은 성인이 되어 심혈관 질환, 폐 질환, 당뇨병, 두통, 다발경화증, 루푸스에 걸릴 확률이 높아진다.[12] 암이나 뇌졸중의 발생 확률도 높아진다.[13] 아동기에 힘든 상황을 겪으면 성인이 되어 만성피로증후군(chronic fatigue syndrome)—근육통성 뇌척수염이라고도 한다—에 걸릴 가능성이 6배로 커진다.[14] 한쪽 부모를 잃은 아동은 성인이 되어 우울증에 걸릴 확률이 3배나 된다. 부모가 이혼한 아동은 생애의 한 시점에 뇌졸중에 걸릴 확률이 2

배로 높아진다. [15]

몸은 기억하고, 진실을 말한다

어머니가 아버지를 떠났을 때 캣(캐서린의 애칭–옮긴이)은 다섯 살이었다. 어머니가 결혼생활을 끝낼 이유는 충분했다. 캣은 부부싸움 중 "아버지가 어머니의 안경을 홱 벗겨서 바닥에 내동댕이치고 발로 밟아버리던 광경"을 기억한다.

그리고 어느 날, 어머니는 캣을 옆면에 나무 패널을 붙인 스테이션왜건에 태우고 아버지가 운영하는 카펫 세척업소로 데려갔다. 그곳에 도착하자 어머니는 캣에게 "저기기 뒷자리"에 앉아 가만히 기다리라고 했다. "금방 돌아오마. 네 아버지와 할 이야기가 있어서 그래." 어머니는 다섯 살 난 딸에게 말했다. 캣은 차 뒷자리에 행복하게 엎드려 색칠놀이를 하던 것을 기억한다. 얼마간 시간이 지난 뒤, 캣의 귀에 문득 비명이 들린 것 같았다. 깜짝 놀라 자리에서 일어난 캣은 엄마가 아직 돌아오지 않은 것을 알아차렸다. 시간이 얼마나 지났는지는 몰랐지만 캣은 더웠고, 배고팠고, 갑자기 엄마가 보고 싶었다. 그래서 차 밖으로 나가서 아버지의 가게 건물을 향해 걸었다. 정문은 잠겨 있었다. 캣은 건물 옆쪽으로 가서, 엄마나 아빠가 있는지 확인하려고 까치발을 하고 창문 안을 들여다보았다.

로비 너머로 아버지의 사무실 유리문이 보였다. 유리문 안쪽 바닥에서 어머니의 발과 발목이 눈에 들어왔다. "엄마는 카펫에 엎드려 있는 것 같았어요. 움직임은 전혀 없었어요. 저는 문을 열려고 했지만, 잠겨 있었어요. 다시 문을 두드렸지만 아무도 듣지 못한 것 같았어요. 아무도 나오지 않았어요. 저는 스테이션왜건으로 돌아가서 문을 잠갔어요."

몇 분 뒤 아버지가 차로 와서 미소 지으며 말했다. "키티, 네 엄마가 통화가 길어지는구나. 내가 집으로 데려다주마." 캣은 스테이션왜건을 나와서 아빠 차에 탔다. "아빠는 자기가 사는 타운하우스로 운전해 가는 내내 아무런 문제도 없다는 듯이 계속 저에게 미소를 지었어요."

캣은 아직도 당시의 신문기사 스크랩과 TV 자료화면을 갖고 있다. 경찰에서는 캣의 아버지가 어머니를 살해했다고 의심했으나 시신이 나오지 않았다. 도시 반대편에서 발견된 어머니 소유 스테이션왜건의 시트는 얼룩 하나 없이 깨끗했다. 아버지 사무실의 카펫도 마찬가지였다.

형사들은 캣에게 바비와 켄 인형을 주며 그녀가 본 장면을 재현해 달라고 부탁했고, 캣을 법정에 세워 목격한 것을 정확히 증언하도록 했다. 캣은 "케어베어 인형을 쥐고" 증인석으로 기어 올라가 "모두의 질문에 답"했다. 캣은 말한다. "법정 맞은편에서 아빠가 강아지 같은 눈빛으로 저를 보고 있었어요. 꼭 이렇게 말하는 것 같았죠. '키티, 아빠가 누굴 해칠 사람이 아니라는 걸 알잖니.' 하지만 저는 바닥에 놓인 엄마의 발을 본 순간을 떠올렸어요. 엄마는 움직이지 않았고, 제게 돌아오지도 않았어요. 저는 무언가 끔찍한 일이 일어났다는 것을 알았어요."

배심원단은 캣의 증언을 믿고 그녀의 아버지를 교도소로 보냈다.

캣이 여덟 살 되던 해, 아버지는 교도소에서 《워싱턴 포스트》에 자신이 저지른 범죄의 엽기적인 내용을 세세히 묘사한 자백서를 보냈다. 그는 캣의 어머니의 머리를 자르고 두개골과 치아를 박살내서 포토맥강에 던졌다. 머리와 분리된 몸을 땅에 묻은 다음, 카펫 세척용 기계를 이용해 스테이션왜건과 자기 사무실을 깨끗하게 닦았다.

형사들은 캣의 어머니가 묻힌 곳을 찾아가 남은 유골을 발견했다. 하지만 캣의 아버지는 이미 과실치사죄로 형을 살고 있었으므로, 살인을 자백했음에도 일사부재리의 원칙에 따라 다시 재판을 할 수 없었다. 캣의 아버지는 1급 살인으로 가석방 없는 무기형을 살아야 마땅했으나 과실치사죄로 10년형만 살고 나왔다.

캣의 가족들은 두 번째 장례식을 치렀다. 캣은 말한다. "첫 장례식에는 시신이 없었어요. 두 번째에는 어머니의 유골을 모셨지요. 가족들은 제게 엄마가 그냥 '사라진' 게 아니라는 걸 알려주려고 유골을 보도록 했어요. 엄마는 정말로 떠나버린 거예요. 저는 가만히 서서, 하얗고 외로운 엄마의 유골을 바라보았어요—두개골은 빠져 있었죠. 거기엔 제가 사랑했던 엄마, 저를 사랑했던 엄마의 자취는 전혀 없었어요."

캣과 나는 볼티모어의 유서 깊은 페더럴힐 지역에 있는 커피하우스 겸 레스토랑인 메트로폴리탄의 2층, 진한 색 목재로 내부를 꾸민 바에 앉아 있다. 캣이 어머니의 유골을 본 이야기를 하고 난 뒤, 몇 분 동안 우리 둘은 말이 없다.

10월 초의 저녁. 바깥에서는 인디언 서머(북아메리카에서 한가을과 늦가을 사이에 한동안 비정상적으로 따뜻한 날이 계속되는 기간-옮긴이)를 붙들어 놓으려는 듯 부드러운 바람이 불고 있다. 쪽빛 하늘에 보름달이 떠 있다. 푸석푸석한 벽돌 벽에 짙은 색 나무 패널을 붙인 바는 유령 이야기에 썩 어울리는 배경이다. 그리고 캣의 이야기는 어떤 의미에선 유령 이야기다. 평생 과거의 유령에 쫓긴 여자, 서른일곱이 된 지금은 살아 있는 유령과 죽은 유령 모두에게서 벗어나기를 갈망하는 여자의 이야기.

캣은 남은 아동기 내내 미국 동해안 지역의 친척들 집을 전전했다. 고등학교에 입학하기 전에 네 가정을 거쳤고 마지막으로, 고등학교에 들어간 뒤, 그녀가 애정을 담아 "지마(G-Ma)"라고 부르는 외할머니와 함께 몇 년을 살았다. 캣의 어머니가 살해당한 사실을 입에 올리는 사람은 없었다. 캣은 말한다. "가족들 사이에서 제 과거는 '절대 입에 담으면 안 되는 일'이었어요. 아버지를 교도소에 보내는 데 제가 한 역할을 포함해서요." 캣은 고등학교 생활을 수월히 해내는 듯 보였다. 우등생이었고, 운동도 잘해서 네 가지 종목의 학교 대표팀에서 뛰었다. 그러나 수면 아래를 들여다보면 얘기가 달랐다. "저는 비밀리에 스스로 알코올을 처방하고 있었어요. 모든 것이 멈추고 고요해지는 밤이 오면 술기운 없이는 잠을 잘 수 없었어요. 가만히 누워 있노라면 끔찍한 공황이 저를 덮쳤거든요."

캣은 대학에 갔고, 중퇴했고, 다시 입학했고, 졸업했다. 광고업계에 취직했다가 어느 날 일이 불만족스러워 퇴사했다. 캣은 대학원에 진학했고 빚은 쌓여갔다. 졸업 후 교사가 되었으나, 동료 교사와 사귀던 게 안 좋게 끝나자 일을 그만두었다. 34세의 나이에 그녀는 남동생이 가족과 살고 있는 하와이로 가서 발레파킹 요원으로 취직했다. "하루 종일 주차를 하고 남동생 집으로 돌아가서는 뒷방의 제 침대에 몸을 말고 누운 채 절망과 외로움에 빠지곤 했습니다. 심장이 불안감으로 고동치고 있었어요."

캣은 동해안 지역으로 돌아가기로 결정하고는 뉴욕 브루클린에 집을 얻고, 바텐더로 취직했다.

캣은 말한다. "저에게 그라운드 제로가 있다면 그곳이었어요(여기서 'ground zero'는 자신이 최악의 상황에 처한 곳이라는 뜻이다. -옮긴이). 저는 서른네 살의 석사 학위 보유자였는데 주차를 해주고 바텐더 일을 하고 있었죠. 저는 걸어 다니는 슬픔이나 다름없었어요. 아무리 해도 저 자신을 진정시킬 수가 없었어요. 그때 제게는, 인생을 바꾸려고 아무리 노력해 봤자 인생은 제 뜻대로 움직여주지 않는다는 생각밖에 들지 않았어요. 세상은 살 만한 곳이라고 느낀 적이 한 번도 없습니다."

그즈음 캣이 아동기에 받은 독성의 정서적 스트레스가 신체에 표출되기 시작했다. 마치 수십 년 묵은 고통이 몸 표면으로 끓어오르는 것 같았다. 손, 다리, 배를 가리지 않고 피부에 온통 발진이 일어났다. 당시 찍은 사진을 보면, 벌어져서 진물이 나오는 붉은 헌데들이 캣의 몸 거의 전부를 뒤덮고 있다.

캣은 말한다. "통증이 너무 심해서 잠을 잘 수 없었습니다. 몸을 뒤집을 수도 없었고요. 끊임없이 몸을 긁어댔죠. 하루가 끝날 무렵이면 진물 나고 벗겨진 헌데들에 옷이 착 달라붙었어요. 몸에 붙어버린 바지를 벗겨낼 때마다 무척 고통스러웠습니다."

캣을 처음 진료한 의사는 그녀에게 다량의 프레드니손(면역을 억제하는 항염증제―옮긴이)을 처방했다. 그러나 증상은 악화되었다. 캣은 말한다. "관절들이 커지고 부었습니다."

바텐더인 캣은 매일 자전거를 타고 출근했다. "하지만 자전거 페달을 한 발로만 밟아야 했어요. 반대쪽 다리는 무릎이 심하게 붓고 염증이 생겨서 아예 굽힐 수 없었거든요."

캣은 피부와 관절에 이토록 심한 염증을 유발시킨 것이 무엇인지 확인하고자 여러 의사를 찾아다녔다. 혈액검사 결과 백혈구 수치가 너무 낮은 걸로 보아 골수에 문제가 있다고 했다. 캣의 자가항체 수치는 이례적으로 높았다. 결합조직병―아마도 루푸스, 혹은 류머티스 관절염―이 있는 것으로 보였다.

캣은 전통적인 요법에 더해 전체론적(holistic)인 해법도 찾아보고자 의사를 몇 사람 더 만나봤다(전체론적 의학에서는 병의 원인은 단일한 게 아니므로 신체의 일부분을 기계적으로 치료할 게 아니라 종합적, 전체적 관점에서 접근해야 한다고 주장하며 다양한 요법을 활용한다. 흔히 대체의학으로 분류되는데, 한의학은 전체론적이지만 대체의학은 아니다.—옮긴이). 그러던 중 한 의사가 가족과 생애 내력에 대해 묻더니 캣의 인생을 영영 바꿔놓을 질문을 던졌다. "30년 전 당신이 받은 고도의 정서적 스트레스와 현재 당신을 괴롭히는 심한 신체적 염증 사이에 어떤 관계가 있을지 생각해 본 적이 있나요?"라고 물은 것이다.

캣은 말한다. "저는 깜짝 놀랐습니다." 그녀가 성장기에 겪은 일을 감안하면, 성인이 된 지금 행복을 느끼기 어려운 이유는 충분히 이해할 수 있었다. 그러나 "다섯 살 적 있었던 일과 그로부터 30년 뒤 면역계의 붕괴 사이에" 생리학적 관계가 있으리라고는 전혀 상상하지 못했다.

이어서 그 여의사는 캣이 완전히 간과한 놀라운 사실 하나를 지적했다. "어머니가 35세의 나이에 살해당했다고 하셨죠." 캣의 차트를 유심히 살펴보던 의사가 캣의 생년월일을 언급했다. "곧 생일이네요. 몇 주 뒤면 서른다섯 살이 되는 거예요. 어머니가 아버지에게 살해당한 그 나이에 가까워지고 있어요."

캣은 말한다. "그건 제게 큰 깨달음의 순간이었어요. 그 전에는 제가 어릴 적 겪은 일과 신체적 붕괴 사이에 연결고리가 있을 가능성을 고려해 본 적이 없었습니다. 하지만 마음속 깊은 곳 어딘가에서는 의사의 말이 옳다는 걸 알겠더군요."

캣은 말한다. "저는 꼭 저의 과거에서, 제 이야기에서, 제 고통으로부터 줄곧 달아나다가 다시 저 자신과 맞닥뜨린 것 같았어요."

그 모든 정서적 고통과 독성 스트레스가 캣의 정신과 마음에, 그리고 그녀의 몸에까지 큰 피해를 입혀왔던 것이다.

캣이 손가락을 'V' 자로 벌리고 짙은 색의 보이시한 앞머리를 빗어 넘기자 연한 갈색 눈동자가 드러났다. "제게 일어나고 있는 일을 이해할 단서가 생겼다는 것에 안도감을 느꼈어요. 하지만 의사가 한 말을 곱씹을수록 비통해지기도 했습니다. 저는 자문하지 않을 수 없었어요. '그때 그토록 많은 고통과 슬픔을 겪지 않았더라면, 지금 나는 어떤 사람이 되어 있을까?' 하고요."

더 행복한 유년을 보냈다면 캣의 인생은 크게 달라졌을까?

어렸을 적 그런 트라우마를 겪지 않았더라면 되었을 수 있는 건강한 사람으로 돌아가는 방법을 그녀는 찾을 수 있을까?

캣은 하나의 지극히 중요한 질문에 집중하기 시작했다. "나의 망가지고 상처 입은 자아가 내가 인생에서 되고 싶은 사람을 누르고 이기지 못하게 하려면 어떻게 해야 할까?"

로라, 존, 조지아가 겪은 역경의 이야기처럼, 캣의 이야기 역시 우리 안에서 수십 년 동안 조용한 시한폭탄처럼 째깍거리던 과거가 언제라도 우리의 세포들을 통해 메시지를 터뜨릴 수 있음을 보여준다. 설령 우리가 과거를 잊더라도 몸은 절대 잊지 않는다고.

캣의 ACE(아동기의 부정적 경험) 점수에 각기 1점씩 보탠 것은 가족 역기능의 여러 범주 중 그녀가 겪은 다음과 같은 것들이다. (1) 캣은 가족 구성원중 누구도 자신을 사랑하거나, 자신을 중요하거나 특별한 사람으로 생각지 않으며, 가족 구성원들이 서로 보살피지 않는다고 자주 느꼈다. (2) 자신을 보호해 주거나 돌봐줄 사람이 없다고 자주 느꼈다. (3) 어머니가 위협당하는 장면을 목격했다(또한 당시에는 몰랐지만 어머니가 살해당하는 것을 목격했다). (4) 직계 가족이—아버지가—교도소에 갔다.

캣의 ACE 점수에 마지막 1점을 더한 것은 (5) 부모님을 잃었다는 사실이다.

다시 말해서, 캣의 ACE 점수는 5점으로 매우 높다.

그럼에도 스무 살이나 서른 살 적의 캣을 만난 사람들은 그녀의 아동기 트라우마가 훗날 그녀를 괴롭힐 여러 가지 건강상, 생활상의 장애들로 이어지리라는 걸 아마 알아차리지 못했을 것이다.

캣의 상사들은 그녀가 커리어를 쌓아나갈 기회를 스스로 제한함으로써 자신의 재능이 발휘되는 걸 방해했다고만 생각했을 것이다. 당시 캣의 친구들은 그녀를 과민하게 반응하고 남을 조종하려 드는 사람, 그리고 본인이 말했듯 "작은 오해에서조차 재빨리 자신을 피해자 자리에 놓고 남을 탓하는" 사람으로 묘사했을 수도 있다. 대부분의 의사들은 캣에게 암과 심장병의 가족력이 있는지 여부를 제외하고는 유년기에 대해 묻지 않았다. 기껏해야 가장 효과적이라는 최신 항우울제, 항불안제, 스테로이드, 또는 면역억제제를 처방하면서, 알약과 연고만으로 그녀의 증상을 개선시킬 수 있지 않을까 기대하곤 했다.

그러나 캣이 경험한 트라우마는 그녀의 면역계와 뇌의 회백질에 변화를 일으켰고, 그녀가 일생 동안 보일 스트레스 반응의 수준을 재설정했다. 그리하여 캣은 성인기에 몸의 염증과 자가면역질환에 아주 취약한 사람이 되었고, 이런 온갖 문제들은 그녀의 어머니가 사망한 바로 그 나이에 표면화하기 시작했다.

로라는 어떨까? 로라의 ACE 점수는 4점이다. ACE 연구의 기준에 따르면, 로라가 유년기에 겪은 다음과 같은 정서적 트라우마들이 그녀의 점수에 1점씩을 보탰다. (1) 가정 내의 성인이 일상적으로 그녀를 폄하하고 창피를 주었다. (2) 가족 구성원 가운데 누구도 자신을 사랑하지 않는다고 자주 느꼈다. (3) 자신을 보호하거나 돌봐줄 사람이 아무도 없다고 자주 느꼈다. (4) 부모님은 이혼했고, 아버지는 그녀의 인생에서 사라진 거나 마찬가지였다.

그럼에도 스무 살 적의 로라는 앞으로 멋진 인생이 펼쳐질 똑똑한 젊은 여성으로 보였다. 그녀가 "남들에게 보이지 않을 뿐, 항상 저 깊이 세포 수준에서 떨고 있"다는 사실은 아무도 몰랐을 것이다. 그녀가 40대 중반에 심장병 조기 발병으로 고통받게 되리라는 것 역시 아무도 알 수 없었을 테다.

사실 로라 자신도 아동기의 부정적 경험과 성인기 건강의 관계에 대한 첨단적인 연구가 자신이 성인기에 겪은 질병을 새로운 각도에서 조명한다는 사실에 놀라고 있다. 로라는 말한다. "제 어린 시절이 고난으로 가득한 유년기였다고 생각한 적은 없었습니다. 그냥 있는 그대로 받아들였지요. 부모의 싸움을 목격하거나, 부모가 이혼을 하거나, 정신건강에 문제가 있는 어머니나 아버지가 퍼붓는 비난을 견뎌내야 했던 사람이 저뿐만이 아니잖아요. 저는 그럭저럭 버텼고, 집을 나왔고, 제 인생을 살기 시작했어요. 다들 그러지 않나요?"

하지만 로라 역시 인정할 수밖에 없는 게 있다. "종종 제 문제가 뭘까 고민하곤 했어요. 고객과 대립하거나 남편과 오해가 있을 때 내가 몇 시간씩 불안과 공포에서 헤어나지 못하는 이유가 뭘까? 왜 나의 불안 센서는 항상 풀가동되고 있는 걸까? 왜 아직 마흔여섯 살밖에 안 됐는데 심장병 때문에 가슴에 제세동기까지 달고 있을까?" 아동기의 부정적 경험 연구는 로라가 자기 인생의 이런 퍼즐을 맞출 수 있도록 돕는다.

존의 ACE 점수는 3점이다. 부모 중 한 사람, 아버지가 그를 자주 무시했다. 아버지가 어머니를 해치는 것을 목격했다. 아버지는 진단을 받지는 않았지만 행동건강(behavioral health)상의 장애를 겪고 있었음이 분명하다. 아마 자기애 성향이나 우울증이―혹은 둘 다―있었을지 모른다.

조지아의 ACE 점수 역시 3점이었다.

캣, 로라, 존, 조지아는 결코 특이한 경우가 아니다. 미국 성인 세 명 중 두 명이 유년기의 상처를 조용히 품은 채 어른이 되고, 그 상처가 자신들의 일상적 건강과 안녕에 어떤 영향을 미치는지에 대해 전혀 혹은 거의 모르는 채 살아간다.

다섯 살이나 열다섯 살 때 일어난 일이 30년 뒤 당신을 병원에 입원시킬 수 있다. 그 일이 크게 보도된 사건이든, 유년기의 집 거실에서 은밀하게 일어나 다른 누구도 알지 못하는 일이든 마찬가지다.

새로운 '모든 것의 이론'

과학자들은 아동기 트라우마와 뇌 구조, 성인기 건강의 상관관계를 정신생물학 분야의 새로운 "모든 것의 이론"이라고 부르고 있다(정신생물학은 심리생물학, 행동신경과학이라고도 한다. '모든 것의 이론[theory of everything]'은 자연계의 네 가지 힘인 전자기력, 강한 핵력, 약한 핵력, 중력을 하나로 통합하여 설명하는 ―즉, 모든 물리적 현상과 관계들을 완벽히 설명하는―가상의 이론을 가리킨다.―옮긴이). 수십 년에 한 번꼴로 획기적인 심리사회학적 '모든 것의 이론'이 등장하여, 우리가 지금 왜 이러한지, 그리고 어떡해서 이렇게 되었는지를 이해할 수 있는 새 시나리오를 쓰도록 돕는다. 20세기 초에 프로이트의 정신분석 이론은 우리의 깨어 있는 시간과 꿈의 대부분을 무의식이 지배한다고 주장했고, 자아 개념을 탄생시켰다. 융의 이론은 다른 여러 가지 외에도 개인의 성격이 내향성과 외향성 중 한쪽으로 기운다고 설파했고, 이를 바탕으로 훗날 캐서린 쿡 브리그스와 이저벨 브리그스 마이어스 모녀는 성격 유형 지표이자 검사 도구인 MBTI(Myers-Briggs Type Indicator)를 개발했다. 더 나중에 신경과학자들은 '0세에서 3세'가 뇌 시냅스(연접) 발달의 결정적 시기임을 밝혀냈고, 그 결과 헤드스타트(Head Start, 1965년 미국에서 시작된, 저소득층 가정의 미취학 아동에게 제공하는 교육, 건강, 영양 서비스-옮긴이) 프로그램과 유치원 · 유아원 교육이 시작되었다.

아동기의 부정적 경험에 대한 오늘날의 지식은 우리가 자신을 보는 방식에, 다시 말해 우리가 어떻게 지금처럼 되었고, 어째서 지금과 같은 방식으로 사랑하며, 어떡하면 아이를 더 잘 양육할 수 있고, 자신의 잠재력을 실현하기 위해 어떻게 할 수 있을지를 이해하는 데 혁명을 일으킬 수 있다.

아동기의 부정적 경험 연구는 신체적 고통과 정서적 고통이 모두 인간 면역계의 복잡한 작용에 뿌리를 두고 있음을 보여준다. 면역계는 우리 몸의 최고 운영통제 센터다. 그리고 아동기의 뇌에 일어나는 일들은 신체와 뇌와 정신, 이 모든 것을 관장하는 최고 운영체계에 어떤 프로그램이 설치될지를 결정한다. 그 프로그램은 평생을 간다.

이 새로운 '모든 것의 이론'을 통합하는 원리는 다음과 같다: 정서적 이력은 신체의 생리에 새겨지며, 이 둘은 서로 손잡고 당신이 어떻게 살아가게 될지가 담긴 각본의 많은 부분을 쓴다.[16]

다시 말하면, 당신이 생애 초기에 겪은 일들은 당신의 생명활동 즉 신체 생리의 대본을 쓰고, 당신의 신체 생리는 당신이 살게 될 인생의 대본을 쓴다.

아동기의 '경미한' 역경도 문제가 된다

아동이 겪는 역경은 정도가 심하지 않더라도 깊은 수준의 생물물리학적 변화를 일으켜 성인기에 만성적 건강 문제를 낳을 수 있다.

"연구 결과, 저희가 검토한 열 개 유형의 역경은 거의 동일한 정도로 피해를 입힌다는 사실이 밝혀졌습니다"라고 펠리티는 말한다. 펠리티와 앤다가 1만 7,000명 이상의 응답을 분석한 결과, 아동기의 부정적 경험 가운데 다른 유형에 비해 현저하게 더 큰 영향을 주는 유형은 없었다. 성적 학대처럼 사회적으로 특히 수치스러운 경험으로 여겨지기에 더욱 심각하다 할 유형, 신체적 학대처럼 폭력성이 더 공공연히 드러나는 유형들의 경우에도 마찬가지였다. 흥미롭게도, 아버지나 어머니에 의한 반복적인 모욕이 다른 유형에 비해 약간 더 해로웠고, 성인기의 질환과 우울증의 가능성을 조금 더 높이는 상관관계가 있었다. 자녀를 폄하하고 창피를 주거나 알코올 중독 또는 우울증이 있는 아버지나 어머니와 함께 사는 것만으로도 자녀는 대단히 해로운 부정적 경험의 상처를 입고 뇌와 면역 기능이 영영 손상될 수 있다.

앤다에 의하면, ACE 검사가 밝혀내는 것은 "빙산의 일각"에 불과하다.

다른 연구자들도 이에 동의한다. 지난 여러 해 동안 과학자들은 ACE 연구에 포함되지 않은 유형의 아동기 스트레스 인자들을 검사할 방법을 찾고자 했다. 일례로 2014년에 케임브리지대학 연구자들은 14세 자녀를 둔 부모들에게, 출생 시부터 11세 때까지 그 자녀가―혹은 가족 전체가―겪은 부정적인 생애사건(life event, 결혼, 이혼, 질병, 부상, 이직, 실직 따위를 포함하여 개인의 일상적 삶에 상당한 지장이나 변화, 재적응을 초래하는 사건과 경험. '생활 사건'이라고도 한다.-옮긴이)이나 어려웠던 일들을 뭐든 기억해 내어 말해 달라고 요청했다. [17] 이때 연구자들은 부모 사이의 심한 언쟁이나 긴장 상태 같은 것뿐 아니라 단순히 가족 구성원 간에 애정이나 소통이 없다는 것도 포함하여 "가족 중심적" 문제들에 대해 질문을 던졌다.

이 아이들이 각기 17세, 18세, 19세일 때 찍은 뇌영상(brain imaging, '신경 영상[neuroimaging]'이라고도 한다.-옮긴이)을 보면, 가정 내 애정 결핍이나 부모 간 불화처럼 아주 흔하지만 비교적 만성적인 형태의 가족 역기능에 노출되는 것만으로도 발달 중인 뇌에 변화가 일어나 크기와 부피가 줄어든다는 사실을 알 수 있다. [18]

'아동기 외상 질문지(Childhood Trauma Questionnaire, CTQ)'는 12세 이상의 사람들을 대상으로 아동기에 겪은 보다 미묘한 형태의 상처나 방임이 남긴, 보이진 않지만 좀체 사라지지 않는 영향을 검사하는 데 사용된다. CTQ에서는 "가족 구성원이 내게 상처를 주는 모욕적인 말을 했다", "가족 구성원이 내게 '멍청하다', '게으르다', '못생겼다'와 같은 말을 했다" 등의 정교한 진술의 사실 여부에 대해 '전혀 아니다, 거의 아니다, 가끔 그렇다, 자주 그렇다, 매우 자주 그렇다' 중의 하나로 답하도록 한다.

CTQ는 긍정적 진술에 부정적 대답을 할 수도 있게 되어 있다. 응답자는 "가족에게서 힘과 지지를 얻었다"와 같은 진술이 '거의 사실이 아니다'라고 답하거나, "사랑받는다고 느꼈다"는 진술에 '가끔'만 사실이라고 답할 수 있다. 이렇듯 응답자로 하여금 아동기의 정서적 경험을 한결 섬세하게 그려내도록 하는 CTQ의 특성 덕분에 연구자들은 낮은 수준의 가정 내 애정 결핍이나 방임조차 어린 아동의 뇌에 손상을 입히고 훗날 건강에 부정적인 영향을 준다는 놀라운 과학적 상관관계를 밝혀낼 수 있었다. [19]

부모 사이의 만성적인 불화, 낮은 수준이지만 지속적인 굴욕이나 탓하고 수치 주기, 만성적인 놀림, 서로에 대해 은밀한 분노를 불태우던 부모의 조용한 이혼, 아동의 삶에서 아버지나 어머니가 너무 이르게 퇴장하는 것, 과하게 비판적이거나 불안정하거나 자기애적이거나 양극성장애가 있거나 알코올 등의 물질에 중독되어 있거나 우울증이 있는 부모 아래서 받는 감정적 상처, 신체적·정서적 학대 혹은 방임—너무나 많은 가정에서 일어나는 일들이다. 게다가 아동기의 가족 외적인 스트레스 인자들 역시 성인기 건강에 영향을 줄 수 있다는 사실이 차츰 드러나고 있다. 여기에는 생애 초기의 의료 관련 트라우마, 괴롭힘이나 신고식을 당하는 것, 폭력이 만연한 동네에서 사는 것이 포함된다. 개인이 겪는 역경의 세부 사항은 가정마다 동네마다 다르겠지만, 내용이야 어찌 되었든 발달 중인 뇌의 회백질에 동일한 유기화학적 변화를 일으키는 요인이 된다는 점은 모두 같다. 펠리티가 평했듯, "유아기와 아동기 시절은 그저 흘러가 버리는 게 아니라, 젖은 시멘트에 남은 아이의 발자국처럼 평생을 간다."[20] 혹은 시인 T. S. 엘리엇이 『네 개의 사중주(Four Quartets)』에서 읊었듯, "나의 시작 속에 나의 끝이 있다."

생애 초기의 트라우마와 후기의 질환 사이에 이렇듯 양(陽)의 상관관계, 즉 비례성이 존재하는 것은 사실이지만, 당연히 아동기의 부정적 경험이 성인기 질환의 유일한 원인은 아니다. 병이 생기는 데에는 생활 방식, 유전, 환경독소, 식단을 포함한 많은 이유가 있다. 우리가 성인기에 병을 얻는 것이 단지 우리가 아동기에 겪은 일 때문은 아니다. 아동기의 트라우마와 역경이 성인기 질환에 기여한다는 사실을 인지하는 것만으로 우리가 곧장 치유되는 것도 아니다.

펠리티와 앤다의 연구를 통해 알 수 있는 사실은, 우리가 지금 어떤 건강 문제에 직면해 있든 거기엔 아동기의 경험이 큰 역할을 하고 있음을 인지하지 않으면 치유가 더 어려워진다는 것이다. 그렇기 때문에 오늘날 미국 전역의 연구실에서 신경과학자들은 한때 불가해한 것으로 여겨졌던 뇌와 신체의 연결 관계를 세밀히 들여다보고, 우리가 아주 어렸을 적이나 십대 시절에 받는 생애 초기의 스트레스가 정확히 어떻게 우리의 몸과 세포와 심지어 DNA까지도 변화시켜 성인이 되었을 때 우리의 발목을 붙드는지를 생화학적 수준에서 하나하나 분석하고 있다.

제2장
서로 다른 역경이 비슷한 건강 문제를 낳는다

톨스토이의 소설 『안나 카레니나』의 첫 문장 "행복한 가정은 모두 비슷하지만 불행한 가정은 저마다의 이유로 불행하다"에서 탄생한 철학적 언명이 있다. '안나 카레니나 법칙'으로 불리는 이 언명의 요지는, 무언가에 실패하는 길은 아주 여러 가지가 있으며, 성공이 그토록 어려운 까닭은 그 많은 실패의 길들을 전부 피해야 하기 때문이라는 것이다.

행복한 가정이 행복한 이유는 무언가를 잘해서가 아니라, 무언가를 잘못하지 않아서일 수 있다. 아동기의 부정적 경험(ACE) 연구에 따르면 미국 성인의 64%가 적어도 한 가지는 잘못되었던 가정에서 자랐다. 적어도 한 가지의 ACE에 노출되었다는 뜻이다. 불행한 가정들은 저마다 고유한 방식으로 불행할지 모른다. 그러나 아동기 역경을 연구하는 신경생물학자들에 따르면, 이 불행한 가정들에도 한 가지 공통점은 있다고 한다. 불행한 역기능 가정에서 만성적 역경을 경험한 아동들은 뇌 구조가 변화하며, 그 변화가 신체에 남기는 영구적인 상처들은 당신이 누구든, 어디서 살았든, 성장기에 당신에게 불행을 준 것이 어떤 사건이든, 서로 무척 닮아 있다는 점이 그것이다.

생애 내력은 어떻게 신체에 새겨지는가

아동기의 독성 스트레스가 뇌를 어떻게 바꾸는지 이해하기 위해, 우선 우리의 스트레스 반응이 최적의 상태에서 어떻게 작동하는지를 알아보자.

상상해 보자. 당신은 침대에 누워 있고, 다른 가족은 전부 잠들어 있다. 새벽 한 시다. 계단이 삐걱거리는 소리가 들린다. 한 번, 또 한 번. 이제 복도에서 인기척이 난다. 돌연 경계심이 발동한다. 무슨 일이 벌어지고 있는 건지 의식적 수준에서 이런저런 가능성을 가늠해 보기도 전이다. 시상하부라고 불리는 뇌의 작은 부위에서 호르몬을 방출하여 두 개의 작은 내분비샘—뇌하수체와 부신—이 몸 전체로 화학물질을 보내게끔 한다. 부신에서 분비된 호르몬인 아드레날린과 코르티솔은 면역세포로 하여금 체내 면역 반응을 자극하는 강력한 전령 분자들을 내보내도록 만든다. 당신이 귀를 쫑긋 세우고 침대에 가만히 누워 있는 동안, 살갗 아래에서는 맥박이 고동친다. 팔 표면의 털이 쭈뼛 선다. 근육이 수축한다. 몸은 생명과 신체를 보호하기 위한 전투를 벌일 태세에 돌입한다.

그러다 문득 당신은 문제의 발소리가 십대 자녀가 야식으로 시리얼 한 그릇을 먹고 계단을 올라오는 소리였을 뿐임을 깨닫는다. 몸이 긴장을 푼다. 근육이 이완된다. 쭈뼛 섰던 팔의 털이 다시 눕는다. 시상하부와 뇌하수체와 부신이—셋의 머리글자를 따서 'HPA 스트레스 축(hypothalamic-pituitary-adrenal stress axis)'이라 불리는 것이—진정한다. 휴, 이제 당신도 마음을 놓을 수 있다.

건강한 스트레스 반응을 보이는 사람은 스트레스에 빠르고 적절하게 반응한다. 스트레스성 사건이 지나가면 몸은 투쟁-도피 반응(fight-or-flight response, 인간을 포함한 동물들이 자신에 대한 공격이나 해로운 사건, 생존에 대한 위협 등에 대해 보이는 두 가지의 대표적인 생리 반응-옮긴이)을 누그러뜨린다. 체내 시스템은 다시 휴식하고 회복하는 기저(基底) 상태로 복귀한다. 다시 말해, 당신은 인간의 스트레스 사이클의 전반과 후반을 차례로 통과하여 원점으로 돌아온다.

이런 경우에조차 감정은 우리의 몸에 실체적이고 중요한 방식으로 영향을 준다. 감정은 신체적이다. 우리는 감정이 북받쳐 "속이 답답하고", "목이 콱 메고", 친척이나 직장 동료를 "눈엣가시"로 여긴다.

정신적 스트레스와 신체의 염증 사이에는 강한 상관관계가 있다. 스트레스를 주는 감정—분노, 공포, 걱정, 불안, 반추사고(반복적으로 똑같은 생각에 잠기는 것-옮긴이), 비탄, 상실감—을 경험할 때면 HPA 축에서는 스트레스 호르몬인 코르티솔과 염증성 사이토카인(면역 세포가 분비하는 단백질의 총칭-옮긴이) 등 염증을 촉진하는 물질들을 분비한다.

예를 들어, 면역계가 바이러스나 박테리아 감염에 맞서 싸워야 할 경우에는 수많은 백혈구 세포가 감염 부위로 쇄도한다. 백혈구들은 몸에 침투한 병원체들을 파괴하고 손상된 조직을 복구하는 것을 돕고자 염증성 사이토카인을 분비한다. 그러나 이 사이토카인은 잘 조절되지 않거나 수가 너무 많을 경우, 조직을 복구하기는커녕 오히려 조직에 손상을 입힌다. 독성쇼크증후군은 이런 과정이 체내에서 대단히 빠르게 일어났을 때 발생하는 극단적인 사례다.

만성적인 스트레스가 주어질 경우, 그에 대한 반응으로 좀 더 미묘한 유형의 조직 손상이 오랜 시간에 걸쳐 천천히 일어날 수 있다. 우리 몸의 시스템이 반복적으로 과도한 자극을 받다 보면, 스트레스에 대한 반응이 줄어들기 시작한다. 언뜻 봐서는 좋은 일 같다. 스트레스 반응이 줄면 염증도 줄어드는 게 아닌가?

하지만 원래 스트레스 반응이 어때야 하는지를 기억해 보자. 건강한 스트레스 반응은, 큰 스트레스 인자에 대응하여 방어 행동에 돌입했다가, 빠르게 원상태로 복귀해서, 평온한 항상성(homeostasis)의 상태에서 긴장을 늦추고 휴식하고 회복하는 것이다. 문제는 만성적 스트레스를 많이 받고 있을 경우엔 스트레스 반응이 멈출 새가 없다는 것이다. 몸은 스트레스 사이클의 전반부에 내내 갇혀 있게 된다. 몸이 회복할 수 있는 상태가 오지 않는다. 미약하게나마 지속적으로 스트레스 반응이 일어난다. 즉, 소량의 염증 촉진 화학물질이 끊임없이 방출되고 있다. 스트레스와 관련된 내분비기관인 시상하부와 HPA 축은 항시 소량의 스트레스 호르몬을 분비하고. 이는 만성적인 사이토카인 활동과 염증으로 이어진다.

아주 단순히 말하자면, 만성적 스트레스는 스트레스 호르몬 조절 이상을 낳고, 이는 통제되지 않는 염증을 낳는다. 그리고 염증은 증상과 질환으로 귀결된다.

이것이 면역 기능과 염증 과정을 조정하는 일에서 스트레스 호르몬이 하는 역할의 기초적 원리다. 만성적인 스트레스와 현저히 높은 수준의 염증과 질환 사이에 유의미한 연관성이 나타나는 까닭을 설명할 단서가 여기에 있다.

정서적 스트레스가 면역계에 미치는 신경생물학적 영향에 대한 연구로 맥아더펠로상(어느 분야에서든 뛰어난 창의성과 잠재력을 지닌 사람에게 활동 지원금을 5년간 분할 지급하는 프로그램으로, 연령 제한이 없으며 개인별 지급 총액은 현재 62만 5,000달러.−옮긴이)을 받은 스탠퍼드대학교 교수 로버트 새폴스키 박사는 이렇게 말한 적이 있다. "우리를 스트레스 호르몬 속에서 뒹굴게 만드는 스트레스 반응이 스트레스 인자 자체보다 더 큰 피해를 줍니다."[21]

스트레스와 신체적 염증의 관계는 여러 연구에서 속속 밝혀지고 있다.

예를 들어, 치매에 걸린 배우자를 돌보느라 스트레스를 받고 있는 성인은 염증을 증가시키는 사이토카인의 수치가 높아져 있다. [22] 마찬가지로, 성인인 형제자매가 사망하면 심장마비를 일으킬 가능성이 크게 증가한다. [23] 임신 중에 스트레스를 주는 큰 사건을 겪으면 유산할 가능성이 두 배로 높아진다. [24] 심각한 재정적 문제를 겪으면 다음 몇 달 동안 넘어져 부상을 입을 위험이 커진다. [25] 자녀가 사망한 부모는 다발경화증에 걸릴 가능성이 세 배로 높아진다. [26] 격심한 감정적 공포나 상실감은 심근증(心筋症)의 일종인 '상심증후군(broken heart syndrome, 다코쓰보 심근증)'을 촉발할 수 있는데, 심장 근육이 심하게 약화되는 이 병은 본격적인 심장마비와 거의 똑같은 증상을 보여 자주 오진된다. [27]

스트레스가 아동에게 더 해로운 이유

성인기에 받는 정서적 스트레스가 우리 신체에 미치는 영향은 정량화가 가능하며, 삶을 바꿔놓을 만큼 클 수 있다. 하지만 아동이나 십대 청소년이 정서적 스트레스 인자와 역경에 맞닥뜨릴 경우에는 더욱 깊은 상처가 남는다. 이러한 스트레스 인자가 될 수 있는 것으로는 만성적인 폄하, 정서적 방임, 부모의 이혼, 어머니나 아버지의 사망, 우울증이나 중독 장애가 있는 부모의 감정 기복, 성적 학대, 의료 관련 트라우마, 형제자매를 잃는 것, 신체적 폭력을 당하거나 폭력적인 지역사회에서 자라는 것 등이 있다. 각각의 경우에 HPA 축(시상하부-뇌하수체-부신 축)의 스트레스 반응 방식이 재설정되어 여생 내내 염증성 스트레스 호르몬 반응이 활성화될 수 있다.

성장 중인 어린 아동의 HPA 축은 아직 발달 중이다. 그리고 이 축의 건강한 성숙은 일상 환경이 안전한지 여부에 크게 영향을 받는다. 가정이나 지역사회, 학교에서 벌어지는 일로 인해 어린 뇌가 반복적으로 과다각성 (hyperarousal, 정신적 및 생리적 긴장이 항진된 상태-옮긴이)이나 불안 상태에 놓이는 경우, 스트레스 축은 자꾸만 반응에 들어가게 되고, 신체에는 매일같이 염증성 스트레스 신경화학물질이 넘쳐흐르게 된다. 이로써 생겨나는 깊은 생리학적 변화는 염증과 질환을 낳을 수 있다.

과민대장증후군을 호소하는 여성의 절반 이상이 아동기의 트라우마를 지니고 있다고 말한다. 부모가 이혼한 아동은 성인이 되어 뇌졸중에 걸릴 확률이 훨씬 높다. 아동기의 부정적 경험(ACE) 점수가 높을수록 암, 폐 질환, 당뇨병, 천식, 두통, 궤양, 다발경화증, 루푸스, 과민대장증후군, 만성 피로증후군 등 각종 질환에 걸릴 가능성도 높아진다. [28]

ACE 유형을 많이 겪을수록 그에 비례해 성인이 되어 심장병에 걸릴 확률이 높아진다. [29] ACE 점수가 7점 이상인 아동은 성인이 되어 심장병에 걸릴 확률이 360%나 올라간다.

로라를 기억하는가? 로라는 일생 동안 천천히 만들어진 상심증후군을 안고 산 것이나 마찬가지다. 아동기에 믿을 수 있는 부모가 전혀 없었다는 정서적 상실은 결국 성인기 그녀의 심장에서 모습을 드러냈다.

부정적 의료 경험

아동기의 부정적 경험이 전부 문제 있는 양육에서 비롯되는 것은 아니다. 미셸의 부모님은 행복한 가족의 틀에 들어맞는 가정생활을 꾸려나가는 유형의 멋진 분들이었다. 두 사람은 모든 아이에게 주어져야 마땅한 부모의 사랑과 지원을 아들과 딸에게 아낌없이 주었다. 미셸은 말한다. "좋은 삶이었어요." 그러다 열세 살 때, 미셸은 방광염에 걸려 일반적인 항생제 처방을 받았다. "그리고선 24시간도 지나지 않아 두통과 발진이 시작되었습니다."

담당 의사는 미셸의 어머니에게 말했다. "바이러스입니다."

하지만 발진은 사라지지 않았다. 미셸은 밝은 빛을 보면 얼굴을 찡그리며 움찔하기 시작했다. 안과 의사는 원인을 찾아낼 수 없었다. 미셸의 윗입술을 따라 물집이 잡히기 시작했다. 소아과 의사가 두 손을 들자, 부모는 미셸을 종합병원 피부과로 데려갔다. 피부과 의사는 어느 논문에서 미셸이 보이는 것과 같은 증상에 대해 읽은 적이 있다고 했다. 그는 미셸의 병이 약물에 대한 심한 알레르기 반응으로 일어나는 희귀병인 스티븐스-존슨증후군(SJS)이라고 추측했다.

미셸은 뉴욕시의 컬럼비아 장로교병원에 입원했다. 입원하고 24시간이 지나지 않아 커다란 손바닥 크기의 물집이 온몸으로 퍼져나갔다. 물집에 뒤덮인 부위가 "처음엔 몸의 30%였지만 곧 100%가 되었어요"라고 미셸은 말한다. 그녀는 스티븐스-존슨증후군의 진행된 형태인 독성 표피괴사용해증(TENS)으로 진단받았다. 큰 밥그릇만 한 물집들은 이내 "서로 연결되고 합쳐져서, 몸통 전체가 하나의 거대한 물집이 되었어요." 미셸은 말한다. "심지어는 각막에도 물집이 생겼습니다."

오늘날 의사들은 독성 표피괴사용해증에 걸린 환자를 인위적인 혼수상태에 빠뜨린다. 환자가 견딜 수 없을 정도로 심한 신체적 통증을 느끼기 때문이다. 그러나 미셸이 이 병을 진단받은 1981년엔 의사들이 "병이 진행되는 걸 지켜보기만 하는" 게 상례였다. 미셸의 담당의들은 그녀의 병실을 화상 환자 치료실로 개조했다. 겉보기에 화상 환자 같다는 이유로 미셸을 화재에서 구조된 사람처럼 다룬 것이다. 미셸은 자기 자신을 신체와 분리시키기 시작했다고 말한다. "마치 피부를 1인치씩 벗겨내는 느낌이었습니다. 저는 그 병원에서 제 몸과 갈라섰습니다. 몸과 서로 말하지 않는 사이가 되었어요. 고통을 견딜 수 없었거든요."

미셸은 기적적으로 목숨을 구했다. 학교를 두 달 결석하며, 어머니의 간호하에 건강을 되찾았다. 미셸의 일상은 조금씩 정상적 리듬을 되찾기 시작했다. 그러나 미셸의 마음속에 도사린 공포는 여전했다. 지금도 매년 미셸은 처음 병원에 입원한 날이 되면 머리카락이 빠진다고 한다. "그러고선 머리가 천천히 다시 나더군요." 미셸은 펜실베이니아대학교에 입학했고, 그럭저럭 일상을 유지해 나가는 듯했으나, 매일같이 "불면증과 되풀이되는 악몽"에 시달렸다. 20대 후반에 미셸은 만성피로와 엡스타인-바바이러스(인간헤르페스바이러스의 한 종류─옮긴이) 감염, 과민대장증후군을 진단받았다. "온몸에 끔찍한 근육통이 있었고, 만성 부비동염을 앓았습니다. 너무 아파서 5분도 가만히 앉아 있을 수 없었어요." 미셸의 간 효소 수치는 천정부지로 치솟았다. 그녀는 말한다. "의문의 질병들이 끊이질 않았어요."

35세 되던 해, 미셸의 의사는 그녀를 앉혀놓고 "심하고 진전된 골다공증"이 있다고 말했다. 그는 앞으로 뼈가 바스러지기 시작할 거라고 말했다. "치료로 조절하지 않으면 앞으로 10년 안의 어느 시점에 뼈가 저절로 조각날 겁니다."

미셸이 생애 초기에 겪은 역경은 잘못된 양육과는 무관하다. 그러나 어릴 적에 그녀가 받은 스트레스는 극심했고, 그 스트레스가 발달 중인 면역계와 세포에 입힌 피해는 잘못된 양육의 경험과 똑같이 그녀의 건강을 좀먹었다.

인생은 복잡한 데다 혼란스럽고 골치 아프며, 고통은 여러 형태로 찾아온다. 나쁜 일들이 일어난다. 부모님이 병에 걸리거나 돌아가신다. 느닷없이 사고가 터지고 갑자기 건강상의 위기가 닥친다.

아동기에 겪은 각양각색의 역경에 의해 촉발된 생물물리학적 변화와 염증은 어떻게 해서 훗날 자가면역질환과 심장병, 암으로 귀결되는 것일까?

결정적인 유전적 스위치를 올리다

유달리 상쾌한 12월의 어느 아침, 나는 볼티모어 시내의 한 커피숍에서 메릴랜드대학교 의대 신경과학 교수인 마거릿 매카시 박사를 만난다. 워낙 바쁜 사람이라 우리는 수프 두 잔을 포장해 들고 그녀의 사무실로 향한다(미국의 의학교육 기관은 대개 의학전문대학원이나 편의상 '의대'로 통일한다. ―옮긴이).

네 개의 방으로 구성된 매카시 연구실의 대동맥 격인 복도에 들어서면서, 우리는 토끼 인형을 들고 환히 웃고 있는 어린 소녀의 사진 위에 "연구가 생명을 살린다"라는 말이 적힌 표지판을 지나친다. 매카시는 여러 해동안 의대생, 대학원생, 심지어 고등학생에게도 과학을 가르쳐왔다. "과학에 흥미를 붙여 주기 위해" 고등학생들을 연구실 조수로 받기도 한다.

매카시는 내게 지금껏 연구를 통해 아동기 역경과 뇌 발달에서의 변이에 대해 밝혀진 사실을 간략히 설명해 준다.

"생애 초기의 스트레스가 뇌에서 일으키는 변화는 면역계를 재설정해서, 스트레스에 더 이상 반응하지 않게 만들거나 반대로 격하게 반응하고 그러는 걸 멈추지 못하게 만듭니다."

스트레스 반응에 평생 지속될 변화가 일어나는 것은 후성유전(後成遺傳,

'후생유전'이라고도 한다. –옮긴이)으로 알려진 과정을 통해서다. 후성유전적 변화는 생애 초기의 좋거나(양육자의 훌륭한 보살핌, 건강한 식단, 깨끗한 공기와 물 등) 나쁜(스트레스를 주는 여건, 질 낮은 식단, 감염, 유해한 화학물질 등) 환경적 영향으로 인해 체내에서 어떤 유전자들이 활성화될지가 항구적으로 바뀌어버릴 때 일어난다.

후성유전적 변화가 일어나는 것은 유전자 메틸화(gene methylation)라고 불리는 과정 때문이다(유전자 메틸화[DNA 메틸화]란 탄화수소기의 일종인 메틸기가 DNA 분자에 추가되는 것으로, 해당 DNA 세그먼트의 염기서열을 바꾸지 않으면서 그것의 활동을 변화시킬 수 있다. –옮긴이). 매카시는 설명한다. "DNA는 세포핵 속에 그냥 놓여 있는 게 아닙니다. 아주 단단하게 꼬여서 보호단백질들에 포장되어 있죠. DNA와 단백질, 그 둘이 염색체를 구성합니다. 중요한 건 우리의 유전체(genome) 자체가 아니라, 그 유전체가 발현되는 방식입니다. 어떤 유전자가 적절하게 발현되려면 유전자가 있는 바로 그 위치에서 염색체가 풀려서 꽃처럼 펼쳐져야 합니다."

매카시가 양손 손가락을 펼치며 말한다. "상상해 보세요. 꽃이 피는 걸 보고 있는데, 꽃잎이 열리려다 보니 흠이 가득한 겁니다." 매카시는 손가락 몇 개를 다시 접어 넣는다. 마치 그것들이 갑자기 움직이지 못하게 된 것처럼. "흠 때문에 원래 펼쳐졌어야 했을 꽃잎이 펼쳐지지 못한 거죠. DNA가 펼쳐졌는데 메틸화 자국으로 뒤덮여 있으면, 그 유전자는 본디 발현되어야 할 방식으로 올바르게 발현될 수 없어요."

매카시가 설명을 이어가기를, 이런 "후성유전적 침묵"이 일어나면, 이 작은 화학적 표지들이—메틸기(methyl groups)라고도 한다—우리 뇌 안에서 스트레스 호르몬 수용체의 활동을 통제하게 되어 있는 특정 유전자들에 달라붙는다. 이런 화학적 표지들은 유전체의 영역들 중 성인기에 뇌의 해

70

마가 스트레스 호르몬을 잘 통제하도록 감독하는 부분의 중요한 유전자들을 침묵시킨다. 뇌가 생물학적 스트레스 반응을 조정하지 못하게 되면, 신체는 끊임없이 과다각성과 반사적인 반응성(reactivity, 외부 자극에 민감하게 반응하는 특성. 이 특성을 지닌 사람은 감정에 사로잡혀 행동하기 쉽다. -옮긴이)을 보이게 된다. 아주 가벼운 자극만 받아도 염증성 호르몬과 화학물질이 분비되어 몸 안을 계속 흘러 다닌다.

다시 말해서, 아동이 어리고 뇌가 아직 발달 중일 때 반복적으로 투쟁-도피 상태에 놓이게 되면 이로 인한 만성적 스트레스가 예의 작은 화학적 표지들로 하여금 스트레스 반응을 조절하는 유전자를 망가뜨리게 하고, 그 결과 뇌는 남은 일생 동안 스트레스 반응을 바람직하게 조절하지 못하게 된다.[30]

예일대학교 의대에서 아동·청소년 연구 교육(CARE) 프로그램을 이끌고 있는 연구자 존 카우프먼 박사는 학대 혹은 방임으로 인해 부모에게서 분리된 아동 96명과 일반적으로 행복한 가정으로 여겨지는 환경에서 생활하고 있는 아동 96명의 침에서 추출한 DNA를 분석했다. 그 결과, 역경을 겪은 아동들의 DNA에서 후성유전적 표지들이 현저히 다르게 나타난다는 사실이 드러났다. 그들 DNA의 도합 3,000개 가까운 위치, 23쌍 염색체 전부에서 차이가 발견된 것이다.[31] 아동들의 유전체에서 후성유전적 변화가 일어난 위치는 그들이 훗날의 삶에서 스트레스 인자에 얼마나 적절하고 효율적으로 반응할지를 결정짓는 곳들이었다.

위스콘신대학교에서 아동정서연구실을 이끄는 심리학 교수 세스 폴락 박사는 역경과 트라우마를 겪은 아동 50명을 연구하여, 아동들의 스트레스 관리를 돕는 유전자에 변화가 일어났음을 발견했다.[32] 스트레스 인자가 지나간 뒤 코르티솔 반응을 가라앉히는 신호를 보내서 몸이 차분한 상태로 돌아올 수 있도록 하는 이 유전자가 손상된 까닭에 아동들의 몸은 고조된 스트레스 반응을 억제할 수 없었다. 폴락은 말한다. "결정적인 브레이크 한 세트가 망가진 겁니다."[33]

그런데 이는 아동이 역경에 직면했을 때 변질되는 수백 가지 유전자 가운데 하나에 지나지 않는다.[34]

아동기 혹은 청소년기에 HPA 스트레스 축에 과부하가 걸리면, 그 부작용은 오래간다. 단지 삶의 그 시기에 스트레스가 미치는 영향 때문만이 아니라, 생애 초기의 만성적 스트레스가 우리가 일생 동안 스트레스성 사건에 반응하는 방식을 생물학적 차원에서 새로 설정하기 때문이다. 이런 장기적 변화가 만든 새로운 생리학적 설정값은 우리가 서른, 마흔, 쉰, 그리고 그 이후 나이가 되었을 때 우리의 내분비 및 면역 기능이 우리 몸과 세포에 일제 공격을 가할 해로운 스트레스성 신경화학물질 칵테일을 얼마나 활발하게 생산할 것인가를 결정한다. 스트레스 체계가 일단 손상되면 우리는 스트레스에 과잉 반응을 하게 되고, 그 같은 반사적 반응 모드에서 자연스럽게 회복할 능력에도 손상을 입는다. 그리하여 우리는 모든 일에 반응하게 된다.

당신의 몸이, 필요할 때면 주입량 조절기를 활짝 열고 위기가 지나가면 잠그는 정맥 점적주사를 통해 스트레스 호르몬과 화학물질을 투여받는다고 한번 상상해 보자. 생애 초기에 역경을 겪어서 뇌에 후성유전적 변화가 일어난 아동들은 염증을 촉진하는 투쟁-도피 호르몬을 매일 고용량으로 주입받고 있는 셈이다. 설상가상으로 호르몬 주입을 멈추는 스위치는 존재하지 않는다.

HPA 축의 스트레스 체계가 항시 활성화되어 가동 중이라면, 우리 몸은 스트레스 사이클의 전반부에 계속 갇혀 있는 것과 같다. 수십 년 동안 자기도 모르게 염증성 화학물질에 몸을 절이는 셈이다. 그리하여 세월이 지난 뒤 과민대장증후군, 자가면역질환, 섬유근육통, 만성피로, 섬유종, 궤양, 심장병, 편두통, 천식, 암과 같은 형태로 증상들이 마음껏 펼쳐질 무대가 준비된다.

우리를 특정 질환들에 취약하게 만드는 이런 변화는 아동기에 이미 명백히 드러난다. 존 카우프먼과 그녀의 동료 연구자들은 그 같은 직접적 상관관계를 밝혀낸 첫 연구에서, 부모에 의해 방치된 아동들이 심혈관 질환, 당뇨병, 비만, 암에 관여하는 유전자를 비롯해 "유전체 전체에 걸쳐" 유의미한 후성유전적 차이를 보인다는 사실을 발견했다.[35]

그러나 마흔이 되어 자가면역질환의 조짐이 스멀스멀 나타나거나 쉰이 되어 심장병이 고개를 들 때쯤엔, 우리는 아동기에 겪은 일과 성인기 질환을 연결 짓지 못한다. 해묵은 정서적 스트레스와 건강이 썩 좋지만은 않다는 느낌은 우리에게 이미 익숙하다. 그게 정상으로 느껴진다. 매일 반복되는 긴 출퇴근, 30년에 걸쳐 갚아야 할 모기지 대출, 저마다 견뎌내야 할 나름대로의 가족 역동(family dynamics, 가족 구성원이 서로 관계 맺고 상호작용을 하는 방식―옮긴이)이 있다. 보통의 날들은 그럭저럭 괜찮게 버틴다. 그러다가 아주 사소한 사건 하나가 벌어진다. 가족끼리 식사하는 자리에서 나온 말을 두고 여동생과 다툰다. 천문학적인 의료비를 보험처리 해줄 수 없다는 메일을 받는다. 손님을 잔뜩 초대한 디너파티 바로 전날 냉장고가 먹통이 된다. 회의에서 상사가 내 아이디어는 무시하고 동료의 아이디어를 받아들인다. 고속도로에서 뒤에서 달리던 차가 길고 시끄럽게 경적을 울리며 추월해 들어온다. 우리는 이런 사건들에 생사가 걸린 것처럼 반응한다. 우리는 쉽게 발끈한다. 그렇게 우리는, 자신이 생각만큼 멀쩡하지 않다는 사실을 깨닫게 된다.

트라우마를 남기는 아동기 스트레스를 경험하지 않고 자란 성인은 똑같은 스트레스 인자를 만났을 때 똑같이 코르티솔 수치의 급등을 경험하지만, 스트레스 상황이 지나가면 빠르게 휴식과 이완의 상태로 복귀한다. 그러나 생애 초기에 트라우마를 얻은 성인의 HPA 스트레스 축은 진짜 위험과 인지된 스트레스를 분간하지 못한다. 어떤 사건으로 인해 집중이 흐트러지고 스트레스를 받을 때마다 HPA 축은 순식간에 신호를 보내 면역계가 최고 속도로 돌아가게 만든다. 아드레날린이 분출하는데, 우리의 스트레스 체계에 이제 휴식과 이완의 상태로 돌아가라고 말해 줘야 할 유전자들은 제 일을 하지 않는다.

날이 가고 해가 가면서, "코르티솔 수치가 정상 수준으로 회복되는" 기간의 길고 짧음은 우리가 스스로 분비한 염증성 스트레스 호르몬에 절어져 보내는 시간의 길이에 큰 차이를 낳는다. 실로 삶을 바꿀 만큼 큰 차이다. 그리고 세월이 흐르면, 그 차이가 인생을 심하게 일그러뜨릴 수 있다.

경계를 늦추지 못하는 아이

아동기의 부정적 경험을 지닌 성인들은 항상 경계 태세를 취하고 있다. 다음번 긴장 상황이 언제 닥칠지 알 수 없었던 아동기에 들인 습관이다.

어렸을 적에 끔찍한 병을 앓은 미셸은 성인이 되어서도 평안하다거나 건강하다는 기분을 전혀 느끼지 못했다. "사소한 의학적 문제의 기습을 받는 것만으로 인생이 통째로 어그러지고 바뀔 수 있다는 게 두려웠어요."

성인이 된 로라는 워싱턴 D.C.에서 남부럽잖은 직업을 얻었다. 늘 재빠르게 결정을 내리고 정신을 바짝 차리고 있어야 하는 일이지만, 로라는 수월하게 해낸다. 로라와 그녀의 뇌는 어렸을 적에 어머니가 다음에 가할 일격을 대비해 경계 수준을 높인 채로 사는 법을 익혔기 때문이다. 대비를 한다고 해서 덜 상처받는 건 아니었지만 말이다. 로라는 말한다. "저는 엄마의 기분을 알아채는 데 전문가가 되었어요. 엄마와 같은 방에 있을 때면, 슬그머니 빠져나갈 방법만 생각했죠."

아홉 살이 되었을 즈음엔 "엄마의 눈이 아주 미묘하게 가느스름해지지는 않는지를 무의식적으로 살피는" 데 익숙해져 있었다. 그건 "제가 그랬는지 저 자신도 모르는 일—예를 들어 냉장고에 남아 있는 샌드위치 반 조각을 먹은 것이나 신발 끈을 너무 오래 묶는 것"에 대해 혼이 나기 일보 직전이라는 뜻이었다. 로라는 "눈가리개를 한 것처럼 발끝으로 더듬으며 조심조심 나아가는 법을 배우며" 자랐다. "이제 어떤 일이 닥칠지, 다음번 감정의 암초가 어디에 있을지 알아내서 엄마의 날카로운 모서리에 너무 가까이 가지 않기 위해서였습니다."

로라의 관점에서 어머니는 위험했다. 로라는 설명한다. "엄마가 저를 신체적으로 해칠 리는 없다는 건 알았어요. 하지만 두려웠어요. 엄마가 기분이 좋을 때도요. 밤에 엄마가 가볍게 코 고는 소리를 들으면 해방감, 안도감에 휩싸이곤 했죠."

물론 로라의 생명이 위협받은 일은 없었다. 로라는 교외의 안전한 동네에 살았고, 먹을 음식과 입을 옷이 있었다. 하지만 그녀는 늘 목숨이 위태로운 듯한 느낌이 들었다. 부모가 무서운 행동을 하는 모든 아동이 그러듯이, 로라 역시 일차 양육자가 등을 돌리면 살아남지 못하리라는 강력한 생물학적 공포를 느꼈다. 실제로 음식과 거처, 생명 그 자체를 의존하고 있는 사람이 공격적으로 행동한다면 어떻게 살아남을 텐가? 아이는 자신의 생존이 성인의 선의에 달려 있다고 느낀다. 아주 작은 아이였을 때는 정말로 양육자가 다루는 방식에 생사가 달려 있었기 때문이다.

성인이 된 로라는 자신이 생애 초기에 겪은 역경이 알코올 중독이거나, 화를 잘 내거나, 우울증이 있거나, 이혼을 한 부모 아래에서 자란 다른 사람들에 비하면 썩 나쁜 게 아니었다고 스스로를 "가르쳤고", 그렇게 믿게 되었다. 그녀는 유년기의 문제들을 극복했다고 자신에게 수시로 이른다.

하지만 로라의 몸은 과거를 극복한 것과는 거리가 멀다. 로라는 심장병이 있고, 심장에 제세동기를 달고 산다. 미셸과 마찬가지로, 로라의 불안 센서는 계속 높은 경계 수준을 유지하고 있으며, 로라는 그것의 스위치를 끄는 법을 모른다.

덜컹거리는 우리

아동기의 역경 가운데 어떤 유형은 다른 유형보다 더 큰 피해를 입힐 거라는 직관은 합당해 보일 수 있다. 예를 들어 아버지가 어머니를 살해했다는 사실을 알게 되면서 캣이 겪은 트라우마가, 양극성장애가 있는 어머니에게 만성적으로 폄하당한 로라의 트라우마보다 더 극적으로 해로운 생물학적인 영향을 미쳤으리라고 우리는 생각하게 마련이다.

필라델피아 외곽의 조용한 교외에서 다섯 자녀 가운데 넷째로 자란 엘리가 생물학적으로 입은 피해가 캣에 비해 덜할 거라고 추정하기는 더욱 쉽다. 엘리는 부모님과 무척 가깝게 지냈다고 기억한다. 하지만 나이가 들면서 상황이 달라졌다. 그녀는 말한다. "무언가 잘못되었다는 걸 알았어요. 맨 위의 두 오빠는 폭발할 때만을 기다리는 격렬한 감정의 시한폭탄이었어요. 오빠들은 부모님과 함께 앉은 저녁 식탁에서 정치 이야기를 하다가 정말 아무것도 아닌 일로 갑자기 싸우기 시작하곤 했어요. 싸움은 이내 험악해졌죠."

곧 오빠들은 알코올과 마약 문제를 일으키기 시작했다. 엘리는 회상한다. "경찰이 집을 찾아오기 시작했어요. 가끔은 새벽 두 시에 부모님과 오빠들이 서로에게 고래고래 소리를 지르는 게 들렸습니다. 엄마와 아빠는 제 방으로 와서 저와 여동생에게 겁내지 말라고, 전부 괜찮다고 말하곤 했죠. 하지만 저희는 겁이 났습니다." 오빠 한 사람이 결국 교도소에 가게 되자 겁이 더 났다.

엘리는 집에서 받는 스트레스에도 불구하고 좋은 성적을 올렸고, 스포츠 장학금을 받아 캘리포니아주의 한 대학에 진학했다. 하지만 대학 졸업 후 그녀는 자살을 생각하기 시작했고, 24세에 심한 자가면역성 건선을 진단받았다. "제 몸이 스스로를 공격하고 있었습니다"라고 그녀는 말한다.

아동기의 부정적 경험(ACE) 연구에 따르면, 성장기에 가족 구성원이 교도소에 수감된 사람은 성인기에 건강 악화를 겪을 위험성이 훨씬 높다.[36]

로라, 존, 조지아, 캣, 미셸, 엘리는 여섯 가지의 각기 고유한 아동기 역경 이야기를 들려준다. 그러나 그들의 뇌가 서로 다른 수준의 트라우마들에 생물학적으로 반응한 방식은 유사했다. 발달 중인 뇌가 서로 다른 유형과 정도의 트라우마에 이토록 비슷하게 반응하는 것은 모든 범주의 아동기 부정적 경험에서 스트레스 인자들이 지니는 아주 단순한 공통분모, 예측 불가능성 때문이다. 아동은 정확히 언제, 왜, 어디로부터 다음번의 감정적·신체적 타격이 올지를 예측하지 못한다.

연구자들은 예기치 못한 방식으로 예기치 못한 순간에 일어나는 스트레스를 '만성적이고 예측 불가능한 스트레스(chronic unpredictable stress)'라고 부르며, 이것이 동물 개체의 발달에 미치는 영향을 벌써 수십 년째 연구하고 있다. 이 연구는 아동기의 부정적 경험에 대한 펠리티와 앤다의 첫 조사보다 훨씬 이른 시기에 시작되었다. 전형적인 연구들에서는 여러 주에 걸쳐 동물을 각종 스트레스 인자에 노출시키고, 스트레스를 주는 그런 자극들이 동물의 행동에 어떤 영향을 미치는지를 확인한다. 한 실험에서 마거릿 매카시와 그녀가 이끄는 박사후 연구원들은 성체인 암수 쥐들을 만성적이고 예측 불가능한 경도(輕度)의 스트레스에 3주 동안 노출시켰다. 쥐들은 매일 한 가지에서 세 가지까지의 약한 스트레스에 노출되었는데, 적용된 스트레스 인자는 돌아가며 다른 우리에 넣기, 5분 동안 수영시키기, 혼자 있게 하고 잠자리를 축축하게 만들기, 종일 먹이나 물을 주지 않기, 30분 동안 몸을 속박하기, 30분 동안 섬광등에 노출시키기 등이었다.

3주가 지난 뒤 매카시의 연구팀은 쥐들을 검사하여 뇌에 어떤 변화가 생겼는지 확인했다.[37] 만성적이고 예측 불가능한 경도의 스트레스에 노출된 쥐들은 감정에도 관여하는 부위인 해마 내의 수용체들에서 유의미한 변화를 보였다(해마의 주된 기능은 학습과 기억이다.—옮긴이). 정상적인 해마는 스트레스 호르몬 생산 조절을 돕고, 스트레스 인자가 사라진 후 스트레스와 불안의 감정에 브레이크를 거는 역할을 한다.

만성적이고 예측 불가능한 스트레스에 노출된 쥐들은 스트레스 반응을 멈추지 못했지만, 스트레스를 경험하지 않은 통제집단의 쥐들은 뇌에 변화가 없었다.

그러나 스트레스가 완전히 예측 가능할 경우에는, 더 큰 트라우마를 주는 스트레스라도—예컨대 정해진 시간표에 맞추어 쥐에게 날카롭고 큰 소리를 들려주면서 발에 충격을 주는 것 따위도—위와 동일한 뇌의 변화를 일으키지 않았다. 매카시는 말한다. "훨씬 더 큰 트라우마를 주는 스트레스 인자라 해도, 그것이 매일 같은 시각, 같은 방식으로 주어진다면 쥐들은 거기에 익숙해집니다. 감당해 내요. 스트레스 상황이 왔다가 곧 지나가리라는 걸 아는 거죠." 그뿐 아니다. 매카시는 말한다. "예측 가능한 스트레스를 받은 쥐들에게선 앞서 본 것 같은 뇌의 변화, 혹은 염증이나 질병의 징후가 보이지 않습니다."

반면, "보다 약하지만 예측 불가능한 스트레스 인자를 매일 다른 시간에 다른 정도로 겪게 하고, 거기에다 예측할 수 없는 간격으로 크게 손뼉을 치는 등 이런저런 잡음들까지 가미하면 쥐들은 뇌에 유의미한 변화가 생깁니다. 게다가 몸이 아파져요. 궤양이 생깁니다."

무엇보다 더 피해를 주는 것은 바로 스트레스의 예측 불가능성이라고 연구자들이 믿는 이유가 여기에 있다. 매카시는 내게 연구실을 구경시키면서 쥐가 들어 있는 우리를 짧은 시간 동안 가볍게 흔드는 데 쓰는 철제 받침대를 가리킨다. "우리를 살살 흔들거나, 록 음악을 틀거나, 쥐들이 익숙지 않은 새로운 물건을 우리에 넣는 따위의 지극히 단순하고 경미한 스트레스 인자조차도 그것이 예측 불가능하면, 즉 경고 없이 주어지면 뇌에 아주 분명한 변화들을 일으킬 수 있습니다."

매카시의 결론은 이러하다. "뇌는 예측만 가능하다면 지극히 심한 스트레스를 주는 사건도 견딜 수 있지만, 예측이 아주 불가능하다면 약한 스트레스를 주는 사건조차도 견뎌낼 수 없습니다."

이렇듯 연구자들은 만성적이고 예측 불가능한 스트레스가 성체의 뇌에 미치는 영향에 대해 오래전부터 알고 있었다. 그러나 만성적이고 예측 불가능한 스트레스 인자에 노출된 아동의 뇌에 어떤 일이 일어나는지를 연구자들이 검토하기 시작한 것은 최근의 일이다.

알지 못한다는 어려움

현재 50대 중반인 메리는 오리건주의 한 소도시에서 4남매의 맏이로 자랐다. 예술가인 부모님과의 삶은 예측 불가능한 순간에 덜컹거리고 흔들리는 우리 속에서 이상하고 시끄러운 소리를 들으며 사는 것과 아주 비슷했다. 메리의 아버지도 온전한 유년기를 보내지 못했다. 그는 자신의 아버지가 누군지 영영 알지 못했고, 어머니는 일곱 살 때 돌아가셨다. 남동생은 외조부모에게 입양되었으나, 결혼하지 않은 부모 사이에서 태어나 하자품 취급을 받던 그는 입양되지 못했다. (메리 아버지의 ACE 점수는 매우 높았다.)

여러 해 뒤, 네 아이의 아버지가 된 그는 술을 과하게 마셨고, 파티를 열었고, 카드놀이를 했다. 메리는 말한다. "아빠와 친구들이 제 침실 바로 바깥의 거실에서 밤새 술을 마시고 아주 시끄럽게 상소리를 해대던 걸 기억합니다. 제가 다음 날 학교에 가야 하는데도 말이에요. 저는 집이 안전하지 못하다고 느꼈습니다." 메리는 크고 호소력 있는 눈을 지녔고, 어깨까지 내려오는 갈색 머리를 길고 우아한 손가락으로 넘겨 귀 뒤에 깔끔히 끼워놓곤 한다. "어머니가 아버지한테 소리 지르던 게 기억나요. '저 사람들 좀 가라고 해요. 당신 애들이 잠을 못 자잖아!' 그러면 아버지도 마주 소리쳤죠. '내 친구들인데 어떻게 가라고 해!' 제 수면은—그리고 안전하다는 느낌은—아버지에게 중요하지 않았던 거죠."

메리의 어머니는 어머니대로 알코올 중독 남편과의 결혼생활이라는 덫에 빠진 채 네 아이를 키우는 불안을 다스려야 했으므로, 정서적으로 아이들 곁을 지켜주지 못했다. 메리는 말한다. "저는 초등학교 때 괴롭힘을 많이 당했어요. 앙상하게 마르고 키도 작았어요. 애들이 저를 막 겁주곤 했

80

죠." 당시 아버지의 외도에 온 신경을 쏟고 있던 어머니는 메리의 문제에 귀를 기울이지 않았다. 부부 간의 불화 끝에, 어머니는 마침내 메리와 동생들을 데리고 동해안 지역에 있는 자신의 어머니 댁으로 갔다.

"제 마음 한구석에서는 아버지의 파티들과 부모님 간의 긴장과 싸움, 이런 모든 것에서 벗어났던 그 시기를 꽤 즐기기도 했습니다." 메리는 말한다.

부모님이 다시 합치자 메리는 처음엔 기뻤고 기대감에 찼다. 그러나 아버지는 과음을 그만두지 않았다. 아버지가 지나치게 술에 취하면 "어머니의 침대에서 문자 그대로 발로 차여 쫓겨나서, 제 침대로 자러 오곤 했어요"라고 메리는 말한다. 메리는 흔히 생각하는 "그런 일"은 없었다고, 아무 일도 벌어지지 않았다고 한다. 그렇다 해도, 열 살의 나이에 한밤중 잠에서 깨어 또다시 술로 인사불성이 된 아버지가 같은 침대에서 잠들어 있는 걸 발견하는 것은 분명 당황스러운 일이었다.

학교생활도 별반 나아지지 않았다. "아직 원피스를 입던 시절이었어요. 남자애들은 다 저를 '글래디에이터'라고 불렀는데, 애들이 놀리면 제가 달려들어서 싸웠기 때문이에요." 그러자 괴롭힘은 더 심해졌다. "남자애들이 저를 쫓아와서 땅바닥에 붙들어 놓고는 억지로 속옷을 벗기곤 했어요."

메리는 괴롭힘에 대해 아버지에게 이를 생각조차 하지 않았다. "취하면 아버지는 저희 엉덩이를 아주 세게 때리곤 했어요. 한 번은 취한 친구들 앞에서 초등학교 2학년이었던 제 여동생의 바지를 벗기고 때린 적도 있었죠."

메리의 센서는 언제나 경계도를 높인 상태였다. 언제 날아와 터질지 모르는 감정적 폭탄에 대비하기 위해서였다. 그녀의 스트레스 축은 줄곧 고속으로 가동되고, 면역계는 혹사당하고 있었다. 그즈음 메리는 체내 면역

세포가 피부의 색소를 공격하는 백반증이라는 자가면역질환의 징후를 보이기 시작했다. 피부의 몇몇 부위가 마치 표백되거나 화상을 입은 뒤 새 피부가 돋아난 것처럼 희게 변했다.

메리는 말한다. "피부는 우리가 세상에 대해 스스로를 보호하는 첫 번째 방어선입니다. 우리를 안전하게 지키고, 신체적 경계를 방비하는 역할을 하죠. 하지만 부모님은 저나 제 동생들을 안전하게 지켜줄 어떠한 경계도 설정하지 않았어요." 꼭 메리의 피부가 부모님에게 부디 그런 경계를 설정해 달라고—부모가 아이들을 위해 설정해 줘야 마땅한 종류의 안전지대를 만들어 달라고—애원하는 것 같았다.

피부병보다 더 심각한 건 "끊이지 않는 복통"이었다. 메리는 회상한다. "만성적인 변비와 경련성 통증이 있었습니다. 그러고 나선 끔찍한 설사가 이어졌죠. 지금은 이것들이 모두 과민대장증후군의 증상이라는 게 알려져 있지만, 당시엔 이런 병을 뭐라고 부를지도 몰랐어요." 이따금 메리는 자기도 모르게, "겉보기에는 아무 이유 없이" 몸이 안절부절못하고 과민해지곤 했다. "별일 없이 서 있는데 갑자기 공포감이 들이닥쳐선 제 몸을 찢어 발기고 온통 따끔거리게 했죠."

시간이 흐르면서 선을 넘는 아버지의 행동은 더욱 기괴해졌다. 메리가 열네 살 때 아버지는 뭉텅이로 쌓여 있던 낡은 《플레이보이》 잡지에서 벌거벗은 여자의 몸 수백 개를 잘라내서, 머리를 떼어내고 남은 가슴과 다리, 엉덩이와 사타구니를 부엌 벽에다 붙였다. 메리의 몇 안 되는 친구 중 하나였던 앤드리아는 자기 부모님에게 메리네 집의 "벽지"에 대해 이야기했다. 메리는 말한다. "그 후 앤드리아는 저희 집에 놀러오지 못하게 되었어요. 저는 다른 아이들이 저희 아빠 때문에 저와 편하게 어울릴 수 없다는 걸 깨닫기 시작했습니다."

메리가 열다섯 살 되던 해 메리네 가족은 시골로 이사했다. "결혼생활을 어떻게든 구출해 보려는 노력이었던 것 같아요." 어느 싸늘했던 겨울 밤, 메리가 차고에서 나와 보니 술에 취한 아버지 친구들 중 하나가 진입로에 세운 자기 차 옆에 서 있었다. "그는 자기를 지나쳐 집을 향해 걸어가는 저를 뚫어져라 보더니 말했어요. '너, 정말 예쁘구나!' 그러고는 저를 자기 차 뒷자리로 밀쳐 넣고는 제 위에 올라탔습니다. 제 목구멍에 자기 혀를 집어넣고 몸을 더듬었어요."

메리는 그를 떼어내고 집으로 뛰어 들어가서, 친구만큼이나 취해 있던 아버지에게 일렀다. "그랬더니 아버지가 별것 아닌 일로 유난 떨지 말라더군요."

메리의 아버지가 딸을 염려하는 모습을 아예 보이지 않은 건 아니었다. 한번은 메리가 차 사고를 당하자 "함께 구급차에 타고 병원에 가는 내내 울기도" 했다. 아버지는 전혀 예측이 불가능한 사람이었다.

열여덟 살이 된 메리는 "끈질긴 우울증"에 걸렸고, 그 병은 이후 30년 동안 계속 진행되었다. 메리가 결혼하고 네 아이를 낳은 뒤에도 심해지기만 했다. 극심한 허리통증도 생겨 해마다 악화되었고, 자가면역질환인 백반증이 팔과 목을 뒤덮기 시작했다.

"저는 아이를 낳을 때마다 산후우울증에 걸렸고, 넷째 아들을 낳은 뒤에는 자살까지 생각했습니다. 신체적, 정서적 고통이 눈덩이처럼 커지고 있었어요. 아이들을 태우지 않고 혼자 운전할 때면 자꾸 이런 생각이 들었습니다. '아무도 자살인 줄 눈치채지 못하게, 그리고 혹시라도 심한 장애만 남는 것으로 끝나 가족에게 짐이 되지 않도록 확실하게 나무에 차를 들이박아 죽으려면 어떻게 해야 할까?'"

메리는 말한다. "그때 저는 제가 무시무시한 무언가에 사로잡혀 있음을 깨달았어요. 세상살이를 이렇게까지 안전치 못하게 느끼는 것에는 무언가 크게 잘못된 점이 있었지요. 그렇게 어여쁜 아들들이 있는데, 제 안에선 괜찮다는 느낌이 전혀 들지 않았습니다."

발달 중인 뇌에 가장 중요한 것은 다음에 무슨 일이 일어날지를 아는 것이다. 스트레스 반응이 최적으로 기능하는 방식이 어떠한지 돌이켜 생각해 보면 이해가 갈 것이다. 숲 속에서 곰을 만나면, 도망갈지 아니면 겁을 줘서 쫓아버릴지 빨리 결정하는 걸 돕기 위해 아드레날린과 코르티솔이 분비된다. 위기를 해결하고 나면 몸은 원 상태로 돌아오고 스트레스 호르몬은 줄어든다. 이제 근사한 이야깃거리를 들고 집에 돌아가면 된다.

매카시는 다른 상황을 소개한다. "가령 그 곰이 집 주위를 빙글빙글 돌고 있는데 그것에게서 도망칠 방도가 없고, 곰이 과연 공격을 할지, 한다면 언제 할지, 다음 행동은 무엇일지 알 방법도 없다면 어떻겠어요? 곰이 날이 면 날마다 당신을 위협하면서 그곳에 있는 거예요. 당신은 싸울 수도 도망칠 수도 없지요." 매카시는 이어서 설명한다. "이럴 경우에는 긴급반응 체계가 거듭거듭 최고 속도로 작동할 겁니다. 불안 센서들이 항시 풀가동되고 있는 거죠."

뚜렷이 드러나지 않는 흔한 유형의 아동기 스트레스—예컨대 아이에게 지나치게 비판적이거나 자기애적이거나 조울증(양극성장애)이 있는 부모를 둔 아동들이 겪는 것—조차도, 부모가 분노에 차서 자녀를 때리곤 하거나 아예 자녀의 삶에서 사라져버리는 것과 똑같은 정도로 피해를 입힐 수 있다.

그런 의미에서 캣의 이야기와 메리의 이야기는 로라, 존, 조지아, 미셸,

엘리의 이야기와 무척 닮았다. 그들은 모두 성인이 되어서도 주변 어딘가에 아직 곰이 있다고, 그것이 숲속을 빙빙 돌면서 몰래 자신의 뒤를 밟다가 어느 날, 어느 순간 공격해 올지 모른다고 느꼈으니 말이다.

빈센트 펠리티에 의하면, 아동기의 부정적 경험(ACE) 검사 문항 가운데 성인기의 나쁜 건강 상태와 약간 더 높은 상관관계를 보이는 것이 하나 있다. '만성적 모욕이나 폄하'에 대해 묻는 1번 문항이다. 가정의 성인이 자주 당신에게 욕을 하거나, 당신을 모욕하거나, 폄하하거나, 창피를 주었는가?

건강상의 문제와 부모의 예측 불가능하고 만성적인 모욕 사이의 강한 상관관계를 보면, 제일 중요한 것은 '곰'으로부터 자신이 안전한지 여부를 알지 못하는 것임을 짐작할 수 있다.

사실 세상에는 수많은 곰이 있다. 성인들에게 아주 흔한 우울증, 양극성장애, 알코올 중독 및 여타 중독 등이 모두 무서운 곰 노릇을 할 수 있다. 미국 국립정신보건연구원(NIMH)에 따르면, 해를 막론하고 연간 미국 성인의 18%, 즉 거의 4,400만 명이 진단 가능한 정신건강 장애로 고생한다.[38] 알코올이나 마약 중독으로 고생하는 미국 성인은 2,300만 명에 이른다.[39] 펠리티와 앤다의 ACE 연구를 봐도 아동기의 부정적 경험을 지닌 사람 네 명 중 한 명꼴로 아버지나 어머니가 알코올 중독이었다고 한다.

알코올 중독과 우울증이 함께 가는 경우도 적지 않다. 기분장애(mood disorder, 우울증과 양극성장애를 포함하는 감정과 정서에 대한 장애-옮긴이)에 대해 스스로 약물을 처방하고자 하는 무의식적 노력에서 중독이 발생할 수 있는 것이다. 그러나 기분장애와 알코올 중독은 병존하지 않을 경우에도 한 가지 공통점을 지닌다. 둘 다 성인으로 하여금 아동이 정서적으로 믿고 의존할 수 없는 방식으로 행동하게 만든다는 것이다. 하교 시간에 아이를 데리러 와서 안아주던 아버지나 어머니가 다음 날 그 시간엔 아이를 친구들 앞에서 창피 줄 수 있다. 그리하여 아이는 다음에 무슨 일이 벌어질지 모른다는 느낌을 결코 떨쳐낼 수 없다.

슬픔의 씨앗

아동기의 역경은 생애 후기에 겪을 깊은 우울과 불안의 선행 요소일 수 있다. 아동기의 부정적 경험과 성인기의 정서장애 사이에 밀접한 상관관계가 있다는 연구 결과가 속속 나오고 있다. 펠리티와 앤다의 ACE 연구에서는 ACE 점수가 1점인 성인의 18%가 임상적 우울증(심각한 우울 증상이 2주 이상 지속되고 사회적·직업적으로 장애를 일으키는 경우에 진단되며, 주요우울장애, 주요우울증, 혹은 간단히 우울증이라고도 한다.―옮긴이)을 앓은 적이 있었고, 점수가 1점씩 늘어날 때마다 우울증 경험 비율이 급증했다. ACE 점수가 3점인 성인의 30%, 4점인 성인의 거의 50%가 만성적 우울증을 앓았었다.[40]

ACE 연구 설문 응답자의 12.5%가 4점 이상을 기록했다.[41]

여성의 경우, 아동기의 부정적 경험과 우울증은 더욱 심란한 상관관계를 보인다. ACE 점수가 1점인 응답자 가운데 성인기에 임상적 우울증을 앓은 비율이 남성은 19%인 데 비해 여성은 24%였다. ACE 점수가 2점인 응답자 중에선 이 비율이 남성 24%, 여성 35%였으며, 3점인 경우엔 남성 30%, 여성 42%였다. 그리고 ACE 점수가 4점 이상인 남성 가운데 만성적 우울증 경험자는 35%였지만, 같은 점수대의 여성은 거의 60%에 달했다.[42]

성인기의 우울증과 가장 강한 연관성을 보인 아동기의 부정적 경험은 '정서적 학대' 범주(앞쪽 검사 설문의 1번 문항—옮긴이)에 속하는 것들로 나타났다.[43]

또한, 남녀를 불문하고 아동기에 부모를 잃으면 성인기에 우울증이 발병할 확률이 3배로 높아진다.[44] 우울증을 앓는 어머니에 의해 양육된 사람은 성인이 되어 만성통증을 지니고 살 확률이 높아진다. 16세 이전에 심한 트라우마를 경험한 사람은 훗날 조현병이 발병할 가능성이 3배로 높아진다.[45]

더욱 심란한 것은 자살에 관한 통계다.[46] ACE 점수가 0점인 사람들은 한 번이라도 자살 시도를 한 비율이 1%에 불과하지만, 4점 이상인 사람들 가운데 스스로 목숨을 끊고자 시도한 비율은 거의 다섯 명에 한 명꼴이었다. 통계적으로 보아도 ACE 점수가 4점 이상인 사람은 0점인 사람보다 자살 시도를 할 가능성이 1,220% 높다.[47]

마음속에 눌러 담고 있던 아동기의 정서적 트라우마가 성인기에 비집고 나온다는 것은 충분히 이해가 간다. 심리학과 심리치료의 도움을 받아 우리는 아동기의 상처와 성인기의 정서적 문제 사이의 연관성을 이해할 수 있고, 그러한 이해는 우리가 과거의 고통에서 자유로워지는 것을 돕는다.

그러나 새로운 연구 결과들이 우리에게 알려주는 것은, 아동기 역경이 뇌에서 좀 더 심층적인 변화를 일으키며 세포 수준, 신경생물학적 수준에서 우울증과 기분조절장애의 시동이 걸린다는 점이다.

그렇다면 대체 무엇이 뇌 자체에서 신경생물학적 변화를 일으키는 걸까?

생애 초기의 역경은 어떻게 뇌의 형태와 크기를 바꾸는가

어린 아동이 정서적 역경이나 스트레스 인자에 직면하면, 뇌의 세포들은 발달 중인 해마의 크기를 축소시키는 호르몬을 분비한다. 그에 따라 감정을 처리하고 스트레스를 관리하는 능력에 변화가 생긴다. 자기공명영상(MRI) 연구를 통해, 아동기 트라우마 점수가 높은 사람일수록 뇌에서 핵심적인 처리 영역의 회백질이 적다는, 즉 뇌의 부피가 작다는 사실이 드러났다. 변화가 생긴 영역 중엔 의사결정 및 자기조절 기술과 관련된 전전두(前前頭) 피질(전두엽의 앞부분으로 '전전두엽 피질', '이마앞엽 겉질', 또는 '이마앞 겉질'이라고도 한다.-옮긴이), 뇌의 공포 처리 본부인 편도체, 감정과 기분을 처리하고 조절하는 데 영향을 미치는 감각연합피질들과 소뇌 등이 포함되었다.

자기공명영상 연구를 통해 드러난 또 하나의 사실은 고아원에서 자란 아동은 다른 아이들보다 뇌의 크기가 현저히 작다는 것이다. 뇌의 부피가 작은 것은 뇌의 신경세포 즉 뉴런으로 이루어진 회백질과, 뇌 안에서 메시지가 빠르게 전달될 수 있도록 하는 신경들(축삭돌기가 미엘린 수초로 감싸인 것)을 포함하는 백질(백색질)이 줄었기 때문일 수 있다.[48] 다른 연구에 의하면, 아동기 학대를 경험한 성인들은 작아진 편도체에서 뚜렷한 "과다활동"이 나타난다. 또한 전두부, 즉 뇌의 앞쪽 영역이 일상 내내 "비전형적으로 활성화"되는 모습을 보이는데, 이는 아주 작은 스트레스 인자에도 과잉 반응하는 결과를 낳는다.

염증이 생긴 뇌

"생애 초기의 스트레스는 아주 최근까지도 가능한 줄 몰랐던 방식으로 발달 중인 뇌에 영향을 미칩니다. 생애 초기의 만성적이고 예측 불가능한 스트레스가 뇌 자체에서 낮은 수준의 염증 과정을 유발할 수 있다는 사실이 밝혀졌습니다." 마거릿 매카시는 말한다.

이것은 꽤나 혁명적인 소식이다. 얼마 전까지만 해도, 대다수의 과학자들은 뇌 자체에서 염증이 생겨날 수는 없다고 생각했다. 매카시는 설명한다. "저희는 뇌가 '면역 특권'을 지니고 있다고 생각했습니다. 뇌에서 염증이 발생하는 경우는 뇌 손상이나 두부 외상, 또는 뇌수막염과 같은 감염 등 외부 사건이 있을 때뿐이라고 알고 있었으니까요."

하지만 새로운 사실이 밝혀졌다. "실상은 그렇지 않더군요. 만성적으로 스트레스를 받으면, 뇌는 그에 반응하여 신경염을 일으킵니다. 아주 최근까지 우리가 감지해 낼 수조차 없었던 미세한 수준에서 신경염이 존재할 수 있습니다."

이런 유형의 염증은 미세아교세포로 불리는, 뉴런이 아닌 뇌세포로 인해 발생한다. 미세아교세포는 전체 뇌세포의 10분의 1쯤을 구성한다. 매카시가 설명하길, 여러 해 동안 연구자들은 미세아교세포가 단지 "우리에게 필요 없는 것들을 없애기 위해 존재"한다고 생각했다(이 세포의 여러 역할 중 조직 안에서 물질의 운반, 파괴, 제거를 담당하는 것을 말한다.─옮긴이). "말하자면 쓰레기를 버려주는 역할이라고 생각했죠."

미세아교세포는 뇌의 뉴런을 가지치기하고 뇌를 발달시키는 데 필수불가결한 역할을 한다. 또한 평상시 뇌의 정보 처리에서도 아주 중요한 역할을 한다. 미세아교세포는 쉼 없이 환경을 훑어보면서 판단한다. 지금 여기가 괜찮은가? 별로 괜찮지 않은가? 안전한가? 안전치 않은가?

우리를 덜컹덜컹 흔든다. 섬광을 번쩍인다. 뇌 안의 미세아교세포는 빠르게 이를 알아챈다. 미세아교세포는 만성적이고 예측 불가능한 스트레스를 싫어한다. 정말 싫어한다.

매카시는 말한다. "미세아교세포는 만성적이고 예측 불가능한 스트레스를 만나면 고장이 나버립니다. 대단히 흥분해서, 신경염을 유발하는 신경화학물질을 쏟아내죠. 감지하기도 어려운 이러한 만성적인 신경염 상태가 뇌 긴장도의 정상값을 영구적으로 재설정하는 변화를 일으킬 수 있습니다."

매카시는 이어서 설명한다. "미세아교세포가 고장 나면, 실제로 뉴런을 마구 가지치기할 가능성도 얼마든지 있습니다." 다시 말해, 미세아교세포가 우리에게 필요한 신경세포를 죽이고 있다는 것이다.

건강한 뇌에서 미세아교세포는 대뇌 피질이 필요로 하는 뉴런의 수를 조정한다.[49] 그러나 상태가 좋지 않은 미세아교세포는 추론이나 충동 조절 같은 기본적인 실행 기능에서 핵심 역할을 하는 영역의 신경세포들을 과도하게 쳐낼 수 있다. 미세아교세포는 건강한 뇌에 꼭 필요하지만, 만성적이고 예측 불가능한 스트레스에 직면하면 뇌의 시냅스(신경세포의 신경 돌기 말단이 다른 신경세포와 접합하는 부위로, '연접'이라고도 한다.-옮긴이)들을 좀먹기 시작할 수도 있는 것이다.[50]

매카시는 말한다. "어떤 경우 미세아교세포는 죽어 가는 뉴런을 사로잡아 파괴합니다. 그리고 과학자들이 생각해 온 대로 쓰레기 처리반 역할도 합니다. 하지만 다른 경우엔 미세아교세포가 건강한 뉴런을 파괴하고 있어요. 그럴 땐 살해자에 가까운 거죠." 이처럼 과도한 가지치기는 뇌에서 매카시가 말한 바 "긴장도의 재설정"을 낳을 수 있다. 스트레스를 받는 뇌는 탄력을 잃고 위축된 근육과 비슷하다. 여기서 회백질과 백질이 손실되면 우울증, 불안장애, 나아가 조현병이나 알츠하이머병 같은 훨씬 중한 정신병증을 유발할 수 있다.

미세아교세포의 가지치기 대상에는 해마 내의 재생 능력이 있는 특별한 뉴런 집단이 포함될 수도 있다. 매카시는 설명한다. "이전에 저희는 새 뉴런을 만드는 것이 불가능하다고 생각해 왔습니다. 그러나 지난 10년 사이에 나온 가장 혁명적인 연구 결과 중 하나에 따르면, 해마 내에서는 항상 새로운 뉴런들이 탄생하고 있다고 합니다." 새 뉴런의 생장은 성인기 정신 건강에 무척 중요하다. "무언가가 새 뉴런의 생장을 방해할 경우엔 우울증이 생길 수 있습니다." 실제로 연구 결과를 보면 "미세아교세포가 과도하게 활동할 경우, 새 뉴런들을 태어나자마자 죽일 수도" 있는 듯하다고 매카시는 설명한다. [51]

과학자들은 쥐의 뇌에 건강한 미세아교세포를 주입하는 실험을 해보았다. 결과는 충격적이었다. 쥐의 뇌에서 다시 건강한 미세아교세포가 살게 되자, 우울증의 모든 징후가 완전히 사라진 것이다. [52]

우리 뇌 안의 미세아교세포가 불안해지지 않고 행복하게 지내는 데 너무나 많은 것이 달려 있다. 미세아교세포가 지나치게 많은 뉴런을 가지치기하지 않는 데 너무나 많은 것이 달려 있다.

매카시는 이 가설을 다음과 같이 요약한다. "화가 나서 흥분한 미세아교세포는 해마 안에서 건강한 새 뉴런들이 자라지 못하도록 방해할 수도 있습니다. 그리고 해마 안의 건강한 뉴런들이 죽으면, 장기적으로 우리의 정서적 건강이 손상됩니다."

아동기에 갑작스럽고 예측 불가능한 스트레스 상황을 거듭 겪을 경우, 미세아교세포가 자극을 받아 중요한 뉴런들을 가지치기하는 한편 신경염을 유발하여 뇌의 긴장도를 재설정하고, 그럼으로써 오랫동안 지속되는 불안과 우울의 조건이 만들어지는 것이다.

최악의 상황:
아동기 스트레스, 뉴런 가지치기, 그리고 청소년기

아동이 청소년기에 접어들면, 발달 단계상 자연적으로 뉴런 가지치기의 시기를 거치게 된다. 아주 어렸을 때 우리의 뇌 안에서는 과도한 뉴런과 시냅스 연결이 만들어진다. 그중 일부는 자연적으로 죽어 없어져서, 매카시의 표현을 빌리자면 "뇌 안의 소음을 줄이고", 우리가 관심을 가진 기능을 갈고닦을 수 있도록 해준다. 뇌는 불필요한 것을 없앰으로써, 우리가 잘하고 흥미로워하는 것들에 더욱 특화되도록 준비시킨다.

하지만 아동기의 스트레스로 인해 수많은 뉴런과 시냅스가 이미 가지치기를 당한 사람의 경우에는 이야기가 달라진다. 자연적 가지치기가 일어나는 청소년기에, 야구나 노래, 시와 같은 특정 기능을 연마할 수 있도록 뇌가 불필요한 뉴런들을 자연스럽게 쳐내기 시작하면, 갑자기 너무 많은 뉴런이 가지치기를 당하는 결과가 발생할 수 있다.

소아신경정신과 의사이자 캘리포니아대학교 로스앤젤레스 캠퍼스(UCLA)에서 임상교수로 재직 중인 댄 시걸은 신경과학과 심리학을 통합한 '대인관계 신경생물학(interpersonal neurobiology)'이라는 성장 중인 분야의 선구자다. [53] 시걸에 의하면, "아동기의 부정적 경험의 스트레스는 뉴런과 뇌의 여러 영역을 통합시키는 신경경로에 독성을 유발"한다는 것이다. 그는 청소년기의 뉴런 가지치기가 기억을 저장하는 데 중요한 역할을 하는 해마, 뇌의 좌반구와 우반구를 연결하는 뇌량(뇌들보), 그리고 전전두 피질을 연결하는 통합회로 내에서 일어나면, 의사결정 능력과 자기조절 과정, 주의력, 감정 조절, 생각, 행동 등에 심각한 영향을 미치게 된다고 말한다.

시걸은 이런 통합회로들이 청소년기 직전 시기('전[前]청소년기'라고도 하며,

대개 열 살께부터 열두세 살까지로 본다.—옮긴이)에 역경이나 유전적 취약성, 혹은 둘 다에 영향을 받았을 경우, 사춘기가 닥치면 "자연적으로 일어나는 가지치기가 이미 수가 부족한 기존의 통합 신경섬유들을 더욱 줄여나갑니다"라고 설명한다. "따라서 아동은 기분조절장애에 취약해집니다. 뇌의 통합에 손상이 가게 되면 기분조절 기능에 장애가 일어날 수 있다는 거죠."

예를 들어, 모든 아동이 4,000개의 뉴런을 가지고 삶을 시작한다고 상상해 보자(예증을 위해 꾸며낸 숫자다).[54] 여기 다섯 살 난 소년 샘과 조가 있다. 샘은 생애 초기에 역경을 경험하고, 조는 경험하지 않는다. 샘이 아동기에 만성적이고 예측 불가능한 스트레스를 겪는 동안, 그의 뉴런은 천천히 가지치기를 당한다. 열두 살이 되었을 때면 샘은 스트레스와 관련된 뉴런 가지치기를 꽤나 겪은 뒤라 남은 뉴런이 1,800개밖에 되지 않는다. 하지만 아직까지는 괜찮다. 기능에 문제가 없다. 아동이 당초에 가지고 시작한 뉴런의 수가 워낙 필요 이상으로 많다 보니, (이 예증의 가상 수치로) 1,800개 뉴런이면 살아가기에 부족하지 않다.

하지만 곧 샘과 조가 청소년기에 접어들면 자연적인 뉴런 가지치기가 시작된다. 두 사람이 다른 모든 아동들처럼 청소년기에 뉴런을 1,000개씩 잃는다고 치자. 생애 초기에 만성적이고 예측 불가능한 스트레스를 받으며 자란 샘은 이제 조와 현저하게 다른 뇌를 지니게 된다.

트라우마를 겪은 샘의 뇌와 그러지 않은 조의 뇌 사이에 돌연 엄청난 차이가 생기게 되는 것이다. 별다른 역경을 겪지 않고 자란 조에게는 뉴런이 3,000개 있다. 앞으로 건강하고 행복한 삶을 살아가기에 충분한 숫자다. 반면 샘에게 남은 뉴런은 800개뿐이다.

이 차이는 결정적인 영향을 미친다. 뇌가 건강하게 기능하기에 충분한 수의 뉴런이 남아 있지 않은 것이니까.

시걸이 설명하길, 생애 초기에 스트레스로 인해 뉴런 가지치기를 이미 겪은 아동들은 "청소년기에 들어서서 일반적 수준의 뉴런 가지치기만 일어나도, 남아 있는 뉴런의 수가 기분의 균형을 잡는 데 충분치 못할 수" 있다고 한다. "스트레스 인자들이 강할수록 뉴런 가지치기는 더 격렬하게 일어날 수 있고, 따라서 위험에 처한 회로들이 더 많이 사라지고, 남은 것의 효과성도 줄어들 수 있습니다."

아동기의 부정적 경험을 지닌 사람은 우울증, 양극성장애, 섭식장애, 불안장애를 앓거나 실행기능과 의사결정 능력이 떨어질 가능성이 높아진다. 그리고 이중 여럿이 물질남용으로 이어질 수 있다. 통계적으로 너무나 많은 젊은이들이―한두 해 전만 해도 완전히 멀쩡해 보였던 아이들이―고등학교나 대학교에서 우울증이나 양극성장애의 첫 징후를 보이는 까닭이 여기 있을지 모른다.

스티븐의 부모님은 둘 다 투자은행 간부로, 스티븐이 뉴욕에서 성장기를 보내는 동안 자녀 곁에 거의 머무르지 않았다. 스티븐과 누나는 보모와 함께 밤이 되어서야 저녁식사를 했다. 대부분의 아이들이 침대에 들어가 굿나잇 키스를 받을 시간인 9시쯤 부모님이 귀가하면 온 가족이 식탁에 둘러앉았고, 보모가 그날 있었던 일을 보고했다. 나이 지긋했던 보모는 "아이들이 잘못한 일을 조목조목 긴 목록으로 만들어 읊기를" 좋아했다. 스티븐은 "그 순간을 두려워하며" 살았다고 한다. "특히 누나가 야단맞을까 봐 겁이 났습니다."

스티븐보다 다섯 살 위인 누나는 "4학년에 올라갔을 즈음 이미 부모님처럼 뛰어난 능력을 보여주리라는 기대를 받고" 있었다고 한다. "누나가 수학 시험에서 85점을 받아 오면 부모님은 밤 11시까지 수학 문제를 풀게 했습니다." 그러고선 주말에 시골 별장에서 연 파티에서 부모님은 친구들에게 "알렉시스는 벌써 대수학을 공부한다니까!" 하며 자랑하곤 했다.

남매 중 동생이었던 스티븐은 어린 시절엔 간혹 문제가 있어도 대개 수월히 넘길 수 있었다. 그는 어릴 적 느낀 기분을 이렇게 회상한다. "부모님은 저를 사랑했고, 저를 위해 모든 걸 해주고 싶어 했습니다. 하지만 저는 부모님이 두렵기도 했습니다."

스티븐이 나이가 들면서 부모님은 그를 "귀여운 막내 취급" 하기를 그만두었다. 스티븐은 학업 성적이 좋았고, 표준화 시험에서 아주 탁월한 성적을 받아 오는 때도 있었다. "부모님은 당신들이 기다리던 천재가 저라고 판단했습니다. 그래서 제게 맹렬히 집중하기 시작했습니다."

하지만 그는 이내 자신이 "부모님이 기대하는 것만큼 똑똑하지 않다고" 느끼게 됐다. 아홉 살 때 스티븐은 급성 천식 발작을 일으키기 시작했다. "저는 건망증이 심했습니다. 스웨터나 스페인어 교과서를 깜박 잊고 학교에 두고 오곤 했지요. 클라리넷을 합주실에 놓고 오기도 했고요. 부모님은 길길이 뛰며 화를 냈습니다. 제게 말하곤 했죠. '정신 좀 차리고 살아라, 스티븐! 네 허튼 짓에 장단 맞춰줄 시간 없어!'라고. 언젠가 호숫가의 고급 리조트에서 휴가를 보내던 중, 스티븐은 올챙이를 찾으러 플립플롭 샌들을 신고 물속으로 걸어 들어갔다. 그런데 물에서 나오는 길에 플립플롭 한 짝이 진흙에 박혀 발에서 빠졌다. "저는 그걸 찾으려 했어요. 진흙을 여기저기 파보았죠. 아버지는 완전히 이성을 잃었어요. 호숫가에 서서 소리를 지르더군요. '플립플롭을 잃어버렸다고? 스티븐, 정말이냐? 걸으면서 신발 한 짝도 못 챙겨? 우리가 새 신발을 사줄 거라고 생각해? 그럴 생각

전혀 없다!'" 집으로 가는 차 안에서 스티븐은 심한 천식 발작을 일으켰다.

게다가 스티븐은 스포츠맨이 아니었다. 공놀이보다 책읽기를 더 좋아했다. "아빠는 저를 '계집애'라고 부르기 시작했습니다. 친구들과 콘서트에 다녀와서 현관문을 열면 아빠가 '어이, 계집애, 재미있었냐?' 하고 묻곤 했습니다. 아빠는 자기가 열일곱 살 때 그랬듯, 그리고 친구와 동료의 아이들이 그러듯 제가 주말을 운동장에서 보내지 않았다는 사실에 화가 나 있었어요."

스트레스를 받으며 자라 성인이 된 자녀들의 상당수가 그러듯이, 스티븐도 아동기가 "나쁘지만은 않았"다고 회상한다. "아빠는 제게 낚시하는 법, 요트 모는 법, 신문의 금융 기사들을 분석하는 법을 가르쳐 주었습니다. 제가 속해 있던 주립 청소년 오케스트라에서 연주회를 열 때면, 엄마는 항상 근무시간 중에도 회사를 나와서 보러 와주었고요. 아빠가 시외로 출장을 가고 없으면 엄마는 누나와 제가 부모님 침대에 오르는 걸 허락했습니다. 저희는 엄마와 함께 뒹굴면서 영화를 보고, 1층 식품점에서 사온 샌드위치를 먹었습니다. 엄마는 제게 이렇게 말하곤 했죠. '아빠는 너를 무척 사랑한단다. 스티비, 아빠가 화를 내는 건 너 때문이 아니라 직장에서 스트레스를 많이 받아서 그래.' 엄마는 다정한 사람은 아니었습니다. 하지만 노력은 했어요."

고등학교에 간 스티븐은 시험 성적은 높았지만 학업을 관리하고 과제를 제때 제출하는 걸 잘하지 못했다. 그는 주의력결핍장애와 부담이 큰 사안에서의 수행불안, 그리고 우울증을 진단받았다. "친구들과 놀러 나가고 싶지도 않았고, 아무것도 하고 싶지 않았어요. 그냥 세상이 저를 있는 그대로 놔두기만을 바랐습니다." 그러던 중 스티븐은 원형탈모증에 걸렸다. 면역계가 모낭을 공격해서 머리칼이 부분적으로 빠지고 그 자리에 둥 그런 탈모반이 남는 병이다. "머리가 뭉텅뭉텅 빠지기 시작했습니다."

스티븐은 대학원에 진학하여 심리학 박사 학위를 받았다. 지금 마흔두 살인 스티븐은 고등학교 상담사로 일하고 있다. 원형탈모증 때문에 자꾸 생기는 탈모반으로 고민할 필요 없도록 머리를 싹 밀었다. "제가 가르치는 아이들을 어떻게 대하면 '안 되는지'를 알게 해준 것—저는 그게 부모님이 제게 준 선물이라고 생각하고 싶습니다. 아이가 불안이나 우울의 징후를 보이면 저는 알아볼 수 있습니다. 이 성장 단계에서 어떤 아이들은, 무너지지 않고 잘 해보려고 오랫동안 애쓰다가 더는 버틸 수 없게 되기도 한다는 걸 저는 아는 거죠. 몸과 마음이 허물어지기 시작하는데, 그들은 자기에게 무슨 일이 일어나고 있는지 이해할 수 없습니다. 제가 바로 그런 아이였습니다."

신경염과 뉴런 가지치기, 그리고 뇌에 관한 연구들은 아동기의 부정적 경험이 성인기의 우울증 및 불안장애와 그토록 높은 상관관계를 보이는 까닭을 설명하는 데 도움이 된다. 또한, 미국 국립정신보건연구원의 통계에 따르면 우울증에 걸린 미국인이 1,800만 명이나 되는 이유를 해명해 준다.[55] 세계보건기구는 최근 우울증을 "전 세계적으로 장애를 유발하는 주요 원인"으로 들었다.[56] 우울증으로 인한 장애생활 연수(年數)는 암, HIV/AIDS(후천면역결핍증후군), 심혈관 질환과 호흡기 질환을 합친 것보다 더 길다는 것이다.

이 연구들은 뇌에서 비롯되는 다른 건강 이상들도 설명할 수 있을 법하다. 일례로, 최근의 한 연구에서 만성피로증후군—근육통성 뇌척수염이라고도 한다—을 앓는 사람들의 뇌를 스캔해 보니 해마와 편도체를 비롯한 뇌의 특정 부위들에서 높은 수준의 염증이 발견되었다. 환자가 스스로 보고한 만성피로증후군 증상이 심할수록, 시각적으로 드러난 신경염의 정도도 높았다. [57]

아동기의 부정적 경험을 지닌 사람들은 만성피로증후군을 앓게 될 확률이 왜 애초부터 6배나 높은지를 설명하는 데도 이 연구들이 도움이 될 수 있을 테다. [58]

보행 가능 부상자들

추산이 불가능할 정도로 많은 성인들이 아동기의 부정적 경험을 안은 채 그럭저럭 하루하루를 살아간다. 자신도 알지 못하는 채 낮은 수준의 신경염 상태를 헤쳐나가고, 그들 뇌의 "긴장도가 재설정"되었음에도 불구하고 어떻게든 기능을 하고, 대체로 저조한 기분과 우울, 불안에 나름대로 대처하면서 말이다.

"안녕함(well-being)의 기준점"이 낮아져서 정서적 고통을 느끼는 것이 보통이 된 이러한 상태는, 우리가 성인이 되어 감정의 기복, 불안, 슬픔, 공포를 헤쳐나가려 애쓰게 될 가능성을—인생을 참으로 충만하게 사는 대신, 회복탄력성 없이 삶에서 벌어지는 일들에 그저 반응하며 살게 될 가능성을—놀라울 정도로 정확히 예측하게 해준다.

이 상황은 자기 꼬리를 잡으려고 빙빙 도는 고양이와 비슷하다. 후성유전적 변화가 염증성 화학물질을 증가시킨다. 만성적이고 예측 불가능한 스트레스가 미세아교세포를 고장 나게 한다. 미세아교세포가 뉴런을 살해한다. 뉴런들이 죽고 시냅스는 서로 연결하기가 어려워진다. 미세아교세포가 증식하여 신경염 상태를 발생시킨다. 뇌에서 필수적인 회백질 영역의 부피가 줄고 긴장도도 낮아진다. 백질이—뉴런들 사이에서 시냅스가 서로 연결하게 해주는 뇌 안의 미엘린 수초가—손실된다(백질이 하얗게 보이는 것은 미엘린 성분이 빛을 강하게 굴절시키기 때문이다. —옮긴이). 뇌가 정상적 긴장도를 잃으면 사고 과정이 손상되어, 시간이 흐를수록 부정적 생각, 두려움, 반응성, 걱정 등에 빠질 가능성이 커진다. 극도의 경계 태세를 취하고 공포에 빠진 뇌는 부정적인 반응과 생각을 더 많이 하게 된다. 그로써 염증성 호르몬과 화학물질이 더 많이 방출되고, 따라서 미세아교세포의 기능장애가 더 많이 일어나 뉴런이 가지치기당하고 만성적인 신경염이 발생한다. 이런 순환이 뇌에서 반복된다.

매카시에 따르면 "신경염이 고삐 풀린 상태로 진행"되는 것이다.

그녀는 신경염이 "만성적 과잉반응성의 한 원인이 됩니다"라고 설명한다. "낮은 수준의 신경염이 있는 사람은 대부분의 사람들이 빠르게 극복하는 일에도 무너져버려요. 그들은 자기 주위에서 벌어지고 있는 일에 관해 합리적으로 사고하지 못할 수 있습니다. 지금 벌어지는 일이 좋은지 나쁜지 분간하기가 어려운 거죠. 그들은 모든 일을 나쁘게 볼 경향성이 훨씬 클 수 있어요."

여기에 새로운 심리사회학적 "모든 것의 이론"이 있다. 우리가 생애 초기에 겪은 정서적 이력이 몸과 뇌의 운영체제를 결정하고, 성인기 내내 몸과 뇌가 신체적·정서적으로 최적의 건강을 얼마나 잘 지켜낼 수 있을지를 결정한다는 것이다.

아동기에 만들어진 과잉반응적인 뇌와 증가된 스트레스 민감성은 우리가 나이를 얼마나 먹든, 어디를 가든, 우리를 떠나지 않는다. 우리는 일생의 많은 시간 동안 정신적, 신체적으로 나쁜 기분을 느낄 가능성이 높다. 신경염이 있는 상태라는 것은 우리가 성마른 기분으로 돌아다니면서 쉽게 발끈하고 짜증을 낼 가능성이 높다는 뜻이다. 이성 관계도 잘 안 풀릴 것이다. 상처가 전혀 의도되지 않은 데서도 상처를 받을 것이다. 세상을 기쁜 곳으로보다는 화나는 곳으로 볼 것이다. 건강하고 안정적이고 만족스러운 삶을 살아갈 가능성이 낮아지고, 해가 흐를수록 더 그렇게 될 것이다. 하지만 우리는 아동기 역경이 생애 초기에 남긴 신경생물학적 '지문'을 지우기 위한 행동을 취할 수 있다. 우리가 더 이상 그것을 새기고 다니지 않아도 되도록 말이다. (이 절 제목에서 비유로 쓰인 '보행 가능 부상자[walking wounded]'란 전쟁이나 재해 등 많은 환자가 발생하는 상황에서 치료의 우선순위를 정할 때 적용하는 분류 범주의 하나로, 다수 환자가 이에 속한다.-옮긴이)

정말로 좋은 소식

아동기의 역경이 신체 생리에 새겨지는 방식에 관해 차츰 많은 것을 알게 되면서 과학자들은 그 과정에 개입함으로써 생애 초기의 스트레스가 미친 영향을 되돌리는 방법 역시 알게 되었다. 행복하고 제대로 기능하는 가정에서 자랐든, 자주 불행하고 제대로 기능하지 못하는 가정에서 자랐든, 어려서 어떤 일을 겪었든, 피해는 복구될 수 있다.

매카시는 말한다. "후성유전의 좋은 점은 그걸 되돌릴 수 있다는 것이고, 뇌의 좋은 점은 가소성(可塑性)이 있다는 겁니다. 뇌를 면역적으로 재활시키는 방법이 여러 가지 있는데, 그렇게 하면 생애 초기에 일어난 후성유전적이고 부정적인 변화를 극복하고 즐거움에든 고통에든 정상적으로 반응할 수 있게 됩니다. 뇌는 스스로 회복할 수 있습니다."

우리는 생애 초기의 상처를 치유하여 진정한 우리의 모습으로, 애초에 그토록 많은 역경을 겪지 않았더라면 우리가 되었을 사람으로 돌아갈 수 있다. 하지만 그러기 위해서는 우선 어떤 사람이 다른 사람보다 후성유전적 변화에 더 취약한 이유를 이해해야 한다. 물론, 더 취약하다고 해서 후성유전적 변화를 되돌리고 변화할 능력이 적다는 뜻은 아니다.

제3장

어째서 어떤 사람은 남들보다 더 고통받는가?

어린 시절에 끊임없이 예측 불가능한 스트레스를 받았다고 해서 누구나 건강이 망가지는 건 아니다.

어떤 사람들은 고된 유년기를 겪고서도 성인이 된 뒤 잘 살아가고, 정서적 회복탄력성도 높다. 무슨 이유에선지 과거가 그들의 삶에 드리운 그림자는 남들만큼 길지 않다.

대단한 장수를 누린 노인들에 대한 하버드대학교의 연구에서 신경심리학자 마저리 실버는 "100세 이상인 사람들에게서 전형적으로 나타나는 특징 하나"를 발견했다. 그들은 생활 스트레스를 아주 잘 관리한다는 것이다. 지독한 역경으로 가득한, "정말 힘들고 심지어는 깊은 트라우마를 남긴 삶"을 산 노인들조차—그중에는 홀로코스트 생존자도 있었다—"상황에 유연하게 적응하며 … 상실을 받아들이고, 그것들에 대해 가슴 아파하되 지난 일은 떨치고 앞으로 나아가는 법"을 알았던 것처럼 보인다고 실버는 말한다. "그들은 회복합니다."[59]

회복탄력성이 있는 사람들에게는 심리학자들이 "흔들림(wobble)"이라고 부르는 것이 있다. 삶의 고통과 트라우마의 중압감 아래에서 비틀거리되 무너지지는 않는 능력을 뜻하는 말이다. 회복탄력성이 덜한 사람들은 삶이 들이미는 일들에 그만큼 잘 대처하지 못한다. 그렇다면 궁금증이 생긴다. 어째서 어떤 사람들은 남들보다 더 취약한가?

정신의학자들은 우리가 일생 경험하는 트라우마의 양과 그 트라우마의 누적된 효과—그것이 우리의 신체와 뇌와 정신을 얼마나 손상하는지—를 "알로스타시스 부하(allostatic load)"라고 부른다. 이 개념은 록펠러대학교 신경내분비학 교수인 브루스 S. 매큐언 박사가 '알로스타시스(allostasis)'라는 기존 용어를 바탕으로 만든 것인데, 알로스타시스란 스트레스를 주는 정서적·신체적 시련들에 시간이 흐르면서 적응하고, 평형 상태로 돌아오고, 안녕감을 되찾는 능력을 뜻한다(흔히 '생체적응'이라고 번역한다. –옮긴이). 우리는 흔들리고, 회복하고, 다시 자신의 삶을 살아나간다.

그러나 만성적 스트레스와 트라우마를 경험하는 대부분의 아동에게는 평형을 회복할 수단이 없고, 그럴 만큼 성숙하지도 못하다. 아직 어린 그들은 자신이 통제할 여지가 거의 없는 상황에 휩쓸려, 자신의 혼란과 주위 어른들의 감정적 혼돈을 이해하고자 애쓸 뿐이다.

일반적으로 아동의 ACE(아동기의 부정적 경험) 점수가 높을수록 알로스타시스 부하도 크고, 심한 신체적 염증이나 신경염이 생길 가능성도 커진다. 그 결과, ACE 점수가 높은 아동의 몸과 뇌는 생애 초기에 겪은 정서적 고통에 대해 너무나 비싼 신체적 대가를 치르게 될 수도 있다.

우리 아이들이 아직 어렸을 때, 나는 아이들과 '엘리펀트'라는 이름의 놀이를 하곤 했다. 나무로 만든 코끼리의 등에 판자를 여러 개 쌓아서 탑을 만드는 게임이다. 판자를 한 조각씩 신중히 올려놓지 않으면 탑은 위태롭게 흔들리다가 무너지고 만다.

생애 초기에 예측 불가능한 스트레스를 견뎌야 했던 아동으로 사는 것은, 등에 흔들리는 짐을 층층이 실은 저 코끼리로 사는 것과 얼마간 비슷하다. 이미 많은 손상을 받았기 때문에 훗날 다른 난관들을 버텨내기가 더 어려울 수 있고, 내적인 행복감과 견실함을—즉 내면의 회복탄력성을—찾기도 더 힘들 수 있다.

그런데, 많은 역경을 겪고도 남들보다 더 잘 사는 사람들도 있다. 아동기의 부정적 경험을 지닌 모든 사람이 심장병이나 자가면역질환이나 불안장애를 앓게 되는 건 아니다. 높은 상관관계가 있긴 하지만, 병에 걸리는 것이 기정사실은 아니라는 뜻이다.

사회이론가이자 연구자인 맬컴 글래드웰은 최근 저서 『다윗과 골리앗 (David and Goliath)』에서, 아동기에 아버지나 어머니를 잃는 것이, 우리가 잘 이해할 수 없는 이유들로 인해, 성인기에 부정적 결과와 긍정적 결과 둘 다를 낳는다고 주장한다. 열 살 적에 어머니를 암으로 잃은 소년이 암 연구로 일명 '천재상'이라고 하는 맥아더펠로상을 받을 수도 있다. 이런 사람들의 삶을 다스리는 것은 글래드웰이 "바람직한 역경 이론"이라고 부르는 것이다. 고군분투를 하면서 결의가 굳건해진다. 심지어 어떤 이들은 그 덕분에 비범하고 심오한 업적을 이뤄내기도 한다.

글래드웰이 사업, 과학, 정치 분야에서 이름난 지도자들의 개인사를 조사해 보니, 생애 초기의 트라우마에서 뜻밖의 혜택을 받은 사람들이 드물게나마 눈에 띄었다. "어머니나 아버지가 돌아가시면 아이는 고통과 절망에 빠진다. 하지만 열 번에 한 번 꼴로, 그 절망에서 불굴의 힘이 태어난다."[60]

열에 하나꼴이라는 건 낮은 확률이다. 하지만 그 10%는 주목할 가치가 있다. 미국 대통령 세 명 중 한 명이 아버지나 어머니를 잃었거나 그들과 소원하게 자랐다. 그들이 어릴 적 겪은 상실은 기개와 자립심을 키우고 큰 성공을 이뤄내는 원동력이 되었다. 이는 영국 총리들 중 꽤 많은 이들과, 아홉 살 때 알코올 중독인 아버지를 잃은 미국 연방대법원 판사 소니아 소토마요르 등 다른 많은 저명인사들에게도 적용된다.

물론, 어릴 적 부모를 잃었거나 부모와 소원했던 지도자 여러 사람이 성인기에 대단한 성취를 이룬 것과 더불어 병으로 깊이 고통받았다. 어릴 적 어머니를 잃은 에이브러햄 링컨은 심신을 쇠약하게 만드는 우울증을 앓았다. 존 F. 케네디는 전기 작가들에 따르면 "사랑한다고 말하거나 친밀하게 머리를 헝클어주는 일이 결코 없었던" 냉랭하고 다른 일에 바쁜 어머니와 고압적인 아버지를 두었는데,[61] 그는 부신이 위축되거나 파괴되어 스테로이드 호르몬들을 적절하게 생산치 못하게 되는 자가면역질환인 애디슨병을 앓았다. 링컨과 케네디는 비범하고 빛나는 생을 살았으며, 사적으로 투병을 하면서도 국가를 이끌었다는 점으로 인해 더욱 존경받는다.

아버지나 어머니가 일찍 세상을 떠났거나 소원하고 쌀쌀맞았기 때문에 국가를 잘 이끄는 데 필요한 여분의 정신적 근육과 기개를 키울 수 있었다면 괜찮은 거래가 아니냐고 주장하는 이들도 있을 것이다. 그러나 생애 초기의 역경은 우리에게 보탬이 되기보다는 우리의 발목을 잡을 가능성이 훨씬 크다. 글래드웰이 발견했듯, 생애 초기에 부모를 잃은 사람 열 명 중 아홉 명은 "그들이 겪은 일에 짓눌려 버린다."[62] 독성 스트레스와 부정적 경험으로 고생한 아동 대부분은 타인의 도움 없이는 회복하지 못한다. 그들은 성인이 되어 행복하고 충만한 삶을 만들어 나가고자 애쓰지만, 자신도 모르게 아직도 오래전에 휘말렸던 그 정서적 힘들의 거세고 눈에 보이지 않는 조류를 거슬러 헤엄치고 있는 경우가 너무나 많다.

아동이 겪는 부정적 경험이 어떤 유형의 것인지는 중요하지 않다. ACE의 10개 범주는 전부 아주 비슷한 생물물리학적 변화와 염증을 일으킨다. 그럼에도 아동기 스트레스가 몸과 뇌, 정신에 미치는 영향은 사람마다 다르다. 그리고 그 이유는 우리가 미처 생각지 못한 것일 수도 있다.

'좋은 흔들림' 이론

트라우마 연구를 살펴보면, "우리를 죽이지 못하는 시련은 우리를 더 강하게 만든다"라는 오래된 격언이 들어맞는 경우는 드물다. 아동기의 부정적 경험이 많을수록 장차 심리적·신체적 질병을 앓을 확률도 높아진다. 하지만 얼마간의 스트레스와 역경도 없이 인생을 마냥 쉽게만 사는 사람은 없다. 역경을 전혀 혹은 거의 겪지 않는 것이 건강한 발달을 위한 최적의 조건도 아니다.

버팔로대학교의 심리학 부교수 마크 D. 시어리 박사는 얼마간의 스트레스에 노출되는 것이 장기적으로 보아 사람을 더 강하게 만들 수도 있지 않은지를 화두로 삼아 역경의 긍정적 측면을 탐구해 왔다. 이를 위해 시어리는 심신을 쇠약하게 만드는 만성 허리통증을 지닌 환자 수백 명을 대상으로, 일생 동안 37개 유형의 스트레스 경험 중 어떤 것들에 노출되었는지를 알아보는 설문조사를 실시했다.

이 설문 항목에는 성적·신체적 학대 외에 "가족에게서 강제로 분리됨", 부모님의 이혼 등 ACE 연구에서 확립된 아동기의 심각한 사건 유형들이 포함되었다. 그러나 그게 다는 아니었다. 시어리는 설문에 경험 가능한 상실과 스트레스 인자를 더 광범위하게 포함시켰다. "조부모의 죽음"을 겪은 것, "차별을 당한" 경험, "사랑하는 사람이 중병을 앓는 것"을 목격한 것 등, ACE 연구에서 다루는 것보다 더 흔한 스트레스 인자들이었다.

아동기나 십대 시절에 심한 역경을 겪었다고 답한 환자들은 성인이 되어 만성 허리통증으로 의사를 자주 방문할 확률이 더 높았다. 불안이나 우울증으로 치료받을 가능성도 높았다.

여기까지는 여타 연구와 크게 다르지 않은 결과였다. 그런데 시어리는 놀라운 차이 하나를 발견했다. 그는 말한다. "아동기에 전혀 역경을 겪지 않은 환자들도 심한 역경을 겪은 사람들만큼이나 편히 살지 못하고 있었습니다." 다시 말해, 시어리가 설문에 추가한 약한 수준의 스트레스 인자에 대한 문항들을 포함해 아동기 역경을 묻는 질문들에 어떤 것도 겪은 적이 없다고 한 응답자들 역시 허리통증으로 생활에 심각한 장애를 겪고 불안이나 우울로 치료받을 확률이 어릴 적에 큰 역경을 경험한 응답자들만큼이나 높았다. [63]

반면 어릴 적에 과하지 않은 '약간의' 역경을 겪은 응답자들은 훗날 허리통증으로 장애를 겪거나 불안 혹은 우울로 치료받을 가능성이 가장 낮았다.

그러니 역경에 관한 한, 일종의 '골디락스(Goldilocks) 스위트스폿'이 존재하는 듯하다(최적점을 뜻하는 이 표현은 동화 「골디락스와 세 마리 곰」에 나오는 너무 뜨겁지도 너무 차갑지도 않은 최적 온도의 죽과, 골프채나 테니스 라켓, 야구 배트 따위에서 공이 가장 효과적으로 쳐지는 부분을 뜻하는 스위트스폿을 합친 것이다. ─옮긴이). 아동기 혹은 십대 시절에 딱 알맞은 정도의, 너무 많지도 너무 적지도 않은 역경을 경험하면 상황 대응력과 회복탄력성이 높아지고 시야가 넓어져서, 성인이 된 훗날 심신을 쇠약하게 만드는 만성통증이라는 난관에 잘 대처할 수 있게 되는 것이다.

이 발견을 통해 시어리는 "어느 정도의 곤경을 겪는 것은 유익할 수 있다는 생각"에 이르렀다고 한다. 그는 말한다. "그런 경험은 우리가 완전히는 이해할 수 없는 방식으로 우리를 훗날의 역경에 대비시킬 수 있습니다."

시어리는 이렇듯 연구를 통해 역경의 긍정적 면을 발견했다. 그런데 어째서 ACE 연구에서는 이 같은 위안과 희망의 요소가 드러나지 않았을까? 시어리는 "ACE 연구는 설문 응답자들에게 열 가지 주요 범주의 심각한 트라우마 경험만을 묻기 때문"이라고 짐작한다. "가장 큰 트라우마를 안기는 경험들에 집중하다 보면, 그보다는 가볍지만 더 다양한 범주의 트라우마를 겪은 사람들을 놓치게 됩니다. 얼마간의 역경을 겪는 것이 훗날 더 높은 회복탄력성을 낳는지 알아볼 기회를 놓치는 거죠."

그래서 시어리는 자신의 가설을 다른 방식으로 시험했다. 그는 설문 응답자들을 피험자로 하여 5분 동안 아주 차가운 물이 든 양동이에 두 손을 넣고 있으라고 했다. 이때, 적당한 수의 부정적 생애사건을 겪은 사람들이 신체적 고통에 가장 반응을 덜 보였다. 또한 시어리는 피험자들로 하여금 연구실에서 고부담검사(high-stakes testing, 선발, 배치, 진급과 같은 중요한 결정을 위해 실시하는 시험으로 입학시험, 사법시험, 입사시험, 중요한 오디션 따위가 이에 속한다. -옮긴이)를 치르게 했다. 이때 시험을 보면서 높은 스트레스 반응을 보일 확률이 가장 낮았던 집단도 적당한 수의 부정적 생애사건을 경험한 사람들이었다.[64]

이 집단은 ACE 연구에서 다루는 것과 유사한 심한 역경을 여럿 겪었다고 한 이들이나, 반대로 부정적 생애사건을 전혀 겪지 않았다는 이들에 비해 정서적 고통도 덜 느끼고, 삶에 대한 만족감도 더 높은 것으로 나타났다.[65]

시어리는 그들이 과거에 겪은 적당한 수준의 스트레스가 현시점에 새롭게 등장하는 스트레스 인자에 잘 대처하도록 돕는 것 같다고 말한다. "그들은 나쁜 일이 일어났다고 해서 이후의 삶이 항상 그렇게 나쁜 건 아니라는 감각이 생긴 듯합니다."

반면 역경을 전혀 겪지 않았거나 심한 역경을 겪은 사람들은 삶이 그들에게 들이미는 온갖 것들 앞에서—그게 만성적인 허리통증이든 스트레스를 주는 새로운 생애사건이든, 찬 물에 손 담그기나 고부담검사 따위든—무너질 가능성이 더 높았다. 그들은 등에 진 짐의 균형을 잡으려고 애쓰면서 휘청거리는, 넘어지기 쉬운 코끼리와 같았다.

그러나 생애 초기에 적당한 스트레스를 주는 역경을 많지도 적지도 않게 겪은 사람들은 자신의 삶에 대해 고통을 덜 느낀다고 보고했고, 새로운 역경을 마주했을 때 스트레스의 징후를 덜 보였으며, 장기적으로 보아 삶에 대한 만족감이 훨씬 높았다. 시어리는 이런 사람들의 경우 "과거의 역경이 미래의 사건에 대처할 회복탄력성을 키우도록 도와준 것"이라고 말한다. 적당한 역경이 최적의 회복탄력성과 행복을 선사한 것이다. 이런 사람들은 흔들릴지언정 넘어지지는 않는다.

시어리는 말한다. "부정적 생애 경험은 사람들을 단련시켜서 나중의 역경에 더 잘 대처하게 만들 수 있습니다. 어려운 일들을 겪어낸 사람은 대처 능력을 계발할 기회를 얻은 셈입니다."

하지만 그렇다고 해서 아동기의 부정적 경험이 '이롭다'는 뜻은 아니다. 그런 경험은 이롭지 않다. 만성적이고 예측 불가능한 스트레스에 노출된 아동은 몸에서 염증성 스트레스 호르몬이 많이 분비되어, 신체와 신경의 만성적인 염증과 질환에 불을 붙인다. 그러나 적당한 스트레스는 지극히 사적이고 만성적이며 사랑하는 사람이 가해자가 아닌 한은 회복탄력성을 키우는 재료가 될 수 있다.

바꾸어 말하면, 할아버지나 할머니가 돌아가시는 것을 목격하는 경험은 스트레스를 주지만, 분명 당신의 잘못은 아니다. 당신은 상실감과 슬픔에 빠지겠지만, 어떤 식으로든 당신 자신이 나쁘거나 잘못을 저질러서 그런 일이 일어났다고 해석할 가능성은 낮다. 조부모의 죽음은 당신이 어찌해 볼 수 없는, 당신과 무관한 사건이다.

하버드대학교 교수이자 의사이며 아동발달센터 소장인 잭 숀코프가 최근 '독성 스트레스 반응'—아동기의 역경이 뇌 발달과 훗날의 질병 발생에 미치는 영향—의 과학적 근거를 검토했다.[66] 숀코프는 2012년에 독성 스트레스를 주제로 열린 포럼에서 이렇게 말했다. "지금 우리는 이 생물학적 혁명의 발전 과정에서 급변점(tipping point)에 서 있습니다. 이제 우리는 생애 초기의 경험이 어떻게 문자 그대로 몸에 들어가 뇌의 발달과 심혈관계, 면역계, 대사체계의 발달에 영향을 미치는지에 대해 과거에는 몰랐던 방식으로 이해하게 됐습니다."

그는 설명한다. "스트레스를 완전히 제거해야 한다는 말이 아닙니다. 아동의 삶에서, 이른바 규범적인 스트레스(normative stress, 삶의 주기에 따라 대부분의 가족이 일정한 시기에 겪게 마련인 결혼, 출산, 노화, 사망 등의 사건에 따르는 스트레스-옮긴이)에 대처하는 법을 배우는 것은 건강한 발달의 일부입니다." 규범적인 스트레스는 아동들이 재치 있는 전략을 세우고, 자신을 달래고, 회복탄력성을 위한 생물학적 역량을 키우도록 돕는다. 반면 독성 스트레스는, 아동에게 지지와 안정을 주는 사람이 없는 상태에서 아동의 스트레스 반응 체계가 활성화되고 그 상태가 장기간 지속되곤 하며, "아동에게 삶이 주로 그 모양일 때" 발생한다. "독성 스트레스는 유독 매사가 뜻대로 되지 않는 날 받는 스트레스와는 다릅니다. 이것은 스트레스 반응 체계를 만성적으로 활성화시켜 뇌의 회로 발달을 방해하고 몸을 닳게 만드는 유형의 스트레스입니다."[67]

독성 스트레스 인자들은 아동을 강하게 만들어주지 않는다. 오히려 아동이나 청소년의 뇌를 망가뜨려 다음 일에, 그리고 또 다음 일에 대처하는 능력을 평생 동안 저해한다. 좋은 성격 특질을 길러주는 경험과 독성 스트레스의 차이는 사실 꽤나 명확하다. 두 종류의 스트레스가 이토록 다르니만큼, 여기서는 만성적이고 예측 불가능한 독성 스트레스(chronic unpredictable toxic stress)를, 머리글자를 따서 아동기의 'CUTS'라고 부르겠다(잘 알다시피, 'cut'에는 '[베이거나 긁힌] 상처'라는 뜻이 있다. —옮긴이).

왜 어떤 아이는 다른 아이보다 아동기의 CUTS에 더 큰 영향을 받는 걸까? 여기에는 다수의 요인이 작용한다.

비밀에 대해 치르는 크나큰 대가

아동기의 부정적 경험 대부분은 닫힌 문 뒤에서 일어나는 만성적 스트레스 인자들이다. 부모나 다른 성인이, 타인들의 눈이 있는 큰 모임이나 행사에서는 그러지 않을 방식으로 자기 집 거실에서, 저녁 식탁에서, 로커 룸에서 아동을 굴욕 주거나 괢리거나 학대한다. 그렇기에 아동의 관점에서는 이 모든 일이 비밀로 느껴진다. 그리고 심리학자들이 이미 오래전에 알아냈듯이, 아동이 무언가가 비밀로 치부되는 일이라고 느끼면—지금 일어나고 있는 일이나 그 일이 일어나는 이유에 대해 아무도 그에게 말해 주지 않지만 무언가 잘못된 게 분명해 보이면—아동은 그 일이 틀림없이 나쁜 일이고, 또 '자기 탓'임이 확실하다고 생각한다. 아무도 그 일에 대해 이야기하지 않는다는 건 그 일이 자신의 잘못임을 뜻하며, 따라서 나쁜 사람은 자기임이 분명하다고 믿게 되는 것이다.

숫자로만 봐도, 아동의 64%가 한 가지 이상의 심한 역경을 겪는다면, 많은 아동이 무언가 나쁜 일이 벌어지고 있으며 그것이 어떤 식으로든 자기 탓이라는 막연하거나 집요한 느낌을 지니고 살고 있을 가능성이 꽤 높다는 얘기다.

이렇게 생각해 보자. 당신이 아동기에 CUTS를 경험했다면, 아무도 일언반구 하지 않았어도 무언가 잘못되었음을 느꼈을 것이다. 그리고 그것이 당신의 탓인 양 약간의 수치심을 느꼈을 테다.

이는 연구 결과로도 확인된다. 최근의 한 설문조사에서는 십대 청소년의 거의 60%가 자신이 한 가지 이상의 아동기 역경을 겪었거나 현재 겪고 있음을 인정했다. 응답자는 아직 13, 14, 15세밖에 되지 않은 아이들이었다. 그들은 아직 미성년자라서 성인만큼 시야가 넓지 않았음에도 자신이 역경을 겪고 있음을 인식했다. 그리고 현재 아동기 역경을 겪고 있다고 답한 이들 십대 응답자의 60%가 이미 복수의 아동기 역경을 겪었다고 말했다.[68]

그들은 연구자들에게 자신의 삶에서 일어나고 있는 어떤 일이 잘못된 것이라고 인정했는데, 이는 연구자들이 구체적으로 질문을 했기 때문이다.

하지만 대부분의 아동들은 그런 질문을 받지 않는다. 캣은 5세부터 35세까지 그 누구에게서도 어린 시절에 어떤 일을 겪었느냐는 물음을 받지 않았다. 그녀의 과거는 "절대 입에 담으면 안 되는 일"이었다. 결과적으로 그녀는 "마음속 깊이 자리 잡은 수치"를 느꼈다. 어디를 가든, 그녀는 "아버지가 저지른 일과, 제가 입을 연 탓에 아버지가 교도소에 갔다는 사실에 대해, 말할 수 없는 엄청난 죄책감을 안고 살았어요"라고 말한다. "저희 가족은 엄마가 살해당한 사건에 대해 거의 말하지 않았습니다. 마치 없었던 일처럼 말이지요."

로라는 툭하면 면박을 주는 어머니와 단둘이 작은 집에 갇혀 있었다.
"엄마는 말하곤 했어요. '너하고 나 둘이서 세상에 맞서는 거야'라고요."
로라는 말한다. "그게 꼭 우리 사이의 비밀 같았어요. 상황이 아무리 비정
상적이라도, 그건 우리 둘만의 일이라는 거죠. 그래서 그토록 오랜 세월
동안, 엄마가 여러 면에서 제 편이 아니라 제 적에 가깝다는 생각을 미처
하지 못했어요."

아이들은 굴욕을 당하거나 방임되는 일이 성장을 도울 잠재력을 지니기
도 한다는 사실을 인지하지 못한다. 아이들이 아는 건 단지, 그들이 지키
고 있는 가족의 비밀이 아프다는 사실뿐이다.

현재 61세인 프리실라는 부모님을 돌보고, 그들의 비밀을 지키면서 성
장했다. 그녀는 말한다. "저는 정신질환에 둘러싸여 자랐어요. 아무도 제
게 정신질환이 어떤 건지 설명해 주지 않았습니다. 누구도 그 문제를 입에
담지 않았죠. 저는 부모님을 아이처럼 돌보며 컸습니다. 그게 세상에서 제
일 당연한 일인 양 말이지요. 아버지는 조울증이어서 리튬을 복용하고 있
었습니다. 어머니는 자기애성 성격이어서 딸인 제가 자기 엄마 역할을 해
주길 바랐어요."

프리실라는 생후 16개월 때 급성 감염증에 걸렸다. 체온이 섭씨 41도 넘
게 올라갔다. 프리실라는 어머니 앞에서 경련을 하기 시작했다. 그녀의 부
모는 아픈 아기를 병원으로 데려가 입원시키고는 그곳에 홀로 놔두고 돌
아갔다. 프리실라는 한밤중에 목이 막혔다. 숨이 쉬어지지 않아 컥컥거렸
다. 천만다행으로 병실을 지나가던 레지던트가 프리실라의 호흡이 멎은

114

걸 발견하고는 응급 기관절개술을 시행했다. 마취를 할 여유조차 없었다. 훗날 프리실라의 어머니는 그녀에게 "네가 죽을 뻔했던 밤" 그녀를 데리고 병원으로 달려가던 날 자기가 얼마나 겁이 났는지, "내 딸의 목숨을 구해내야 하는 게" 너무나 두렵고 준비가 되어 있지 않아서 이러다 '자기가' 죽을 것 같다는 느낌이 얼마나 들었는지를 거듭 이야기하곤 했다. 프리실라는 말한다. "그럴 때마다 저는 저를 잃을 뻔했던 데 대해 엄마를 위로해야 했습니다. 엄마는 진통제도 없이 수술을 받고 병실에서 혼자 회복해야 했던 아기가 어떻게 느꼈을지는 생각도 하지 않았죠." 그렇게 프리실라는 위기가 닥칠 때마다 혼자 힘으로 대처하는 습관이 생겼다.

"열한 살 적에 여름 캠프에서 빗장뼈가 부러졌을 때도 부모님께는 얘기하지 않았어요. 저를 고통과 고난에서 지켜줄 수 있는 부모님이 '있다'는 생각을 전혀 못 했거든요." 프리실라는 말한다. "저는 그 고통을 그냥 참으며 지냈습니다. 여름이 끝날 즈음 집에 돌아오자, 저희 가족의 친지 한 분이 제 가슴에 혹 같은 게 있는 걸 발견하고는 어머니께 말하라고 했어요. 엄마는 저를 의사에게 데려갔습니다. 의사는 부모님이 저를 그렇게 방치한 것은 중대한 과실에 해당한다고 말하더군요."

그러나 프리실라는 성장기에 부모를 원망하진 않았다. "저는 '어린 영웅'이 된 기분이었습니다. 제가 엄마를 구하고 있었으니까요. 엄마는 입에 발린 말을 잘 했고, 또 제 곁에 꼭 붙어 있고 싶어 했으니까, 저는 그게 좋은 일이겠거니 한 겁니다." 프리실라는 십대에 접어들어서야 "어머니가 저를 통해 자기 인생을 살고" 있다는 사실을 깨닫기 시작했다. "저는 어머니의 자기애에 의해 정서적으로 침범당한 기분이 들기 시작했습니다. 어머니는 마치 자기도 십대 소녀인 것처럼, 제가 친구들과 하는 모든 일에 끼어야 직성이 풀렸어요. 어머니는 제가 자기 엄마 노릇을 해주기를 바랐습니다.

저는 어머니가 저를 사랑하는 방식이, 보통의 어머니가 아이를 사랑하는 방식과 다르다는 사실을 깨닫기 시작했어요. 어머니는 제가 자기를 사랑하고 보살펴주길 원했습니다. 남편에게서 얻지 못한 것들이었죠."

프리실라는 더 이상 "어린 영웅"의 기분을 느끼지 못했다. 그녀는 말한다. "대신 저는 수치스러운 큰 비밀의 무게를 짊어지기 시작했어요. 사실상 제게는 어머니가 없고, 있었던 적도 없다는 것 말입니다. 마음속 깊은 곳에선 제게 뭔가 문제가 있다는 확신이 들었습니다. 부모가 자녀를 사랑하듯이 저를 '사랑할 수 있는' 사람이 아무도 없다는 사실이 어찌나 수치스럽던지요. 저는 그렇게나 사랑받을 수 없는 아이였던 거예요."

프리실라가 열여덟 살이 되자, 어머니는 그녀를 침대에 앉혀놓고 말했다. "난 지난 18년 동안 네 엄마 역할을 했어. 이제 네가 내 엄마가 되어주겠니?" 프리실라는 회상한다. "어머니의 말에 충격을 받지는 않았습니다. 저는 그저 생각했죠. '하지만 지금까지도 내가 엄마 역할을 했는데요…. 왜 이제 와서 새삼 청하는 거죠?'"

청소년기에 프리실라는 공황발작을 일으키기 시작했다. 이 발작은 어찌나 심신을 무력화하는지, 부엌이나 화장실 구석 바닥에 웅송그리고 누워서 식은땀을 흘리며 몸을 떨곤 할 정도였다. 움직일 수도, 생각할 수도 없었다. 그녀는 말한다. "제 중추신경계는 그렇게 툭하면 무너지기 시작했어요." 그녀가 겪고 있는 공황장애는 "어디선가 읽기로 베트남 전쟁에서 귀환한 군인이나 강간당한 여자가 겪는다는" 것과 같은 유형의 것이었다. "하지만 저는 강간당하지 않았어요. 전쟁에 나가지도 않았고요. 그러니 제게 무언가 끔찍한 문제가 있겠거니, 그게 제 잘못이겠거니 했습니다."

대학 입학 신체검사에서 프리실라는 승모판탈출증이라는 심장 이상이 있다는 말을 들었다. 왼쪽 심방과 그 아래 심실 사이의 판막이 제대로 달히지 않는 상태였다. 의사는 당장 치료받을 필요는 없지만 지켜봐야 한다면서, 그것이 공황발작의 한 요인이라고 했다.

"저는 가질 수 없는 무언가를 원하는 데서 오는 공황 의식이 있었습니다. 뭔가를 언제나 원하고 추구하지만 그에 이를 수 없으리라는 느낌, 생존에 꼭 필요하다고 느끼는 것을 절대 얻지 못하리라는 느낌이요."

프리실라는 결혼해서 두 아들을 낳았고, 50대 초반에 작가로 성공을 거두어 전 세계로 순회강연을 다니고 TV에 출연했다. "저는 성인으로서 해야 할 행동들을 완벽히 익혔습니다." 그녀는 말한다. 하지만 그 이면에는 여전히 고통이 있었다. "저는 끔찍한 두려움을 안고 살았습니다. 제겐 심계항진도 있었지요. 모든 것이 위기로 돌변할 수 있으며 신경계에 결함이 있는 저는 그 위기에 대처할 수 없을 거라고 느꼈습니다. 사기꾼이 된 기분이었습니다. 겉보기에는 능력 있지만, 속은 자주 겁에 질려 있었으니까요. 저는 제 삶을 전혀 살지 못하고 있었습니다." 공황발작은 점점 더 심해지고 잦아졌다. 남편이 달래주어야 하는 경우도 왕왕 있었다.

50세를 훌쩍 넘긴 시점에 프리실라는 생애 초기에 자신이 속해 있던 가정이 어떠했는지를 더 면밀하게 뜯어보기 시작했다. "제가 원하는 사람이 되고, 원하는 삶을 살고자 한다면 저의 아동기에 관한 진실을 부인하는 걸 그만둬야 한다는 사실을 깨닫기 시작했습니다. 계속 공황에 빠져 살면서 투쟁-도피 반응에 저를 내맡기는 대신, 중추신경계의 파도를 타는 법을 배우고 그럼으로써 인생의 파도를 타는 법도 배우고 싶었습니다." 프리실라는 명상과 심리치료를 통해 정신을 더 침착하게 가다듬을 수 있었고, 자신이 얼마나 취약하고 방치된 아동기를 보냈는지 직시함으로써 공황발작을 현저히 줄일 수 있었다. 그녀가 치유를 향한 탐색에 대해 쓴 회고록 『숨 쉬는 법 배우기(Learning to Breathe)』는 그 노력의 보상으로 탄생한 책이다.

자신이 겪고 있는 역경을 지켜야 할 '비밀'로 보는 아동은 가정 내에서 일어나는 일들을 외부의 어른에게 드러내거나, 자신이 속한 역기능 가정 바깥의 사람들에게 도움이나 지원을 요청할 가능성이 낮다. 그런데 외부의 지원이 없다면 신체는 아동기의 부정적 경험에 대해 더 혹독한 대가를 치러야 한다.

믿음직한 어른 한 사람의 존재에 깃든 힘

　생애 초기에 역경을 겪은 뒤 회복탄력성을 키운 아동들의 사례를 살펴보면, 어린 시절에 의지할 수 있는 중요한 어른이 존재했던 경우가 많다. 아동의 삶에 개입해서, 지금 일어나는 일이 아동 자신과는 무관하며 그의 잘못이 아니라고 이해하게끔 도와준 성인이 있었던 것이다.

　잭 숀코프가 이끄는 아동발달센터의 설명에 의하면, 적절히 지지해 주는 어른의 존재 여부와 스트레스 인자의 지속 기간 및 성격은 아동기 스트레스 인자들이 견딜 만한지 아니면 독성이 되는지를 결정짓는 데서 엄청난 차이를 낳을 수 있다. 오랜 영향을 남기는 곤경, 심지어 극심한 스트레스 인자들도—예컨대 사랑하는 사람의 죽음이나 자연재해 같은 일들조차도—그것이 한때의 일이고 지속 기간이 한정적이며, 아동이 적응할 수 있도록 돕는 성인과의 관계를 통해 완충될 경우, 견딜 만해진다. 기댈 사람이 있고 사랑이 있으면 뇌는 해로운 영향을 주었을지도 모를 사건에서 회복할 수 있다.[69]

　그러나 스트레스 인자가 강렬하고, 빈번하며, 오래간다면—만성적인 방임, 신체적이거나 정서적인 학대, 중독이나 정신질환이 있는 양육자와

118

사는 것, 또는 폭력적인 환경에서 성장하는 것처럼—그리고 그 상황에서 누군가 어른이 아동을 충분히 지지해 주지 않는다면, 스트레스는 독성이 된다. 생애의 되도록 이른 시기에 주위의 어른이 아동을 보살피고, 지지해 주고, 그에게 반응해 주는 것은 아동의 삶에 커다란 차이를 만든다.[70]

해리엇의 이야기가 좋은 사례다. 현재 텍사스주 오스틴에 거주하는 48세의 변호사인 해리엇은 "자녀 양육이라는 게 무엇인지를 사실상 몰랐던" 어머니의 손에 컸다. 해리엇이 네 살 적부터 어머니는 주기적으로 딸을 홀로 비행기에 태워 우울증이 있는 조부모를 방문하게끔 했다. 외할아버지는 "'씻긴다'는 명목으로 옷을 벗게 하고는 억지로 욕조에 넣었"다고 한다. 해리엇은 지금도 그때의 어느 날이 공포의 플래시백으로 떠오르곤 한다. "발가벗고 겁에 질려 울면서 욕조 밖으로 나가려고 미친 듯이 발버둥치던 제 모습"이 기억난다는 것이다. "저는 할아버지가 제게 하는 행동이, 그가 저를 씻기는 방식이 싫었습니다." 나이가 더 들어 할아버지가 자신에게 한 짓과 그 의미를 이해하게 된 해리엇은 손아래인 여자 사촌들에게 할아버지를 피하라고, 절대 그와 단둘이 있지 말라고 일렀다. 해리엇을 위해 주위를 살펴주는 사람은 없었으나, 해리엇은 남을 위해 주위를 살펴주는 법을 배운 것이다.

열두 살 적에 해리엇은 체조를 하다가 넘어졌다. 허리뼈가 두 군데나 골절되었는데도 해리엇은 어머니에게 그 사고와 뒤따른 통증에 대해 함구했다. 마침내 의사를 찾아가자 그는 해리엇에게 물었다. "이 상태로 어떻게 걸어 다닌 거니?" 적절한 치료를 받지 않았기 때문에 해리엇은 영영 완전히 회복하지 못했고, 평생 매일을 고통 속에서 살게 됐다.

부상에서는 회복했지만 여전히 만성통증을 달고 살던 열여섯 살 때 해리엇은 데이트 강간을 당했다. 그녀는 다시 한 번 "그만두라고 해도 들은 척도 않는 남자에게 맞서, 벌거벗은 채로 발버둥치고 그를 할퀴고" 있었다. 다음 날 학교에 가서 보니 해리엇의 "남자 친구"가 얼굴에 난 상처를 해명하고자 모두에게 이런 말을 퍼뜨리고 있었다. "해리엇이 침대에서 제법 살쾡이처럼 굴더라고!"

해리엇은 그때도 엄마에게 무슨 일이 일어났는지 말하지 않았다. "상처받는 일을 겪고서 엄마를 찾아가 도와달라고 했으면 엄마는 이렇게 말했을 거예요. '해리엇, 내게 어떻게 이럴 수 있니?'라고요. 저는 아주 어린 나이부터, 엄마가 결코 제게 위안을 줄 수 없는 사람이란 걸 분명히 알았습니다. 엄마가 저를 도와주리라고 믿을 수 없었어요. 제가 겁이 나서 무슨 일을 털어놓으면, 엄마는 그 상황을 곧 제가 제 문제를 가지고 엄마에게 상처를 주는 국면으로 바꿔놓았죠." 지금 해리엇은 어머니가 과거에 한 일이 믿기지 않는다고 말한다. "엄마는 저를 혼자 비행기에 태워서 자기 부모님 댁으로 보내곤 했어요. 조부모님이 정신질환이 있는 걸 알면서도, 그게 제게 무슨 의미일지는 생각조차 하지 않은 거죠."

해리엇은 열아홉 살 때 부모님에게 자신이 레즈비언인 것 같다고 털어놓았고, 부모는 그녀와 의절했다.

30세가 되었을 무렵, 그녀에게는 "항상 몸이 약하게 떨리는" 증상이 있었다. 목에는 갑상선종이 생겼다. 의사를 찾아갔더니 맥박, 호흡, 체온, 혈압 등의 활력징후를 측정했는데, 해리엇의 안정 시 심박수는 기준치보다 훨씬 높은 140이었다. 의사는 검사를 마치고서 해리엇에게 갑상선 수치가 엄청 치솟아 있다고, 정상치의 열 배나 된다고 알려주었다. 해리엇은 완전히 진행된 그레이브스병을 진단받았다. 이것은 몸의 면역계가 실수로 갑상선의 건강한 조직을 공격해 갑상선 기능을 항진시키는 자가면역질환이다.

44세가 된 해리엇은 산부인과 의사에게서 "자궁 뒤쪽에 커다란 근종이 들러붙어" 있다는 말을 들었다. "너무 뒤쪽에 있어서 쉽게 촉진할 수조차 없었습니다. 그 자궁근종은 적어도 10년 이상 자라고 있었다더군요. 아기 머리만 한 크기였습니다. 그런데도 저는 몰랐어요. 원래도 허리통증이 워낙 심했으니까요."

성적 학대를 당한 여아는 생애 후기에 자궁근종이 생길 가능성이 36%나 더 높다는 최근 연구 결과를 말해 주어도 해리엇은 그다지 놀라지 않는다.

해리엇은 과거를 돌아보며 말한다. "어머니는 제게 트라우마를 준 모든 것의 배경이었습니다." 그녀는 궁금해하지 않을 수 없다. "나쁜 일이 벌어졌을 때 의지할 수 있는 엄마가 있었더라면, 좋을 때나 나쁠 때나 엄마가 나를 지지해 주는 걸 느낄 수 있었더라면 인생이 얼마나 달라졌을지" 말이다.

확실히, 아동에게 의지할 수 있는 믿음직한 부모나 다른 성인이 있다면, 자신이 겪고 있는 스트레스를 이해할 가능성이 훨씬 높아진다. 이상적인 상황에서는 똑똑하고 차분하며 배려심 있는 성인 멘토가 아동을 위해 역경에 개입할 것이다. 에머리대학교에서의 최근 연구 결과에 따르면, 가정환경이 긍정적이고 의지할 만한 어른이 있는 아동은 역경을 경험할 때 옥시토신 수용체 유전자가 아동을 보호하는 방향으로 변화해서, 회복탄력성과 대처 능력을 키우도록 도왔다고 한다.[71]

시어리의 연구에서 좋은 소식은 "누군가에게 나쁜 일이 일어났다고 해서, 그 시점 이후 쭉 그의 몸과 마음이 망가지도록 운명지어지는 건 아니"
라는 것이다. 아동기에 적당한 역경을 겪은 사람의 회복탄력성을 키워주
는 것이 정확히 무엇인지 알아내고, 그들이 삶의 어려움에 대처하는 능력
과 안전감을 키울 수 있는 방식으로 자신의 경험을 해석하도록 돕는 것이
무엇인지 식별해 낼 수 있으면, 우리는 그 지식을 더 넓은 범위에, 심지어는
세월이 많이 흐른 후에도 적용할 수 있을지 모른다. "과거에 더 심한 수준
의 역경을 겪은 사람들도 그 역경의 이점을 누릴 수 있게 될 겁니다. 그러도
록 돕는 방법을 우리가 알아낸다면 말이지요."

　아동기의 부정적 경험으로 고통받은 사람들이 치유를 추구하여 찾게 되
면, 그들은 자신의 인생에 대한 유익한 관점을 얻을 수 있다. 그리고 비록
어렸을 적에 트라우마를 입었다 하더라도, 앞서 말했듯이 우리의 뇌는 성
인기에 들어서고 오랜 시간이 지난 뒤에도 가소성이 있어서 잘 변하기 때
문에 여전히 회복탄력성을 위한 신경 구조를 만들 수 있다. 우리는 과거의
트라우마를 전후 맥락 속에서 적절히 이해함으로써 스트레스를 주는 난
관에 더욱 잘 대처하고 역경을 품위 있게 헤쳐나가는 사람이 될 수 있는 것
이다.

민감성 유전자

　출생 시부터 18세까지의 뇌 발달은 경험들에 의해 틀지어진다. 하지만
우리의 몸과 마음이 스트레스를 지각하고 그에 반응하는 방식에는 유전
적 기질 역시 영향을 미친다. 어떤 사람들은 유전적으로 자신의 주위 환경
에서 일어나는 일들—아주 어렸을 때 맞닥뜨리는 가족 트라우마(family
trauma, 트라우마로 겪은 고통이 한 세대에서 다음 세대로 대물림되는 것-옮긴이)나

궁핍을 비롯하여—에 더 민감한 성향이 있다. 그러나 생애 초기의 역경에 그만큼 크게 영향받지 않는 사람들도 있다. 그리 심한 타격을 받지 않는 것이다. 이렇게 차이가 나는 이유의 하나는 우리의 유전 암호 깊숙한 곳에 존재한다.

'민감성 가설(Sensitivity Hypothesis)'은 어떤 사람들이 스트레스 반응성을 더 강하게 보이는 이유와 원리를 설명한다. 인구의 대략 15%가 신경전달물질 세로토닌을 조절하는 행동관련 유전자 5-HTTLPR(세로토닌 전달체 유전자)의 특정한 대립형질을 갖고 있다. 세로토닌은 정서적 트라우마와 고통에서 회복하는 능력에 영향을 미치는 물질이다. '민감성 유전자' 5-HTTLPR에는 짧은 대립유전자와 긴 대립유전자가 있고, 이들이 어떻게 쌍을 이루느냐에 따라 세 종류의 변이형이 나타난다.[72] 짧은 대립유전자/짧은 대립유전자 변이를 지닌(이런 변이형을 '단완[short-arm] 대립형질 유전자형' 또는 'S/S 유전자형'이라고도 한다.–옮긴이) 사람들은 일상에서 겪는 모든 일에 고도로 민감한 경향을 보인다. 스트레스 주는 일을 겪었을 때 빠르게 회복할 능력도 떨어질 수 있다. 그러나 이들은 긍정적인 영향도 마찬가지로 깊게 받아들인다. 즉, 이들은 올바른 양육을 받으면 잘 살아가는 사람들이다. 자신을 믿어주거나, 재능이나 기량이 있음을 알아주는 멘토가 있다면 이들은 보다 근본적인 수준에서 더 나은 사람으로 자라날 수 있다. 이들은 좋은 것들을 흡수한다.

세로토닌 조절 유전자가 짧은 대립유전자/긴 대립유전자의 조합 형태로 발현된(약칭 L/S 유전자형–옮긴이) 사람들은 특별히 좋거나 나쁜 영향을 받지 않는 듯하다. 이와 달리, 긴 대립유전자/긴 대립유전자 조합으로 발현된(L/L 유전자형–옮긴이) 사람들은 역경에서 회복하는 능력이 남들보다 크고, 스트레스성 사건을 겪은 뒤에도 남들보다 더 쉽게 털고 일어나는 것으로 나타났다. 이들은 나쁜 일이 생겨도 조바심을 내거나 큰일 났다고 절 감하지 않는다. 남들에게 압도감을 줄 사건이 이들에게는 문자 그대로 '오리 등에서 미끄러지는 물방울처럼' 사소하게 느껴진다. 이들은 남들보 다 가벼운 알로스타시스 부하를 안고 의연히 살아간다.

그러나 여기서 가장 흥미로운 점은 민감성 가설의 유전자가 뇌가 아직 발달 중인 취약한 아동기에 특히 심대한 역할을 한다는 것이다(우리는 성 인이 된 뒤에도 스트레스에 의해 영향을 받긴 하지만, 거기에는 이 유전자 가 어린 시절만큼 관여하지 않는다). 짧은 대립유전자 한 쌍이라는 가장 민감한 유전자형을 지녔으면서 성장기에 역경을 경험한 사람들이 성인기 에 우울증을 앓을 확률이 가장 높다. [73]

그 이유는 민감성 유전자가 아직 발달 중인 스트레스 반응에 영향을 미 쳐서, '민감한 아동'이 역경을 마주하면 HPA 스트레스 축에서 스트레스 호 르몬을 더 많이 쏟아내게 하기 때문이다. [74] 따라서 이 유전자형을 지닌 아 동은 어릴 때부터, 그리고 이후 아주 오랜 세월 동안 염증성 호르몬에 갑 절로 노출된다.

청소년을 여러 집단으로 나눠 실험실 내에서 과제를 수행케 하면서 관 찰자들이 모호하거나 부정적인 피드백을 주는 흥미진진한 연구가 있었 다. 첫 번째 집단의 십대들은 민감성 유전자 중 짧은 대립유전자 한 쌍의 변이형을 지니고 있었고, 6세 이전에 어떤 유형으로든 아동기 역경을 경험 했다. 두 번째 집단의 십대들도 민감성 유전자를 지니고 있었지만, 생애 초 기에 역경을 겪지는 않았다. 두 집단은 컴퓨터 화면에 뜨는 이미지 두 개가 서로 같은지 다른지 분간하는 것 같은 과제들이나 기억력 게임 등을 했다. 이때 연구자들은 의도적으로 피험자들에게 혼란스러운 피드백을 주었기 때문에, 피험자들은 자신이 어떻게 평가받고 있는지 알 수 없었다.

예의 민감성 유전자를 지니고 아동기 역경을 겪은 청소년들은 더 큰 불안을 보였고, 과제 수행 중 실수도 더 많았다. 그들은 평가자들에게서 받은 비언어적이고 때로 낙담시키는 피드백이 자신이 무언가 잘못했다는 뜻이라고 추측했다. 이들은 생애 후기의 불안 및 우울과 관련되는 인지적·정서적 어려움의 징후 역시 보였다.[75]

민감성 유전자를 지녔으되 아동기 역경을 겪지 않은 청소년들은 모호한 피드백에 앞의 집단과 같은 반응을 보이지 않았고, 감정 조절에도 어려움이 없었다. 아동기의 부정적 경험을 겪지 않았기 때문에 민감성 유전자가 발동되지 않은 것이다.

초기 스트레스에 대한 아동의 생물물리학적 취약성에 기여하는 다른 유전자들도 있다. 듀크대학교의 연구자들은 많은 역경을 겪은 아동이면서 5-HTTLPR이 그렇듯 아동을 환경에 더 민감하게 만들 수 있는 유전자 NR3C1(당질코르티코이드 수용체 유전자)의 흔한 변이형을 지닌 경우, 성인이 되어 심한 문제가 생길 가능성이 남들보다 훨씬 높다고 밝혔다. '스트레스 취약성 유전자(Stress Vulnerability Gene)'라고 부를 수 있는 NR3C1 유전자는 스트레스를 받는 동안 신체의 코르티솔 분비량에 영향을 미친다. NR3C1의 대립유전자 중 스트레스에 민감히 반응하게 만드는 것을 지닌 아동의 75%가 25세 이전에 정신적 문제나 중독 행동을 보였다.[76]

그러나 스트레스 취약성 유전자를 지닌 아동들이 그들을 지지해 주는 프로그램을 통해 개입을 받았을 경우에는, 성인이 되어 정신장애가 생기거나 중독에 빠진 비율이 18%에 그쳤다. 다시 말해, 스트레스 취약성 유전자를 지닌 아동들은 스트레스에 매우 민감하게 반응하지만, 동시에 성인의 도움에도 현저히 좋은 반응을 보인다. 이것이 그들의 인생을 완전히 바꾸어 놓았다.

민감성 유전자나 스트레스 취약성 유전자를 지녔고 아동기에 자기 몫의 역경을 겪은 사람은 정서적 시스템이 이미 스트레스에 대단히 민감한 반응을 보이도록 굳어져 있기 쉽다. 인생의 궤도는 난관으로 점철되었을 수 있다. 예를 들어, 뒤차가 추월을 하거나 직장에서 누군가에게 아이디어를 비판받거나 밤에 알 수 없는 소리가 쿵하고 나면 불안과 공포를 느낄 가능성이 남들보다 높을 것이다. 은연중에 자신이 안전하지 않다는 감각을 지니고 살아갈 것이다. 자신의 마음과 몸이 얼마나 큰 영향을 받게 될지 모르는 채로 타인의 불편과 불안을 간파하고 그들의 스트레스를 흡수할 것이다.

차갑고 매사를 통제하려 드는 어머니와 성질이 불같은 아버지 아래에서 자란 조지아는 "다툼이 실제로 일어나기도 전에" 집안의 긴장된 분위기를 포착하곤 했으나 언니들은 "보다 둔감했고, 훨씬 강했어요"라고 회상한다. 언니들에게는 조지아가 지닌 감정적 안테나가 없는 듯했다. 언니들은 청소년기에 접어들면서 어머니에게 맞서고 "말대꾸를 하기" 시작했다. 조지아는 말한다. "언니들은 겁내지 않았어요. 가끔은 엄마에게 정면으로 대들기도 했어요. 대담했고, 자기 힘을 발휘할 줄 알았죠."

그 즈음 조지아는 이미 가족 내에서 "너무 민감하다"거나 "식구 중 제일 민감한 애"라고 불리고 있었다. 조지아에게 이런 식의 꼬리표를 붙임으로써 그녀의 부모는 긴장된 가정 분위기는 정상인데 단지 조지아가 문제인 척을 할 수 있었다.

"저는 늘 집안의 부정적인 분위기를 전부 흡수했습니다. 결국은 저 자신을 보호하기 위해 스스로를 차단하는 법을 배웠죠. 그렇지만 저의 센서마저 차단할 수는 없었어요. 열 살이 되었을 무렵에는 이미 남들이 시키는 대로 하는 게 좋다는 걸 터득했습니다. 저는 인간적으로 가능한 한 눈에 띄지 않으려고 매일 의식적으로 노력했습니다."

조지아가 열세 살 때 엄마가 심리치료사를 찾아갔다. 당시 아빠는 술을 진탕 마시고 있었고, 심지어 음주운전을 할 때도 있었다. 조지아는 말한다. "어머니는 자신의 어머니에게서 심한 학대를 받았고, 사랑하는 아버지는 일찍 돌아가셨다고 하더군요. 게다가 교육을 잘 받았는데도 세 꼬마 여자아이들과 사실상 집에 갇힌 신세가 되었죠. 아버지는 어머니에게 말했어요. '심리치료 따위에 쓰라고 줄 돈은 없어. 내 아내가 정신과 환자일 수는 없으니까.'"

조지아의 엄마는 치료 비용을 모으기 위해 지역 도서관에서 파트타임으로 일하기 시작했다. 조지아를 대하는 태도가 크게 변하지는 않았지만, 지금 조지아는 그때를 돌이켜 보면서, 치료는 물론 취업까지 결심하는 일이 어머니에게 얼마나 어려웠을지를 깨닫는다.

조지아는 학업에 몰두했다. "저는 저의 지적 능력을 제외한 모든 걸 억눌렀어요." 그 노력은 결실을 보았다. 어쩌면 자기 힘으로 성공하겠다는 갈망이 그녀의 목숨까지 구한 걸지도 모른다. 조지아는 열여덟 살에 컬럼비아대학교에 진학했고, 후에 그곳에서 박사 학위를 받았다.

오늘날 49세인 조지아는 "대물림되는 것"에 대해 많이 생각한다. "외할머니는 아기 적에 버림받았습니다. 외할머니는 그 일로 크게 망가졌지요. 어머니를 학대했고, 그리하여 저희 어머니 역시 깊이 상처받은 사람이 되었습니다. 아버지 쪽도 마찬가지였어요. 아버지를 보살펴 주는 진짜 부모라 할 사람이 없었거든요. 친할아버지는 우울증이 있었고 알코올 중독이었습니다. 저희 아버지도 그랬죠." 조지아는 잠시 뜸을 들이다가 말한다. "마치 수세대에 걸친 고통이 모두 제 등에 내려앉은 것 같아요."

그녀는 말한다. "저는 남들이 잘 감지하지 못하는 것들을 포착하는 아주 민감한 시스템을 지니고 있어요. 피상적인 수준 너머에서 벌어지고 있는 일을 감지하고 알아볼 수 있는 능력은 어떤 면에선 저 자신을 보호하는 데 도움이 되었습니다. 언제 물러서야 할지를 알았으니까요. 하지만 한편으로 저는 고통을 흡수하는 스펀지와 같았습니다. 아버지의 고통, 어머니의 고통, 두 사람의 손상된 결혼의 고통까지 전부 흡수했죠."

성인이 된 조지아는 퇴행성 추간판 질환과 우울증, 섬유근육통에 더해 애정 관계에서도 문제가 있었다. 20대 초반에 결혼한 조지아는 보다 사랑이 넘치고 서로 기댈 곳이 되어주는 자신만의 가정, 아무 걱정 없는 안식처를 만듦으로써 불행한 가정사를 다시 쓰고자 했다.

그러나 결혼은 지속되지 못했다. 조지아는 남편에게 자신의 감정과 욕구를 솔직하게 전하고 말로 표현하기가 어려웠으며, 남편도 마찬가지였다. 시간이 흐르며 두 사람의 관계는 소통 부재로 인해 와해되었다. 이혼한 뒤 조지아는 "부모님이 보여준 것과 전혀 다르게 사랑하고 살아가는 방법이 반드시 있으리라는 강한 내면적 통찰"을 얻게 되었다고 한다. "그 길을 찾지 못한다면 삶이 과연 살 가치가 있을지 잘 모르겠더군요. 신체적·정서적 치유를 향한 여정에 오르거나, 아니면 다 접고 그만두는 게 낫겠다는 걸 깨달았어요."

자신의 아동기에 대해 모든 걸 기억하고 있음에도 조지아는 ACE 질문 몇몇 개에는 '네'라고 답하는 것이 "거북하다"고 느끼지만, "그 오랜 세월 동안 제가 '너무 민감한' 것은 결국 아니었음을" 알게 되어서 다행이라고도 한다.

조지아가 묘사한 그녀의 아동기는 민감성 가설과 스트레스 취약성 가설을 예증한다. 남들보다 더 많이 보고, 더 많이 인지하고, 더 많이 알고, 더 많이 느끼는 아이들이 있다. 이런 아이들은 역경으로 점철된 아동기에서 더 깊은 정신적 상처를 입고, 장차 성인이 되어선 더 집요한 신체적·정서적 증상을 마주하게 될지 모른다. 그렇다고 그들에게 일어난 일이 실은 그들의 생각보다 덜 충격적인 것이었다는 의미는 아니다. 그들이 그 고통을 더 깊이 느꼈다는 뜻이다.

그럼에도 민감성 유전자에는 그 나름의 뚜렷한 신경생물학적 장점이 있다. 민감한 아동으로 하여금 스트레스에 고도로 반응하게 만드는 뇌의 가소성은 동시에 그들을 더 직관력 있고 더 수용적이 되게 하며, 바람직하고 건전한 환경 요소에—그들에 대한 지지, 그들이 경험하는 애정 어린 관계, 그들에게서 특별한 무언가를 발견해 보살피는 멘토에—더 쉽게 영향받도록 만든다. 심지어, 훗날 성인기에 자신의 뇌를 다시 빚고 재활시키고자 노력할 경우, 그들은 더 큰 치유 효과를 볼 수 있을지도 모른다.[77]

실제로, '민감한' 아동은 아동기에 어른의 지지와 보살핌을 받을 경우 생애 후기에 우울증의 징후를 '제일 적게' 보인다. 심지어 긴 대립유전자 한 쌍(L/L 유전자형)을 지닌 사람들에 비해서도 그렇다.[78] 긍정적이고 이로운 심리적 특성이 계발되고 잘 살아갈 가능성도 남들보다 더 높아진다.[79] 어릴 적 고통을 받았다 해도 이들의 성인기 행동은 여전히 변화에 열려 있다. 역경을 겪은 내력에도 불구하고, 성인이 된 후에 변화할 수 있는 깊은 능력을 갖게 된다는 뜻이다. 이들은 어렸을 적 무슨 일을 겪었든, 얼마나 민감하든, 뇌를 재활시키고 스트레스 반응성을 누그러뜨리고자 나선다면 성공할 가능성이 상당히 높다.

조지아는 민감하다. 타고난 직관력으로 인해 그녀의 아동기는 더욱 고통스러웠다. 하지만 바로 그 내적, 창조적 민감성이 조지아에게 인생이 달라질 수 있다는 "강한 내면적 통찰"을 선사했다. 그러한 통찰은 훗날 조지아가 삶을 변화시키는 치유의 여정에 오르도록 이끌었다.

민감성 유전자는 아동이 인생의 불가피한 고난들에 대처하는 법을 더 능숙하게 배우도록 해준다. 또한 아동기 역경이 낳은 나쁜 결과를 놀라운 자기성장의 재료로 삼는 법을 배우도록 돕는다.

'인식된 스트레스'의 퍼즐

스탠퍼드대학교의 심리학자인 켈리 맥고니걸 박사는 성인 3만 명을 8년 동안 추적한 한 연구를 출발점으로 삼은 자신의 작업에서 스트레스의 인식과 질환 및 회복탄력성 간의 아주 흥미로운 관계를 보여주었다(그 추적연구는 위스콘신대학교 의학 및 공중보건대학에서 실시한 것으로, 맥고니걸이 "스트레스에 대해 처음으로 달리 생각하게" 만들었다고 한다. 이에 관한 그녀의 작업에는 저서 『스트레스의 힘』과 유명한 TED 강연이 포함된다.—옮긴이). 이 연구에서는 대상자들에게 두 개의 질문을 던졌다. "지난 12개월 동안 얼마나 많은 스트레스를 경험했습니까?" 그리고, "스트레스가 건강에 해롭다고 믿습니까?"

놀라운 결과는 아니지만, 앞선 한 해 동안 많은 스트레스를 경험한 사람의 사망 확률이 훨씬—43%나 더—높았다.[80] 더 많은 스트레스는 더 많은 염증과 더 많은 질환, 그리고 죽음을 의미했다. 그러나 맥고니걸은 말한다. "스트레스와 조기사망의 이런 관계는 스트레스가 건강에 해롭다고 '믿은' 사람들에게서만 드러났습니다. 스트레스를 많이 받았지만 스트레스를 해롭게 여기지 않은 사람들은 사망 확률이 더 높지 않았습니다." 바로 이 집단이 "상대적으로 적은 스트레스를 받은 집단을 포함해, 연구 대상자들 중 사망 확률이 가장 낮았"다고 맥고니걸은 지적한다.[81]

'인식된 스트레스'에 관한 연구는 우리에게 해를 주는 것이 스트레스를 받는 경험 자체가 아님을 알려준다. 가장 해로운 건 스트레스를 받는 느낌에 대한 우리의 반응이다.

스트레스에 대한 사고의 틀을 바꾸고, 불안감을 느끼는 것이 사실은 유용한 반응일 수 있음을 인식할 때, 우리는 스트레스 자체의 해로운 장기적 영향을 감소시킬 수 있다. 맥고니걸은 "심장이 쿵쿵 뛰는 건 행동을 할 수 있도록 몸을 준비시키는 것"이고 숨을 몰아쉬는 건 더 빠르게 생각하는 걸 돕기 위해 뇌에 산소를 보내는 것임을 이해하면, "스트레스 반응이 수행에 유용하다는 것, 난관에 맞서는 데 도움이 된"다는 사실을 깨닫게 된다고 말한다. 이렇게 인식을 바꾸면, 스트레스 반응이 생리적으로 신체에 가하는 손상이 훨씬 줄어든다. 수축했던 혈관과 심혈관이 이완되고, 몸 전체도 이완되며, 그럼에도 스트레스 반응의 이점, 즉 고양된 각성 상태는 그대로 유지하게 된다.

스트레스 반응이 당장 행동을 취하거나 남의 도움을 구해야 한다는 사실을 우리의 몸에 알림으로써 우리를 돕는다고 믿을 때, 우리는 남들에게 지원을 요청하고 우리를 아끼는 사람들을 주위에 두고 그들에게 마음을 열게 될 가능성이 더 높아진다. 사회적 접촉과 지지를 추구하는 본능에 따라 움직일 때, 우리는 "연민의 호르몬"이라고 불리는 옥시토신을 더 많이 분비하게 된다. 옥시토신은 우리 몸을 스트레스의 영향으로부터 더욱 보호해 준다. 맥고니걸은 옥시토신이 "천연의 항염증제"라고 말한다.

물론 아동들은 역경을 보는 관점을 바꾸기에는 너무 취약하고 어리다. 아동에게 트라우마를 주고 있는 사람이 그의 양육자라면 더욱 그렇다. 하지만 성인의 경우에는 인식된 스트레스에 대한 맥고니걸의 연구에서 힘을 얻을 수 있다. 과거 아동기에 겪은 스트레스 인자들을 자신이 되고 싶은 사람으로 성장하기 위한 촉매로 생각할 수 있다면, 이러한 사고 전환은 치유와 용서, 변화를 향한 개인적 여정에서 결정적인 한 걸음이 될 수 있다.

과거를 생각하는 틀을 전환하고 재구성할 때 도움이 될 게 하나 있다. 과거에 당신에게 일어난 일이 분명 잘못된 것이고, 견딜 수 없는 일이기까지 했지만, 이런 가족 역기능의 패턴이 대개는 당신이 태어나기 오래전에 굳어졌으리라는 사실을 기억하는 것이다. 당신이 겪은 역경은 부모님이, 그리고 그들의 부모님이 직면하고 견뎌야 했던 아동기의 만성적이고 예측 불가능한 독성 스트레스(CUTS)가 낳은 간접적 결과라는 얘기다.

해리엇이 인정하듯, 그녀의 어머니 역시 윗세대 사람들이 겪은 아동기의 부정적 경험의 해로운 유산에 둘러싸여 자랐다. 해리엇은 말한다. "돌이켜 보면, 엄마 자신의 내력을 감안했을 때, 엄마에겐 차분하고 애정 넘치는 어머니가 될 기회가 전혀 없었다는 걸 알겠습니다. 저는 어머니를 탓하지 않아요. 어머니에겐 필요한 도구가 없었던 겁니다."

〈라쇼몽〉 다시 보기—우리는 어떻게 기억하는가

우리가 뇌에 기억을 저장하는—그리고 시간이 흐르며 그 기억을 재생하는—방식은 우리가 아동기 역경에 어떻게 영향받을지를 가르는 또 하나의 중요한 요소다.

20년 전 부모님이 이혼했을 때 어떤 일이 있었는가를 두고 형제자매 네 사람이 각기 전혀 다른 견해를 가지고 아버지나 어머니의 편을 들면서, 자기가 그렇게 느끼는 이유를 거듭거듭 얘기할 수 있다. 영화 〈라쇼몽(羅生門)〉에서처럼 과거의 한 사건을 각자가 모두 다르게 보고, 다른 결론을 내리는 것이다(〈라쇼몽〉은 일본 소설가 아쿠타가와 류노스케의 단편소설 두 편을 토대로 하여 구로사와 아키라 감독이 만든 영화로, 불후의 명작으로 꼽힌다.—옮긴이).

조지아는 언니들과 어린 시절에 대해 얘기할 때면 그 집에서 성장한다는 것이 실제로 어떠했는가에 대해 도저히 의견 일치를 볼 수 없다고 말한다. 조지아는 언니들이 그녀의 경험을 인정하지 않는다고 느낀다. 언니들은 조지아가 어릴 적 삶의 부정적인 면을 과도하게 강조하고, 여전히 과민하게 반응하며, 과거를 놓지 못한다고 느낀다.

이렇듯 기억에 차이가 있는 건, 부분적으로는 유전적 요인 때문이다. 한편으로는 한 집 아이들이라 해도 가정생활에서 각기 다른 경험을 하기 때문이다. 또한, 뇌가 장기 기억을 저장한 뒤 시간이 흐름에 따라 그 기억을 다시 빚어나가는 방식 탓이기도 하다.

공포나 트라우마 반응을 기억하는 뇌의 능력은 인류의 생존에 필수적이었다. 조상들은 진화하는 과정에서, 예를 들어 특정한 딸기류 열매는 독성이 있어서 먹으면 병이 난다는 사실을 기억할 수 있어야 했다. 그래서 그들은 평생 그 열매와 중병을 연결 짓게 되었다. 예의 붉은 딸기를 볼 때마다 그들은 생각했다. '먹지 마, 죽을 수도 있어.'

만성적이고 예측 불가능한 독성 스트레스를 겪은 사람은, 상처나 굴욕을 준 사람 혹은 사건을 단지 상기하는 것만으로도 과거에 상처받았던 일이 생생하게 되살아나고, 그때와 비슷한 심한 공포 반응을 다시 경험하게 될 수도 있다. 우리는 그 스트레스를 다시는 겪고 싶지 않지만, 그럼에도 우리가 제일 자주 떠올리는 기억은 대개 최악의 기억들이다.

우리가 원치 않음에도 이런 기억들이 그토록 강력한 이유는 무엇일까?

공포나 사랑, 분노를 느끼면 특정 호르몬들이 분비되어 발달 중인 뇌의 시냅스들을 극적으로 변화시킨다. 가령 트라우마를 초래하는 일이 벌어졌을 때는 뇌의 아드레날린에 해당하는 호르몬 노르아드레날린이 분비되어 기억 형성을 담당하는 뇌 영역의 화학적·전기적 경로를 바꿔놓는다.[82] 이런 호르몬들은 복잡한 생화학적 과정을 촉발하고, 그 과정에서 뇌는 트라우마를 주는 기억을 포착하고, 저장하고, 암호화한다. 신경과학자들이 '응고화(consolidation)'라고 부르는 과정이다. 이것이 우리의 가장 뚜렷한 기억들—생생하게 떠오르는 아동기의 자전적인 장면들—이 우리에게 깊은 공포나 불안, 사랑, 굴욕, 또는 분노를 느끼게 만든 강렬한 감정적 사건들과 관련된 것인 이유다.

대부분의 사람은 강렬한 기억이 우리가 다시 꺼내어 보거나 재생할 수 있는 사진이나 동영상과 비슷하다고 여긴다. 기억이 과거를 진실되게 그려낸다고 추정한다.

그러나 사실은 그렇지 않다. 포착된 기억들은 평생에 걸쳐 수정된다. 기억이 응고화한 뒤일지라도—즉 기억이 암호화되어 편도체와 해마에 저장된 뒤에도—그것이 '계속 응고된 채로' 있는 것은 아니다. 시간이 흐르면서 우리의 뇌는 새로운 정보와 경험에 의거해 기억을 다시 쓴다. 아동기의 역경이라 할 사건을 떠올릴 때마다 그 기억은 불안정해진다. 실제로 있었던 일에 대해 우리가 무엇을 어떻게 기억하는지에 변화가 일어날 수 있다는 뜻이다.[83]

신경과학자들은 이 과정을 '기억의 재응고화(memory reconsolidation)'라고 부르는데, 이는 시간이 흐름에 따라 우리가 기존의 기억을 끊임없이 갱신하고 수정하기 때문이다. 우리는 새로 입력된 내용을 바탕으로 몇몇 세부 사항을 다시 쓰고, 다른 일부 사항들은 지워버린다. 변하지 않는 건 감정이다. 기억은 변함없이 우리가 실제로 그 일을 경험했을 때 느낀 바로 그 감정에 감싸여 있다. 그게 몇 살 때 일이었든 마찬가지다. 일례로 해리엇은 할아버지가 자신을 억지로 욕조에 밀어 넣던 것을 기억할 때마다 다섯 살 적 느낀 취약감을, 분노와 무력감과 수치심 같은 끔찍한 감정들을 그대로 다시 경험한다. 어떤 사건을 정신적으로 재방문할 때면 우리는 언제

나 그 나이로 돌아간다.[84]

우리는 삶의 많은 주요 결정들을 내릴 때 자기도 모르게 인생의 강렬하고 핵심적인 기억들에 의존한다. 굵직한 사건들은 도덕적 교훈을 담은 '가족의 이야기'가 되어, 세대에서 세대로 전해지면서 가족 역동에 영향을 준다. 수십 년 전 일어난 어떤 사건의 진실과 책임 소재에 대한 견해가 엇갈려서 가족이 와해되거나 쪼개지기도 한다. 아무개 삼촌이 엄마에게 한 짓에 대해 들으면서 우리는 사업에서 속지 않는 법을 배운다. 아빠가 젊었을 때 겪은 어떤 사건으로 삶의 궤도가 달라졌다고 말한 적이 있기에 우리는 특정한 유형의 사람과 사건을 기피한다.

그러나 기억은 우리 누구에게든 다소간 장난을 친다.[85] 당신이 그토록 확신하는 것이 실제와는 다를 수 있다. 어머니가 아버지를 떠나기로 결정했다고 당신에게 알린 그 숙명의 날에 어머니가 신고 있었던 검은색 스틸레토 힐이, 사실은 검은색 스틸레토가 아니었을지 모른다. 그 세부 사항은 몇 년 뒤 입력된 내용을 기반으로 단순히 추가된 것일 수 있다. 어머니가 당신에게 화가 나서 소리를 질러 댄 다른 어느 날에 그녀가 신고 있던 것이 검은색 힐이었을지도 모른다는 얘기다. 당신은 앞선 기억을 다시 써서 '스틸레토 힐'을 추가했다. 원래의 기억에 다른 내용을 얹은 것이다.

우리의 뇌는 다른 누구도 보거나, 만지거나, 들을 수 없는 세상을 구축한다.[86] 또는, 불교의 스승들이 때로 말하듯 "진리는 길 없는 땅이다"(인도 사상가 크리슈나무르티의 말이다.—옮긴이).

당신의 기억이 잘못되었다거나, 기억에 큰 의미를 부여하는 것이 그르다고 말하려는 건 아니다. 하지만 오늘의 당신은 어제의 당신과 다르다. 어제 당신에게 일어난 일이 당신을 바꾸고, 나아가 당신이 40년 전 일어난 일을 인식하는 방식까지도 바꾸기 때문이다.

우리가 기억을 저장하는 방법에는 명시적 기억(explicit memory, 외현기억)과 암묵적 기억(implicit memory, 내현기억), 두 가지가 있다. 명시적 기억은 특정한 사건, 세부 사항, 개념이나 관념에 대한 기억이다. 위험이나 고통을 더 크게 느낄수록 더 많은 뉴런이 발화되고 서로 연결되어 해당 경험을 명시적 기억에 등록한다.

암묵적 기억은 사건들이 우리에게 준 느낌에 대한 정서적 감각이다. 무언가를 생각할 때 직감적, 본능적으로 떠오르는 것이기도 하다. 아동기에 역경을 겪은 많은 사람들이 생애 초기 몇 년 동안에—당시 일어난 일들의 세부 사항을 명시적으로 기억하기엔 너무 어렸을 시기에—생긴 암묵적 기억을 안고 간다. 예컨대 해리엇은 최근 자신이 두 돌이 되기 전에 수차례 "탈수증"으로 입원했다는 병원 기록을 발견했다. 그녀는 입원 사실이나 목이 말랐던 감각, 기력이 없고 탈수 상태가 되었던 느낌을 기억하지 못한다. 그러나 이 기록들은 해리엇이 본능적으로 어머니가 자신을 보호하거나 안전하게 지켜주지 않았다고 느낀 이유를 이해하는 데 도움이 되었다. 해리엇이 어머니 아래에서 성장기를 보내면서 생긴 모든 명시적 기억과 함께, 자신이 위험에 처했었다는 암묵적 기억도 남아 있는 것이다.

실로 아동기 역경을 이해하는 데 있어, 누가 무엇을 입고 있었고 사람들이 어디 서 있었는가 하는 세세한 기억의 정확성은 크게 중요하지 않다. 그보다 훨씬 중요한 것은 염증성 스트레스 반응에 발동을 거는, 정서적·신체적으로 해로운 사건이 일어났다는 사실이다.

캣은 다섯 살 적에 어머니가 아버지의 사무실 바닥에 쓰러져 있는 것을 목격한 이후, 살아가는 동안 그 장면을 수천 번은 떠올렸다. 캣은 무슨 일이 벌어졌는지를 알았다. 세월이 흐르면서 어머니의 신발이 다른 색깔이었다고 생각을 바꾸었다 해도, 그녀는 여전히 무슨 일이 벌어졌는지 알았다.

세부 사항이 틀렸다고 해서 그 장면이 조금이라도 덜 진짜가 되는 건 아니었다. 마음속 깊은 곳에서 캣은 당시 일어나고 있던 일의 큰 그림을 감지할 수 있었다.

생애 초기의 원초적, 감정적으로 격렬한 기억들은 뉴런들이 서로 연결하고 함께 발화되게끔 하며, 시간이 흐름에 따라 계속 조금씩 수정된다. 이 기억들은 우리에게 평생 동안 강력한 흡인력을 행사해, 우리는 열한 살 때 있었던 어떤 사건을 살아가는 내내—서른 살, 마흔 살, 예순다섯 살이 되어서도—거듭 떠올리고 곱씹는다.

불교의 스승 틱낫한(釋一行)은 말한다. "우리에게는 과거로 돌아가고 싶어 하는 경향이 있습니다. 후회와 슬픔이 언제나 우리를 지난 일로 끌어당깁니다."[87]

그렇지만 과거에 일어난 일을 마음속에서 거듭 곱씹는 덫에 빠지는 것은 좋지 않다. 기억의 문제를 제대로 처리하여 극복하지 않으면 시간이 흐르며 과거의 역경에 더 많은 감정적 내용물을 채워 넣게 된다. 기억을 극복하는 게 중요한 까닭은, 강력한 기억이 우리를 길들여 미래의 유사한 상황을 경계하게 만들기 때문이다. 다시 말해, 우리가 어린 시절 역경에 처했을 때 느낀 감정을 다시 느끼게 만들지도 모를 부정적 상황이 언제 닥쳐들지 항상 경계심을 곤두세우게 된다는 뜻이다. 우리는 의식적으로나 무의식적으로나 그 강력한 기억을 재응고화하는 데 필요한 추가 정보를 찾고 있다. 그런 상황들이 어떻게, 언제, 어째서 위험한지에 대한 우리의 이해를 끊임없이 업데이트하고 있는 것이다.

이것이 정말로 문제가 될 수 있는 것은, 뇌의 경계 본부인 편도체가 뇌의 피질보다 훨씬 빠르게 작동하기 때문이다. 편도체가 과거 기억에 의거해 투쟁-도피 반응을 발동시킬지 말지를 계산해 내는 데에는 200밀리초(0.2초)가 걸리는 반면, 피질이 지금 무슨 일이 일어나고 있는지 따져보고 보다 신중한 결정을 내리는 데에는 3~5초가 걸린다.[88] 미처 생각도 하기 전에 기억이 먼저 우리로 하여금 무릎반사처럼 자동적으로 반응하게 할 수 있다는 얘기다. 상사가 자기애성 및 경계성 인격장애가 있던 당신 어머니가 쓰던 것과 같은 향수를 뿌린다면, 혹은 어머니가 검은 하이힐을 신고 쪽모이 세공 마루를 걸을 때 나던 것과 같은 또각또각 소리를 내는 검은 하이힐을 신는다면, 혹은 어머니의 수동공격적인 일격들을 연상시키는 방식으로 당신을 혹평하는 편이라면, 당신의 뇌는 위험을 감지하고 투쟁-도피 반응을 촉발시킬 것이며, 상사를 상사로 대하며 반응하기가 어려워질 것이다.

우리의 뇌는 세상이 무섭고 위험한 장소이며 세상 사람들 역시 무섭고 위험하다는 증거를 무척이나 바쁘게 찾고 있다. 우리는 자신의 두려운 기억을 지나치게 일반화하기 시작하고, 이는 범불안 증상으로 이어져 안녕함의 기준점에 악영향을 줄 수 있다.

치유를 향해 걸음을 내딛지 못하고 계속해서 과거에 발목을 잡힌다면, 아동기의 상처에서 회복하는 것은 불가능하거나 아주 어려워질 수 있다. 과거를 이해하고 더 잘 극복하기 위해 자신의 역경을 탐구하고 자신의 이야기를 들려주는 것은 치유를 향해 나아가는 데 필수적인 단계다.

좋은 소식이 하나 있다. 7장에서 더 자세히 다루겠지만, 우리가 과거 기억을 끊임없이 재응고화해 나가는 과정에 대해 새롭게 이해하게 된 연구자들은 이를 이용하여, 과거의 고통스러운 기억을 다시 찾아가 그것이 우리에게 발휘하는 영향력을 마침내 없앨 방법이 무언지를 알아가고 있다. 우리는 하버드대학교에서 연구한 100세 노인들과 비슷해질 수 있다. 그들이 그랬듯, 고난스러운 삶의 무게 아래서 휘청거리고 상실들을 슬퍼하되, 지난 일은 떨치고 삶을 의연히 이어나갈 수 있는 것이다.

한편, 아동기의 부정적 경험이 신체와 뇌에 어떤 영향을 미칠지를 결정짓는 여러 요인 가운데 어쩌면 제일 중요한 것은 타고난 성별일지도 모른다. 다음 장에서는 이것을 살펴보겠다.

제4장

여성의 뇌와 역경:
자가면역질환, 우울증, 불안과의 관련성

한 남자의 아내이자 어머니이며 아이비리그 학위를 지닌 52세의 마케팅 컨설턴트인 켄들은 자신이 "멋진 사람들로 가득한 가족의 왜소하고 저체중인 아이"였다고 말한다. 부모님은 연애 시절 그들이 다니던 주립대학교에서 "켄과 바비"(바비 인형과 남자 친구 켄-옮긴이)로 통했다. 아버지는 대학 야구선수였고 졸업 후 변리사가 되었다. 어머니는 전문 모델로 일했다. 스타 운동 선수였던 켄들의 오빠와 여동생 역시 멋진 사람 클럽에 속했다.

켄들 가족에게는 정말로 외모가 '전부'나 다름없었기에, 가족 구성원들은 예쁘지 않은 켄들을 어떻게 다뤄야 할지 잘 몰랐다. 어머니가 말하길 켄들은 어릴 적에 영아 산통(갓난아기가 자주 발작적으로 울고 보채는 증상-옮긴이)을 심하게 앓아서 끊임없이 울었다고 했다. "아무리 달래도 통하지 않아서, 그냥 마음껏 울도록 놔두었다고 해요." 켄들은 몸집이 어찌나 작았던지 두 살 아래인 여동생과 쌍둥이로 오해받을 정도였다.

이렇듯 혼자만 달랐던 켄들은 가족들에게 놀림거리였고, "온 가족의 묵인하에" 은밀한 괴롭힘을 당했다.

지금의 켄들은 빼어나게 매력적이다. 넓은 광대뼈, 커다랗고 사람을 반기는 녹색 눈에 갈색 머리칼을 하나로 모아 묶은 그녀는 머리색을 짙게 만든 메릴 스트립 같다. 성장기에는 종종 "비실비실기는 해도 얼굴은 귀엽다"라는 말을 들었다. 그녀는 그 사소한 한 가지가 "저를 구한 걸지도 몰라요"라고 말한다.

켄들은 초등학교에 입학할 즈음부터 끔찍한 위경련과 메스꺼움을 달고 살았다. 때로는 너무나 피곤하고 기력이 없어 학교에 가기도 어려웠다. 그녀는 말한다. "제 아동기를 관통하는 기억은, '그만 좀 불평하고 징징대'라고 제게 말하던 부모님의 모습이에요." 켄들의 어린 시절 앨범에는 가족과 함께 찍은 사진들이 있다. 그녀의 오빠와 여동생, 부모님은 양 팔을 몸 옆에 두고 서 있는 반면, 켄들은 퉁퉁 부은 것처럼 보이는 배를 양손으로 꼭 움켜쥐고 있다.

열 살이 되었을 무렵 켄들은 만성적인 설사에 시달렸으며 피부는 빈혈로 창백했다. 그해 어머니는 거창한 가족 휴가를 한창 계획하는 중이었다. "저는 어머니에게 뭔가 이상하다고 말했어요. 목이 아프고 배가 아프고 항상 너무나 피곤하다고요. 하지만 어머니는 이렇게 답하더군요. '헛소리 좀 그만 해라! 엄마의 관심을 끌려고 애쓰는 것도 정도껏이지!'"

켄들은 "마침내 어머니가 저를 병원에 데려가기까지는" 아주 오랜 시간이 걸렸다고 말한다. 의사는 켄들을 진료하고는, 그녀에게 연쇄상구균성 인두염과 편도선염, 심한 저혈압이 있다고 켄들의 어머니에게 말했다. 혈액 검사를 해보니 즉시 치료받아야 하는 급성 빈혈도 있었다.

그러나 켄들 가족은 계획대로 캐나다로 스키 여행을 떠났고, 켄들을 데려갔다. 그때 켄들은 항생제와 철분제를 복용하고 있었다. "부모님은 제가 등에 스키를 메고 산비탈을 걸어서 되올라가길 기대했어요. 저희 가족은 누가 아프면 그게 무슨 잘못이라도 한 것처럼 굴었습니다. 약해빠져서 그런 것이니 분발해야 한다는 논리였죠."

켄들은 말한다. "산비탈을 걸어 올라가는 동안, 금방이라도 눈에 얼굴을 처박고 쓰러질 것 같은 기분이었습니다. 애써 다리를 움직이며 어서 리프트에 도착하기만을 바랐죠." 그녀는 숙소로 향하던 길을 기억한다. "숙소에 도착해서 저는 이불도 덮지 않고 침대에 누워서 계속 몸을 덜덜 떨었어요. 제가 괜찮은지 확인하러 오는 사람은 아무도 없었습니다. 그러다 마침내 엄마가 방에 들어와서 소리쳤죠. '너는 왜 스스로를 돌보는 법조차 모르는 거니!'"

처방받은 철분제가 떨어지자 켄들의 어머니는 멋대로 딸이 다 나았다고 생각하고는 다시 의사에게 데려가지 않았다. 그해 켄들은 강박장애의 징후를 보이기 시작했다. 그녀는 말한다. "가끔씩 저는 단지 스스로를 진정시키려고 빙글빙글 돌기 시작했습니다. 하루는 엄마에게 말했어요. '도는 걸 멈출 수가 없어요, 멈추고 싶은데 그럴 수가 없어요.' 엄마는 저를 물끄러미 보더니 몸을 돌려 그냥 방을 나갔습니다."

켄들은 어느 날 밤 있었던 일을 털어놓는다. "그날 저녁 식탁에 앉기 직전에 아버지가 오빠와 여동생 앞에서 저를 흉내 내듯이 빙글빙글 돌기 시작했습니다. 오빠와 여동생은 배꼽을 잡고 웃었죠. 저는 가만히 자리에 앉아서 아무 일도 없는 양 굴어야 했어요. 그러지 않으면, 별것 아닌 일에 발끈한다며 또 웃음거리로 삼았을 테니까요."

그런 식으로 다 같이 켄들을 무시하는 것이 잘못되었다거나, 켄들이 만성 복통이나 불안 문제를 고치기 위해 도움을 받아야 한다는 생각은 가족들에게 존재하지 않았다. 오히려 반대였다. "그들 모두는 제가 정상이 아니며, 마음껏 놀려도 괜찮다고 판단했습니다. 저는 만만한 먹잇감이었죠. 덤불 속에 숨은 작고 약한 동물처럼요."

하루는 켄들이 학교 보건교사에게 가서 몸이 아프다고 했다. 보건교사는 켄들의 어머니에게 전화해서, 켄들이 열이 많이 나니 데리러 오라고 말했다. 켄들은 교사의 수화기 너머로 어머니의 날카로운 목소리를 들었다. "그래요? 꾀병이 아니면 좋겠군요!" 켄들을 데리러 온 어머니는 말했다. "학교에서 두 시간만 더 버티면 되는데, 그걸 못 하니? 꼭 내가 일과 도중에 너를 데리러 나와야 하냐고!"

켄들의 부모님 본인들도 몇 세대에 걸친 역기능적 가족 역동의 희생자였다. "친할머니는 아버지가 아직 아이였을 때 자살했고, 그 후로 가족들은 그 얘기를 입에 올리지 않았다고 해요. 금기 주제였던 거죠." 켄들은 그게 "아버지가 어머니를 숭배하고, 어머니가 아이들을 냉담하게 대하는 것에도 의문을 제기하지 않은" 이유를 설명한다고 말한다. "제 생각엔, 아버지는 자기 아내를 어머니 같은 존재로 숭배해야 했어요. 아버지는 그때까지도 '자기를 떠나지 않을' 완벽한 엄마를 찾고 있었으니까요. 그래서 아버지는 아내가 자신에겐 없었던 훌륭한 어머니라는 이상적인 이미지를 해치는 대신, 그냥 아내 편을 들었죠." 실제로 켄들의 아버지는 이런 말을 입에 달고 살았다. "어머니들이 이 우주의 중심이다. 그 사실을 절대 잊지 말아라."

켄들은 말한다. "저는 그들의 완벽한 그림에 들어맞지 않았죠. 제가 그림을 망치고 있었고, 그래서 가족들이 제게 그렇게 화가 난 거예요."

켄들은 십대에 접어들면서 건강이 더욱 악화되었다. 메스꺼움과 설사는 이제 일상이 되었다.

켄들이 열두 살 때, 여동생과 오빠가 그녀에게 별명을 붙여주었다. 두 사람은 켄들이 화장실에 자주 가고 오래 있는 걸 놀리면서 "켄들은 변기에 엉덩이가 붙었대(Kendall Is a Toilet Sitter)"라고 외치곤 했는데, 그 머리글자를 딴 "키츠(Kits)"가 켄들의 새 별명이 되었다. 켄들의 오빠와 여동생은 맨날 켄들을 "키츠"라고 부르는 데 재미를 붙였다. 부모님은 이를 두고 한마디도 하지 않았다. "부모님은 저를 다른 별명으로 불렀어요. '커밀'이라고, 그레타 가르보가 나온 영화 제목에서 따온 이름이에요. 폐결핵으로 죽어가는 여주인공이 영화 내내 극적으로 기침을 해대거든요(이 영화는 알렉상드르 뒤마 피스의 소설 『춘희(La Dame aux Camelias)』을 원작으로 한 1936년의 〈춘희(Camille)〉다. ―옮긴이). 제가 피곤하다고 말하면 부모님은 한숨을 쉬고 말했어요. '우리 커밀이 또 시작이군.' 아니면 대놓고 이렇게 말하기도 했죠. '꾀병 그만 부리고, 징징대지 말고, 호들갑 그만 떨고, 몸 핑계를 너무 우려먹지 마.'"

그즈음 아버지가 멘토링을 하고 있던 대학 야구 선수가 켄들네 집에 들어와 살게 되었다. 어머니의 설명에 의하면, 스타 선수였던 그는 가정환경이 좋지 않아 머물 곳이 필요했다. 어느 날 그는 눈에 띄게 마음 상해 보였다. 켄들은 말한다. "그날 어머니가 그의 옆에 앉아서 친절하고도 부드럽게 그를 달래주고 진정시키던 모습을 저는 절대 잊지 못할 겁니다. 잘 알지도 못하는 그 남자에게, 제겐 한 번도 준 적 없는 사랑과 애정과 따스함을 아낌없이 퍼붓는 모습을 지켜보는 게 어찌나 고통스럽던지요. 어머니에겐 팀의 성적을 위해 슈퍼스타 운동선수를 행복하고 건강하게 해주는 것이 자기 딸이 잘 자라는 것보다 더 중요했던 거예요."

이 모든 일에도 불구하고 켄들은 "20대가 될 때까지 괜찮은 부모님을 뒀다고 생각"했다고 한다. "멋진 분들이었어요. 저희는 호화로운 생활을 누렸고, 여행을 자주 다녔죠. 부모님이 대학 학비도 대주셨어요. 저는 제가 겪은 어린 시절이 정상인지 아닌지에 대해선 생각하지 않았어요. 제 아동기는 멋졌는데 그저 제가 문제아였을 뿐이라고 추측했죠. 저 자신이, 남들에게 말할 수 없는 화장실 문제와 불안이, 너무나 수치스러웠어요. 저는 어느 건물에 들어가거나 비행기에 오르면 즉시 화장실의 위치에 온 신경을 집중했어요. 정상이 아니었던 거죠."

켄들은 이어 말한다. "저는 어머니가 저를 보는 시각을 내면화했습니다. 잘못된 건 제 건강 문제가 아니라 '저 자신'이라는 시각 말이에요. 저는 제 성품에 심각한 약점이 있다고 생각했어요."

그러고서도 여러 해가 지난 뒤에야 켄들은 의아함을 느끼기 시작했다. "어째서 어머니는 내 건강 문제를 해결하고자 시도하지 않았을까? 어째서 단 한 번도 '세상에, 이게 무슨 일이니? 우리 딸을 어떻게 도와줄 수 있을까?'라고 묻지 않았을까?"

켄들은 갓 대학을 졸업한 스물두 살에 사회복지사 사무실의 접수원으로 취직했다. "하루는 열두 살인가 열세 살쯤 된 여자아이가 걱정스러운 얼굴의 어머니와 함께 사무실에 들어왔습니다. 아이는 계속 빙글빙글 돌고 있었어요. 저는 사무실에 있던 사람에게 물었습니다. '저게 치료를 받아야 하는 일인가요?' 그가 답했습니다. '네, 강박장애의 징후거든요.'"

이 깨달음의 순간은 오래도록 켄들의 마음에 남았다. 켄들은 직업을 바꾸어 기업행사 기획자로 일하기 시작했고, 20대 중반 즈음에는 다양한 국적의 출장자들을 이끌고 전 세계를 누비고 있었다. "저는 설사와 메스꺼움, 강박장애와 심한 공황발작을 숨기기 위해 온갖 노력을 다 했습니다. 제가 하는 모든 행동의 이면에는, 제가 아프면 아무도 저를 사랑해 주지 않을 거라는 두려움이 도사리고 있었습니다. 그래서 저는 완벽하게 건강하고 좋아 보이지 않는 모습은 죄다 감췄습니다." 켄들은 "흠지고, 사랑스럽지 못하고, 불완전해지는 것에 대한 원초적인 공포"를 지니고 있었다고 한다.

그런 켄들에게 깨달음을 준 한 사람이 있었다. "제가 성장하던 시기에 이웃에 살면서 저희 가족과 왕래해 부모님과도 잘 알았던 나이 든 여자 분이 있었어요. 그분이 제가 살고 있던 도시로 이사를 왔더라고요. 사는 곳이 서로 멀지 않아, 종종 만나서 커피를 마셨지요." 켄들에 따르면 그 여자는 치료 분야의 경험이 많았다고 한다. "그분은 성장기의 제 삶이 어땠는지를 아주 가까이서 지켜봤습니다. 저희 가족에 대해서도 이런저런 사실들을 알고 있었죠. 할머니가 자살했다는 것도, 아버지에게 음주 문제가 있는 것도요."

하루는 그녀가 켄들이 모르던 사실 하나를 알려주었다. "저희 남매가 어렸을 적에 아버지가 '꽤 심한 우울증 삽화'를 겪었다고 하더군요. 그 분은 저희 아버지의 '무서운 분노'가 걱정스러웠다고 해요." 켄들은 자신의 가족을 아는 누군가가 부모님을 완벽하지 않은, 결점 있는 사람으로 본다는 사실을 알고는 그야말로 "눈이 번쩍 뜨였"다고 한다.

켄들은 어릴 적 겪은 양육 방식에 세뇌된 나머지, 성인이 된 후에도 병원에 가지 않았다. 그녀는 35세에 결혼했고, 첫 아이를 낳은 뒤 건강이 그 어느 때보다도 나빠졌다. "어지러웠고, 쇠약했어요. 하루에 고작 몇 시간밖에 활동하지 못했죠. 나머지 시간에는 가만히 누워 있어야 했고요. 음식은 먹었다 하면 거의 토해냈어요. 이런 몸으로 어떻게 아기를 돌볼지 걱정스러웠습니다."

어느 날, 켄들은 어린 딸을 태우고 운전을 하다가 구토를 하기 시작했다. 그녀는 차를 급히 길가에 대야 했다.

켄들은 겁이 더럭 났다. "저는 아프다는 선택지가 제게는 존재하지 않는다고 믿도록 양육되었어요. 아주 어린 자녀를 둔 어머니들도 종종 아파서는 안 된다고 느끼곤 하죠. 하지만 저는 그보다 훨씬 심하게 길들여졌어요. 몸이 즉시 낫지 않을 바에야 살아 있을 자격도 없다고 느꼈으니까요. 제대로 기능할 방법을 어서 찾아야 했습니다. 그러지 못하면 저는 수치스럽고 부적합한 사람이 되는 거예요. 아프기만 하고 낫지 못한다면 제게 남겨진 대안은 세상에서 사라지는 것뿐이었습니다."

결국은 켄들은 거의 매일 구토를 하는 단계에 이르러서야 병원을 찾게 되었다.

의사는 켄들의 상태를 보고 충격을 받았다. 진단엔 그리 오랜 시간이 걸리지 않았다. "교과서적인 셀리악병"이 의심된다는 것이었다.

과연 켄들의 셀리악병 검사 결과는 양성이었다. 셀리악병은 몸이 장 내에 들어오는 음식에 함유된 글루텐에 대해 자가항체를 만들어내고, 그 자가항체가 글루텐뿐 아니라 장 내벽 상피까지 파괴하는 자가면역질환이다. 켄들은 심한 빈혈도 진단받았다.

의사가 병력을 묻더니 의아해했다. "몸이 이렇게 되도록 아무도 도와주지 않았다니, 어찌 된 일이죠?"

켄들의 몸은 갑상선에 대해서도 자가항체를 만들어내고 있었다. 자가면역성 갑상선염이었다. 켄들은 또한 기절과 발작, 심한 피로를 낳을 수 있는 자율신경계 질환인 미주신경성 실신을 진단받았다. 평생 '커밀'과 '키츠' 따위의 모멸적인 별명으로 불리며 살아온 켄들은 그렇게 하룻밤 사이에 자가면역질환 두 가지와 미주신경성 실신, 빈혈 등 네 개의 병을 진단받은 환자가 되었다.

의사는 켄들을 지역 병원의 외래 환자로 등록시켜 주기적으로 철분 주사를 맞도록 했다. 그러던 중 켄들은 세 번째 자가면역성 질환을 진단받았다. 류머티스 질환을 동반하는 쇼그렌증후군이었다.

처음에 켄들은 자신이 아직 꼬마였던 25년 전에는 셀리악병을 진단하기가 쉽지 않았을 수 있다고 합리화했다. 하지만 의사는 그녀의 병중이 이 례적으로 명확하다고 했다. 만일 부모가 그녀를 병원에 데려가 진료받도록 했더라면, "그 옛날"의 소아소화기내과 의사라 해도 그 병을 진단할 수 있었으리라는 것이다. 전문가에게 보였더라면 최소한 염중성 장 질환을 진단하고 바람직한 식단을 지도하는 한편 정기적으로 철분보충제를 처방했을 것이다.

켄들은 이제 말할 수 있다. "제가 어릴 적에 경험한 것은 부모님의 중대한 의료 방임이었습니다. 그렇지만 그때 일어난 일이 잘못된 것이었다는 사실에 익숙해지기가 여전히 어렵네요. 어떤 식으로든 전부 제 잘못이었던 게 아니라는 사실에 대한 믿음을 유지하기가 참으로 쉽지 않아요."

켄들과 내가 메일을 교환하게 된 계기는, 아동기 역경과 성인기 질환의 관계에 대해 내가 쓴 글이었다. 켄들이 그 글을 읽고 먼저 내게 연락을 해왔고, 몇 차례 그녀의 이메일을 받은 뒤 우리는 처음 대화를 나누었다. 그때 그녀가 말했다. "아동기에 겪은 일이 성인기에 앓는 병과 관련된다는 당신의 글을 처음 읽고, 저는 한 대 얻어맞은 기분이었어요. 저는 거기 적힌 말을 몇 번이고 되풀이해 읽었어요. 제 인생에서 가장 큰 깨달음의 순간 중 하나였습니다. 저는 마음속 깊은 곳에서 느꼈어요. '이게 바로 내게 일어난 일이잖아.' 제 존재의 핵심에서 저는 그 사실을 알고 있었습니다."

그녀는 이어 설명했다. "그때 겪은 일이 제게 정서적으로 큰 피해를 끼쳤다는 건 알고 있었지만, '신체적'으로도 피해를 주었다는 것은 몰랐습니다. 저는 늘 생각하기를, 성적 학대나 신체적 학대를 당한 게 아니라면 딱히 불평할 거리는 없지 않은가 했거든요. 하지만 면역계에 관한 한 스트레스 인자의 연원이 무엇인지는 상관이 없더군요. 면역계는 어차피 그런 걸 구분하지 못하니까요. 사실 어렸을 적엔 저도 구분 못 했고요."

켄들은 자신이 셀리악병과 강박장애 둘 다에 유전적 성향을 타고났을 수도 있다고 인정한다. "하지만 불붙은 성냥에 그칠 수도 있은 걸 걷잡을 수 없는 불길로 바꿔놓은 것은 제가 어린 시절 내내 겪은 굴욕과 방임이었습니다."

켄들의 ACE 점수는 6점이다.

그녀는 말한다. "저는 분노하거나 부모님을 탓하지 않으려고 노력 중입니다. 저는 작고 예민한 아이였고, 수세대에 걸쳐 내려온 방임의 직격탄을 맞았죠. 부모님은 당신들이 어린 시절 견뎌야 했던 학대와 양육 결여를 제게 그대로 물려주었어요. 그분들도 바로 그렇게 하도록 길들여졌으니까요."

아동기 역경을 겪은 많은 여성들이 불안장애와 우울증, 자가면역질환 등 일군의 다양한 질환을 앓는다. 그 숫자는 남성보다 훨씬 많다. 이 현상 자체도 분명 염려스럽지만, 그걸 더욱 걱정스럽게 만드는 것은 또 하나의 요소, 즉 애초에 여성이 남성에 비해 아동기 역경을 더 많이 겪는다는 사실이다.

빈센트 펠리티와 로버트 앤다, 두 의학자가 아동기의 부정적 경험(ACE) 연구에서 발견한 결과를 처음 논문으로 펴낼 때, 펠리티는 여성이 "아동기의 부정적 경험을 다섯 범주 이상 겪을 가능성이 남성보다 50% 더 높았다"는 사실을 발견하고 충격을 받았다.[89]

아동기에 겪은 부정적 경험의 종류가 많을수록 후에 신경과 신체에 염증과 질환이 발생할 가능성이 더 높아진다.

펠리티는 "주류 의학에서는 여성이 남성보다 섬유근육통, 만성피로증후군, 비만, 과민대장증후군, 만성통증과 같은 엄밀하게 정의되지 않은 질환들에 걸릴 가능성이 선천적으로 더 높다고 보는데, 알고 보면 그 근저에는 독성 아동기 스트레스가 있다"고 믿는다. 100가지가 넘는 자가면역질환 등 위와는 또 다른 질병에 기습을 당해 삶의 황금기를 제대로 누리지 못하는 환자들도 남성보다 여성이 훨씬 많다. 주요 병원의 진료과장들과 최고의 연구자들이 흔히 말하기를, 중년의 미국 여성들 가운데 만성 건강장애를—자가면역질환, 우울증, 편두통, 만성피로, 섬유근육통, 각종 장 질환, 허리통증 등등을—겪는 사람의 수는 남성보다 훨씬 많아서, 중년의 미국 여성을 "우리 시대의 '보행 가능 부상자들'"이라고 불러도 될 판이라고 한다. 그럼에도 불구하고 의학계에서는 아동기의 고통과 성인 여성의 나쁜 건강 사이의 연결고리를 인정하지 않는다. 개인의 건강과 일생의 행복에 여성이라는 성별이 영향을 미친다는 엄연한 사회적 현실을 의사들이 보지 못하는 것—펠리티가 가실 줄 모르는 "의학적 맹목"이라고 부르는 현상—은 이 때문이기도 하다.

아동기의 부정적 경험에 대한 연구는 생애 초기의 역경과 여성들이 겪는 만성적인 면역매개성 질환들이 어째서 이처럼 강한 상관관계를 보이는지 이해하게 해준다. 바로 아동기에 여성의 신체와 뇌가 남성과는 다른 방식으로 스트레스 인자에 반응하고 변화하기 때문이다.

여자아이와 생애 초기 역경, 자가면역질환의 관계

여성들이 아동기에 겪는 만성적이고 예측 불가능한 독성 스트레스

(CUTS)와 자가면역질환의 상관관계에 대해 더 알아보기 위해, 나는 존스홉킨스대학교 블룸버그 공중보건대학원과 메이오클리닉의 독성학 부교수 델리사 페어웨더 박사에게 도움을 구했다. 페어웨더는 여성과 성별 차이, 자가면역질환에 대한 최고 전문가 중 한 사람으로, 1995년 카이저 퍼머넌테이 병원과 질병통제예방센터(CDC)가 공동 주관한 최초의 ACE 연구에서 성인 1만 5,357명의 아동기 부정적 경험을 조사하여 발표한 기념비적 논문을 빈센트 펠리티, 로버트 앤다와 공저하기도 했다. 페어웨더는 이 연구에 참여한 사람들 하나하나의 병원 기록을 살펴보면서 아동기의 부정적 경험을 지닌 것과 훗날 자가면역질환을 진단받고 입원하는 것 사이의 관계를 살펴보았다. [90]

페어웨더와 나는 볼티모어 시내의 한 레스토랑에서 만나 그녀의 연구 결과들에 대해 이야기했다. 흑갈색 머리에 키가 작은 페어웨더는 점심 상대자로 딱 좋은 아주 서글서글한 성격이어서, 그녀가 독성학 연구 관리와 연구비 신청서 작성 등에 매일 11시간을 보내는 연구실 책임자라는 사실이 쉽사리 믿기지 않을 정도다. 그녀와 대화를 나누며, 나는 과학에 대한 그녀의 열정에 전염되는 기분이 들었다.

앞서 언급한 ACE 연구에서 페어웨더는 아동기의 부정적 경험을 지닌 성인들에게서 류머티스 관절염, 루푸스, 갑상선염 등 제일 흔한 자가면역질환 21개만을 살펴보았다. 그 초기 결과는 충격적이었다. "ACE와 자가면역질환의 관계가 특히 여성에게서 어찌나 강렬하게 나타나는지, 아무도 이 숫자를 믿어주지 않을까 봐 겁이 날 정도였습니다." 하지만 데이터를 검토하고 또 검토해도 결과는 같았다. "아동기의 부정적 경험을 지닌 사람 가운데 놀랄 만한 숫자가 훗날 자가면역질환으로 입원했습니다. 지나치게 높은 비율이었고, 그중에서도 여성의 비율이 이상하리만치 높았습니다. 여성은 아동기의 역경을 여러 가지 겪었을수록 자가면역질환에 걸릴 위험성이 더 높았고, 성인기의 어느 시점에 그런 질환을 치료받기 위해 입원할 가능성도 그만큼 높았습니다."

여성의 ACE 점수가 1점 올라갈 때마다 21개 자가면역질환 중 하나로 입원할 가능성은 20%씩 높아졌다. 예를 들어, 아동기의 부정적 경험 세 가지를 겪은 여성은 그런 경험이 전혀 없는 여성보다 자가면역질환으로 입원할 확률이 60%나 높았다.[91]

남성의 경우, ACE 점수가 1점 올라갈 때마다 21개 자가면역질환 중 하나로 입원할 가능성이 10%씩 높아졌다. 이것만 해도 대단히 중대하고 심란한 상관관계다. 그런데 여성은 아동기 역경이 성인기에 입원을 요할 만큼 심각한 자가면역질환으로 이어질 위험성이 남성의 두 배나 됐다.

페어웨더는 말한다. "스트레스는 자가면역 증상을 악화시킵니다. 그래서 생애 초기 스트레스와 관련지을 수 있는 만성 염증성 질환이 있다면 그건 아마 자가면역질환일 거라고 추정한 거지요. 하지만 이토록 강력한 상관관계를 발견하리라고는 꿈에도 생각지 못했어요."

페어웨더는 이어 설명한다. "다른 만성 질환에 관한 연구들에서는, 아동기의 부정적 경험과 질환 사이에 이렇게 심대한 상관관계가 나타나려면 ACE 점수가 4점이나 5점은 되는 환자들을 살펴보아야 할지 모릅니다. 그러나 자가면역질환의 경우에는 아동기의 부정적 경험을 단 두 가지 겪은 여성들도 입원율이 현저하게 올라갔습니다."

페어웨더가 발견한 상관관계는 너무나 가혹했다. 그래서 동료들과 의논한 끝에, 두 가지 이상의 아동기 부정적 경험을 지닌 여성에게 자가면역질환이 발생할 확률에 대해서는 보고하지 않기로 했다고 한다. "ACE 점수가 높은 사람들에게서 워낙 강한 상관관계가 나타나서, 아무도 우리의 연구 결과를 믿지 않으리라고 생각했습니다. 과학 문헌에서는 이렇게 극단적인 관계가 보고되는 경우가 없단 말이에요."

켄들을 예로 들어 보자. 페어웨더와 펠리티, 앤다의 연구에 따르면, ACE 점수가 6점인 켄들이 성인기에 자가면역질환을 앓을 확률은 아동기에 부정적 경험을 전혀 하지 않은 여성보다 140%나 높다. 그리고 실제로 켄들은 52세에 세 가지의 자가면역질환을 진단받았다.

사실, 한 개의 자가면역질환을 진단받은 사람은 추가적인 자가면역질환을 진단받을 확률이 그렇지 않은 경우의 3배나 된다.[92]

여성이라는 성별과 아동기의 역경, 성인기의 심한 자가면역질환 발병—이 세 요소는 흡연과 폐암, 음주운전과 교통사고, 피임구 없는 섹스와 임신의 관계를 닮은 지극히 인과적인 관계에 놓여 있다.

페어웨더와 동료들은 18세 전에 역경을 겪은 성인 세 명 가운데 한 명이 약 30년 후 자가면역질환으로 입원했다는 사실도 발견했다. 특히 루푸스, 류머티스 관절염, 쇼그렌증후군과 같은 류머티스성 자가면역질환의 발병률이 높았다. 페어웨더는 이에 대해 말한다. "환자의 80%가 여자였습니다."[93]

세계 각국에서 이루어진 다른 연구들에서도 아동기 역경과 성인기 자가면역질환 사이의 이 놀라운 관계가 확인되었다. 자가면역질환은 원래도 여성의 발병률이 남성의 3배나 되지만, 특정 질환들에서는 여성의 비율이 이보다도 높아진다. 하시모토 갑상선염을 앓는 여성은 남성보다 10배 많다. 루푸스와 쇼그렌증후군, 항인지질항체증후군, 원발 쓸개관 간경화증(원발성 담즙성 간경변증이라고도 한다.—옮긴이)의 경우는 여성이 남성의 9배다. 자가면역질환은 65세 미만 여성의 사망 원인 10위 안에 든다.[94]

페어웨더와 펠리티, 앤다는 다발경화증을 연구 샘플에 포함시키지 않았지만, 최근 연구자들은 다발경화증 환자들의 아동기 외상 질문지(CTQ, 1장 마지막 절 참조-옮긴이) 점수가 두드러지게 높다는 사실을 발견했다.[95] 생애 초기에 스트레스를 경험하는 것과 훗날 다발경화증—주로 여성에게서 발병하는 또 하나의 자가면역질환—을 앓는 것 사이에 관련성이 있음은 결코 부인할 수 없다.

페어웨더가 발견한 사실을 제대로 이해하려면, 여성과 남성 생리의 기본적인 차이를 기억해야 한다. 일반적으로 여성은 신체가 남성보다 작고 심장과 폐의 크기도 훨씬 작다. 그럼에도 여성의 신체 구조에는 새 생명을 창조하기 위해 태아를 담을 수 있는 여분의 공간이 존재한다.

"여성의 몸은 남성보다 작은 심장과 폐, 다른 장기들을 가지고 남성의 몸이 하는 모든 일을 할 수 있어야 합니다. 산소를 몸 구석구석으로 보내고, 혈액을 순환시키고, 빠르게 달리고, 빠르게 생각하고, 하루에 열예닐곱 시간씩 깨어 있어야 하죠. 그리고 아이가 자궁 밖에서도 살아남을 수 있게 될 때까지 태내에서 키우는 데 필요한 연료도 있어야 합니다." 페어웨더가 말한다. 할 일은 두 배인데, 장비의 규모는 절반인 셈이다.

여성이 훨씬 작은 장비로 더 많은 일을 할 수 있는 이유 하나는, 여성이 남성보다 에스트로겐 호르몬의 기저치(baseline level, 기저값)가 훨씬 높기 때문이다. 에스트로겐은 사실은 여러 호르몬을 뭉뚱그려 부르는 이름인데, 일종의 화학적 전령으로서 세포 집단들 사이에서 정보와 지시사항을 전달하는 역할을 한다. 에스트로겐은 여성의 난소뿐 아니라 부신에서도 생산된다.

부신피질에서 분비하는 호르몬인 당질코르티코이드의 기저치 역시 여성이 남성보다 높다(스테로이드 호르몬인 코르티솔도 당질코르티코이드에 속한다). 코르티솔 등 당질코르티코이드는 염증 조절 능력을 향상시킴으로써 여성을 보호하는 데 힘을 더한다. 적어도 투쟁-도피 스트레스 반응이 제대로 기능하고 있을 때는 그렇다.

가령 갑작스러운 부상을 당하거나 감염과 싸워야 할 때 당질코르티코이드는 염증을 부추기는 단백질들을 억누름으로써 염증이 감소하도록 돕는다. 이 호르몬들이 염증 조절을 추가적으로 돕는 덕분에 뜻밖의 염증과 싸워야 하는 임산부가 유산을 피할 수 있다. 이것이 여성이 다치거나 아픈 경우에도 임신 만기까지 태아를 안전하게 보호하게끔 해주는 자연의 방식이다. 여성의 면역계는 다른 생명을 몸 안에 품는 능력을 보호할 태세를 항시 갖추고 있다.

여성이 남성보다 더 뚜렷하고 튼튼한 코르티솔 반응을 지닌 것의 긍정적 측면이 이것이다. 적어도 스트레스 반응이 잘 작동하고 있을 경우엔 그렇다. 에스트로겐도 면역계가 항원과 싸울 항체를 생산하도록 돕는다. 항체는 바이러스나 박테리아 같은 외부 침입자를 추적하여 싸운다.

페어웨더에 의하면 이것이 "여성들이 독감에 걸리거나 백신을 맞을 때 감염과 예방접종에 대해 남성들과 다른, 더 강한 면역반응을 보이는 이유"라고 한다. "우리는 더 큰 항체반응을 발달시킵니다."

하지만 여기엔 부정적인 측면도 있다. 에스트로겐이 여성이 지닌 자가항체까지 증식시킬 수 있다는 점이다. 우리의 몸 자체를 적으로 삼아 공격하는 항체인 자가항체는 지금까지 알려진 모든 자가면역질환에서 신체 기관과 조직을 손상한다.

만성적인 스트레스성 사건을 여럿 겪으면, 발달 중인 뇌가 염증반응 조절을 방해하는 방향으로 변화한다. 그리하여 서서히, 조용하게, 염증이 커지고 번진다. 페어웨더는 여성의 당질코르티코이드 기저치가 높기 때문에 일이 더 복잡해진다고 말한다. "남성은 코르티솔 기저치가 낮기 때문에, 스트레스를 주는 일이 생기면 그로 인한 염증을 잘 조절할 수 있도록 코르티솔 수치가 더 빠르게 올라가야 합니다."

이와 대조적으로 여성은 에스트로겐으로 인해 당질코르티코이드의 기저치가 이미 높다. 페어웨더는 말한다. "일반적으로, 건강하고 스트레스를 받지 않은 여성의 코르티솔 반응은 신체를 더 잘 보호합니다." 그러나 여성이—특히 성인이 되기 전의 소녀가—스트레스가 큰 사건을 겪고 염증반응 조절이 곤란해지면, 남성에게서는 일어나지 않는 일이 일어난다. 높았던 당질코르티코이드 수치가 내려가는 것이다. 따라서 그 같은 여성의 몸은 염증을 조절하는 능력이 크게 '저하'된다.

여자아이가 사춘기에 접어드는 열 살 전후부터는 에스트로겐 수치도 높아지기 시작하므로, 항체와 자가항체 둘 다 더 많이 만들어진다. 이러한 복합적 상황이 뜻하는 바는 여성이 만성적인 스트레스를 계속 겪을 경우에 당질코르티코이드가 염증을 제대로 조절하지 못하게 된다는 것이다. 동시에 에스트로겐 수치는 여전히 높기 때문에 자가항체가 불어나 통제 불능으로 날뛸 수 있다.

자가항체는 많고 통제 수준은 낮다. 페어웨더는 이 두 요소의 조합으로 인해 "여성이 훗날 성인이 된 뒤에 자가면역질환, 특히 루푸스나 쇼그렌 증후군 같은 류머티스성 자가면역질환이 발생할 가능성이 크게 높아집니다"라고 말한다.

이렇게 생각해도 좋다. 당질코르티코이드 호르몬들은 성을 둘러싼 해자 위로 내려지곤 하는 성문과 같아서, 적절한 수의 병사(항체)들을 안으로 받아들이고 못된 용병(자가항체)들은 들어오지 못하게 막음으로써 성안의 사람들을 안전하게 지키는 구실을 한다. 여성은 에스트로겐 호르몬의 작용으로 인해 못된 용병을 남성보다 더 많이 생산한다. 그런데 여성이 생애 초기에 만성적인 스트레스를 받으면, 성을 보호해야 할 당질코르티코이드가 제 역할을 하지 못한다. 성문이 버텨내지 못하고, 파괴적인 못된 용병 즉 자가항체들이 총공격을 시작한다.

페어웨더는 덧붙인다. "스트레스가 큰 사건을 겪은 후 몇 주, 몇 달, 몇 년의 세월이 지나면서 염증과 자가항체가 신체 기관에 손상을 입히는 데는 시간이 걸립니다. 열두 살에 만성적인 스트레스를 겪은 아동의 손상된 면역계가 임상적으로 진단할 수 있는 질환을 낳기까지는 30년 이상이 걸릴 수도 있다는 거지요."

그만큼 세월이 흐른 뒤에는 스트레스를 받은 어린 소녀와 병에 걸린 성인 여성 간의 상관관계는 환자에게도 의사에게도 간과되고 만다.

여성이 십대에 접어들 때 더 많은 에스트로겐이 분비된다는 사실이 유일한 설명은 아닐지도 모른다. 메릴랜드대학교 의대의 신경과학 교수인 마거릿 매카시 박사에 의하면, 남성의 회복탄력성은 "높은 수치의 테스토스테론에 의해 조정된" 면역반응에 기인한 것일 수 있다. 테스토스테론은 면역계를 억제하는데, 이것이 남성이 다발경화증을 비롯한 여러 자가면역질환에 걸릴 확률이 훨씬 낮은 또 다른 이유다.

이런 과학적 연구 결과들에도 불구하고, 대다수의 의사는 여성의 자가면역질환을 놓쳐버린다. 최근 연구에 의하면 평균적인 여성은 4년 반 동안 의사 5명을 거치고서야 제대로 된 진단을 받는다. 그리고 그들 중 절반 가까이는 질환의 초기 단계에 "고질적인 증상호소자"라는 꼬리표가 붙

는다. [96]

성별에 따른 뇌의 차이를 연구하는 매카시에게는 여성이 성인기에 자가 면역질환을 비롯한 만성 질환을 앓는 비율이 더 높은 이유를 설명하는 또 하나의 가설이 있다. 그녀는 말한다. "현대 사회에서 여성이 남성보다 스트레스를 더 많이 받는다는 충분한 증거가 있습니다." 여자아이는 청소년 기에 들면서 남자아이보다 부정적인 경험을 더 많이 할 뿐 아니라, 다수의 연구에서 밝혀졌듯이 일상생활에서 대인관계를 비롯해 더 많은 스트레스 인자에 노출된다. [97]

여자아이들은 매력적이거나 섹시하지 못하다고, 혹은 너무 섹시하다고, 아니면 너무 뚱뚱하거나 너무 '밋밋하다'고 비판받을 확률이 남자아이들보다 높다. 또한 여성은 평생 동안 신체적으로 남성보다 취약하고, 남자들과 같은 일을 하고도 보수를 적게 받고, 자녀 양육과 부모 돌봄에 있어서는 더 많은 책임을 지면서도 경력의 안정성은 덜하다. 성공한 여성은 적극적인 사람으로보다는 공격적인 사람으로, 강한 사람으로보다는 집요한 사람으로 여겨지기 쉽다.

여자아이들은 이렇듯 우리 사회에 만연한 불공평을 목격하며 성장하고, 이는 만성적 스트레스 인자로 작용해 면역계를 손상함으로써 여자아이들이 후성유전적 변화와 질환을 일으키기 쉽게 만든다. "여자아이들이 스트레스가 더 큰 환경에서 성장한다는 이런 견해는 지금껏 논의한 어떤 다른 요인도 부인하지 않습니다. 오히려 보완하지요." 매카시는 말한다. "그런데도 의사들은 이 같은 사회적 스트레스가 여성의 신체에 미치는 피해를 진지하게 고려하지 않습니다."

여성들이 공공연하게 피해를 당할 때, 이 상관관계는 놀랍도록 명확하게 드러난다. 트라우마와 회복이 전문인 정신과 의사이자 『몸은 기억한다:

트라우마가 남긴 혼적들(The Body Keeps the Score: Brain, Mind, and Body in the Healing of Trauma)』의 저자인 의사 베셀 판데르 콜크는 근친에게 성폭력을 당한 여성들을 트라우마가 없는 여성과 비교했을 때 면역세포의 비율에 이상이 있음을 발견했다. 그 여성들에게는 특정 유형의 세포가 더 많이 증식해 있었는데, 그 결과 "면역계가 위협에 과민반응을 하게 되어, 방어가 필요 없을 때조차 방어 행동에 돌입하기 일쑤이고, 심지어 자기 몸의 세포까지 공격"하게 된다고 판데르 콜크는 말한다. 이에 따라 자가면역질환이 발생할 위험성이 증가한다.[98]

여자아이의 뇌는 고유한 방식으로 취약하다

아동기의 부정적 경험(ACE) 점수가 1점인 남성의 10%가 훗날 만성 우울증을 앓는다. 여성의 경우는 18%다. ACE 점수가 4점 이상인 남성은 33%가 우울증을 앓게 되는데, 이것만 해도 아주 높고 심란한 수치지만, 같은 점수의 여성 가운데 성인기에 우울증을 앓게 되는 사람의 비율은 60%에 육박한다. 독성 스트레스로 인해 우울증과 불안장애 같은 신경염성 질환에 걸릴 위험성은 자가면역질환의 경우와 마찬가지로 여성이 남성보다 크게 높아서, 거의 두 배나 되는 것이다.

위스콘신대학교의 신경정신과 의사이자 소아청소년정신의학 조교수인 라이언 헤링어 박사는 최근 대체로 전형적인 18세 청소년 64명에게 그들이 겪은 역경에 대해 설문조사를 했다. 이들은 헤링어의 동료 학자들이 '가족과 일에 대한 위스콘신 연구'로 알려진 종단연구에서 추적하고 있던 청소년이었다(이 연구는 1990년에 시작되었다. 종단연구란 특정 현상이나 대상에 대하여 일정 기간, 흔히 장기적으로 측정을 되풀이하는 연구 방법이다.—옮긴이). 응답자들은

"성장기에 사람들이 나더러 '멍청하다'거나 '게으르다'고 했다", "가족 구성원이 내게 상처가 되거나 모욕적인 말을 했다", "부모님이 나를 낳은 걸 후회한다고 생각했다", "가족 중 한 사람이 나를 미워한다고 느꼈다" 같은 진술에 동의하는지 아닌지를 답했다. 더 공공연한 신체적·성적 학대와 정서적 방임을 묻는 질문도 있었다.

헤링어는 이어서 응답자들의 뇌 MRI(자기공명영상)를 찍어, 공포를 처리하고 극복하는 뇌의 세 영역 간의 연결 상태를 파악했다.

세 영역 중 하나인 전전두 피질은 생각을 분석하고 반추하고, 어떻게 행동할지를 결정하도록 돕는다. 전전두 피질은 일종의 경험 모의실험 장치와 같다. 우리는 무언가를 현실에서 실행으로 옮기기 전에, 머릿속에서 먼저 모의로 실험해 본다. 전전두 피질은 또한 과거의 사람이나 장소나 사건에 대한 우리의 느낌, 전 남자 친구와의 점심 약속처럼 곧 일어날 일에 대한 느낌을 판단한다.

전전두 피질에 그 생각과 반추 들을 어떻게 처리할지에 대한 단서를 보내는 것은 뇌의 공포 및 감정 본부라 할 편도체다. 편도체는 우리가 위협이나 두려움을 느낄 때마다, 혹은 위험한 상황에 처했던 것을 기억할 때, 투쟁-도피 반응을 촉발한다.

공포와 관련된 뇌의 세 번째 영역은 해마로서, 기억을 저장하고, 편도체가 보내는 진짜 위험 신호와 가짜 경보를 구분하는 걸 돕는다.

헤링어는 설명한다. "한밤중에 집에서 공포영화를 보고 있으면, 해마는 전전두 피질에게 지금 우리는 집에 있고 위험은 현실이 아니라 영화 속에 있으니 투쟁-도피 반응에 전면 돌입하거나 바짝 겁먹을 필요가 없다고 알려줍니다."

이게 뇌의 세 영역이 협업하는 방식이다. 적어도 세 영역을 연결하는 뇌의 회로가 올바로 작동하고 있을 때는 그렇다. 연구자들은 MRI 영상을 통해 회로의 작동 상태를 확인할 수 있다.

헤링어는 역경을 겪은 십대 남녀의 뇌와 역경을 겪지 않은 십대 남녀의 뇌를 비교해 보고, 전전두 피질과 해마의 연결 상태에 극적인 차이가 있다는 사실을 발견했다.

어느 정도까지는 예견 가능한 결과였다. 그러나 놀라운 것은, 뇌의 이런 변화가 아주 흔하고 '훨씬 약한' 형태의 아동기 역경—집에서 욕을 듣고, 놀림을 당하고, 부모가 아주 엄격하게 대하고, 정서적 배려가 결핍된 것 등—을 겪고 있는 청소년에게서도 나타났다는 사실이었다.

전전두 피질과의 연결 상태가 좋지 않은 해마는 결과적으로 "일상생활 중 언제 어디서 안전하다고 느끼고 언제 안전하다고 느끼지 말아야 할지에 관한 올바른 정보를 전전두 피질에 제공하는 데 어려움을 겪을 수 있습니다." 이는 학대를 당하지는 않았다고 판단되지만 안전한 환경과 위험한 환경을 구별하는 데 어려움을 겪고 있는 십대들에게까지도 해당됐다. 뇌의 이런 상태는 결국 "다음에 닥칠 정서적·신체적 위협에 대비하여 끊임없이 경계심을 발동하는 과다경계(hypervigilance) 상태"를 낳게 된다.

헤링어의 연구는 낮은 수준의 약한 역경조차도 만성적일 경우에는 경보 체계를 과도하게 활성화시키고 염증을 일으킬 수 있다는 구체적이고 물리적인 증거를 제시한다.

부모들에게는 이러한 연구 결과가 걱정스러워 보일 수 있다. 그러나 이 연구에서 지적하는 상황은 부모가 직장에서 길고 스트레스 받는 한 주를 보낸 뒤에, 혹은 자녀가 컴퓨터 게임을 끄고 쓰레기를 버리러 나가지 않는 것에 좌절한 나머지, 이따금 화를 내는 순간이 아니다. 많은 부모가 가끔씩 화를 벌컥 내고 나서는, 자신이 결코 의식적으로 해를 입히지 않을 사랑하는 자녀에게 지나치게 가혹하게 군 것을 후회한다. 부모가 건강 문제나 재정적인 스트레스 요인, 또는 그들을 힘들게 하는 다른 문제들에 이미 짓눌려 있다면 더욱 그러기 쉽다. 어렸을 적에 애정 어린 돌봄을 거의 못 받고 자라 부모가 된 사람의 경우에는, 자녀를 자신의 부모보다 잘 키우는 데 필요한 양육 기술이 없거나 부족할지 모른다. 헤링어는 말한다. "때로 부모들은 자기 삶의 힘든 일들에 대처하려 애쓰다가 평정을 잃습니다. 아이들에게 화풀이를 할 의도는 없어요. 이들은 부족하지만 최선을 다하고 있는, 본래는 좋은 부모예요."

그러니 누구를 탓하고자 하는 게 아니다.

다만, 우리가 보물처럼 아끼는 아동이 반복적인 스트레스에 노출될 때 어떤 영향을 받는지에 대해 지금까지 알게 된 지식을 활용한다면, 우리는 더 사려 깊은 부모, 코치, 멘토가 될 수 있다. (8장에서 이 주제를 더 직접적으로 다루겠다.)

헤링어의 연구에는 또 하나의 놀라운 발견이 있다. 나쁜 경험은 남녀를 불문하고 십대 청소년의 뇌에서 전전두 피질과 해마의 신경 연결이 약한 것과 결부되는데, 십대 여자의 경우엔 그에 더해 전전두 피질과 뇌의 공포 관리 본부라 할 편도체 사이의 신경 연결 역시 약했다는 것이다. 이게 무슨 의미일까? 헤링어에 의하면, "전전두 피질과 편도체의 신경들은 직접 연결되어 공포 및 감정 반응의 통제를 도와줍니다"라고 한다. 이 연결은 우리가 일상에서 일어나는 일들에 얼마나 감정적으로 반응하게 될지를—그리고 이런저런 사건을 스트레스 또는 위험으로 인식하는 경향이 얼마나 될지를—결정하는 데서 핵심적인 역할을 한다.

헤링어는 말한다. "아동기의 부정적 경험을 겪었으며 전전두 피질과 편도체의 신경 연결이 약해진 여자아이는, 삶을 살아가며 마주치는 어떠한 스트레스 상황에서도—재정적 스트레스, 운전 중의 사고 위기, 이성 관계의 스트레스, 가족 내의 다툼 등등에서—더 높은 수준의 공포와 불안을 느끼리라고 예상할 수 있습니다."

이처럼 신경 연결이 약해진 여자아이들은 청소년기 말기 즈음에 불안장애와 우울증이 발생할 가능성이 더 높다. 이는 헤링어가 자신의 진료실에서 몇 년 동안 관찰한 여성 청소년들에게도 해당되는 사실이다. 그들은 "어디서나 겁을 먹은 듯" 보였다고 한다. "언제 겁을 먹고 언제 겁먹지 않아야 할지에 대한 상황적 경계를 설정하는 능력을 잃은 것 같았습니다." 그들은 역경을 겪지 않은 또래 십대들이 전혀 경험하지 않는 공포와 불안으로 고통받고 있었다.

헤링어에 따르면, 아동기에 학대를 당하면 뇌 속 공포 회로의 조절 능력이 손상된다고 한다. 나아가, 아동기의 학대가 여자아이의 전전두 피질과 편도체, 해마의 연결성에 미치는 영향은 "여성이 생애 후반에 불안장애와 우울증을 앓을 위험성이 더 높은 이유를 설명하는 데 도움이 될 수도 있다."[99]

한편, 아동기 역경이 뇌에 미치는 영향을 다른 렌즈를 통해 살펴보아 온 연구자들이 있다. 예일대학교 의대 정신의학 교수로서 기분장애 연구 프로그램을 이끌고 있는 힐러리 P. 블럼버그는 아동기에 트라우마를 입은 12세에서 17세까지의 남녀 청소년 42명을 연구한 결과, 그들이 겪은 역경의 종류에 따라 영향을 받은 뇌의 부위가 다르다는 사실을 밝혀냈다.

예컨대 신체적 학대를 경험한 청소년들은 전전두 피질과 뇌섬엽 피질(대뇌 피질의 한 부분으로 그냥 '[뇌섬엽, 혹은 '섬 피질'이라고도 한다.-옮긴이)의 크기가 줄어들었다. "뇌섬엽 피질은 신체 소유 의식 및 행위 주체 의식과 연관된 영역입니다." 블럼버그는 말한다. 이러한 연구 결과가 시사하는 바는 "이 영역의 크기가 줄어드는 것이 신체적 학대를 겪은 아동들이 자주 보고하는 해리감과 관련될 수" 있다는 것이다. 학대당하는 아동들은 자기가 지금의 신체 안에 있다는 감각에서 분리되고자 한다. 그것이 지금 그들에게 일어나고 있는 일의 공포로부터 탈출할 수 있는 유일한 방법이기 때문이다. 그들은 정신적으로 그냥 "다른 곳"에 가버린다. 지금 꺾이고 있는 것이 자신의 팔이 아닌 것처럼, 손바닥으로 맞는 것이 자신의 얼굴이 아닌 것처럼, 성폭력을 당하고 있는 것이 자신의 몸이 아닌 것처럼.

정서적으로 방임된 청소년들은 감정 조절과 관련된 뇌 영역이 축소된 모습을 보였다. 블럼버그는 정서적 학대가 "감정을 조절하는 뇌 회로의 발달에 변형을 일으켜서, 청소년들이 우울증에 걸리기 더 쉽게 만든"다고 말한다.

블럼버그는 또한 청소년의 성별에 따라 뇌에서 구체적인 변화들이 일어나는 위치가 현저하게 다르다는 사실을 발견했다. 역경을 겪었다고 답한 여성 청소년은 정서 조절 및 우울증과 관련된 뇌 영역들—전전두 피질, 편도체, 해마 등—에서 회백질의 부피가 감소할 확률이 높았다.

반면 남성 청소년은 충동 조절과 행동을 책임지는 영역인 미상핵(꼬리핵)의 회백질 부피가 감소할 확률이 높았다.[100]

블럼버그는 남녀 청소년의 뇌에서 일어나는 변화의 차이가, 똑같이 아동기 역경에 노출되어도 "여성은 기분장애, 남성은 충동조절장애를 앓을 위험성이 상대적으로 높은 이유의 하나일 수도" 있다고 추측한다.

물론 역경의 여파로 여성 청소년도 주의력과 충동 조절에 문제가 생길 수 있고, 남성 청소년도 우울과 불안 증상을 보일 수 있다. 어떤 소아청소년정신과 의사라도 이 사실을 확인해 줄 수 있을 것이다. 나아가, 단 한 번도 가혹한 대우를 받지 않은 아동도 우울증이나 불안장애, 주의력결핍 과잉행동장애(ADHD)가 생길 수 있다. 식단, 유전, 화학물질, 바이러스, 감염 등이 모두 원인이 될 수 있다. 그러나 역경이 뇌에 미치는 영향과 남녀 간 차이에 대해 최근 밝혀진 사실들은 우리가 목격하는 청소년기 고통의 일부를 설명하는 데 도움이 된다.

열 살 로라의 어머니는 결혼생활의 종말에 직면했고, 우울하고 불안하며, 일상적으로 딸을 비판하고 깎아내린다. 일곱 살 스티븐의 아버지는 과로와 재정적 압박으로 스트레스를 받고 있고, 아들이 호수에서 플립플롭 한 짝을 잃어버렸다고 해서 고함을 치고, 아들을 "계집애"라고 부른다. 그렇게 아이들이 스트레스를 받은 결과, 발달 중인 어린 뇌에서는 뉴런이 가지치기되어 줄어든다.

그래도 여러 해 동안 로라와 스티븐은 멀쩡해 보인다. 바깥에서는 집에서 벌어지고 있는 일을 내색하지 않는다. 미소를 짓고, 학교생활도 잘한다. 그러나 십대가 되고 뇌가 발달 단계에 따라 정상적인 가지치기 과정을 겪으면서 뉴런을 더 많이 잃게 되면, 그들의 뇌는 갑자기 최적이 아닌 상태에서 기능하게 된다. 기분을 관리하고, 위험을 제대로 이해하고, 잘 살아가기 위해서는 제대로 작동하는 통합 회로가 필요한데 그들에게는 신경연결이 부족하다.

복잡하고 어수선하지만 그럭저럭 버틸 만해야 마땅한 일상적 상황들이 그들에겐 너무 높은 걸림돌이 된다. 로라는 불안해하고, 자극에 민감하게 반응하고, 두려워한다. 크고 작은 불화에 적절히 대응하는 방법을 판단하기가 어렵다. 일상 속 스트레스 받는 순간들이 흐릿하게 뭉뚱그려지고, 그녀는 언제나 낮은 수준으로 웅웅대고 있는 불안을 관리해야 한다.

스티븐의 경우, 해마와 전전두 피질 사이의 신경 연결이 약해져서 어떤 결정이 좋은지 나쁜지 평가하는 정신적 능력이 떨어질 수 있다. 그는 우유부단하고 흐트러진 사람으로 보일 수 있다. 미상핵에도 변화가 있어서 충동적 행동을 조절하는 능력이 떨어질 수 있다.

이 연구 결과는 동물을 대상으로 한 다른 연구 결과들로 뒷받침된다. 연구자들이 쥐의 뇌 속 해마에 낮은 수준의 염증을 유도하자, 쥐들은 안전한 환경과 안전하지 않은 환경을 더 이상 구별하지 못했다. 신경의 염증이 특정 신경회로들을 방해해서 의사결정 능력에 손상을 입혔고, 무엇이 좋고 무엇이 나쁜지를 구분하고 올바른 선택을 내리는 일을 더 어렵게 만들었다.[101]

이런 상태로 세상을 살아가기란 참 고통스러울 것이다.

여자아이가 겪은 역경과 성인기 우울증의 유전적 관계

일부 남성들에게, 'CRH 수용체 1(부신피질자극호르몬 분비촉진 호르몬 수용체 1)' 또는 'CRHR1 유전자'로 알려진 호르몬 조절 유전자는 역경에 처해도 우울과 불안을 느끼지 않도록 보호해 주는 역할을 할지 모른다.

에머리대학교 의대 정신의학 · 행동과학 교수인 케리 레슬러 박사는 신경생물학 중 공포가 장기적으로 뇌의 건강을 어떻게 바꿔놓는지를 연구하는 분야의 손꼽히는 전문가다. 아동기 역경과 성인기 우울증 사이에 높은 상관관계가 있는 것은 사실이지만, 아동기에 트라우마를 경험하는 모든 사람이 우울증에 걸리는 건 아니다. 여성이 우울증에 더 취약한 것은 분명하다. 그러나 어떤 남성은—그리고 여성은—청소년기나 성인기에 스트레스 인자에 노출되더라도 회복탄력성을 유지한다.

레슬러는 유전자 구성(유전형)과 아동기에 당한 학대의 유형, 그리고 남녀 간 차이의 상호 관계 속에서 빚어질 수 있는 결과들을 검토했다. 그는 특히 CRHR1 유전자의 한 변이형에 주목했다. 그가 신체를 아동기 트라우마의 영향으로부터 보호하는—그리고 스트레스 호르몬 분비를 억제하는—역할을 한다고 추정하면서 보호 대립유전자(보호 대립형질) 'A'라고 부르는 것이었다.

레슬러가 이끄는 연구팀은 다른 많은 연구와 마찬가지로 우울증이 남성보다 여성에게서 현저하게 많이 발병한다는 사실을 발견했다. 또한 펠리티와 앤다가 그랬듯, 꽤 심한 수준의 아동기 학대를 겪는 비율도 애초에 여성이 더 높다는 걸 발견했다. 중간 수준에서 심한 수준까지의 아동기 학대를 경험했다고 밝힌 비율은 남성이 35%인 데 비해 여성은 44%로 나타났다. 이렇듯 차이가 나는 것은 거의 전적으로 여성이 아동기에 성적 학대를 겪은 비율이 더 높았기 때문이었다. 반면 남성은 신체적 학대를 겪었을 확률이 더 높았다.

레슬러는 도시의 공공병원 한 곳과 산부인과 외래환자 진료소 한 곳의 대기실에서 1,000명 이상의 대상자를 모집했고, 그들을 정서적 학대를 경험한 집단, 신체적 학대를 경험한 집단, 성적 학대를 경험한 집단으로 나누었다. 또한 각 집단을 다시 나누어, 한 가지 유형 이상의 학대를 중간 수준에서 심한 수준까지 겪은 하위집단과 전혀 학대를 겪지 않았거나 가벼운 학대만을 겪은 하위집단으로 구분했다.

정서적, 신체적, 성적인 세 가지 유형의 학대 모두 성인기 우울증과 두드러진 상관관계를 보였다. 그런데, 이 연구에서 그때까지는 알지 못했던 놀라운 사실 몇 가지가 드러났다.

분석에 '성별'이라는 요소를 더하자 도저히 믿기지 않는 결과가 나온 것이다. CRHR1 유전자가 보호 대립유전자 'A'를 지닌 유형인 남성들은 "아동기에 학대를 당한 뒤에도 우울증이 발병하지 않도록 두드러지게 보호받고 있었다."

이 대립유전자를 지닌 남성들은 아동기에 트라우마를 겪는다 해도 성인기에 우울증에 걸릴 확률이 낮다.[102] 그런데 여성의 경우는 대립유전자 'A'에 따른 차이가 없어 보였다. 레슬러가 설명하기를, 이 사실이 매우 의미심장한 이유는 "이 유전암호 부위(DNA 분자 내에서 유전암호가 존재하는 특정 부위들을 가리키며, 우리가 '유전자'라고 하는 게 이것이다.—옮긴이)가 스트레스 조절에 고도로 관여"하며, 여성이 남성보다 두 배 많이 우울증에 걸리는 데 어떤 역할을 할지도 모르기 때문이다.

물론 젊은 남성들도 너무나 많이 우울증에 시달린다. 그러나 일부 운 좋은 젊은 남성에게 있어서는 CRHR1 유전자가 아동기 역경 후 우울증이 발생하여 뿌리 내리는 걸 막아주는 일종의 '테플론 코팅' 역할을 해줄지도 모른다. 이를 뒷받침하는 다른 연구가 있다. 사우스캐롤라이나 의과대학교의 연구자들은 아동기 역경으로 고생한 여성들이 현재의 스트레스 인자에 직면했을 때—이 경우에는, 실험실에서 스트레스 테스트를 받았을 때—비슷한 아동기 역경의 내력을 지니고 실험에서 같은 스트레스 인자에 직면한 남성에 비해 스트레스 호르몬과 코르티솔의 분비 반응이 전반적으로 높게 나타난다는 사실을 발견했다.[103]

마거릿 매카시는 여성이 아동기의 부정적 경험 후에 우울증을 더 많이 않는 이유의 일부일 수 있는 또 하나의 성별 차이를 연구하고 있다. 그녀와 동료들이 새끼 쥐의 발달 중인 뇌를 연구한 결과, 새로운 뉴런의 성장이—이를 신경발생(neurogenesis)이라고 한다—성별에 따라 크게 차이가 난다는 사실이 드러났다. 수컷 쥐는 생후 1주 동안 암컷 쥐에 비해 새 뉴런을 두 배가량 많이 만들었다. 매카시는 이 사실이 중요한 이유가, 추정컨대 새 뉴런을 많이 만들면 수컷 쥐가 생애 초기의 역경을 비롯해 자신에게 닥쳤던 나쁜 일들의 일부를 훗날 "잊을" 수 있게 되기 때문이라고 말한다. "이론적으로 이는 남자가 성인이 되면 힘들었던 아동기를 여자만큼 잘 기억하지 못한다는 의미일 수 있습니다. 더 많이 만들어진 새 뉴런이 오래된 뉴런을 쫓아내고 들어서면서 기억들 역시 대체하기 때문이지요." 이 가설이 이후의 연구로 증명된다면, 우리는 여성이 생애 초기의 역경에 남성보다 강한 영향을 받는 이유에 관해 더 큰 통찰을 얻을 수 있을 것이다.

자, 우리가 알고 있는 것은 다음과 같다. 역경은 남성보다 여성에게서 더 자주 자가면역질환과 우울증을 낳는다. 여성은 아동기 역경을 겪고 나면 코르티솔 반응을 더 많이 보이고 이런 염증반응의 조절도 더 어려워지는 생물학적 소인을 지녔을 수 있으며, 이 때문에 훗날 전반적인 건강 문제들이 생길 가능성이 높아진다. 아동기에 역경을 겪은 여성은 불안과 스트레스 반응의 완화를 돕는 뇌 영역들 사이의 신경 연결을 방해받으며, 그리하여 생애 후기에 우울증에 걸릴 확률이 높아진다. 한편 남성은 특정한 대립유전자를 지녔을 경우 아동기 트라우마를 겪고도 우울증에 걸리지 않게 보호받을 수 있지만, 그 대신 행동장애와 주의력장애에 더 취약할 수 있다.

이러한 연구를 보면서 무엇보다 놀라운 사실은, 여자아이가 남자아이보다 아동기의 만성적이고 예측 불가능한 독성 스트레스(CUTS)의 더 많은 유형을 경험하고, 그로 인해—여성에게 고유한 생물물리학적 작용에 따라—우울증과 자가면역질환에 걸릴 가능성이 높아진다는 연구 결과가 거듭 나오고 있는데도, 거의 모든 의사들이 이런 상관관계가 존재하며 중요하다는 사실을 짐작조차 못 하고 있다는 것이다.

빈센트 펠리티는 그에 대해 이렇게 말한다. "모든 의사는 ACE 점수가 높은 환자를 매일 여러 명 진료할 겁니다. 일반적으로 그들은 그날 의사가 맞는 제일 다루기 어려운 환자들입니다.[104] 많은 경우 그들은 여성입니다. 그래서 그들의 증상과, 질환의 발생과 치유에 모두 한몫을 하는 기저적 원인들은 너무나 자주 간과되고 무시됩니다."

아동기의 부정적 경험을 지닌 미국인은 남녀를 통틀어 64%에 이른다. 이들이 그 모든 어려움에도 불구하고 많은 경우에 애정 넘치고 꽤 괜찮은 삶을 일구어나가고, 용기와 관용을 보이고, 대체로 감정을 잘 다스리며 살고 있다는 사실이 어찌나 대견한지 모른다.

제5장

충분히 좋은 가족

부모의 사랑은 인생의 축복이다. 자신을 있는 그대로 보아주고 사랑해 주는 사람이 있다고 느끼고, 되고 싶은 사람이 되어도 좋다는 격려를 받은 사람은 일생 동안 정신적, 신체적으로 그 혜택을 받게 된다. 아동기 역경과 성인기 건강의 관계가 명료하게 밝혀지기 한참 전에도 연구자들은 부모의 사랑이 자녀의 성인기 안녕에 미치는 혜택을 정량화하고자 시도했다.

1950년대 초에 하버드대학교의 심리학자들은 건강한 남성 학부생 126명에게 아버지 어머니와의 관계를 "아주 가까움", "견딜 만함", "불편하고 냉랭함" 등으로 평가해 달라고 요청했다. 학생들이 부모에게 얼마나 사랑받고, 공정하고 정당하고 다정한 대우를 받았다고 인지하는지 알아보기 위해서였다.

그로부터 35년이 지난 1993년에 연구자들은 이제 50대와 60대에 들어선 그 남성들의 의료 기록을 살펴보았다. 수십 년 전 어머니와의 관계를 "견딜 만함" 혹은 "불편하고 냉랭함"으로 평가한 응답자의 91%가 중년기에 진입했을 즈음 심장병, 고혈압, 궤양, 혹은 다른 어떤 심각한 질병을 진단받고 있었다.[105] 부모 '양쪽'과의 관계를 모두 "견딜 만함" 혹은 "불편하고 냉랭함"으로 평가한 응답자는 100%가—한 명도 빼놓지 않고—심각한 병에 걸려 있었다.

반면 어머니와의 관계를 "따뜻하고 친근함"으로 평가한 응답자의 경우는 50대까지 중병에 걸린 비율이 45%에 그쳤다. 젊은 시절 아버지에게 사랑받았다고 느낀 응답자들도 중년기에 질환을 덜 앓았다.

연구자들은 응답자들이 부모를 묘사할 때 사용한 특정 단어들에 주목하여 새로이 통계분석을 해보았다. 그러자 어머니와 아버지를 긍정적으로 묘사하지 않은 응답자의 95%가 훗날 심장병이나 고혈압 같은 병에 걸린 사실이 드러났다. 이는 가족력과는 무관했고, 흡연이나 이혼 여부, 부모님을 일찍 여의거나 부모님이 이혼한 것과도 무관했다.[106]

존스홉킨스대학교에서도 이와 유사한 연구를 시행했다. 남성 의대생들이 부모와 맺은 관계와 40년, 50년 뒤 그들의 건강 상태를 조사한 결과, 부모와의 관계가 덜 따뜻하고 사랑이 부족했던 학생들은 중년에 암에 걸릴 가능성이 훨씬 높았다.

하버드대학교와 존스홉킨스대학교의 연구자들은 성장기 중 부모와의 친밀감의 정도야말로 다른 어떤 단일 요인보다도 훗날의 질병 발생과 더 유의미하게 연관된다는 결론에 이르렀다. 실제로 부모와의 친밀감 결여는 흡연, 음주, 부모의 이혼, 부모의 사망, 유해한 독성 환경물질에 노출되는 것보다도 질병 발생에 더 크게 기여하는 요인이었다.

당신의 부모보다 더 좋은 부모가 되고자 할 때

스탠퍼드대학교의 신경과학자이자 맥아더펠로상 수상자인 로버트 새폴스키는 최근 트위터에 이런 글을 올렸다. "부모 노릇만큼 진짜배기 신

174

경중에 걸리게 하는 일이 없다. 부모가 되면 자신이 한 모든 행동과 생각, 혹은 하지 않은 행동과 생각이 낳을 결과를 일일이 걱정하게 되니까 말이다."

아동기의 부정적 경험에 노출되었던 많은 사람이 훗날 자신은 어떤 부모가 될지 걱정한다.

신디는 매일 난장판이 벌어지던 북적북적한 가톨릭 가정의 여덟 번째 아이였다.

알코올 중독인 부모를 둔 신디의 어머니는 19세에 첫아이를 낳았다. 신디가 팔삭둥이로 태어났을 때 맏언니는 이미 십대였다. 당시 "어머니는 이미 16년 넘게 육아를 하고 있었어요"라고 신디는 내게 말한다.

"자라는 동안, 저는 어머니가 일종의 전쟁 피해자 비슷하다고 느꼈습니다. 저는 미숙아로 태어났기 때문에 다른 형제자매보다 어머니의 돌봄을 더 받았다고 들었어요. 적어도 그 점 하나는 제게 유리했던 거죠."

서투른 양육 기술은 신디의 부모님이 친가와 외가 양쪽에서 다 물려받은 것이었다. 신디의 친할머니는 아주 젊었을 적에 남편을 잃고 여섯 아들을 엄하게 키웠다. 신디는 말한다. "그래서 아버지도 자기 어머니에게 배운대로 우리를 엄하게 키웠습니다."

신디의 부모님은 신디가 어렸을 적에 이혼했다. 아버지가 어머니를 떠난 것이다. 신디가 열두 살이 되던 해, 어머니가 선언했다. "30년이나 아이들을 키웠으니 이제 혼자 살고 싶구나. 아버지한테 가서 살아라. 이제 너희 아버지더러 다 책임지라고 해." 아버지가 새로 맞은 부인은 전처 자식들에게 돈 쓰는 걸 꺼렸다. "저희들의 치과 진료비에 대해 불평을 하곤 했어요."

"저는 학업 성적이 아주 좋았고, 아버지는 그 점을 높이 평가했어요. 그러니 어떤 면에서 저는 아버지와의 관계에서 기적을 이뤄낸 셈이죠." 이렇게 말하는 신디의 얼굴에 희미한 미소가 스쳐간다. "그게 저를 구원했어요. 아버지는 대단히 성취 지향적이라서 제가 무얼 잘 하면 상을 주었지만, 쉬지 않고 저를 밀어붙였습니다. A 학점을 받아 오면 '왜 A+가 아닌 거냐?'라고 묻는 분이었죠. 저의 뛰어난 성적은 양날의 검이 되었습니다. 아버지는 이렇게 말하곤 했으니까요. '공부를 잘 한다고 네가 똑똑한 줄 알지? 상식은 없는 헛똑똑이 주제에!' 그 말은 전혀 사실이 아니었습니다."

그러나 신디가 이렇듯 수치심을 느낀 순간들은 "오빠가 당한 것에 비하면 새발의 피"였다고 한다. "아버지는 제게는 손찌검을 한 적이 없었지만, 부모님이 이혼했을 때 고작 아홉 살이었던 오빠에게는 아주 가혹했습니다." 신디는 오빠가 열한 살쯤 되던 해의 일이 생생하게 기억난다고 한다. "오빠는 바닥에 쓰러져 있었고, 아버지는 제가 보는 앞에서 오빠를 두들겨 팼습니다. 오빠는 집 벽에 구멍을 뚫고 다녔어요. 너무 화가 나고 상처받았던 거죠. 아버지는 자녀들을 힘으로 다스렸고, 어머니는 이 모든 일들에 그저 어쩔 줄 몰라 했습니다. 아버지는 자신이 아들에게 입힌 피해에 대해 결코 책임지지 않았죠." 신디의 오빠는 대학에 잠시 다니다가 중퇴했다.

신디의 또 다른 오빠는 대학을 졸업하고선 데크 시공 업체를 만들었다. "아버지가 오빠에게 하던 말이 기억나요. '사람들에게 네가 내 아들이라고 말하는 게 부끄럽다. 밥벌이로 기껏 못이나 두드려 박고 있으니.'"

신디는 말한다. "저는 언니, 오빠들이 힘들어하는 걸 지켜보았습니다. 언니 하나는 부모님이 이젠 집을 나가라고 해서, 20대에 그룹홈(사회생활에 적응하기 어려운 사람들이 모여서 공동생활을 하며 자립을 추구하는 소규모 시설-옮긴이)에 들어갔어요. 심한 중독에 빠진 사람도 있었죠. 저는 그 모든 걸 옆에서 지켜보았습니다." 신디는 열 살인가 열한 살 때 "깨달음의 순간"이 찾아왔다고 기억한다. "이 집에서 나가고 싶으면 스스로 길을 '개척해야' 한다는 저 자신과의 내적 대화가 그것이었어요. 모든 시험과 과제물에서 좋은 성적을 받는 것이 제게는 생존 그 자체의 문제로 느껴졌습니다. 저는 아주 어린 나이부터 탈출 계획을 짜고 있었어요." 그녀의 전략은 적중했다. 신디는 저명한 리버럴 아츠 칼리지(인문과학, 사회과학에 수학과 자연과학까지 포함하는 학부 중심 대학으로, 우리의 문리과대학과 비슷하다.—옮긴이)를 졸업했다.

그러나 스무 살 즈음에 신디의 면역계가 붕괴하기 시작했다. 그녀는 말한다. "유행하는 독감이며 감기는 전부 걸리기 시작했어요. 하나의 감염은 다른 감염으로 녹아들듯 이어졌습니다. 일 년가량은 아프지 않은 날이 없다시피 했어요." 만성 요로 문제가 생긴 신디는 "소변을 보는 것에 대해 엄청난 공포"를 느끼게 되었다. "걱정과 불안이 요로감염 증상을 더 악화시키는, 심한 악순환이었습니다. 마치 제 면역계가 계속되는 전투에 지친 것처럼 느껴졌어요."

이어 신디는 급성 근육통이 생겼다. "20대 초반의 어느 날, 목이 어찌나 아픈지 침대에서 일어나려고 고개를 들 수가 없었습니다. 그렇게 된 이유조차 알 수 없었어요." 변형된 면역 기능, 높아진 감염 위험, 근육 경련, 그리고 통증까지—신디는 20대였지만 굉장히 고통스럽고 지쳐버린 나이 든 여인의 몸으로 살고 있었다.

신디는 커리어를 쌓는 데 큰 노력을 기울였고, 대단히 의식적이고 신중한 방식으로 자신이 사랑할 수 있고 사랑받을 수 있는 사람을 찾아 나섰다. 그녀는 아버지와는 전혀 다른 누군가를 원했다. "비판적이지 않고, 상대의 말을 경청하고, 남의 장점을 보는 사람을 만나고 싶었습니다." 신디가 남편과 결혼했을 때 그녀는 아직 스물네 살이었다. "제 앞에 커다란 치유의 창이 열리는 걸 느꼈습니다. 그이는 제가 오래도록 갈망해 온 안정적인 존재였어요."

하지만 삶이 안정될수록 신디는 자신이 정서적으로 얼마나 불안정한 사람인지를 점점 더 의식하게 되었다. "어떤 밤에는 공황발작이 일어나서, 남편이 몇 시간 동안 제 말을 들어주고 대화로 저를 진정시켜야 하곤 했습니다." 어느 시점에 그녀는 "이 모든 게 남편에게 얼마나 불공평한지"를 깨달았다. "저는 남편에게 말했어요. '평생을 당신 어깨에 기대어 울 수도 있겠지만, 어엿한 반려자가 되려면 나도 성장해야 해요. 반쪽짜리 짝으로 남고 싶지는 않아요. 언젠가는 당신도 항상 들어주기만 하는 역할, 든든한 사람 역할을 하는 게 지겨워질 거야.'"

신디는 자신이 어떤 엄마가 될지 무척 걱정했기에 자녀를 가지기가 영영 어려울 거라고 생각했다. "저는 제게 아이를 양육할 능력이 없을까 봐, 제가 아동기에 겪은 고통을 아이에게 물려줄까 봐 너무나 두려웠어요. 제가 양육된 방식이 결코 최선이 아니라는 걸 알고 있었거든요. 인생이 그토록 고통스러워서는 안 되는 거잖아요."

신디는 자신이 과거의 영향을 얼마나 깊이 받고 있는지 깨닫고 남편에게 말했다. "나는 내가 정서적으로 안정된 상태에 이르렀다고 확신할 때까지 아이를 낳지 않겠어요. 그래야 우리 아이에게 모든 아이가 받아 마땅한 것들을 줄 수 있을 테니까."

신디는 30대 초반에 첫아들을 낳았다. "남편과 저 둘 다 근무 시간을 줄였어요. 저희는 팀을 이루어 번갈아가며 육아를 했죠." 신디는 자신이 좋아하는 일을 계속할 수 있었고, 아들은 행복하게 자랐다. 그리하여 서른다섯의 나이에 신디는 둘째 아이를 가질 자신감을 얻었다. 그런데 딸이었던 둘째는 첫째보다 훨씬 까다로운 아기였다.

신디는 말한다. "아무리 달래도 통하지 않는 아기가 있잖아요. 그 애가 그랬어요. 가끔은 있는 힘껏 악을 써대며 울곤 했지요." 딸은 자극에 대단히 민감해서, 큰 소리가 나면 놀라고 불안해하는 반응을 보이곤 했다. 신디는 아기의 울음을 달래지 못할 때마다 불안을 느꼈다. "엄마로서 실패하고 있는 기분이었어요. 제겐 좋은 부모가 된다는 것의 본보기가 없었으니만큼, 뭐가 정상인지 몰랐던 거예요. 그래서 저는 아이를 사랑하고, 언제나 아이에게 신경을 쏟는 완벽한 엄마가 되고자 쳇바퀴를 돌았습니다. 저 자신의 행복에 대해선 충분히 생각지 않았죠. 딸이 낮잠을 자는 드문 순간엔 유치원생인 큰아이와 더 좀 놀아줘야 하는 게 아닐까 하며 안달복달했으니까요."

딸이 자라고 안정을 찾으면서 삶은 한결 수월해졌다. "하지만 그것도 폐경주변기 증상들이 저를 강타하기 전의 이야기였습니다." 사라진 줄 알았던 신체적, 정서적 증상들이 돌아왔다. 젊었을 적에 신디를 괴롭힌 우울증과 공황발작도 복귀했다. 신디는 독감에 걸린 양 피로에 시달렸다. 감정을 조절하기가 전보다 어렵다고 느꼈다. 새로 시작한 일에 들떠 있었지만, 일은 바라는 만큼 잘 풀리지 않았다. 건망증이 생겼고, 그 사실이 부끄러웠다.

이런 말이 있다. "공포는 아이를 삼키고, 그 아이가 자라서 되는 어른마저 삼킨다." 신디에게 이 말은 옳았다. "이제 어떤 일이 일어나든 더 잘 대처할 수 있다고 생각하며 여러 해를 보낸 뒤였는데, 다시 한 번 한밤중에 몸부림치며 잠에서 깨곤 했습니다. 삶에 더 능숙하게 대처하겠다는 의지가 부족한 것 같아 스스로를 탓했습니다. 힘든 아동기를 보내고 여러 해가 지나면 과거의 모든 사건이 초현실적으로 보이기 시작합니다. 실제로 일어나지 않았던 일처럼 느껴져요. 그래서 그 사건들이 제게 미친 영향도 잊고 맙니다. 저는 의아했어요. 아동기에 겪은 그 일들이 지금 일어나고 있는 것도 아닌데, 왜 나에게 아직까지도 그렇게 큰 영향을 미치고 있는 걸까? 왜 그냥 극복하고 나아갈 수가 없을까? 폐경주변기 증상과 직장에서 받는 스트레스가 합쳐지자, 아동기의 트라우마가 다시금 깨어났습니다. 제가 오랜 시간 잊고 산 감정적 난관들이 다시 나타났습니다."

신디는 "나 자신의 아동기라는 과거가 내 아이들의 현재의 삶으로 번져 드는 것"을 막고 싶다면, 스스로 치유할 방법을 찾아야 한다는 사실을 깨달았다.

반사적으로 반응하는 부모

그레이스 역시 자신의 아동기가 아이들의 양육에 미치는 영향을 걱정한다.

다섯 살 난 쌍둥이 딸을 둔 그레이스는 마흔한 살의 나이에, 하루아침에라고 해도 될 만큼 갑작스럽게 다발경화증을 진단받았다. 어릴 적 그레이스에게는 백혈병을 앓는 여동생이 있었다. 그레이스가 골수를 기증했지만, 동생은 그레이스가 열두 살 되던 해에 죽었다.

그레이스는 자신이 아동기에 겪은 일을 감안하면 아이들을 안정적으로 양육하기가 어렵다고 말한다. "예상되었던 두려운 일들이 계속 일어났어요. 매일 걱정했죠. '다음엔 무슨 일이 일어날까? 오늘밤 부모님이 집에 오실까, 아니면 병원에서 밤을 새실까? 동생이 내일은 살아 있을까?' 제 생각엔, 그런 아동기를 겪으면서 저희 네 가족이 순조롭게 살아갔을 경우와는 전혀 다른 신경계를 제가 갖게 된 것 같습니다. 부모님은 온 정신이 동생에게 쏠려 있었습니다. 그걸 이해하지 못한 건 아니었어요. 저희 엄마 아빠는 훌륭한 부모였지만, 제 동생이 필요로 하고 받아 마땅한 모든 것을 주면서 동시에 제 부모 역할까지 제대로 할 수는 없었죠."

그레이스는 이어 말한다. "아기를 임신하고 제 머릿속을 채운 생각은 하나뿐이었습니다. '쌍둥이가 건강하게 태어날까? 내가 출산하다가 혹 죽지는 않을까?' 하지만 비슷한 시기에 임신한 친구들은 그런 식의 스트레스를 받지 않더군요. 친구들은 인터넷에서 귀여운 로고가 박힌 아기 우주복을 검색하는 데 여념이 없었어요."

그레이스는 인정한다. "저는 항상 머릿속에서 최악의 시나리오를 돌리고 있습니다. 하루는 두 딸과 함께 동네 놀이터에 놀러 나갔죠. 그런데 딸아이 하나가 제게로 달려와 말하는 거예요. '저 애가 못되게 굴었어요, 엄마. 나한테 욕을 했어요!' 딸아이는 훌쩍거리고 있었습니다. 아이가 우는 걸 보자 저는 화가 머리끝까지 나서 몸이 떨렸습니다. 문자 그대로 두 손이 덜덜 떨렸고, 손가락이 제멋대로 날뛰었습니다. 침착한 목소리를 낼 수가 없었어요. 딸이 충격을 받고 어찌할 바 모르는 표정을 짓고 있는 걸 보고 너무나 화가 났거든요. 저는 생각할 틈도 없이 두 딸아이의 손을 붙들고, 욕을 한 아이의 어머니에게 가서 소리쳤습니다. '아들 교육 좀 잘 시키세요. 애들을 괴롭히잖아요!' 그러고서 저는 아이들의 손을 잡아끌고 집을 향해 걷기 시작했습니다. 두 아이 다 엉엉 울고 있었어요. 집으로 가는 내내 제 머릿속에서는 방금 있었던 장면이 끊임없이 되풀이하여 재생되고 있었습니다. 화가 난 나머지 '아이들을 달래야' 한다는 데에는 생각이 미치지 못했어요. 저는 그저 아이들을 끌고 가면서, 어떻게 말하고 행동하는 게 나았을까만 되새김질하고 있었죠."

그레이스는 말한다. "아이들을 이런 식으로 양육하고 싶지는 않아요. 자신의 불안에 사로잡힌 나머지, 자녀를 위해 무엇이 최선인지를 차분하고 설득력 있고 믿음직한 방식으로 생각하지 못하는 엄마가 되고 싶지 않아요. 덜덜 떨리는 손으로 어떻게 아이들을 달래겠어요?" 그레이스는 아이들에게 신중하고 침착하게 삶에 대처하는 모범을 보이고 싶다. "저는 집에 불이 나더라도 아이들을 구출해 낸 다음 소방관들이 불을 끄는 동안 갓돌에 앉아 아이들의 어깨에 팔을 두르고 '다 괜찮을 거야, 전부 다 괜찮을 거야'라고 말해줄 수 있는 엄마가 되고 싶습니다. 하지만 저는 그런 침착한 엄마와는 완전히 반대입니다."

다른 종류의 아동기 부정적 경험을 지닌 사람은—예컨대 부모의 관심과 지지를 필요로 할 때마다 그들에게서 조롱받고 무시당한 사람은—놀이터에서의 일 같은 경우에 그레이스와 정반대의 반응을 보일 수 있다. 자신의 감정과 자녀의 감정을 차단하고, 바람직한 만큼의 반응을 보이지 않고, 자녀에게 그냥 신경 쓰지 말라고 할 수 있다. "슬퍼하지 말고, 울지 말고, 그냥 다시 가서 놀아!" 여기에 비판마저 가미될지 모른다. "엄살 좀 떨지 마!"

부모가 과잉 반응을 하든 과소 반응을 하든, 어린아이는 같은 메시지를 받는다. '내가 기분이 상해서 엄마한테 말해 봤자, 엄마는 그냥 슬퍼할—혹은 화를 낼—뿐이야. 엄마는 나를 도울 수 없어.'

그레이스는 이렇게 말한다. "지금의 저는 제가 되고픈 엄마가 아니란 걸 압니다. 노력하고 있지만, 아직 멀었어요. 때로는 그래서 자책을 하기도 합니다. 저는 궁금해요. 충분히 좋은 엄마란 어떤 엄마일까요?"

자식을 보살펴 키우는 것은 평생 하게 되는 일 가운데 그야말로 가장 어렵고 가장 좋은 일이다. 부모로서 우리는 어떤 일이 일어나든 자녀를 두 팔 벌려 환영하고, 그들에게 안전한 피난처가 되어줄 것이며, 자녀도 그 사실을 알기를 바란다. 어렸을 적 우리의 품으로 달려와 안기던 때 우리에게서 느낀 것과 같은 사랑을 자녀가 항상 느끼기를 바란다. 우리는 어린 자식에게 이렇게 말한다. "아이구 우리 아기 여기 있네." 아이들은 우리에게 자신이 세상에서 제일 중요하다는 걸 안다.

하지만 항상 의식을 집중하여 양육하는 것, 부모 나름대로 인생의 난관들을 헤쳐나가면서 자녀의 모든 욕구와 필요를 보살피는 것은 어렵다. 대처해야 할 일이 너무 많거나, 기진맥진해 있을 때도 있다. 아이들이 비협조적으로 굴거나 기운이 너무 넘쳐나는 때도 있다. 십대들은 자기중심적이고, 경솔하고, 잊기 잘하고, 반항적이며, 나쁜 선택을 할 수 있다. 그러니 부모들이 이 모든 것에 압도된 나머지 화를 내고 나중에 후회할 말을 투덜거리거나 내지르는 것도 이상한 일은 아니다. 십대 아이의 부모라면 때때로 자제력을 잃고 화를 내는 일이 분명 있을 것이다.

가정생활의 모든 경험이 "애정 넘치고 긴밀한", "따뜻하고 친근한", "이해하고 공감하는" 것일 수는 없다. 가족도 가끔 고장이 난다. 가령, 부정적 반응성을 보이는 한 사람으로 인해 다른 사람이 자제력을 잃곤 한다. (내 친구 하나는 가족들이 폭발하는 사건을 이렇게 표현한다. "우리 가족에게 '최고의' 날은 아니었어.")

우리가 내뱉은 어떤 사소한 말 한마디가—그리 능란하거나 현명한 말은 아니지만, 그렇다 해도 아동기의 부정적 경험에 기여할 만큼 심한 내용은 아닌 한마디가—오해되거나 잘못 해석되어 아이의 머릿속에 들러붙고, 몇 년 동안 그 안을 이리저리 돌아다니면서 우리가 알지도 못하는 응어리를 만들지도 모른다.

우리는 그때그때 최선을 다해 양육한다. 좋은 부모의 기준에 미치지 못할 때는, 아이가 우리의 부족함을 잊어주기를 바랄 따름이다.

그럼에도 아동기의 부정적 경험 검사(ACE Survey)와 아동기 외상 질문지(CTQ) 검사 결과들을 살펴보면, 아동기의 부정적 경험이 전혀 없이 자란 사람은 전체의 3분의 1밖에 되지 않음을 알 수 있다. 부모가 되는 이의 거의 3분의 2가 본인이 알든 모르든 어떤 식으로건 고투를 벌이고 있다는 뜻이다. 어쩌면 이 부모들은 자신이 통제할 수 있는 범위 바깥의 사건, 질병, 외부 영향, 사고, 상실 등에서 비롯된 스트레스 인자들에 직면해 있을지도 모른다.

하지만 여기서는 신경과학의 최신 연구 결과에 집중하여, 우리가 자라면서 겪은 만성적이고 예측 불가능한 독성 스트레스(CUTS)가 어떻게 우리가 원하는 만큼 좋은 부모가 되지 못하도록 방해할 수 있는지를 살펴보고자 한다. 한 발짝 물러서서, 아주 솔직하게 자문해 보자. "가정에서 나는 얼마나 반사적으로 반응하는가?"

만일 당신이 이 질문에 "아주 그렇다"라고 답했다 한들, 다행스럽게도 너무 늦은 건 아니다. 우리를 위해서나, 우리의 자녀를 위해서나.

당신의 뇌가 받지 못한 것을 주기는 어렵다

사랑을 받아본 사람이 사랑하는 법을 안다는 말이 있다. 그런데 아무도 당신에게 사랑하는 법을 보여주지 않았다면 어떨까? 대인관계 신경생물학의 최근 연구 결과에 따르면, 생애 초기에 겪은 상실과 만성적이고 예측 불가능한 스트레스는 어린 뇌의 신경회로를 변형시켜, 훗날 성공적이고 의미 있는 관계를 형성하고 키워나갈 능력을 크게 바꿔놓는다고 한다.

가족치료사이며 『아기방에서 온 유령들: 폭력의 뿌리를 추적하다(Ghosts from the Nursery: Tracing the Roots of Violence)』의 공저자인 로빈 카-모스의 연구는 태내에서, 그리고 생후 첫 3년 동안 경험한 트라우마가 우리가

184

더 반사적으로 반응하는 부모나 연인·배우자가 될 확률을 높인다는 사실을 밝혀냈다.[107]

"뇌는 아동기와 십대 내내 발달하지만, 자궁 내에 있는 기간과 생후 첫 3년이 뇌의 기본적 구조와 화학적 특성이 자리를 잡는 결정적 시기"라고 카-모스는 말한다.

예를 들어 아기의 오감을 통해 어떤 위협이라도 인지되면—가령 옆방에서 화가 난 커다란 목소리가 들리면—아기의 뇌는 경계 태세를 취한다. 심장이 크게 뛰고, 호흡은 빠르고 얕아지며, 땀이 나고, 무의식적인 투쟁-도피 반응이 일어나 산소가 재빨리 팔다리로 퍼져나간다. 그러나 아기는 투쟁할 수도 도피할 수도 없으므로, 카-모스의 설명에 따르면 "'경직(freeze, 동결)' 상태로 알려진 제3의 신경학적 상태로" 들어간다. 아기는 울거나 소리를 지르는 대신 일종의 무감각한 상태에 빠진다. 이런 경직 상태는 트라우마의 상태다.

카-모스는 말한다. "갓 만들어진 자그마한 신경계를 지닌 아기는 별것 아닌 일로도 트라우마에 빠질 수 있습니다. 이런 유형의 정서적 트라우마에 일상적으로 빠질 경우, 작디작은 아기는 경직 상태에서 대단히 많은 시간을 보내게 됩니다."[108]

뇌가 위험에 대한 과다경계 상태가 되면, 뇌 안에서 반응이 유발되기가 더 쉽다. 다음에 무슨 일이 일어날지 판단하기 위해 편도체가 높은 경계 태세를 유지하기 때문이다. 아기의 작은 뇌는 주변 환경에서 위험 신호를 감지할 때마다 재빨리 고도의 각성 상태에 돌입한다.

연구자들은 이것을 '불쏘시개(kindling)' 현상이라고 부른다(이 단어는 '점화하다, 발화하다'를 뜻하는 'kindle'의 동명사이자 '불쏘시개'를 뜻하는 명사인데, 이 맥락에서는 점화 이전에 불이 붙는 문턱값을 낮춰주는 불쏘시개 깔기 단계를 가리킨다.-

옮긴이). 이제 아주 조그만 불꽃 하나, 아주 사소한 촉발 요인 하나만 있으면 아기의 뇌에서는 반응의 불바람이 몰아치고, 스트레스 호르몬과 화학물질들이 폭발적으로 분비된다. 카-모스는 생애 초기에 스트레스에 노출되는 것이 뇌에 불쏘시개를 깔아놓는 것과 같다고 말한다. "생애 초기에 만성적 트라우마에 노출된 사람은 훗날 스트레스성 사건에 훨씬 더 민감히 반응하게 되기 쉽습니다."

이 과정은 태내에서도 시작될 수 있다. "임산부가 스트레스를 받는 건 흔한 일이지만, HPA 축이 만성적인 투쟁-도피 반응을 보일 정도로 만성적이고 심한 스트레스를 받고 있다면, 태내의 아기는 넘쳐나는 코르티솔에 푹 적셔진 환경에서 자라고 있는 셈입니다. 이는 태아의 신경계에 심각한 영향을 미칠 수 있습니다. 이런 태내 환경에서 자란 아기는 출생 시부터 어떤 종류의 자극에든 민감하게 반응하거나, 지나치게 경계하거나, 취약해질 수 있습니다. 신경계가 처음부터 높은 경계 상태에 있었기 때문이죠."

신생아의 어머니가 산후우울증에 걸렸거나, 아기를 방치하거나, 과잉반응을 한다면 이는 "자신의 신경계를 조절하는 법을 배우고 있는 아기"를 더욱 방해할 것이다.

신생아 집중치료실에 입원하는 것 같은 피치 못할 일들도 발달 중인 신경계를 높은 경계 상태로 유지시킬 수 있다.

임신 중인 엄마의 신체적 건강 상태도 아이의 평생 건강에 영향을 미칠 수 있다. 엄마가 임신 중 특정 시기에 독감에 걸리면, 바이러스의 영향으로 인해 아이에게 조현병이나 자폐증이 생길 확률이 올라간다.[109] 이와 비슷하게, 기근이 닥친 해에 잉태되어 자궁 내에서 영양 공급을 제대로 받지 못한 아기들의 경우 살면서 더 많은 건강 문제에 시달리며, 성인기에도 몸집이 작다. 반면 임신 중 모체의 영양이 충분했던 아기들은 더 건강하고 몸도 크게 자란다. 이런 효과들은 세대를 더 내려가서도 지속돼, 손주들의 건강에도 영향을 미칠 수 있다.[110] 이 같은 연구는 우리의 어머니가 임신 중 겪는 스트레스 인자가 우리의 신체적·정서적 건강에 장기적으로 어떤 영향을 줄 수 있는지를 더 잘 이해하게끔 돕는다.

자녀는 어떻게 부모의 스트레스를 흡수하는가

연구자들은 부모의 스트레스가 자녀에게 전달되는 다른 경로들 역시 검토해 왔다. 그런 연구 결과 중에는 놀라운 것들도 있다. 예를 들어, 하이파대학교의 과학자들은 어머니가 임신 전에 받은 스트레스의 영향까지도 DNA를 통해 자녀에게 전해질 수 있다는 사실을 밝혀냈다.

약한 스트레스를 받은 암컷 실험쥐와 스트레스를 받지 않은 수컷 실험쥐를 교배시켜 태어난 쥐는, 스트레스를 받지 않은 모체에게서 태어난 쥐보다 불안 증세를 많이 보였다. 스트레스를 받은 암컷 쥐는 세포로 하여금 스트레스 및 불안과 관련된 호르몬들을 더 많이 분비하도록 만드는 특정 단백질의 발현이 증가하는 것으로 나타났다. 이 단백질이 더 많이 발현될수록 암컷 쥐는 더 많은 스트레스를 받았고, 그런 쥐에게서 태어난 새끼 쥐도 더 많은 스트레스를 받았다. 더욱 놀라운 사실은, 불안 행동이 모체에서 새끼에게 후성유전적으로 전달되었다는 것이다. 새끼 쥐가 받은 스트레스는 양육의 질과는 무관했다.[111] 스트레스 단백질은 스트레스를 받은 암컷 쥐가 임신을 하기 전부터 '이미' 난자에 다량 농축되어 있었다.

이는 암컷의 난자가 '학습된(soft-wired) 정보'를 전달한다는 것을 시사한다. 다시 말해, 어머니의 난자는 아직 태어나지 않은 아기에게 어머니의 트라우마를 전달하고 있었다.

이 모든 실험은 인간이 아닌 쥐를 대상으로 했다. 인간 뇌의 일부를 끄집어내고 저며서 검토할 수야 없는 노릇이다. 그럼에도 이 실험 결과는 스트레스가—우리가 이제 겨우 이해하기 시작한 방식으로—어머니의 세포에서 자녀에게로 전달될 수 있다는 생각을 뒷받침한다.

부모와 자녀 사이에 스트레스가 전달되는 또 다른 방법이 있다. 연구자들이 '공감적 스트레스(empathic stress)'라고 부르는 것이다. 연구 결과, 다른 사람이 스트레스 받는 상황에 처한 것을 지켜보는 것만으로도 신체적 스트레스 반응이 유발될 수 있다.[112] 스트레스를 잔뜩 받은 사람과 같이 있기만 해도 그 사람의 스트레스가 정서적 차원에서뿐 아니라 생물학적 차원에서도 옮아오는 것이다. 이런 경우에 두 사람의 코르티솔 수치가 함께 오르는 것이 관찰되었다. 이것이 공감적 스트레스다.

이와 마찬가지 방식으로, 스트레스는 이른바 '감정전염(emotional contagion, 정서전염)'을 통해 유아에게 영향을 미칠 수 있다. 캘리포니아대학교 샌프란시스코 캠퍼스의 연구자들은 어머니와 아이 사이에서 스트레스가 어떻게 전염되는지 확인하고자 나섰다. 연구를 이끈 세라 워터스는 말한다. "우리는 나날의 삶에서 스트레스와 강렬한 부정적 감정들을 관리하는 방법을 부모-자녀 간 관계에서 최초로 배웁니다." 부모-자녀 간에 일어나는 스트레스 전달은 말의 차원은 물론이고 눈에 보이는 표정의 차원까지도 훨씬 넘어서는 수준에서 이루어지는 것으로 보인다.

워터스와 동료들은 12~14개월 된 아기를 키우는 어머니 69명을 모집해서 어머니와 아기에게 심혈관 센서를 달고, 함께 앉아서 쉬고 있는 어머니와 아기의 심혈관 반응의 기저치들을 쟀다. 그리고서 연구자들은 어머니와 아기를 떼어놓고, 어머니들에게 두 명의 평가자들 앞에서 자신의 강점과 약점에 대해 미리 준비한 5분간의 발표를 하도록 했다. 어머니들은 이어서 5분 동안 평가자들의 질문에 답해야 했다(어머니와 아기의 심혈관 센서는 실험 내내 부착돼 있었다. ―옮긴이).

평가자들은 어머니들 가운데 무작위로 고른 3분의 1에게는 의도적으로 매우 긍정적인 반응을 보였다. 그들의 발표와 대답을 경청하고, 고개를 끄덕이고, 미소를 짓고, 이야기를 더 이끌어내고 싶은 것처럼 몸을 앞으로 기울였다. 다른 3분의 1에게는 부정적으로 반응했다. 평가자들은 발표와 대답 내용이 마음에 들지 않는 양 눈살을 찌푸리고, 고개를 젓고, 팔짱을 꼈다. 그리고 나머지 3분의 1은 평가자 없이 방에 혼자 들어가 발표를 하고 카드에 적어준 질문에 답하게 했다.

부정적인 반응을 받은 어머니들은 심장 스트레스 수치가 올라갔고, 실험 직후에 작성케 한 설문지에서 긍정적인 감정보다 부정적인 감정을 더 많이 느낀다고 답했다.

이어서 연구자들은 어머니들을 아기와 다시 만나게 했다.

실험에서 평가자들에게서 부정적 반응을 받은 어머니의 품으로 돌아간 아기들은 곧장 어머니의 정서적 고통을 옮는 모습을 보였다. 어머니의 생리적 스트레스가 클수록 그 어머니의 품에 돌아간 아기의 생리적 스트레스 반응 역시 컸다. 스트레스를 받은 어머니와 다시 만나고 얼마 지나지 않아, 아기의 심박수가 올라갔다. 처음 측정한 기저치보다 급등한 수치였다.[113]

아기들은 자신이 무엇을 느끼는지 말하거나 표현할 수 없었다. 단지 무언가 이상하다는 것만 알았다. 엄마가 스트레스를 받았다. 그러므로 아기도 스트레스를 받았다.

워터스는 이 아기들이 "어머니가 스트레스를 받은 경험의 심리적 잔여물을 포착"했다고 말한다. 그녀는 설명한다. "우리는 아직 말을 못 하고, 자신을 충분히 표현하지도 못하는 아기들이 양육자들의 감정적 상태에 얼마나 정교하게 동조하는지를 간과할 수 있습니다." 아기는 "어머니가 스트레스를 받은 것 같다고 말하거나 뭐가 문제냐고 물을 수는 없을지 몰라도, 어머니의 품에 안기자마자 어머니의 감정적 상태에 수반되는 신체 반응을 포착합니다. 긴장된 목소리, 심박수, 얼굴 표정, 냄새, 그 밖에 눈으로 보기 어려운 어머니와 자녀 간 '스트레스 전염'의 경로들을 통해서요." 이런 식으로 아기는 자신의 자그마한 몸으로 부모의 부정적 감정들을 말 없이 흡수하고 있을지 모른다.

부모 간 갈등 역시 아기의 뇌가 스트레스에 얼마나 반응적이 되는지에 영향을 미칠 수 있다. 특히 처음으로 아기가 생긴 부부들은 수면 부족과 달라진 일과, 둘만의 관계에 할애할 시간의 부족, 그리고 경우에 따라선 아기에게 무엇이 최선인지에 관한 견해차 등으로 인해 스트레스가 쌓이면서 갈등이 잦아지기 일쑤다.

관련 연구에 따르면 아기들은 부모가 벌이는 말다툼의 스트레스도 포착하고 흡수할 수 있다고 한다. 심지어는 잠들어 있을 때도 그렇다는 것이다. 오리건 건강·과학대학교의 연구자 앨리스 그레이엄 박사는 어머니들에게 집에서 배우자와 얼마나 자주 말다툼을 하는지 설문조사를 하고, 6~12개월령인 그들 자녀의 뇌 활동을 기능적 자기공명영상(fMRI)으로 검사한 다음 이런 결론에 이르렀다.

fMRI를 찍을 때 그레이엄의 연구팀은 잠든 아기들에게 헤드폰을 씌우고 중립적인 목소리와 화난 목소리로 녹음한 무의미한 어구들을 틀어주었다. 집에서 부모가 자주 말다툼을 하는 아기들은 화난 목소리를 들었을 때 스트레스 및 감정 처리와 관련된 뇌 영역에서 더 강한 신경학적 반응을 보였다.[114]

부모의 스트레스는 자녀의 고통으로 전환된다

부모의 스트레스는 성장하고 발달하는 자녀의 신체적 건강에 영향을 미칠 수 있다. 예를 들어, 불안과 우울에 시달리는 어머니를 둔 아이들은 5, 6, 7세 시점에 두통, 복통, 통증, 피로와 같은 신체적 증상이 나타날 가능성이 훨씬 높다.[115] 그 이유의 적어도 일부는, 우울한 어머니들이 자녀의 정서적 욕구에 반응하는 방식이 우울하지 않은 어머니들과는 왕왕 다르기 때문일 것이다.

예를 들어, 그레이스는 자신의 감정에 너무 사로잡혀 있었기 때문에—넘쳐흐르는 감정에 휘둘려 분노에 찬 과잉 반응을 보일 정도였다—그녀의 세 살배기 쌍둥이 딸들은 필요할 때 엄마에게서 위안을 받지 못했고, 자신의 걱정이나 고통을 스스로 조절하는 법을 배우지도 못했다.[116]

다양한 인종적, 사회경제적 배경을 지닌 어머니들을 대상으로 한 최근의 연구 결과, 생애 초기의 부정적 경험과 나름대로 화해하고 그것을 넘어선 사람이나 어릴 적 양육자와 긍정적 경험을 한 사람들은 자기가 낳은 아기의 울음에 대응하고 아기를 달래는 데 더 능했다. 반대로 우울한 어머니들이나 과거의 경험에 관한 감정을 조절하는 데 아직 어려움을 느끼는 어머니들은 심박수가 높아졌고, 피부에 땀이 얼마나 났는지를 기준으로 측정한 괴로움의 징후를 더 많이 보였다. 아기의 울음에 대응하는 능력도 떨어졌다. 후자의 어머니들은 괴로워하는 아기의 욕구보다는 자기 자신에게 더 초점을 맞추고 있었다.

아동이 자신의 불안을 조절하는 데 도움을 받지 못하고 계속 투쟁-도피 모드에 머문다면, 아동기와 십대를 거쳐 성인기까지 이어지는 신체적 증상들이 생길 확률이 크게 높아진다. 자신을 달래주지 못하는 어머니 아래에서 큰 아이들은 십대에 비만이 되거나 대사증후군이 생길 가능성이 높다. 스스로 진정하는 법을 배우지 못한 이 아이들은 십대가 되면 밤늦게까지 깨어 있고, 불안과 불면을 달래기 위해 TV를 보고, 과식을 하거나 몸에 나쁜 음식을 먹는 등등 그리 건강치 못한 자기위로 방법에 의존하게 될 수도 있다. [117]

본래의 ACE 연구에 포함되지 않은 집단인 낮은 사회경제적 계층에 속한 어머니와 자녀에 대한 연구들에서는 대사증후군을 비롯한 중년기의 여러 건강 문제가 아동기 초기에 일어난 일들에 기원을 두고 있음이 밝혀졌다. 여기서 좋은 소식은, 어머니에게 양육을 잘 받은 아동들은 경제적으로 유리하지 않은 상황에 처해 있다 하더라도 더 나은 삶을 산다는 것이다. 부모가 자녀의 안녕을 염려하는 모습을 보이고, 스트레스에 대처하는 법을 배우도록 도운 아동들이 다른 아동보다 건강했다. 어머니의 좋은 양육은 아동기의 불리한 상황이 신진대사에 미치는 영향을 상쇄시킨다. [118]

부모 이외의 스트레스 인자: 학교와 교우 관계

아동에게, 그리고 아동의 발달에 긍정적 혹은 부정적 영향을 미칠 수 있는 다른 중요한 관계로는 형제자매, 친구, 코치, 교사와의 관계가 있다. 학교에서 보내는 오랜 시간 동안 또래와 함께하는 경험 역시 아동의 스트레스 경로에 영향을 미친다. 실제로, 또래들에게 소외당하거나 괴롭힘을 당하는 것은 일생 동안 건강에 영향을 미칠 수 있다.

이제 마흔이 된 존은 심한 장 문제와 만성피로에 시달리고 있다. 그는 자기애적인 아버지 아래에서 벌였던 고투와 성인기에 그가 지니게 된 건강 문제 사이의 관계를 이해한다. 하지만, 그는 ACE 검사엔 자기가 "어렸을 적 겪은 또래들의 괴롭힘"에 대해 "체크할 난이 없습니다"라고 지적한다.

존은 7학년 때가 최악이었다고 말한다. "저희는 미국 동부에 살다가 반대편의 캘리포니아주로 이사했습니다. 그런데 전학 간 학교에서 한 아이가 저더러 '머리가 정말 크다'면서 괴롭히기 시작했어요. 신체적으로 머리가 크다고 놀린 거예요. 그 애는 두 명을 더 끌어들였고, 그 셋은 수업 시간마다 저를 둘러싸고 앉곤 했어요. 선생님에게 혼나지 않을 만한 상황이면 언제든 저를 놀리고 괴롭히곤 했죠." 8학년에 진급하자 상황이 더 나빠졌다. 아이들이 존의 물건을 가져가기 시작했다. 하루는 과학 시간에 사건이 터졌다. "저를 괴롭히던 녀석이 과제를 제출해야 하는 시간 직전에 제 책가방을 훔쳐 갔습니다. 더 이상 참을 수 없었어요. 괴롭힘을 당하는 게 지긋지긋했습니다. 저는 그 녀석에게서 책가방을 되찾겠다고 작정했고, 가방 끈 하나씩을 잡고 서로 힘껏 당기던 중 한쪽 끈이 떨어지면서 녀석이 넘어졌습니다. 그 녀석은 선생님과 자기 부모님께 제가 자기를 밀쳤다고 말했고, 아버지는 제게 단단히 화가 났어요. 어머니는 저를 믿고 제 편을 들어주었습니다. 하지만 아버지는 제 편을 들지 않았죠."

흔히 집단적으로 이루어지는 괴롭힘 역시 성인기 질환과 연관된 역경의 한 종류다. 얼마 전 듀크대학교의 연구자들은 소년소녀 1,420명(이중엔 괴롭힘을 당한 아이, 남을 괴롭힌 아이, 괴롭힘을 주지도 받지도 않은 아이가 다 포함됐다)을 9세, 11세, 혹은 13세 때부터 21세 때까지 추적 조사했다. 이들을 대상으로 연구팀은 의사들이 심혈관계 질환을 포함한 각종 질환을 진단할 때 확인하는 전신성 염증 지표인 C-반응성 단백질(CRP)의 혈중 수치를 주기적으로 측정했다. 괴롭힘 피해를 당한 아이들은 CRP 수치가 더 높았는데, 그 수치는 그들이 견뎌야 했던 괴롭힘의 횟수와 직접적인 관계가 있었다.[119]

듀크대학교 정신의학 부교수이자 이 연구의 저자 중 한 사람인 윌리엄 E. 코플런드는 말한다. "아이들에게서 이런 유형의 장기적 영향이 나타나는 다른 사회적 역경은 신체적 학대나 방임이 유일합니다. 이런 유의 사회적 패배는 우리가 전에 생각했던 것보다 더 영향력이 강하며 효과가 지속적입니다."

다른 연구들은 괴롭힘을 당하는 아이들이 훗날 우울증과 불안장애를 비롯한 정신질환에 시달릴 가능성이 훨씬 높다는 사실을 보여준다.[120] 아동들이 또래관계에서 사회적으로 배제당할 때 그들이 느끼는 사회적 고통은 신체적인 아픔까지 준다. 뇌를 스캔해 보면 이것이 사실임을 알 수 있다. 가령 아동이 모든 놀이에서 반복적으로 제외될 때 느끼는 것 같은 사회적 고통은 신체적 고통의 감각처리와 관련된 신경회로들을 활성화시킨다.[121]

청소년 800명을 16세부터 43세까지 추적한 한 연구에서, 교사가 또래관계에 문제가 있다고 보고했던 청소년들은 중년기에 심혈관 질환, 고혈압, 비만이 생길 가능성이 훨씬 높았다.[122] 이러한 상관관계는 가정에서 역경을 겪었는지의 여부와 무관하게 나타났다.

괴롭힘이 만연해 있음을 보여주는 최근의 통계를 감안할 때 이 같은 연구 결과는 더욱 우려스럽다. 최근 SAFE(Stop Abuse for Everyone, 모두를 위한 학대 멈추기)라는 단체에서 시행한 설문조사 결과에 따르면, 미국의 학령기 아동은 네 명 중 한 명꼴로 학교에 있는 시간 중에 주기적으로 괴롭힘을 당한다고 한다.[123] 괴롭힘의 피해자가 되거나 괴롭힘에 가담할 가능성이 제일 높은 것은 6~10학년에 재학 중인 아동들이었다. 전체 아동의 거의 절반이 학교 화장실에서 희롱이나 괴롭힘을 당할까 봐 두렵다고 보고했고, 괴롭힘을 당했다고 말한 아동 중 많은 수가 학교에 가지 않기 위해 핑

194

계를 만들거나 다른 방법을 찾으려 했다고 말했다. [124]

괴롭힘은 이제 학교 운동장에 국한되지 않고, 가정에 머무는 시간에도 스며들고 있다. 스마트폰이 있는 한 가해자는 언제 어디서나 피해자를 괴롭힐 수 있다. 전체 고등학생의 80% 가량이 온라인으로 괴롭힘을 당한 적이 있고, 15% 가량이 온라인으로 위협을 받은 적이 있다는 불안한 조사 결과도 있다. [125]

가정에서의 문제와 학교에서의 문제는 자주 연관되어 있다. 존스홉킨스 대학교 블룸버그 공중보건대학원 교수인 크리스티나 베셀 박사는 출생 시부터 17세까지 아동기의 부정적 경험(ACE) 9개 유형 중 하나를 경험한 아동이 전체의 48%, 두 가지 이상을 경험한 아동이 전체의 23%임을 발견했다. 두 가지 이상의 ACE에 노출된 아동들은 그렇지 않은 아동에 비해 유급을 하거나 학업에 집중하지 못할 확률이 2.5배 이상 높았다. 아동의 연령과 인종, 부모의 수입에 의한 차이를 보정하고 나니 두 가지 이상의 ACE에 노출된 아동은 ADHD(주의력결핍 과잉행동장애), 불안, 우울과 같은 정서·행동·발달상의 문제를 겪을 확률이 거의 5배나 되었다. 구체적으로, ADHD를 앓을 확률은 3배 이상이었다. 그리고 ADHD, 불안장애, 우울증과 같은 정서·행동·발달상의 문제를 지닌 아동의 4분의 3 이상이 이전에 ACE에 노출됐었다. [126]

다른 연구들에서는 한 가지의 ACE에 노출된 아동은 트라우마나 만성적이고 예측 불가능한 스트레스, 방임 따위를 겪지 않은 아동에 비해 학습 문제와 행동 문제가 생길 확률이 10배 높다는 사실이 밝혀졌다. [127] 복수의 ACE에 노출된 아동의 경우, 아동기 역경을 겪지 않은 경우에 비해 학습 문제와 행동 문제가 생길 확률이 30배나 됐다. 교사들은 그런 아동들에게 필요한 것은 심리치료를 수반하는 트라우마나 PTSD(외상후스트레스장애)

치료라는 것을 모르고 단지 ADHD 치료를 받으라고 권할 수도 있다.[128] 그러나 그들은 ADHD와 같은 증상을 보이긴 해도, 전적으로 다른 치료를 필요로 한다.

아이들이 학교에서 좋은 학생이 되고, 우수한 성적을 내고, 대입 경쟁에서 승리해야 한다는 압박으로 인해 느끼는 걱정과 불안 자체도 삶의 큰 스트레스 인자가 될 수 있다.

다큐멘터리 영화 〈목적지 없는 경주(Race to Nowhere)〉의 감독 비키 에이벌리스는 건강에 좋지 않은 학업 스트레스의 잠재적인 장기적 영향, 이 만성 스트레스가 불안장애나 불면증, 우울증을 앓는 십대 수의 놀라운 증가와 어떻게 연관되는지, 그리고 우리가 이에 대해 무엇을 할 수 있는지에 대한 사람들의 인식을 제고한다. 그녀는 성취에 집착하는 문화가 지금껏 주목받지 못하고 치료되지도 않고 있는 새로운 유형의 아동기 역경을 만들어내고 있다고 믿는다.

그녀는 말한다. "성취에 집착하는 우리 문화가 아이들에게 끼치는 해악은 명약관화합니다. 전 미국의 십대 청소년들은 매일 12시간씩 학교 수업과 운동, 과제의 고된 산을 넘으면서 사회에서 제시하는 성공의 불가능한 이미지에 도달하고자 분투하고 있습니다." 에이벌리스는 설명한다. "인격 형성기이자 감수성 예민한 십대 시절 내내 부담스러운 목표 아래 고된 학교생활을 하다 보면, 모든 유형의 아동기 역경이 일으키는 효과와 동일하게, 아이들의 아직 성장 중인 뇌와 몸에서 다양한 스트레스 호르몬이 넘실대게 됩니다. 그리하여 십대들은 평생 불안과 우울의 순환에 갇혀 살 운명에 처합니다. 면역계가 약해지고, 일생 동안 감염과 심혈관 질환에 크게 취약해집니다." 에이벌리스는 아이들이 십대 시절부터 성취에 대한 과도한 사회적 압력을 받고 있다고 말한다. 좋은 성적을 받아 명문대에 가기 위한 광기 어린 경주에 내던져졌고, 대입에 실패하면 인생이 실패한다는 공포에 압도되어 있다. 에이벌리스는 말한다. "그런 아이들은 훗날 언제든 건강 문제가 터져 나올 수 있는 시한폭탄과 다름없습니다."

최근 미국심리학회에서 '미국에서의 스트레스(Stress in America)'라는 이름으로 전국적인 설문조사를 시행한 결과, 현재 미국의 십대들은 학기 중 스트레스 수준을 10점 중 6점으로 보고했다. 이는 대부분의 성인들이 보고하는 스트레스 수준보다 훨씬 높으며, 정서적으로 해롭다고 간주되는 수준이다.[129] 13~17세의 십대 청소년 1,000명 이상을 대상으로 한 이 조사에서, 많은 응답자가 스트레스에 압도당해 있거나 스트레스 때문에 우울하다고 보고했다. 십대의 83%가 학교가 "다소간의 혹은 상당히 큰 스트레스의 원천"이라고 말했다. 네 명 중 한 명 이상이 학기 중의 "극심한 스트레스"를 호소했다. 십대의 40%가 지난 한 달 학교에 다니면서 화가 나거나 짜증을 느낀 적이 있다고 보고했다. 스트레스 때문에 울고 싶은 기분이 든다고 말한 사람은 거의 세 명에 한 명 꼴이었다.

여름방학 동안 청소년들의 스트레스 수준은 현격히 저하되었다.

기대에 부응해야 한다는 것 때문에 너무나 큰 불안을 느끼고 있는 많은 아이들에게, 좋은 성적을 내는 일에는 아주 큰 대가가 따른다. 성장하면서 누구나 느끼기 마련인 일반적 유형의 스트레스들을 견뎌내며 공부하는 법을—실망스러운 성적을 받은 일진 나쁜 날에 대처하기, 또는 시험이나 SAT를 앞둔 무척 힘든 일주일을 버텨내기 따위를—익히는 것만으로는 부족하다. 아이들의 스트레스 반응이 긴 기간 동안—많은 경우 9월부터 6월까지 쭉—활성화된 상태로 있게 되는 것이다. 이 아이들이 느끼는 건 만성적 스트레스다.

연구자들이 실험실 환경에서 높은 스트레스 상태를 어떻게 유도하는지 생각해 보라. 그들은 피험자에게 수학 문제를 풀게 하거나 짧은 발표를 시키고는 그걸 평가한다. 학업 스트레스를 완벽하게 모방하는 것이다. 다시 말해, 연구자들은 사람들의 코르티솔 반응을 급등시키기 위해 학교와 같은 스트레스 받는 환경을 재현한다. 우리의 대학 입학 시스템으로 인해 고등학교는 학생들의 심박수와 혈압, 혈당, 스트레스 호르몬 수치를 올리고 면역계를 지나치게 활성화시키는, 잠재적 독성을 지닌 실험실이 되고 있는지도 모르겠다.

물론 잠깐 동안은—예컨대 시험을 치르는 동안은—스트레스 상태가 도움이 된다. 학생이 최선을 다해 시험을 끝마칠 수 있도록 긴박감을 주기 때문이다. 그렇지만 스트레스를 받는 상태가 날이면 날마다 지속되는 경우, 그래서 학생들이 "인생은 원래 이런 것"이라고 느낄 정도인 경우에, 이 만성 스트레스는 뇌의 구성 및 작동 체계에 지장을 주고, 후성유전적 변화와 더 큰 스트레스 반응, 염증, 가벼운 질병, 우울증, 그리고 본격 질환을 일으킨다. 또한 학습과 학업적 성취에 중요한 역할을 하는 뇌의 신경회로를 방해한다. 편도체가 언제나 적색경보 상태라면—이 시험을 잘 보지 못하면 어떻게 될까? 날 받아줄 대학이 있을까?—학업에서 좋은 결과를 얻기가 더 어려워진다. 지난 10년 동안 십대 학생 사이에서 스트레스 비율, 편두통증후군과 허리통증을 비롯한 만성통증 및 질병의 비율과 함께 '시험 불안'을 호소하는 비율이 높아진 것은 놀랄 일이 아니다.[130] 경쟁이 심한 공립·사립 학교 여럿에 '스트레스 공장'이라는 별명이 붙은 것도 놀랄 일이 아니다. 오늘날 많은 십대들이 겪는 학업 스트레스를 '부정적 학업 경험'이라고 생각해도 무리가 없을 정도다.

대학에 진학할 무렵이면, 행복한 가정을 경험한 3분의 1밖에 되지 않는 십대들까지도 일상적인 압박감에 익숙해져 있기 쉬운데, 일상적 압박감은 편도체로 하여금 반사적으로 반응하게 만드는 스트레스 상태를 촉발시키고, 이런 상태는 학교생활과 이후의 커리어 내내 삶에 그늘을 드리우게 된다. 그러니 학교뿐 아니라 가정에서도 나름의 역경을 겪고 있는 아이들의 경우에는 갑자기 안전한 도피처가 단 하나도 없게 될 수 있다.

더 많은 시험, 그리고 수업과 운동과 명문대 입학 경쟁에서의 더 많은 압력들, 다시 말해 더 많은 만성적이고 예측 불가능한 스트레스—그것도 수면 부족 상태에서. 이건 회복탄력성을 기르거나, 투지를 키우거나, 뇌를 강화하는 처방이 아니다. 뇌를 망가뜨리는 처방이다.

스트레스 인자가 무엇인지는 사실 중요하지 않다. 그 인자가 빈곤이든 만성적 학대든 버스에서의 괴롭힘이든 상관없이, 스트레스는 뇌의 구조와 작동 체계가 어떻게 형성되는지에 강력한 영향을 미친다.

생애 초기의 생물학적 변형이 훗날의 관계들에 영향을 미친다

존은 최근 또 한 번 오래된 연인과의 결별을 겪고, 자신의 나쁜 건강과 연애 문제에 아동기의 부정적 경험이 어떤 역할을 하는지에 대한 궁금증이 커졌다. 그는 자신의 행동에서 쉽게 떨쳐낼 수 없는 패턴과 근본적인 불안감을 발견했는데, 이는 아동기의 경험에 뿌리를 두고 있는 듯했다. 존은 말한다. "그것이 제 과거가 어떻게 제 현재를 움직이고 있는지를 더 깊이 들여다보게 하는 촉매였습니다."

존은 대학 학부 시절과 박사 과정 중에 "아버지에게서 한 번도 무얼 하고 있는지, 공부하고 있는 게 무엇인지 질문을 받지 못했"다고 기억한다. "아버지는 제 커리어에 대해 전혀 묻지 않았습니다. 그저 제가 모르고 있다고 생각하시는 것들을 계속 일러줄 따름이었죠." 학위를 마치고 몇 년 뒤 뉴욕의 유명한 싱크탱크에서 일하고 있던 존은 어느 날 많은 청중 앞에서 그가 주관했던 프로젝트에 대해 이야기하고, 그의 일에 영감을 준 것이 무엇인지 들려달라는 갑작스러운 부탁을 받았다. 마침 존의 부모님과 여동생이 방문 중이라서, 가족들은 존이 한 시간 동안 자신의 관심과 열정에 대해 이야기하는 것을 지켜보았다. "저는 그날 발표가 끝나고 나서 문득 깨달았습니다. 제가 그 공개 포럼에서 저를 이끄는 동기와 영감 등에 대해 말한 모든 것을 아버지에게는 어떤 방식, 어떤 형태로도 말한 적이 없더군요." 발표 후, "어머니는 '참 좋았어! 네 이야기를 들을 수 있어 정말 기뻤어. 훌륭하구나, 존!'이라고 말했습니다. 한데 아버지는 어머니 옆에 서서 아무 말도 하지 않았습니다. 입도 벙긋하지 않았어요. 그런 순간에도 제게 칭찬 한마디를 건넬 수 없었던 거죠."

존은 말한다. "이렇듯 저라는 사람에 대한 존중이나 사랑의 결여, 제가 무가치한 사람이라는 의식이 저와 아버지의 관계에 두루 스며들어 있었습니다."

최근 존의 부모님이 차를 바꿔야 했다. 존은 아버지에게 말했다. "제가 돈을 드릴게요, 어서 새 차를 사세요." 존이 아버지와 함께 가서 산 차를 몰고 부모님 집으로 돌아와 차고에 주차를 하는데, 아버지가 주차 실력이 형편없다며 비판하기 시작했다. 존은 말한다. "그 순간 저는 뚜껑이 열렸습니다. 아버지에게 소리를 지르기 시작했어요. 소리를 지르는 동안에도 저는 이성을 잃은 자신에게 화가 났습니다. 그토록 반사적으로 반응하는 사람이 되고 싶진 않았거든요. 그렇게 되고 싶지 않았어요. 아버지처럼 되고 싶지 않았다고요."

존은 자신이 가치 없는 사람이라는 내면의 속삭임을 들으면서 산다고 말한다. "저는 단 한 번도 제 모습 그대로 사랑받을 수 있다고 느낀 적이 없습니다. 그 느낌은 저를 쫓아다니면서 제가 맺는 모든 관계에 은밀한 방식으로 침투했습니다. 저의 불안은 그만큼이나 깊습니다."

존은 자신이 무가치하다는 내면의 속삭임이 그가 이성 관계에서 허우적거리게 만드는 원인이라고 믿는다. "제가 가장 바라는 건 스스로를 편안하게 받아들이고, 이 세상에서 행복하게 살아가는 것입니다. 하지만 연인 관계가 굳건해지려 할 때마다 제가 다 망쳐버립니다. 저는 너무 상처받았고, 저 자신으로 사는 게 너무나 불편해서, 자기 모습 그대로 편안하게 살아가는 사람과 함께하는 법을 모르겠습니다. 그런 불편에서 달아나기 위해, 제가 세상에 적응하지 못한다는 생각을 회피하기 위해, 저는 제가 가장 원하는 것에서, 즉 사랑에서 스스로를 차단해 버립니다."

존은 30대 초반에 너무나 깊이 사랑했던 여자 친구에게 이별을 통보하고서는 "온갖 방식으로" 자책했던 것을 기억한다. 자신이 무슨 짓을 한 건지 깨닫고는 얼마나 비통했던지 "몸무게가 4.5kg이나" 빠졌다고 한다. "아무것도 먹을 수 없었습니다. 저는 대학원에도 다니는 중이었는데, 출근길에 차를 타고 다리를 건널 때면 이런 생각이 들곤 했습니다. '다리 아래로 차를 몰아 떨어지면 어떨까? 어쨌든 난 살 자격이 없으니까.'"

최근의 연애들에서 존은 자신이 "그러고 싶지 않은데, 상대에게 정서적으로 많은 것을 요구하고, 동시에 상대에게 거리를 두고 비판적으로 군다는" 사실을 발견했다. "저는 누군가와 가까워지면, 제가 괜찮은 사람이라고 상대방이 말해 주기를 바랍니다. 그 사람을 밀어내고 있으면서도 말이지요. 저는 수치를 주고 비난하는 아버지의 목소리를 내면화했어요. 이제 제 내면의 비판자에게 먹이를 주는 사람은 아버지가 아니라 저 자신입니다. 제가 부족한 사람이라는 그 나지막한 속삭임에서 벗어날 수가 없어요. 그래서 다른 누군가가 저를 자유롭게 해주고, 제게 사랑받을 수 있다고 말해주기를 바라는 거지요."

지난 한 해 사이에, 마흔 살의 존은 도움을 구하기로 결정했다. "치료사에게 제가 누군가와의 장기적인 관계를 얼마나 원하는지 얘기하다가, 그만 무너져서 엉엉 울었습니다. 결코 이뤄지지 않을 꿈이라는 예감이 들었거든요."

존은 이제 안다. "모든 아이가 가진 생명의 불꽃이 제게도 있었습니다. 보통 부모들은 아이의 불꽃을 더 키워주고, 아이들은 그 불꽃 덕분에 자신이 이 세상에 태어나서 살아가는 게 좋고 옳은 일이라고 믿습니다. 한데 저의 아버지는 그 불꽃을 제게서 꺼버리려 했습니다. 당신 자신에게서 그 불꽃을 느끼지 못했으니까요."

존이 느끼는 수치심은 그의 수치심이 아니다. 자기애적 성향의 아버지에 의해 양육된 데서 온 것이다. 그랬기에 그는 자신이 남에게 사랑받거나 남이 자신을 원할 수 있다고 믿기가 어려워졌고, 따라서 마치 자신이 아무도 원하지 않는 사람인 것처럼 반응하는 경향이 있다. 신뢰하거나 가까워질 수 없는 아버지 아래서 자랐기 때문에, 그는 사랑과 친밀함의 언어를 이해하는 데 어려움이 있다.

감정적 불안정성과 스트레스 반응성은 시간이 흐르면서 신체적 고통과 관계에서의 고통을 낳는다.

하지만 여기에 작용하는 요소가 하나 더 있다. 아동기의 역경은 우리가 자신의 감정을 알아차리고, 자신이 필요로 하고 원하는 것을 말하고, 타인과 공감하는 방식을 관장하는 뇌 영역에서 깊은 기능적 변화를 일으킨다. 이 모든 기술들은 우리가, 그리고 존 같은 사람이, 타인과 잘 소통하고 좋은 관계를 키워가기 위해 필요한 것들이다.

사랑의 신경생물학

루스 레이니어스 박사는 캐나다 웨스턴온타리오대학교 정신의학 교수이자 PTSD 연구실을 이끌고 있는 신경과학자다.[131] 그녀는 연구자로서의 경력 내내 트라우마와 역경으로 인해 어린 뇌의 신경계에 일어난 변화가 일생 동안 타인과 밀접한 관계를 맺는 능력에 어떤 영향을 주는지를 탐구해왔다.

레이니어스는 별다른 중요한 일 없이 쉬고 있는 뇌는—이를테면 강렬한 감정 상태가 지나가고 다음번 강렬한 감정이 일어나기 전의 뇌는—'공회전' 상태라고 말한다. 공회전 상태의 뇌에서는 '디폴트 모드 네트워크(default mode network, DMN)'로 알려진 신경회로망이 조용히 가동되고 있다. 집 앞 진입로에 잠시 세워 둔, 엔진이 공회전 중인 자동차를 생각하면 된다. 디폴트 모드 네트워크에서 가동되는 뇌 영역은 기억과 관련된 영역들, 그리고 생각의 구성을 돕고 타인에게도 생각이 있다는 것을 인식하고 우리의 사고를 통합하도록 돕는 영역들이다. 이 모든 영역들은 우리의 내적인 사고 과정에 필수적이다.

이 네트워크는 항상 대기 상태로, 우리가 다음에 무얼 해야 할지 파악하는 것을 도울 준비가 되어 있다. "뇌 내의 이 영역들에 존재하는 신경의 밀도 높은 연결은 상황과 관련 있는 정보와 관련 없는 정보를 판별하는 일을 도와서, 환경이 우리에게 요구하는 게 무엇이든 그에 대비할 수 있도록 해줍니다." 레이니어스는 설명한다. "또한 이 네트워크는 자아감(자아감 각·자기감) 및 감정 상태와 관련된 뇌 영역들과 통합적으로 연결되어 있습니다."

트라우마를 겪은 사람들은 디폴트 모드 네트워크의 신경 연결도가 매우 낮다. 뇌가 쉬고 있거나 평화로운 상태일 때 그들의 기본적인 자아감은, 즉 자신이 근본적으로 누구인가에 대한 감각은, 아주 약하다. 그들의 뇌에는 건강한 공회전 상태가 없는 것처럼 보인다. 다르게 표현하자면, 평정 상태가 없는 듯하다. 레이니어스는 약한 트라우마조차도—아동기 부정적 경험의 예측 불가능하고 만성적인 스트레스 인자들조차도—디폴트 모드 네트워크의 신경 연결을 해칠 수 있다고 말한다. "디폴트 모드 네트워크가 제대로 작동하지 않을 경우 어떤 일이 일어나는지 뇌 스캔 이미지를 통해 살펴보면 마음이 무척 아파집니다. 어떤 의미에서는, 디폴트 모드 네트워크의 연결도가 부족한 사람들은 우리가 자아감이라고 생각하는 것이 결여되어 있다고도 할 수 있습니다."

뇌의 디폴트 모드 네트워크는 반복적인 트라우마로 인해 무력감이 생길 때 손상을 입는다. 아동은 가정에서, 혹은 자신을 괴롭히는 사람에게서 탈출할 수 없고, 투쟁이나 도피도 할 수 없기에, 그 자리에서 그냥 경직되어 버린다. 그럴 때 아동은 정서적으로도 옴짝달싹 못 하게 된다.

소아신경정신과 의사이자 『브레인스톰: 십대의 뇌의 힘과 목적(Brainstorm: The Power and Purpose of the Teenage Brain)』(국역본 제목은 『십대의 두뇌는 희망이다』)의 저자이며 대인관계 신경생물학을 선도하는 학자인 댄 시걸은 아동이 처한 딜레마를 이렇게 설명한다. "부모 중 한 사람이 트라우마의 원천일 경우, 아동의 뇌는 '생존을 위해 이 사람에게서 달아나라'라고 말합니다. 하지만 동시에 뇌는 '이 사람에게 달려가라. 이 사람에게 나의 생존이 달렸다'라고도 말하지요."

시걸은 이어 설명한다. "뇌의 한 영역은 '엄마에게 가'라고 말하고 뇌간은 '도망쳐'라고 말한다면, 해결 불가능한 생물학적 역설이 생겨납니다. 뇌의 두 개 회로가 완전히 다른 목표를 가지고 활성화됩니다. 아동은 이 두 가지를 동시에 해낼 수 없습니다. 두 개의 회로가 함께 기능하고 통합하려고 시도하지만 그럴 수 없기 때문에, 아동의 정신은 분열됩니다."

자신의 감정과 반응을 조절하지 못하는 부모는 아동에게 두려움의 대상일 수 있다. 그들은 아동의 삶에서 만성적이고 예측 불가능한 스트레스 인자다. 레니어스는 그럴 경우 아동에게 "감정은 무용한 것"이 된다고 말한다. "수많은 감정들을 느끼되 그 느낌에 따라 행동할 수 없다는 걸 알고 있는 사람은 미쳐버릴 겁니다. 그래서 아동은 자신의 감정 상태에서 유리되고, 자기 주위에서 일어나는 일들에 감정적으로 무지하게 됩니다."

트라우마가 다른 유형의 역경에서—예컨대 부모 중 한 사람이 세상을 떠났거나 죽을병에 걸렸거나 부모가 이혼한 것 등에서—비롯되었다 하더라도 아동은 싸우거나 도망감으로써 투쟁-도피 반응을 해소할 수 없다. 어느 쪽도 전혀 소용이 없기 때문이다.

이럴 경우 디폴트 모드 네트워크가 꺼지기 시작한다고 레니어스는 말한다. 아동으로 하여금 무엇이 현재 상황과 관련 있는지, 또는 다음에 할 행동을 결정하기 위해선 무엇을 알고 있어야 하는지 판단하도록 돕는 일을 이 네트워크가 그만두는 것이다. "감정을 차단하는 것이 그러한 아동기를 견뎌내는 유일한 방법이 됩니다." 레니어스는 말한다. 만성적인 생애 초기의 트라우마를 지닌 사람들은 아동기가 끝날 무렵이면 자신의 감정 상태에 대해 아주 무지해지는 경우가 많다는 뜻이다.

세월이 흐른 뒤, 이런 식의 경직화 혹은 차단은 인간관계에 막대한 악영향을 미친다. 트라우마를 지닌 우리는 자신에게든 남에게든 연민을 느낄 능력이 없기에 편치 않은 감정들은 그저 무시해 버리기 쉽고, 내적인 결핍과 갈구의 어떤 징후라도 드러내는 사람에게는 정나미가 떨어질 수도 있다. 위험하거나 건강치 못한 상황과 상호작용을 알아보지 못해서, 혼란스럽고 해로운 관계를 시작하거나 그런 관계에 계속 머물 수도 있다. 그런 관계가 오히려 익숙하고 안전해 보이기 때문이다. 우리는 또 경고조차 없이 무감한 상태에서 감정이 격앙된 상태로 급격히 선회할 수 있다. 연인 또는 정서적으로 굶주린 친구나 가족에게 지나치게 헌신할지도 모른다. 그건 개인적 경계를 더 확실하게 그어야 한다고 우리에게 알려줄 내면의 신호에 정서적으로 익숙지 못하기 때문이다. 그러다가 상대에게서 별로 받지는 못하고 주고만 있었다는 사실을 깨달으면 분노가 폭발할 수 있다.

레이니어스는 어릴 적 트라우마를 경험한 환자들이 다시—많은 이들에게는 트라우마 이후 처음으로—자신의 감정을 인식할 수 있도록 돕는다 (이에 대해서는 7장에서 더 다룰 것이다). "그중 많은 사람들이 긍정적인 감정을 느껴 본 적 없다고 합니다. 그들에겐 긍정적 감정을 경험할 능력이 아예 없거든요. 어쩌다 긍정적인 감정을 느낄 때조차, 곧바로 부정적인 감정에 휩싸입니다"라고 레이니어스는 말한다.

생애 초기에 부모 중 한 사람을 잃은 아동들이 꼭 다른 사람보다 부정적인 기분을 많이 느끼는 건 아니라는 연구 결과가 이를 입증한다. 그들은 단지 '긍정적인' 기분을 남들보다 적게 느낄 뿐이었다. 연구자들은 연구 참가자들에게 기분을 묘사하는 단어 40개를 보여주었다. 생애 초기에 부모 중 한 사람을 잃은 참가자들은 부정적인 단어를 부정적으로 받아들였지만, 뇌파 측정에 따르면, 긍정적인 단어("사랑하는, 마음씨 따뜻한, 애정 어린, 만족하는, 행복한, 열렬한") 역시 부정적으로 받아들였다.[132] 또 다른 연구에서는 어렸을 때 부모 중 한 사람을 잃은 사람들이 훗날 낮은 자존감과 외로움, 고립감, 감정 표현의 어려움 등을 겪는다는 사실을 밝혀냈

다. 돌아가시고 무려 71년이 지난 후까지도 말이다. [133]

　뇌 스캔 결과, 감정 자각(emotional awareness, 정서 자각) 능력이 떨어지는 사람들은 뇌 안의 중요한 영역들에서 상호 연결된 신경회로망을 잃은 상태였다. 감정 자각을 더 못하는 사람일수록, 디폴트 모드 네트워크뿐 아니라 내부수용 자각(introceptive awareness, '내부수용 인지[감각], 신체자각, 내부감각 수용 인식'이라고도 한다.─옮긴이)에 관여하는 영역인 뇌섬엽 피질의 활성화가 한층 덜했다. 내부수용 자각이란 지금 우리에게 일어나고 있는 일에 맞추어 우리를 조율해 주는 신체 신호에 대한 인식이다. 예를 들어 보자면, 어두운 밤거리를 걷던 중 돌연 어떤 신체적 감각이 일어나면서 무언가 잘못되었음을 감지하고 경계 상태에 돌입할 때가 있다. 팔의 털이 쭈뼛 서고, 심장박동이 빨라진다. 우리는 스스로 겁에 질려 있음을 인식한다. 뒤따라오는 발소리를 듣기 전부터 말이다. 몸은 우리가 위험에 처해 있을지도 모른다는 이 같은 신호들을 보내서, 우리가 자신을 보호하기 위해 반응할 수 있게끔 한다.

　레이니어스는 또한 감정에 대한 인지가 약화된 사람들은 대뇌 피질의 한 영역에서 활동이 덜하다는 사실을 발견했다. 이는 "자기성찰을 하지 않는다는 뜻"이다. "그들은 자신이 느끼는 감정을 인식하지 못하고, 그 감정을 의식적으로 성찰할 수도 없습니다."

　이렇듯 감정에 대한 자각이 부족하고, 따라서 자신이 인간관계에서 어떻게 부조화나 마찰을 일으키고 있는지에 대한 의식이 부족하다면 배우자나 부모와의 관계에서 어려움이 생긴다. 자신의 문제를 관리하기 위해서는 우선 문제가 무엇인지를 아는 것이 첫걸음이기 때문이다. 감정에 대한 자각 없이는 자신의 행동을 제대로 의식할 수 없고, 자신의 행동을 의식하지 않고서는 인생에서 가장 의미 있는 인간관계들에서 상대와의 상호작용을 개선할 방법을 알 길이 없다.

레이니어스의 fMRI(기능적 자기공명영상) 연구는 또한 생애 초기의 트라우마가 감정을 단속하고 조절하는 능력에 영향을 주는 뇌 내 영역의 활동을 감소시킨다는 사실을 보여준다. 감정을 조절하고 스트레스에서 회복하는 것이 어려운 사람들은 더 쉽게 분노에 "불이 붙는다." 그래서 거부당하거나 부당한 대우를 받았다고 생각할 때 과잉 반응을 보이거나, 의견 충돌과 다툼이 있을 때 무릎반사와 같은 자동적이고 직접적인 반응을 보일 수 있다. 극도로 공격적이고, 따지기를 좋아하며, 방어적이고, 화가 많은 사람이 될 수 있다. 레이니어스는 감정이 충분히 조절되지 못할 경우, "강렬한 감정을 누그러뜨리는 능력이 떨어진 탓에 정서적 반응성을 조절하는 편도체에서 더 많은 활동이 일어나게 됩니다"라고 말한다. 불안, 죄책감, 공포, 수치심, 고통과 같은 강렬한 감정이 증가하는 것이다. 우리는 눈앞에 누가 있든, 무엇이 있든, 과도한 반응을 보이게 된다.

혹은 오히려 반대로 반응하는 경우도 있다. 극도의 불안을 느끼고 감정을 잘 처리하지 못하는 사람은 조용해지고, 몸을 숙이고, 수동적으로 후퇴하여 타인과 대립하는 상황을 어떻게 해서든 피하기도 한다. 감당하기 어려울 정도로 상실감과 배신감에 휩싸일 수도 있다.

생애 초기에 역경을 겪은 사람들에게 가장 흔한 현상은 두 가지 심리 상태 사이를 오가는 것이다. 그 하나는 감정의 과다 조절 상태로, 자신이 진정 무엇을 느끼는지 알지 못하기 때문에 감정을 아예 차단하는 것이다. 다른 하나는 감정 조절 부족 상태로, 어려운 상호작용에 의해 쉽게 촉발되는 강렬한 감정들에 휩쓸려드는 것이다.

아동기에 복수의 트라우마를 겪은 사람들은 발달이 저해된 뇌 영역도 여러 군데일 수 있으며, 그럴 경우 성인기의 삶이 수많은 방식으로 영향을 받게 된다. 그들은 자신의 행동과, 그 행동이 타인에게 미치는 영향에 대해 전혀 알지 못할 수도 있다. 레이니어스는 말한다. "이들의 감정 자각 능력이 대체로 떨어지리라는 점을 감안하면, 아마 자신들이 이런 두 심리 상태 사이를 꼼짝없이 오가고 있다는 사실조차 모를 수 있습니다."

타인에 대한 애착은 생물학적 과정이다

애착은 유아나 어린 아동이 배고프거나 몸이 젖었거나 두려울 때 누군가 자기를 보살피고 욕구를 채워주리라는 것을 알게 되면서 형성된다. 그들은 안전하다.

대부분의 경우 유아나 아동은 욕구가 채워지는 사건—부모 등 양육자가 밥을 주고, 기저귀를 갈고, 달래주는 것—을 겪을 때마다 조금씩 안정 애착(secure attachment)을 형성한다(안정된 애착을 형성한 유아는 부모, 주로 엄마와 함께 있을 때 능동적으로 환경을 탐색하며 낯선 사람도 그리 꺼려하지 않는다. 부모가 곁에 없는 것에는 민감하게 반응하지만, 부모가 되돌아오면 반가워하고 쉽게 안정을 되찾을 수 있다. -옮긴이). 무언가를 요구하거나 겁이 날 때마다 누군가가 달래준 아동은 언젠가는 스스로 달래는 법도 배우게 된다.

아동의 행동을 조절하고 아동에게 자신이 누구인지, 얼마나 중요한 사람인지를 알려주는—그리하여 아동이 자아감을 형성하고 타인과 관계를 맺게끔 하는—뇌의 신경회로들은 양육자가 아동의 필요와 욕구에 반응하면서 발전한다. 이 같은 생애 초기의 관계는 건강한 대인관계를 맺기 위해 우리가 사용해야 하는 뇌의 다양한 영역 전부의 성장을 활성화한다.

아기가 미소 짓고, 엄마가 아기에게 달콤한 소리를 내고, 아기가 사랑스러운 소리로 화답하고, 엄마가 미소 짓는다. 이 작은 순간에 어머니는 자신의 아기가 무엇을 표현하고 있는지를 헤아리고 같은 표현을 아기에게 되돌려준다. 이 경험은—누가 나를 보아주고 알아주는 경험은—아기의 신경회로에 인코딩된다.[134]

그러나 안전과 안도감에 대한 기본적 욕구가 채워지지 않을 경우, 아동은 건강한 방식으로 달램을 받는 게 어떤 것인지—그리고 스스로를 달래려면 어떻게 해야 하는지—를 배우지 못한 채 성인기에 도달하여 삶과 대인관계에 불가피하게 수반되는 스트레스 인자들을 맞닥뜨리게 된다. 그렇게 성인이 된 사람의 애착 의식은 불안정한 것이기 십상이다.

대부분의 심리학자들은 아동이 평생 동안 자신의 감정을 효과적으로 조절하는 방법을 배우고, 성인기에 맺는 관계에서 건강하게 애착하는 법을 배우기 위해서는 아동기에 적어도 한 사람의 주 양육자와 안정 애착을 형성해야 한다는 데 동의한다.

애착 문제가 있는 사람들 대부분은 남들이 왜 자신이 원하는 만큼 자신과 가까워지기를 꺼리는지를 이해하지 못한다. 이러한 일종의 '시냅스 단절'을 그들은 단지 거부와 고립의 형태로만 느낀다. 캣의 사례를 기억해 보자. "20대 내내, 그리고 30대 초반까지 저는 단 한 번도 오래가는 연애를 하지 못했습니다. 저는 항상 그게 상대의 문제라고 생각했어요. 이제 와서 돌이켜보니, 제가 대단히 반사적으로 반응하는 사람이었다는 걸 깨달았습니다. 이제야 그때의 일들이 제 행동 탓이었음을 인정할 수 있게 되었어요." 캣은 이제 안다. 과거의 자신이 자주 불안해하고, "결핍감의 밑 빠진 독"처럼 상대에게 끊임없이 안심시켜 달라고 요구하고, "그가 저를 감정적으로 충분히 달래주지 못하면 빈정거리거나 수동공격적이 되기 일쑤"였다는 것을. 그러면서도 상대가 자신에게 지나치게 가까워지면 그녀는 관계를 지속하지 못했다. "둘 사이에 뭔가 사소한 일이라도 일어나면, 제가 어릴 적 느꼈던 모든 슬픔과 공포와 공황이 주르르 쏟아져 나왔습니다. 그래서 저도 모르게 비판적이 되고, 탓하고, 통제하려 들고, 대놓고 시비를 걸곤 했습니다." 연애 관계가 "파국을 맞을" 때마다, 남들은 자신을 사랑하지 않는다는—사랑할 수 없다는—캣의 결론은 더욱 강화되었다.

그리하여 캣의 뇌에서 연결이 부족한 영역들은 아주 오랜 시간을 오프라인 상태로 유지되었다.

존의 경우, 심리학자들은 그가 친밀한 관계를 마음 깊이 필요로 하면서도 스스로 관계를 망쳐버리는 것이 생애 초기에 아버지와 맺었던 불안정 애착(insecure attachment)의 흔적이라고 본다.

불안정 애착의 경험은 우리가 어떤 유형의 부모가 되는가에도 영향을 미친다. 최근에 미네소타대학교 아동발달연구소의 연구자들은 아동 73명을 출생 시부터 청년이 될 때까지 추적하며 연구했다.

어렸을 적에 부모가 효과적으로 달래주지 못한 아이들은 성인이 된 후의 연애 관계에서, 더 따뜻하고 자녀를 잘 지지해 준 부모의 아이들과 썩다른 행동을 보였다. 어릴 적에 부모에 대한 애착이 덜했던 사람들은 자신의 부정적이고 반응적인 감정을 관리하고 연인과의 갈등에서 회복하는 데더 어려움을 겪었다. 반면 자녀에게 애정을 쏟는 침착한 부모와 안정 애착을 형성했던 사람들은 성인기에 갈등에서 회복하는 능력이 훨씬 나았다. 그들은 두려움이나 분노에 압도당하기 전에 그런 감정들을 다스리고 다음 일로 넘어갈 수 있었다.

예상할 수 있겠듯이, 어머니와 안정 애착을 형성한 아동들은 성인이 되어 더 건강한 연애를 했고, 장기적으로도 연애 관계에서 훨씬 더 행복하다

고 보고했다. [135]

　이와 비슷한 종단연구가 있다. 오리건주의 가족들을 3세대에 걸쳐 추적한 연구에서, 따뜻하고 일관성 있고, 과잉 반응을 하지 않으며, 자녀의 활동에 관여하는 부모들은 청소년 자녀가 어떤 사람으로 자라나는가에만이 아니라, 성인이 된 자녀가 자신의 자녀에게 긍정적인 양육 기술을 얼마나 능숙하게 발휘하는가에도 좋은 영향을 미쳤다. [136] 긍정적인 양육 습관과 가정생활에서 자신의 반응성을 조절하는 능력이 다음 세대에, 그리고 그다음 세대까지도 전달된 것이다.

　또 다른 대규모 연구에서는 거의 1,000명에 이르는 25~74세의 남녀가 아동기에 어머니와의 관계가 아버지와의 관계보다 좋았다고 말했다. 이는 특히 남성에게서 두드러졌는데, 어째서 그런지 우리는 알지 못한다. 아버지가 아들에게 더 엄격하다는 옛말이 옳은지도 모르겠다. 아무튼, 아동기에 아버지와 좋은 관계를 누린 남성들은 성인이 되었을 때, 아버지와 관계가 좋지 못했던 남성들보다 일상의 스트레스성 사건들에 감정적인 면에서 덜 민감하게 반응했다. [137] 다른 연구들에서는 아버지에 대해 애정 어린 아동기 기억을 가진 남성들이 일상적 스트레스 인자에 맞닥뜨렸을 때 침착하고 안정적인 감정 상태를 유지하는 능력이 더 높다는 사실이 밝혀졌다.

　25년에 걸쳐 이루어진 한 연구에서는 9세 남자아이들을 33세까지 추적했다. [138] 33세가 되었을 즈음 연구 참가자 중 다수가 자신의 가정을 이루고 있었다. 그중 아버지의 양육 방법이 좋지 않았던 사람들은 예상대로 본인 역시 양육자로서 덜 능숙한 모습을 보였다. 자기 아버지의 행동이 적대적이고, 분노에 차고, 위협적이고, (아들이 어디 있는지 알지 못하고, 아들의 삶과 활동에서 적극적인 역할을 하지 않는 등) 방임적이었거나 행동의 일관된 마무리가 부족했던 것으로 분류되었던 사람들은 주위의 모든 사람과 아주 다르게 행동했다. 교사와 또래, 코치, 멘토들과 건강하고 배려하는 유대 관계를 맺는 능력이 떨어졌으며 어떤 사람과도 긍정적으로 사귀는 일이 더 적었고, 반사회적으로 보일 가능성과 자신에게 부정적인 영향을 미치는 다른 십대들과 어울릴 가능성도 더 높았다.

훗날 이 남자아이들이 자신의 가정을 이루었을 때, 부모로서 그들은 일관적이지 못하고 무능했으며, 그들의 자녀는 다른 아이들보다 부정적이고 도전적인 행동(challenging behavior)을 더 많이 보였다(도전적 행동 혹은 도전 행동이란 '문제행동'과 비슷한 개념으로, 표준적인 설명은 '해당 문화에서 비정상적인 것으로 여겨지는 행동이면서 그 강도나 빈도, 지속 기간이 자신이나 타인의 신체 안전을 심각하게 위험에 빠뜨릴 정도인 행동, 혹은 지역사회의 시설을 이용하기 위한 접근을 심각하게 제약하거나 방해할 가능성이 큰 행동'이다. -옮긴이).

좋지 못한 양육은 성인이 된 자녀의 정서 불안정과 그리 건강치 못한 연애 관계를 낳는다. 반대로 여러 세대에 걸친 건설적인 양육은 좋은 양육 기술을 전승하고, 자녀들이 긍정적인 영향의 다른 원천과 멘토 들을 탐색할 기반을 제공한다. 그런 양육을 받은 아동은 남들과 더 잘 교감하며, 자신의 행복과 적응과 성공에 보탬이 될 좋은 관계들을 만든다. 훗날 그들은 건강한 배우자와 함께 충분히 좋은 가족을 이룬다.

존 같은 사람들의 이야기는 한눈에 이해가 간다. 그러나 가족 역기능이 상속되는 방식에 대한 우리의 이해에는 완전히 새로운 점이 하나 있다. 좋지 못한─그래서 아동기 역경을 초래하는─양육 방식은 아동의 뇌에서 생물학적 변화까지 일으켜서, 성인이 되어 좋은 배우자와 부모가 될 신경생물학적 능력을 감소시킨다는 것을 발견했다는 점이다.

그리하여 가족 역기능과 대대로 내려오는 손실은 신경생물학적인 유산이 된다.

이렇게 한 세대에서 다음 세대로 되먹임의 고리(feedback loop, 순환고리)가 만들어진다. 부모가 매우 반사적으로 반응하는 사람이었다면 자녀 역시 그러한 배우자가 되거나 그런 배우자와 결혼하기 쉽다. 또는 공평하지 못한 부모가 되어 자기 아이에게도 상처를 주고, 그 아이가 훗날 자신의 가정에서 반사적으로 행동하게끔 키워내기 쉽다.

이러한 인간의 진실을 생생히 보여주는 대중적인 영화와 소설과 연극들이 있다. 예컨대 도나 타트의 소설 『황금방울새(The Goldfinch)』, 트레이시 레츠의 영화 〈어거스트: 가족의 초상(August: Osage County)〉, 입센과 체호프의 모든 작품은 아동기의 해로운 관계가 성인기의 해로운 관계로 이어진다는 사실을 보여준다. 아동기의 만성적이고 예측 불가능한 독성 스트레스(CUTS)가 우리를 바꿀 수 있다는 사실을 이해하는 지금, 픽션 속 인물들의 이야기와 운명은 더욱 설득력을 얻는다.

안정 애착이 없이 성장한 사람들에게는 사랑에 필요한 배선이 결여되어 있기 쉽다. 애착 연구자 루이스 코졸리노가 말하듯, 우리의 삶은 적자생존이 아니다. 잘 돌보아진 사람이 생존하는 것이다. "제일 좋은 돌봄을 받은 사람이 제일 잘 생존한다."[139]

연인을 선택하는 일에서 거듭하여 나쁜 결정을 내려 문제가 많은 연애를 하는 사람들이 계속 같은 실수를 반복하는 것도 동일한 맥락에서 이해할 수 있다. 그들의 동기는 감정적인 것인 만큼이나 생물학적인 것이다. 남편의 사소한 잘못까지 일일이 탓하는 걸 멈출 수 없는 여자, 아내를 통제하려는 시도를 그만두지 못하는 남자. 그들의 뇌는 애정 어린 안정 애착의 형성에 필수적인 신경회로의 연결을 촉진하는 데 필요한 사랑을 받지 못

했다. 그리하여 그들은 똑같은 신경생물학적 결손에 되풀이하여 부딪히고
만다.

그렇지만 이게 이야기의 전부는 아니다. 다행히도, 설사 오래전 아동기
에 신경생물학적 연결이 방해를 받아 충분히 발달하지 못했더라도, 그 연
결을 바로잡고 다시 성장시킬 수 있다는 사실이 밝혀지고 있다. 우리가 온
마음으로 원해 온 유형의 이성 관계와 가정생활을 마침내 누릴 수 있게 되
는 것이다.

2부

아동기역경후증후군에서 회복하기:

어떻게 진정한 자신으로 돌아올 것인가

제6장
치유의 여정을 시작하기

아동기의 만성 스트레스가 성인기의 만성 질환과 대인관계의 문제를 낳는다는 사실을 인식하게 되면 엄청난 해방감을 느낄 수 있다. 자신이 정서적, 신체적 안녕을 위해 그토록 오랫동안—마치 끊임없이 밀려오는 보이지 않는 조류를 거슬러 헤엄치는 듯한 느낌 속에서—그렇게나 고투해야 했던 까닭이 궁금했다면, 이 깨달음은 달가운 위안을 줄 것이다. 드디어 그 조류가 무엇인지 '볼' 수 있게 되었다. 그것은 평생에 걸쳐 꾸준히, 당신이 나아가려는 방향과 반대쪽으로 움직이고 있었다.

당신은 마침내 과거가 어떻게 현재로 쏟아져 들어와 영향을 미치는지, 힘들었던 아동기가 어떻게 혼란스럽고 까다로운 성인기로 이어지는지 이해하게 되었다. 1장에서 만났던 로라는 아동기의 부정적 경험 연구에 대해 처음으로 알고 나서 이렇게 더없이 적절한 말을 했다. "제가 왜 평생 동안 음악도 들리지 않는데 춤추려고 애쓰는 기분이었는지 이제 알겠군요."

아는 것이 힘이라는 옛말에는 진실이 담겨 있다. 신체와 뇌가 깊은 악영향을 받았다는 사실을 일단 이해하고 나면, 생애 초기 역경이 남긴 신경생물학적 흔적들을 제거하기 위해 반드시 필요한, 과학에 기반한 단계들을 드디어 밟을 수 있다. 그럼으로써 염증, 우울증, 중독, 신체적 통증과 질환에 취약한 경향을 줄일 수 있는 것이다.

과거에 갇힌 채 '이러저러했을 수도 있었는데'만 되뇌며 후회하기를 택할 수도 있다. 아니면 적극적으로 자기 자신과 사랑하는 사람들을 돕고, 회복탄력성을 키우고, 성장을 향해, 심지어 변신을 향해 나아가기를 택할 수도 있다. 당신의 선택이다.

정신질환 진단의 성서라 할 『정신장애의 진단 및 통계 편람(*Diagnostic and Statistical Manual of Mental Disorders, DSM*)』 제5판(2013년 발간)의 편집자들은 '발달트라우마장애(Developmental Trauma Disorder, DTD)'라는 새 진단명의 도입 여부를 논의한 바 있다. 이 진단명은 만성적이고 예측 불가능한 아동기의 부정적 경험이 훗날의 정신적·신체적 건강과 안녕에 미치는 장기적 영향을 인정하는 것이다.

발달트라우마장애는 진단 근거가 되는 징후들도, 가능한 치료법도 아직 연구 중이기 때문에 『편람』에 오르지 않았다. 그런데 우리가 이제 알고 있는 바, 아동기의 만성적이고 예측 불가능한 독성 스트레스 인자들이 생물학적 수준에서 신체에 변화를 일으키고 만성 질환을 일으키는 심층적이고 미묘하며 눈에 보이지 않는 온갖 방식들은 발달트라우마장애 개념으로도 온전히 포괄되지 않는다.

나는 이 상태에 '아동기역경후증후군(Post Childhood Adversity Syndrome)'이라는 이름을 붙이자고 제안한다. 사실, 꼭 진단명이 없어도 아동기의 고통이 과거로부터 긴 팔을 내뻗어 현재의 우리를 움켜쥔다는 사실은 이해할 수 있다. 그러나 진단명이 있다면, 치유를 위한 전략을 검토할 때 유용하리라 생각한다.

　이어지는 세 장에 걸쳐 우리는 오늘날 최고의 전문가들이 아동기역경후 증후군의 영향을 바로잡기 위해 권하는 방법들을 살펴볼 것이다.

　과학은 우리에게, 우리 몸의 생물학적 상태가 벗어날 수 없는 숙명은 아니라고 이른다. 아동기의 부정적 경험의 영향은 평생 지속될 수도 있지만, 꼭 그래야만 하는 것은 아니다. 우리는 뇌를 마치 재시동하듯 보다 온전한 상태로 되돌릴 수 있다. 몸에 난 상처와 멍이 낫는 것처럼, 근육이 탄력을 회복할 수 있는 것처럼, 우리는 뇌에서 연결이 부족한 영역들의 기능을 회복시킬 수 있다. 뇌와 몸은 결코 하나의 상태로 고정되는 법 없이 항상 생성과 변화의 과정 속에 있다.

　지난 수십 년 동안, 아니 평생 동안 높은 반사적 반응성을 보이며 살아온 사람이라 해도 그 반응성의 정도를 낮추는 게 아직 가능하다. 삶에서 불가피한 스트레스 인자들에 더 적절하게 대응할 수 있고, 과잉 활성화된 염증반응에서 벗어날 수 있다. 신경생물학적 회복탄력성을 얻을 수 있다. 나쁜 후성유전을 좋은 후성유전으로 바꾸고, 스스로를 구할 수 있다.

　오늘날 과학자들은 새 뉴런을 만들어내고(신경발생[neurogenesis]이라고 한다), 이 뉴런들 사이에 새 시냅스 연결을 만들고(시냅스 형성[synaptogenesis]이라고 한다), 새로운 생각 및 반응 패턴을 증진시키고, 연결이 부족한 뇌 영역에 새로운 연결을 지어주고, 또한 고장 난 스트레스 반응을 재설정해서 병을 일으키는 염증을 줄이는 데 도움이 될 다양하고 유망한 접근법들을 알고 있다.

　우리 안에는 건강을 더 낫게 만들 능력이 있다. 이 멋진 프로젝트를 '깨어남의 신경생물학'이라고 불러도 좋겠다.

이 장에서 우리는 치유에 시동을 걸기 위해 지금 당장 혼자서 밟을 수 있는 단계들을 함께 검토할 것이다. 집의 거실에서 할 수 있는 것도 있고, 어떤 프로그램에 등록하거나 온라인 자원을 활용해야 하는 것도 있다. 이어서 7장에서는 전문가의 도움이 필요한 접근법을 살펴보고, 8장에서는 양육 전략을 검토하겠다.

치유의 여정: 진짜 당신의 모습을 되찾도록 돕는 12단계

1. 아동기의 부정적 경험 검사 받기

치유의 여정을 시작하기에 앞서 밟아야 할 중요한 첫 단계는 일단 아동기의 부정적 경험 검사(Ace Survey)를 받고 자신의 ACE 점수를 계산하는 것이다. 검사지는 이 책의 20쪽에 실려 있으며, 웹사이트들에서도 검사 설문을 찾을 수 있다(https://www.ncjfcj.org/sites/default/files/Finding%20Your%20ACE%20Score.pdf에서 PDF를 내려받아도 된다. 각 문항의 세부적 표현들은 주관 기관마다 조금씩 다를 수 있으며, 기본적인 ACE 설문 외에 https://www.acesconnection.com/g/resource-center/blog/resource-list-extended-aces-surveys에서 보듯이 대상별, 목적별로 다양한 ACE 검사 설문이 개발되어 있다.—옮긴이).

ACE 연구의 저자 중 하나인 빈센트 펠리티는 이 검사를 인터넷에 올려 누구나 접근할 수 있도록 한 것이 아동기의 부정적 경험에 결부된 비밀스러움이나 수치심을 쫓아버리는 데 도움이 되기를 희망한다. 그는 많은 사람들에게 이 검사를 받는 것은 "아동기의 부정적 경험과 그것이 우리 삶에 미치는 영향에 대한 대화를 정상화하는 데 도움이 됩니다"라고 말한다. "무슨 일이 있었는지 말해도 괜찮다고 하면, 비밀이 지니기 마련인 힘을 없앨 수 있습니다."

검사를 치르고 ACE 점수를 계산한 뒤, 스스로에게 다음 질문들을 던져 보라.

"이 사건들이 일어났을 때 나는 몇 살이었는가?"—특정한 유형들의 역경이 시작된 시기가 이를수록, 아동이 자신의 상황을 이해하거나 도움을 구하기가 더 어려워진다.

"내가 기억하지 못하는 사건들이 있을 수 있는가?"—아동기의 부정적 경험 중 많은 것이 우리가 그걸 기억하기에는 너무 어릴 때 일어난다. 문항에 대한 당신의 응답 중 일부는 명시적 기억, 즉 특정 사건에 대한 구체적인 기억이 아니라 암묵적 기억, 즉 느낌에 대한 기억에 근거하고 있을지도 모른다. 누구도 생애 첫 해에 일어난 일을 기억하지는 못한다. 그러니 당신에게 "알지만 기억은 못 하는" 암묵적 기억이 있을지 모른다. 암묵적 기억은 명시적 기억과 똑같이 강한 영향을 미치고, 기억을 못 함에도 명시적 기억처럼 다시 체험할 수 있다.[140] 당신을 불편하게 만드는 상황들을 생각해 보고, 그런 상황이 불편한 이유를 당신의 과거에서 찾을 수 있는지 생각해 보라.

"내가 겪은 역경에 연루된 사람(들)과 나는 어떤 관계였는가?"—당신이 믿고 생존을 위해 의지하던 사람이 만성적이고 예측 불가능한 스트레스의 출처는 아니었는가?

"살면서 다른 양육자들에게선 얼마나 지지를 받았는가?"—예를 들어 부모 중 한 사람을 믿을 수 없었다면, 혹 다른 한 부모나 가족 구성원이 당신을 돌봐주고 당신이 그 사람에 대해 애착을 형성했는가?

위 질문들에 대한 답을 잘 생각하는 한편, 당신이 알게 된 사실들을 신뢰하는 사람과 공유하는 것을 고려해 보라. 그 사람에게서 또 다른 통찰을 얻을 수 있을지도 모른다. 응답과 채점을 마친 당신의 검사지를―이 책의 것, 또는 온라인에서 응답하고 인쇄한 것을―의사나 다른 건강관리 전문가와 다음번에 만날 때 가져가는 것도 고려해 보라. 당신이 어릴 적에 겪은 만성적이고 예측 불가능한 스트레스가 오늘날 겪고 있는 만성 질환과 직접적인 연관성이 있을지 모른다는 당신의 생각을 그에게 설명하고, 그의 의견을 물으라.

펠리티는 충분히 많은 수의 환자들이 이렇게 한다면 아동기의 부정적 경험이 성인기 건강에 미치는 영향에 대한 사회적 인식을 제고하고, "환자에게서 시작해서 위를 향해" 의학을 바꿔나갈 수 있으리라고 믿는다.

단, 이것 하나는 분명히 하자. 당신의 의사 등 건강관리 전문가에게 치료사 역할로 개입해 달라고 요구하거나(심리치료에 대해서는 뒤쪽에서 이야기하겠다) 처방 혹은 건강관리 안을 바꿔달라고 요구하라는 뜻이 아니다. 아동기의 부정적 경험을 언급하는 목적은 단지 전문가인 그에게 당신의 과거와 현재 사이의 연결고리를 알리기 위해서다. 이상적인 상황이라면, 그 전문가가 최근 이 분야에서 쏟아져 나오는 연구 결과들을 감안하여 과거와 현재 사이에 그러한 연결고리가 충분히 있을 수 있음을 인정하고, 당신의 치유를 위한 계획에 우리가 지금부터 살펴볼 기법들 중 몇 가지를 추가할 것이다.

펠리티는 아동기의 부정적 경험에 노출되었던 환자들에게 말한다. "저는 이해합니다. 당신들의 이야기를, 과거에 그런 일이 있었다는 사실을, 그리고 그게 현재 당신들에게 일어나고 있는 일과 관련되어 있다는 것을 인정합니다." 너무나 오랜 시간 동안 말하지 못한 것을 소리 내어 말하고 그것을 역시 말로 긍정받는 것만으로도 환자들은 즉각적인 안도감을 얻는다. 이처럼 자신의 경험을 있는 그대로 인식하고, 자신이라는 사람이 있는 그대로 받아들여지는 것은 변화의 시발점이 될 수 있다. 펠리티에 의하면 그 순간 "치유에 필요한 기제와 추진력이 준비"된다고 한다. "아무리 다루기 힘들어 보이는 만성적 문제라도 마찬가지입니다. 과거 아동기의 부정적 경험이 현재 환자의 건강에 영향을 미치고 있다는 사실에 대한 단 한 번의 대화로 대단히 유익한 수확을 얻을 수 있습니다. 어렸을 적에 착한 사람들은 입에 올리지 않는다고 배운 주제들을 포함해 여러 주제에 대해 '질문'하고, '경청'하고, 환자를 있는 그대로의 복잡한 인간으로서 '수용'하는 것은 환자들에게 큰 안도감을 주는 강렬한 형태의 '행위'입니다."

펠리티는 "환자가 어렸을 적 자신에게 어떤 일이 일어났다고 말할 수 있게 되면 곧 치유가 시작되는" 현상을 아주 많이 목격했다고 한다.

2. 회복탄력성 점수 알아보기

아래의 회복탄력성 검사(Resilience Survey)는 회복탄력성에 관한 연구들을 바탕으로 연구자와 치료사, 그리고 소아과 등의 의사들로 구성된 집단이 개발한 것이다.[141] 이 검사는 웹사이트 에이스스투하이닷컴(http://ACEsTooHigh.com)에도 올라 있다(사이트 검색창에 'Got your ACE Score?'를 치면 ACE 검사와 회복탄력성 검사 설문이 함께 나온다. —옮긴이).

회복탄력성 검사

각 문항의 답 중 가장 정확한 것에 표시를 하시오.

1) 내가 어렸을 적에 어머니가 나를 사랑했다고 믿는다.

   분명히 사실임 _____

   아마 사실임 _____

   잘 모르겠음 _____

   아마 사실이 아님 _____

   분명히 사실이 아님 _____

2) 내가 어렸을 적에 아버지가 나를 사랑했다고 믿는다.

   분명히 사실임 _____

   아마 사실임 _____

   잘 모르겠음 _____

   아마 사실이 아님 _____

   분명히 사실이 아님 _____

3) 내가 어렸을 적에 다른 사람들이 어머니와 아버지를 도와 나를 돌보
   았고, 나를 사랑하는 것처럼 보였다.

   분명히 사실임 _____

   아마 사실임 _____

   잘 모르겠음 _____

   아마 사실이 아님 _____

   분명히 사실이 아님 _____

4) 내가 아기였을 적에 가족의 일원이 나와 놀아주는 걸 즐겼고, 나도
   그걸 즐겼다고 들었다.

분명히 사실임 _____

아마 사실임 _____

잘 모르겠음 _____

아마 사실이 아님 _____

분명히 사실이 아님 _____

5) 내가 아이였을 적에 내가 슬프거나 걱정하면 달래주는 친척이 있었다.

분명히 사실임 _____

아마 사실임 _____

잘 모르겠음 _____

아마 사실이 아님 _____

분명히 사실이 아님 _____

6) 내가 아이였을 적에 이웃이나 친구 부모님이 나를 좋아하는 것처럼 보였다.

분명히 사실임 _____

아마 사실임 _____

잘 모르겠음 _____

아마 사실이 아님 _____

분명히 사실이 아님 _____

7) 내가 아이였을 적에 나를 도와줄 교사, 코치, 청소년 지도자, 목사 등이 있었다.

분명히 사실임 _____

아마 사실임 _____

잘 모르겠음 _____

아마 사실이 아님 _____

분명히 사실이 아님 _____

8) 가족의 일원이 내 학교생활에 신경을 써 주었다.

분명히 사실임 _____

아마 사실임 _____

잘 모르겠음 _____

아마 사실이 아님 _____

분명히 사실이 아님 _____

9) 나의 가족, 이웃, 친구들이 우리의 삶을 더 낫게 만들 방법을 자주 이야기했다.

분명히 사실임 _____

아마 사실임 _____

잘 모르겠음 _____

아마 사실이 아님 _____

분명히 사실이 아님 _____

10) 가정에 규칙이 있었고, 모두 그 규칙을 지키도록 되어 있었다.

분명히 사실임 _____

아마 사실임 _____

잘 모르겠음 _____

아마 사실이 아님 _____

분명히 사실이 아님 _____

11) 기분이 아주 나쁠 때면 거의 언제나 내가 신뢰하는 사람과 대화를
    나눌 수 있었다.

분명히 사실임 _____

아마 사실임 _____

잘 모르겠음 _____

아마 사실이 아님 _____

분명히 사실이 아님 _____

12) 내가 청소년이었을 때, 사람들은 내가 능력 있고 일을 해낼 수 있다
    는 것을 알아주었다.

분명히 사실임 _____

아마 사실임 _____

잘 모르겠음 _____

아마 사실이 아님 _____

분명히 사실이 아님 _____

13) 나는 독립적이었고 원하는 것을 적극적으로 쟁취하는 유형이었다.

분명히 사실임 _____

아마 사실임 _____

잘 모르겠음 _____

아마 사실이 아님 _____

분명히 사실이 아님 _____

14) 나는 인생은 자기 스스로 만드는 것이라고 믿었다.

분명히 사실임 _____

아마 사실임 _____

잘 모르겠음 _____

아마 사실이 아님 _____

분명히 사실이 아님 _____

위 문항들에서 묻는 것은 아동과 청소년을 보호해 주는 14개 요소다. 어렸을 적에 나는 그중 몇 개를 지니고 있었는가? ('분명히 사실임' 혹은 '아마 사실임'에 표시한 문항이 몇 개인가?) _____

'분명히 사실임' 혹은 '아마 사실임'으로 답한 문항 가운데, 지금의 나에게도 적용되는 것은 몇 개인가? _____

ACE 검사와 마찬가지로, 회복탄력성 검사 역시 당신의 이야기를 들여다보고 통찰을 준다. 차이가 있다면, 회복탄력성 검사는 당신의 강점을 강조한다는 것이다. 이제 진실을 말하기 시작한 당신의 이야기에서, 아동기 경험의 긍정적 측면들은 무척 중요한 부분이다.

소셜 네트워크 사이트인 에이시스커넥션닷컴(ACEsConnection.com)과 뉴스 사이트 에이시스투하이닷컴의 설립자인 저널리스트 제인 스티븐스는 말한다.[142] "사람들이 자신의 ACE 점수뿐 아니라 회복탄력성 점수를 계산해 보는 것도 중요합니다. 그래야만 자신이 아동기의 역경을 견뎌내는 데 도움을 준 게 무엇이었는지를 이해하고, 성인기의 삶에 더 많은 회복탄력성 요소를 도입할 방법을 숙고할 수 있기 때문입니다."

3. 치유를 위한 글쓰기

당신의 이야기를 들어줄 의사 등 건강관리 전문가가 없더라도, 치유를 위한 글쓰기(writing to heal)를 통해 진실을 털어놓는 일을 시작할 수 있다. 이것은 당신의 진정한 모습을—아마도 생애 최초로—들여다보는 경험이 될 것이다.

의사인 버니 시걸은 워크숍에서 종종 치유를 위한 글쓰기 활동을 시킨다. 최근 그는 고등학생들에게 '나 자신을 사랑하는 이유'를 주제로 편지를 쓰라고 했다. 그다음에는 '삶을 끝내고 싶은 이유'라는 정신이 번쩍 드는 주제로 한 번 더 편지를 쓰게끔 했다. 활동에 참여한 학생들이 자기가 자살을 해야 한다고 생각한 이유를 적은 종이들은 스스로를 사랑해야 한다고 생각하는 이유를 적은 종이보다 다섯 배나 높이 쌓였다. 시걸은 글쓰기 실험을 통해 학생들이 이 같은 사실을 두 눈으로 똑똑히 확인하기를 바랐던 것이다.

"바로 그때서야, 고통스러운 감정에 젖어 있는 것이 자기 혼자가 아님을 알게 된 그때서야 학생들은 자신이 무엇을 느끼는지에 대한 거짓말을 그만두고 자신의 삶을 만들어나가기 시작할 수 있었습니다." 시걸은 말한다. 그는 예일대학교에서 일반외과와 소아외과의 임상 조교수로 30년을 보내면서 "정서적 고통을 받았든 신체적 고통을 받았든, 중요한 건 그 느낌들의 뚜껑을 여는 것"임을 알게 되었다. "감정을 억누른 채 두면, 우리의 몸이 주의를 끌려고 시도하기 시작합니다. 우리가 주의를 기울이지 '않고' 있으니까요. 우리의 아동기가 몸속에 묻혀 있으니, 어느 날인가는 몸이 청구서를 보내올 겁니다."

펠리티는 환자들에게 자주 부탁한다. "다음번 진료에 오기 전에, 환자분이 살아온 세세한 이력을 적어서 보내는 일을 시작해 주시기 바랍니다."

스트레스가 컸던 경험들에 대해 글을 쓰는 것은 환자의 회복에 도움이 될 뿐만 아니라 병세 악화도 막는다는 사실이 여러 연구에서 밝혀졌다.[143] 텍사스대학교 오스틴 캠퍼스의 심리학 교수인 제임스 페니베이커 박사가 개발한 간단한 과제가 있다. "지금부터 나흘 동안, 당신의 인생에 가장 큰 영향을 미친 감정적 격동에 대한 아주 깊은 감정과 생각들을 글로 쓰시오. 글을 쓸 때는 정말로 툭 터놓고 그 사건과 그것이 당신에게 미친 영향을 탐색해 보시오. 문제의 경험을 당신의 아동기나 부모와의 관계, 당신이 사랑했거나 사랑하고 있는 사람들, 혹은 심지어 당신의 커리어와 연결 지을 수도 있습니다. 매일 20분씩 쉬지 말고 쓰시오."[144]

페니베이커는 "단기적이고 특정 목적에 집중된 글쓰기만으로도 유익한 효과를 얻을 수" 있다고 말한다. 실제로 치유를 위한 글쓰기 과제를 받은 학생들은 성적이 올랐다.[145] 감정적 격동에 대해 글을 쓴 사람들은 의사를 찾아갈 일이 줄었고, 면역 기능에 변화가 생겼다.[146] 자신의 비밀을 글로 쓴다는 단순한 활동은, 설령 쓰고 나서 곧바로 그 글을 없애버린다고 해도, 건강에 긍정적인 영향을 미치는 것으로 나타났다. 심지어 목숨을 위협하는 질환과 싸우고 있는 사람들의 경우도 예외가 아니었다.

카네기멜론대학교의 연구자들은 감정 상태에 대해 글을 써서 설명한다는 단순한 행위가 몸 자체의 상태에 상당한 영향을 미친다는 사실을 발견했다.[147] 이 연구의 참가자들은 어려운 수학 과제를 풀어야 했고, 그러는 동안 평가자들에게서 그들의 분노와 수치심을 이끌어내도록 의도된 부정적인 비판을 받았다. 이후 한 집단은 자신의 감정 상태를 글로 썼고, 다른 집단은 쓰지 않았다. 그 결과, 자신의 분노와 좌절에 대해 단 몇 분 동안이라도 글을 쓴 집단은 자신의 감정을 표현하지 않은 집단보다 심박수 중 가폭이 작았고, 심혈관 반응도 더 건강했다.

진단되지 않았던 셀리악병으로 고통받고, 식구들에게 놀림받고 업신여 김을 당했던 켄들은 어렸을 적 자신의 건강 상태에 관한 사실들과 부모님 이 그녀에게 보인 '유해한 반응' 등에 대해 서술하는 문서를 만들기로 결심 했다. 그녀가 이런 글을 쓰게 된 연유는 부모님이 그녀가 불편해하는 줄 모르고 가족끼리 더 자주 연락하자고 요구했기 때문이었다.

켄들은 편지글로 쓰인 그 문서를 자신의 치료사에게 주었고, 치료사는 켄들의 부모님을 만나 그 내용을 함께 의논했다. 켄들은 말한다. "현 시 점에서 제겐 부모님과 관계를 되살릴 건강도, 에너지도, 의향도 없습니다. 하지만 이 문서는 저의 안녕을 위해서 써야 했어요. 부모님에게 그들이 알 아야 할 정보를 좀 줘야 하기도 했고요." 문서를 작성한 뒤, 켄들의 건강 상태에 두 가지 변화가 일어났다. "셀리악병 진단을 받은 이래 처음으로, 병이 더 이상 난치성으로 여겨지지 않게 되었습니다. 그리고 최근 상부위 장관 내시경검사를 받아 보니 손상되었던 융모가 나았다고 하더군요."

캣 역시 자신의 이야기를 글로 쓰기로 했다. "제게는 어려운 결심이었습 니다. 과거에 있었던 일을 언급할 때마다 친척들이 거리를 두는 게 느껴졌 거든요. 하지만 갑자기 깨달음이 찾아왔습니다. 진실을 말해도 된다고 스 스로에게 허락해야 한다는 깨달음이요. 저 자신의 관점에서 제 이야기를 다시 쓰고 싶었습니다. 그 이야기에 의미를 부여하기 위해서요." 그리하여 캣은 글을 썼다. 시작은 이러했다. "서른다섯이 눈앞인데 땡전 한 푼 없고 망가진 채 기억의 홍수 속에서 익사해 가는 내가 있었다. 나는 어머니의 시신을 처음 본 순간의 느낌을, 그 공포와 슬픔을 여전히 안고 다니고 있었다. 그 느낌들이 표면으로 드러나는 걸 허용하지 않았기에 떠나보낼 수도 없었던 거다."

치유의 여정에 오른 캣은 자신의 경험들뿐 아니라 모든 기억, 모든 감정을 글로 적었다. 그녀는 『해낼 수 있을 것 같아: 상실과 회복에 관한 어느 실화(I Think I'll Make It: A True Story of Lost and Found)』라는 제목으로 자신의 이야기를 자비출판 했고, 집안 사람들 전부는 물론이고 온 세상 사람과도 그 이야기를 공유했다. 이 글을 쓰면서 그녀는 자신의 죄책감과 수치심을 전부 내려놓을 수 있었다. "글쓰기는 대단히 치유가 되는 과정이었습니다." 그녀는 말한다.

오늘날 캣은 동기부여 전문 연사이자 라이프 코치로서 고등학생들에게 역경을 극복하는 방법에 대해 강연한다. 수십 년 동안 결코 이야기할 수 없었던 진실을 이제 자신의 목소리로 들려주고 있는 것이다.

4. 그림으로 그리기

버니 시걸이 조언하기를, "상처를 끝내기 위해" 그림을 그리는 것도 하나의 방법이다. 무엇이든 떠오르는 것을 그리라는 얘기다. 시걸은 말한다. "야외 풍경, 가족의 모습, 무얼 그려도 좋습니다. 어떤 이미지가 나오는지 한번 보세요. 그림을 다 그리고 나면 하루 묵혔다가 이튿날 꿈을 해석하듯이 그림을 분석하면서 어떤 통찰을 얻을 수 있는지 보십시오."

시걸이 기억하는 어느 환자는 매력적인 여성을 아주 세밀하게 그리고선, 배경에 별로 중요할 것 없어 보이는 벽시계 하나를 그려 넣었다. 시계의 하나뿐인 바늘은 12시를 가리키고 있었다. "그녀의 무의식은 과거 아동기에, 정확히는 열두 살 때 일어났던 트라우마 경험에 주의를 기울이라고 요구하고 있었던 겁니다." 시걸은 말한다.

시걸이 치료했던 또 다른 여성은 골반 통증이 심했다. 여러 의사를 전전하며 진료를 받았지만 누구도 통증의 의학적 원인을 찾을 수 없었다. 시걸은 그녀에게 그림을 하나 그려보라고 요청했다. 그녀는 밸런타인데이 카드에 그려질 법한 형태의 하트가 반으로 갈라져 피를 뚝뚝 흘리고 있는 모습을 그렸다. 시걸이 핏방울 수를 세어 보니 21개였다. "그래서 저는 그녀에게 스물한 살 때 무슨 일이 있었느냐고 물었습니다."[148] 그녀는 자신에게 트라우마를 남긴 사건의 이야기를 털어놓았고, 이내 신체적 통증이 완화되기 시작했다.

우리는 '미술치료(art therapy)'가 과거 트라우마의 베일을 벗기는 원리를 완전히 이해하지는 못하지만, 심리학자들은 잠재의식이 숨겨놓은 것을 드러내는 유용한 도구로 종종 미술치료를 사용한다.

7장에서 우리는 전문가들의 도움 아래 밟을 수 있는 치유의 단계를 살펴볼 것이다. 뭔가에 마음이 동해서 글을 쓰거나 그림을 그리게 되면, 그것들을 잘 보관해 두라. 다른 사람의 조력을 받아 치유의 과정에 들어갈 때 그것들이 도움이 될지 모른다.

5. 마음챙김 명상—뇌를 고치는 최고의 방법

아동기에 역경을 겪은 사람들의 뇌 영상을 찍어 보면, 사랑하는 관계를 일구고, 스트레스에 직면했을 때 평정심을 유지하고, 염증반응을 누그러뜨리는 데 핵심적 역할을 하는 영역들에서 뉴런의 상호연결이 손실된 것을 확인할 수 있는 경우가 많다. 이런 영역들의 뉴런 연결이 충분히 발달하지 않을 경우, 우리는 자신이 무엇을 느끼는지 잘 인식하지 못하고, 우리의 행동이 남들에게 미치는 영향에 대한 의식도 부족해진다. 우리의 방어적인 상호작용 패턴이 우리가 아끼는 이들에게, 그리고 우리 자신에게 어떻게 상처를 주는지 알지 못한다. 타인과의 관계를 개선할 통찰력도 부족하다. 우리는 제한적이다. 스스로의 행복이 제한되고, 남들의 행복 역시 제한한다.

마음챙김 명상(mindfulness meditation)은 뇌를 변화시키는 데, 그리고 뇌 내의 신경회로망을 다시 활성화하고 염증반응을 재설정하는 데 도움을 준다(마음챙김이란 현재의 생각이나 느낌, 감각에 순간순간 계속 주의를 집중하여 있는 그대로 '알아차리는' 훈련법으로, 불교 수행 전통에 뿌리를 두고 있는 위빠사나 명상의 핵심 개념이다. '알아차림, 깨어 있음, 주의깊음, 마음집중, 마음지킴, 수동적 주의집중' 등으로도 번역된다. -옮긴이). 최근의 한 연구 결과, 단 하루 동안 8시간짜리 수행 프로그램에서 마음챙김 명상과 마음챙김에 기반한 스트레스 완화(mindfulness-based stress reduction, MBSR) 요법을 수행한 사람들은 스트레스에 대한 반응과 염증성 호르몬 수치가 감소하는 신체적 변화를 보였다.[149] 그들은 스트레스에서 회복하는 속도가 더 빨랐고, 스트레스에 대한 반응성도 덜했다. 스트레스를 받을 때 코르티솔과 같은 염증성 호르몬을 분비하는 건 여전했지만, 스트레스 인자가 일단 지나가면 코르티솔 수치가 더 빨리 하강했다. '코르티솔 회복'의 속도가 빨라졌다는 것은 스트레스 상황에서 더 신속하게 회복할 수 있다는 뜻이다. 또한 몸과 마음이 염증성 화학물질에 잠겨 있는 시간이 줄어든다는 뜻이다. 그러면 몸과 신경에 염증이 덜 생기고, 신체적 질환과 불안, 우울 역시 덜 생긴다. 아동기의 부정적 경험을 여러 가지 겪으며 성장한 사람이라 해도 명상 수련은 마음을 진정시키는 방법, 정서적·신체적 안녕을 증진하는 방법을 배우는 데 도움을 줄 수 있다.

위스콘신대학교 소아청소년정신의학 조교수인 라이언 헤링어는 명상이 아동들에게도 똑같이 효과가 있다고 말한다.[150] "아이들이 마음챙김 명상을 하면, 전두엽과 해마를 비롯해 생애 초기 역경과 아동기 트라우마가 약화시키곤 하는 뇌의 회로들이 강화될 수 있습니다."

마음챙김 명상은 감정을 조절하고, 타인에게 유연하게 반응하고, 여러 선택지를 평가하고 적절한 결정을 내리는 데 도움을 준다는 것이 입증되었다. 또한 공감과 자기인식, 자기성찰 수준을 높이며 두려운 느낌을 해소시키는 효과도 있다. 자신의 호흡과 신체감각을 의식하게 되면 고통스러운 느낌을 조절하고 완화시키도록 돕는 우리 몸의 기저 기제가 발동된다.[151]

마음챙김 기반의 심리치료사이자 트라우마와 질환 전문 연구자이며 공인 임상 전문상담사인 트리시 마기아리에 따르면, 아동기에 성적 학대를 당하고 PTSD(외상후스트레스장애)로 고통받고 있는 성인들 가운데 "트라우마 치유" MBSR 프로그램에 참여한 이들은 불안과 우울, PTSD 증상이 덜해졌으며, 이런 긍정적 효과는 프로그램에 참여하고 2년이 지난 뒤까지도 지속되었다고 한다.[152] 또 다른 연구에서 8주짜리 MBSR 프로그램에 참여한 사람들은 기억과 감정 처리, 스트레스 관리와 관련된 영역인 해마의 회백질 밀도와 집중도에서 증가를 보였다.[153] MBSR 트레이닝(시수는 26시간인데, 일반적으로 짧은 세션 8회와 전일 수업 1회로 이루어진다) 역시 뇌간의 회백질을 증가시켜 스트레스 호르몬 분비 조절을 돕는 것으로 나타났다.[154]

다시 말해, 명상은 뇌에 회백질이—그리고 여러 해 전에 가지치기되었을 수 있는 뉴런들이—다시 자라나게끔 돕는 것으로 보인다.

이렇듯 놀라운 건강 효과가 아주 단순한 활동에서 비롯된다. 호흡에 집중하고, 머릿속에 떠오르는 생각들에 주의를 기울이고, 각각 이름을 붙이고, 그 생각들을 떠나보내고, 나의 생각과 나 자신은 다르다는 사실을 확인한다. 걱정하고, 끊임없이 이야기를 만들어내고, 곰곰 반추하는 굴레에서 스스로를 해방시켜 지금 이 순간에 존재한다. 그럼으로써 염증반응에서 스스로를 해방시킨다.

심호흡을 하고 폐에 산소를 받아들이면, 산소는 몸 곳곳으로 퍼져나가 세포 안에 들어가서 우리가 살아갈 수 있게 하는 모든 생물학적 경로들을 지원해 준다. 호흡에 집중하여 길고 느린 숨을 들이쉬고 내쉬는 동안, 충분히 활성화되지 않았던 부교감신경계의 활동도 강화되고 충전된다. 교감신경계 활동을 누그러뜨리는 약물은 발륨(valium, 뇌에서 신경 흥분을 억제하고 불안과 긴장을 완화시키는 화학물질 디아제팜의 상품명-옮긴이)과 SSRI(selective serotonin reuptake inhibitor, 선택적 세로토닌 재흡수 억제제. 우울증과 불안장애 등 각종 정신질환의 치료제로 쓰인다.-옮긴이)를 비롯해 여러 가지를 의사에게서 처방받을 수 있지만, 부교감신경계를 북돋우도록 돕는 약물은 없다. 호흡이 지금까지 알려진 최고의 진정제다.

명상 교사이자 심리학자인 타라 브락 박사가 매일 명상하는 습관을 들이려는 사람들에게 조언하기를, 처음 시작할 때 중요한 것은 스스로를 무조건 우호적인 태도로 대하는 것과 명상 경험을 있는 그대로 허용하는 것이라고 한다.[155]

매일 명상할 시간과 공간을 정한다. 의자에 앉든 바닥에 방석을 깔고 앉든 편한 쪽으로 선택한다. 계속 주의를 집중하고 깨어 있을 수 있도록 자세에 유의한다. 양손은 편안히 무릎이나 그 위쪽에 올려놓는다. "눈을 감고, 긴장을 풀고, 자신을 내려놓으세요." 브락은 말한다. 여러 차례 심호흡을 하면서, 날숨을 내쉴 때마다 의식적으로 자신을 내려놓는다. 이때 얼굴, 어깨, 양손, 배 부위의 긴장을 푼다. 의식적으로 몸의 긴장을 풀면 명상 중 일어나는 일들을 있는 그대로 받아들이는 데 도움이 된다. "명상을 시작하고 몇 분 동안은 자신의 주의력으로 몸 전체를 죽 살피는 것이 좋습니다. 몸의 내부에서부터 바깥쪽을 향해 긴장을 풀어가면서 감각들을 인지하는 겁니다." 오감을 열어두고 소리에 귀를 기울인다. 자신을 둘러싼 방 안팎의 공간을 느낀다.

명상이 닻을 내릴 기본 거점을 하나 선택하라. 콧구멍을 들락거리는 호흡에 집중해도 좋고, 가슴이 오르내리는 것에, 양손이나 온몸의 감각에, 또는 몸 안팎의 소리에 집중할 수도 있다.

정신이 산란해져서 뭔가 생각에 빠진 것을 깨달으면, 명상의 닻을 내린 지점으로 돌아오라. 브락은 "들숨과 날숨을 본거지로 삼아 휴식하면서, 방 안의 소리, 졸린 느낌, 간지러움, 열기 등도 알아차려"보라고 제안한다.

의사이자 대인관계 신경생물학자인 댄 시걸은 유용한 이미지 하나를 제시한다. 자신의 의식이 커다란 바퀴와 같다고 상상해 보라는 것이다. 바퀴의 중심에는 마음챙김의 알아차리는 감각이 있고, 이 중심으로부터 바퀴테를 향하여 여러 개의 바큇살이 뻗어 나간다. 그런데 당신은 내적 알아차림의 감각에 주의를 기울이지 않고, 바큇살을 타고 바깥쪽으로 나가 바퀴테를 구성하는 이런저런 부분들에 연이어 집중하도록 길들여졌다. 당신은 몇 시간 전의 통화에서 했던 말들을 근거로 스스로를 평가한다. 열 살 적 어머니와 벌인 말다툼을 기억한다. 목이 아프다. 다가오는 병원 진료에 대해 불안을 느낀다. 저녁 식사 준비를 돕지 않는 배우자에게 화가 난다. 당신이나 타인이 잘못한 일을 이야기하는 데 빠져서 헤어 나오지 못한다. 당신의 중심인 내적 알아차림의 감각에 접속되어 있지 않으면, 즉 주의가 계속해서 바퀴 가장자리만 빙글빙글 돌고 있다면, 당신은 스스로에게서 단절된 것이다. 타라 브락은 이렇게 살아가는 상태를 '트랜스(trance, 살아 있음의 온전함과 우리의 지성, 사랑할 능력으로부터 유리된 채 눈앞의 욕망이나 감정들에 휘둘리며 마치 최면에 걸린 사람처럼 살아가는 상태-옮긴이)'라고 부른다.

마음챙김 수련을 하면 바퀴의 평정한 중심으로 돌아와, 매 순간을 충만하게 지각하며 살아갈 수 있게 된다.

명상 수련을 시작할 때 기억해야 할 것 하나는, 자꾸 산만해지는 게 당연하다는 점이다. 어떤 생각이 떠오르면, 그 생각을 인지하고 거기에 이름을 붙이라. '이건 걱정이군.' '이건 평가로군.' 그리고 그 생각들을 내려놓으면 된다.

"몸이 효소를 분비하듯이 마음은 생각을 생성합니다." 브락은 설명한다. 요는 생각이 우리의 적은 아니라는 것이다. "생각에 빠져 있다는 걸 깨달으면, 다시 긴장을 풀고 '지금 여기'에 존재하는 나의 현실의 경험으로 돌아오세요. 소리에 귀를 기울이고, 어깨와 손, 배의 긴장을 다시 풀고, 심장도 이완시키세요. 오감을 활짝 열고, 다시 마음을 챙기는 존재로 이 순간에 임하세요. 머릿속의 생각들과 '지금 여기'의 생생함이 얼마나 다른지를 느껴보세요."156)

캣에게 있어 마음챙김 명상은 치유의 여정에서 가장 뜻깊은 전환점의 하나였다. "저는 〈달마 형제들(The Dhamma Brothers)〉이라는 다큐멘터리 영화를 보고, 앨라배마의 한 주립 교도소 수감자들이 위빠사나(vipassanā, 불교 명상법의 하나로, 한자로는 '관[觀]' 혹은 '내관[內觀]'으로 번역된다.-옮긴이) 명상을 통해 자신을 용서하는 데 도움을 받았다는 사실을 알게 되었습니다. 수감자들은 명상을 배우는 것이 그들 인생에서 가장 보람차고 치유적이며 힘을 실어 주는 일이었다고 말하더군요. 그들은 자기라는 존재가 단지 살아오면서 겪은 일의 총합이 아니라는 걸 깨달았습니다. 저는 생각했죠. '그토록 많은 폭력을 겪은 이들이 평화를 찾는 데 명상이 도움을 줄 수 있다면, 내게도 유용할지 몰라.'"

캣은 마음챙김 명상과 불교의 스승들이 쓴 정서적 치유에 대한 책들을 읽고, 고통받는 것이 자기 혼자가 아님을 깨달았다. 이 현명한 스승들은 온갖 종류의 트라우마 이야기를 들려주었고, 그 고통으로부터 벗어나려면 자기인식이라는 내면의 길에 올라야 한다고 알려주었다. 캣은 처음으로 자신이 외톨이가 아니라는 걸 알게 되었다. 다른 사람들도 그녀가 느끼는 자기혐오, 상실감, 수치심을 똑같이 느꼈던 거다. "그들은 저와 같은 경험을 하진 않았을지 모르지만, 저만큼이나 고통을 받았더군요." 캣은 말한다. "저 깊은 곳에서, 제게도 치유받을 자격이 있지 않을까 하는 느낌이 들기 시작했습니다. 이제 활기 있게 살고 싶다는, 그런 설명할 수 없는 본원적인 욕망을 경험하기 시작했습니다."

그녀는 또한 깨달았다. "그 모든 고통을 겪는 내내 저는 단 한 번도 멈춰 서서 제 몸이 얼마나 절박하게 피해자 의식에—마치 목숨이 걸린 양—매달리고 있는지 살펴보지 않았습니다. 아동기 경험을 근거로 볼 때, 인생이 제게 공정하지 않았다는 증거는 넘치도록 많았습니다. 저는 제가 살아야 마땅한 삶을 결코 누리지 못하리라고, 제게는 언제나 나쁜 일이 일어날 거라고 느꼈습니다. 그렇게 생각할 이유도 충분했습니다. 저는 석사 학위가 있었지만 발레파킹이며 바텐더 일을 하고 있었으니까요." 그녀는 자신과 같은 사람은 이렇게 제한된 삶밖에는 살지 못할 거라고 느꼈다. 그러다가 어느 날 자신이 "치유를 위한 여정에 나서기로 선택할 수 '있다'는" 사실을 깨달았다.

캣은 하루 세 차례, 5분씩 명상 가이드 테이프를 틀어놓고 수련을 시작했다. 그녀의 명상은 이내 하루 두 차례, 20분씩으로 발전했다. 가만히 앉아서 호흡에 집중하고, 생각들에 이름을 붙이고, 그 생각들을 버리는 수련을 계속한 캣은 시간이 흐르면서 인생을 바꾸는 여러 경험을 하게 되었다.

"저는 침대에 책상다리를 하고 앉아 있었습니다. 큰 소리로 천둥 번개를 치며 비가 쏟아졌어요. 마음을 고요히 가라앉히는 가운데 천둥소리에 이끌려, 잊고 있었던 아주 어릴 적의 기억이 저 깊은 곳으로부터 되살아났습니다. 델라웨어 해변의 비치 하우스로 엄마와 여행을 떠났던 기억이었어요. 정신을 차려보니 저는 몸을 앞뒤로 흔들고 있었습니다."

캣은 자기가 명상을 하면서 몸을 흔드는 이유를 알 수 없어서 스스로에게 물었다. "내가 왜 몸을 흔드는 거지?" 그러자 답이 떠올랐다. "저를 안고 있는 엄마가 느껴졌습니다. 그곳에 저와 함께 있는 엄마가요. 그러면서 엄마에 대한 이를 데 없는 고마움을 느꼈습니다. 비록 제 인생에 오래 머무르지는 못했지만, 제 엄마가 되어주고 저를 그렇게 사랑해 주었으니까요. 이윽고 저는 할머니의 존재 역시 느끼기 시작했습니다. 제가 할머니와 같이 산 몇 해 동안 저를 사랑해 주고, 보호해 준 데 대해 더할 수 없는 고마움을 느꼈어요. 따뜻한 기운이 제 살갗에 속속들이 퍼져가는 게 느껴졌습니다. 마치 제 몸 전체에서 깊은 화학 반응이 일어나는 것 같았어요. 적어도 제가 의식적으로 기억하는 한 단 한 번도 경험한 적이 없는 안정감, 안전감을 느꼈습니다. 사랑받는, 정말 사랑받는 기분을요."

캣은 말한다. "그 느낌은 제가 저를 사랑해 준 여자들과 연결되어 있을뿐더러, 그들보다 더 큰 무언가와도 연결되어 있다는 더 넓은 감각을 향해 저를 열어주었습니다. 저는 더 큰 생명 존재, 사랑을 담은 모종의 의식과 연결되었다고 느꼈습니다. 갑자기 평생 동안 저의 속을 도려내어 온 공허감이, 제가 외로이 버려진 인생의 피해자라는 슬픔이, 간단히 사

242

라졌어요."

캣은 명상할 때면 "몸을 누르고 있던 무거운 것을 내려놓듯이 나의 과거를 내려놓는 기분이 든다"라고 말한다.

어느 날 캣은 버지니아주에서 열린 열흘간의 위빠사나 묵언수행에 참가했다. "닷새째에 저희는 몸의 여러 영역에 차례로 의식을 집중하는 몸 살피기를 하고 있었습니다. 하도 오래 앉아 있어서 온몸이 아팠어요. 그런데 오른쪽 눈에 집중하라는 지시를 받고 그대로 따르자, 그 눈에서 바로 눈물이 흐르기 시작했습니다. 오른쪽 눈에서만요. 다음은 목에 집중할 차례였죠."

캣은 목에 집중하고 싶지 않았다. "목이라면 일단 꺼려져요"라고 그녀는 설명한다. (캣의 아버지는 어머니를 맨손으로 목 졸라 죽였다.) "저는 그 기억을 신체화했습니다. 목을 죄는 건 옷이든 목걸이든 결코 좋아한 적이 없었어요. 그런데 이제 목에 집중한 채 호흡해야 했습니다. 저는 몸이 고통으로 차오르는 걸 느꼈어요. 제 몸의 모든 고통이 차츰 커져갔죠. 마치 봄 안에 제 과거에 일어난 모든 일이 담겨져 있었던 것처럼, 제 몸의 세포들에 그 부정적 에너지가 저장되어 있었던 것처럼요. 목에 집중하자 제가 그토록 오랫동안 숨겨둔 고통이 터져 나왔습니다."

명상 세션을 마친 후 캣은 주체할 수 없이 흐느끼기 시작했다. "생생한 감정이 밀어닥치는 걸 막을 수가 없었습니다. 고통이 극심했지만, 동시에 기분이 좋았습니다. 정화될 준비가 된 거였죠." 캣은 앉은 자리에서 일어나기조차 어려웠다. "두 발로 서려고 애를 썼습니다. 아기사슴 밤비처럼, 쉽게 걸을 수 없었어요. 명상 홀의 문으로 향하면서 저는 끊임없이 흐느끼고 있었습니다. 바깥을 내다보니 나무 한 그루가 보였습니다. 갑자기, 살면서 나무라는 걸 처음 보는 듯한 기분이 들었습니다. 모든 게 새로웠어요."

그 순간 캣은 깨달았다. "저는 제 고통을, 상실의 이야기를, 피해자 의식을, 그토록 버려졌던 데서 온 슬픔과 두려움과 패배감과 수치심, 죄책감을 떠나보낸 거였습니다. 저는 지난 세월 동안 몸에 담고 산 부정적 감정들 전부에게 작별을 고해야 했습니다. 그것들을 떠나보내자, 새롭고 더 깊은 온전함이, 내면의 자유감이 저를 맞아주었기 때문입니다."

캣은 말한다. "저는 이전엔 간과했던 것들에 주목하기 시작했습니다. 빛나는 태양의 아름다움처럼 단순한 것, 또는 누군가와 함께 있으면서 웃음을 나누는 순간 같은 것들요. 저는 마치 난생처음 세상의 아름다움을 보게 된 사람처럼 스스로를 주위의 세상에 연결시키기 시작했습니다. 깨어나기 시작한 겁니다."

캣이 자기 주위의 세상을 더 또렷이 보기 시작하면서, 그녀는 무언가를 느낀 뒤 행동을 하기 전에 잠시 멈추는 법을 배웠다. 무엇이 자신의 트라우마를 촉발하는지, 내면 깊은 곳에서 무슨 일이 벌어지고 있는지, 자신이 어떤 패턴들을 보이는지, 그리고 지금껏 어떻게 스스로에게 불리하게 행동했는지를 이해하게 되었다. 그 덕분에 캣은 처음으로 건강한 연애를 할 능력이 생겼다.

오늘날 캣은 한 여자와 깊은 사랑에 빠져 성실한 관계를 이어나가고 있으며, 그녀와 약혼한 상태다.

캣은 말한다. "저는 제 뇌의 이야기를 다시 썼다고 생각합니다. 그 덕분에 제가 사랑하는 방법의 이야기 역시 다시 쓸 수 있었습니다."

이 책에서 사연을 소개한 다른 사람들도 캣과 마찬가지로 명상과 마음챙김 수련에서 위안을 찾았다. 성장기에 나이차가 많이 나는 오빠들이 교도소를 들락거리는 것을 보며 폭력적인 세상을 헤쳐나가야 했던 엘리에게 마음챙김과 명상 수련은 "저의 자아존중감 부족에 대한 제 생각이 오래전 과거와 어떻게 연결되어 있는지 명료하게 확인할 수 있는 방법이었고, 그 덕분에 자신이 무가치하다는 일상의 침투사고(intrusive thought, 원치 않게 자꾸 떠오르는 부정적 생각으로서 강박증의 기초가 된다.-옮긴이)를 고치려고, 없애려고 노력할 수 있었"다고 한다. 그녀는 "지금 나에게 드는 생각뿐 아니라 그 생각에 내가 어떻게 반응하고 있는지에" 주의를 기울이면서 큰 효과를 거두었다.

엘리가 말하길, 마음챙김은 그녀의 인생을 바꿔놓았다고 한다. "저는 많은 치료사들을 만나보았고 제 감정을 분석하는 데 도움을 받았지만, 생각들을 그냥 놓아주기만 하면 제 생각이 곧 제가 아님을 깨닫는 자유로움을 경험하는 게 가능하다고 말해 준 사람은 아무도 없었습니다."

명상은 당신이 과거와 화해할 수 있도록 한다. 그리하여 당신이 현재에 살고, 다른 곳이 아닌 여기에 존재하고, 지금 여기에 있는 것들을 즐길 수 있도록 해준다.

매일 10분의 마음챙김 명상 수련이 스트레스 반응을 극적으로 감소시키는, 정신건강을 위한 행동이 될 수 있다.

제일 좋은 시작점은 자신이 사는 지역에서 숙련된 강사가 지도하는 마음챙김에 기반한 스트레스 완화(MBSR) 프로그램 또는 통찰명상 그룹(Insight Meditation Group)을 찾아보는 것이다. 다행히 요새는 많은 커뮤니티 센터, 요가원, 병원 등에서 합리적인 수강료를 내고 MBSR과 통찰명상 수업을 들을 수 있다. 특별한 상황에 처한 이들에게 MBSR 수강료를 할인해 주거나 장학금을 지원하는 곳도 있으며, 대부분의 도서관에는 다양한 명상 CD가 구비되어 있다.

자기 주변의 MBSR 프로그램을 찾고자 한다면, 매사추세츠대학교 의대 산하 기구인 의학 · 건강관리 · 사회의 마음챙김 센터를 방문하라(관련 페이지는 https://www.umassmed.edu/cfm/mindfulness-based-programs/). MBSR은 애초에 병원에서는 치료하기 어려운 고통과 삶의 문제를 지닌 사람들을 돕기 위해 설계된 것으로, 마음챙김 명상, 마음챙김 자각, 마음챙김 동작, 요가를 조합해서 활용한다.

통찰명상협회(Insight Meditation Society)에서는 불교 전통에서 유래한, 흔히 '위빠사나'라고 불리는 통찰명상을 교육하고 지도한다. 이 단순한 기법은 호흡에 주의를 집중하고, 마음을 진정시켜 자신의 사고 패턴을 더 명료하게 보고, 자신의 정신이 어떻게 길들여져 있는지를 인지하여 그것이 어떻게 자신에게 나쁘게 작용할 수 있는지를 확인하고, 지금 이 순간에 더 충만하게 임할 수 있도록 돕는다. 통찰명상협회의 사이트 다르마닷오그(www.dharma.org)에서는 세계적으로 이름난 명상 스승들이 진행하는 다양한 워크숍, 지역사회 명상 프로그램, 안거 수행 프로그램 등에 대한 정보를 얻을 수 있다.

온라인에는 무료로 (혹은 소정의 기부금을 내고) 보거나 다운로드받을 수 있는 수백 편의 훌륭한 위빠사나 통찰명상 동영상과 팟캐스트가 있다. 내게 특히 도움이 된 사람들은 타라 브락 박사, 실비아 부어스틴 박사, 잭 콘필드 박사, 샤론 솔즈버그, 트리시 마기아리(MBSR을 가르친다), 노먼 피셔, 페마 초드론 등이었다. 그들의 명상 가이드와 가르침은 내 인생을 바꿔놓았다.

6. 태극권과 기공

존은 치유를 탐색하면서 '움직이는 명상'으로도 알려진 태극권(Tai Chi)과 기공(qigong)에 끌렸다. 집 근처 태극권 교실에서 수업을 들은 것이 첫걸음이었다. 얼마 지나지 않아 존은 태극권 수련을 하며 느리고 정연하게 움직일 때 새로운 평온함이 찾아드는 것을 느꼈다. 수련 초기에 그는 "수업에 들어갈 때는 대단히 긴장한 상태지만, 45분 동안 느리고 신중한 동작을 한 뒤에는 생각을 곱씹는 내면의 목소리가 고요해지는 걸 느꼈습니다"라고 한다. "저는 제가 하는 행동에 온 정신을 쏟았습니다. 그러면서 저는 차차 회복할 공간을, 정신의 명료함을 찾고 세상사를 더 분명히 볼 공간을 만들기 시작했습니다. 관계에서, 일에서, 그리고 저 자신에 대한 생각에서 말입니다. 그 명료성은 제가 스트레스 반응과 두려움과 불안을 제어하도록 돕는 강력한 도구가 되었습니다. 이제 저는 방어적인 자세를 취하거나 남을 탓하지 않고, 균형 있는 시각을 유지합니다. 저는 더 인정 많은 사람이 되었습니다. 과거는 이미 지나간 일이라는 걸 압니다. 지금껏 제 치유를 막고 제가 원하는 걸 성취하지 못하게 제 발목을 잡고 있었던 건 다름 아닌 저 자신이었다는 사실을 알게 되었습니다. 제가 그토록 오랫동안 듣고 있던 목소리는—'너는 부족해'라고 말하는 아버지의 목소리는—알고 보니 제 머릿속에만 존재하는 소리였습니다."

존은 '움직이는 명상'을 수련한 2년 동안 건강이 대단히 좋아졌다고 한다. "저는 전혀 다른 사람이 되었어요. 만성피로가 사라졌습니다. 다시 기운이 나요. 달리기도 하이킹도 다시 하고 있습니다. 최근에는 5km, 10km 달리기를 몇 차례 했어요. 음식도 다시 먹을 수 있고요. 세상에 돌아온 기분입니다."

최근에 존은 아버지와 시간을 더 많이 보내기 시작했다. 심지어는 아버지와 함께 태극권 수업을 듣기도 했다. 이렇듯 자신의 아동기 역경의 원인 대부분을 제공한 사람과 소통하고자 한 노력은 놀라운 결과를 낳았다. "이제 아버지와 있을 때 아버지가 무언가 사소한 것에 화를 내면 저는 반응하지 않습니다. 평정을 잃지도 않고요. 그런데 아버지도 한 걸음 물러서 스스로 진정하고 심지어는 사과까지 하는 법을 배웠더군요. 아버지는 더이상 과거의 제 아버지, 제가 그토록 오랜 세월 마음속에서 분노를 쏟고 두려워하고 반응했던 '그 남자'가 아니었습니다. 저도 변했지만, 아버지 역시 조용히 변하고 있어요."

존과 부모님과 존의 동생은 휴가를 함께 보내기 시작했다. 존은 말한다. "저희 가족은 명절이나 생일에 서로 선물을 주고받지 않기로 했습니다. 그 대신, 덜 행복했던 기억들을 대체할 새 기억을 서로에게 주기로 했지요. 저희는 정말 좋은 시간을 보내고 있어요. 이제는 함께 있는 게 즐겁습니다."

과거에 자신을 괴롭혔던 사람과 맺은 새로운 관계는 치유의 '분수 효과 (trickle-up effect)'가 있었다. 그 덕분에 존은 과거를 치유하는 동시에 미래에 대한 희망을 갖게 되었다.

"우리가 바로 충분히 좋은 가족입니다." 존은 말한다. 그는 충분히 좋은 가족의 일원이 됨으로써 언젠가 자신도 충분히 좋은 가족을 이룰 수 있기를 바라고 있다.

7. 마인드사이트

"뇌는 우리의 활동을 가능하게 해주는 기관입니다. 우리의 통제 본부지요." 댄 시걸은 말한다. 그는 역경을 겪은 사람들에게 자신이 '마인드사이트(mindsight)'라고 부르는 것을 계발하라고 권한다. 마인드사이트란 마음을 정확히 들여다보거나 알아차리는 능력이다('마음보기', '심안[心眼]' 등으로 풀이할 수 있다.-옮긴이). 마음에, 그리고 그것이 어떻게 작동하는지에 주의를 집중하면 특정한 회로를 만들고, 고장 난 신경회로망을 수리하고, 생애 초기의 역경과 트라우마와 불안정 애착으로 인해 약해진 뇌 영역들 내의 뉴런 연결을 증가시킬 수 있다.

마인드사이트의 첫 번째 측면은 통찰, 즉 자기 내면의 정신생활을 감지하고 내적 성찰을 할 수 있는 능력이다. 일반적으로 자기인식 혹은 자기이해라고 생각하는 것이 바로 통찰이다. 두 번째 측면은 공감, 즉 다른 사람 내면의 정신생활을 감지하는 능력이다. 그가 어떤 사람인지 아는 능력 말이다. 세 번째는 통합, 즉 앞의 두 가지 인식과 다른 과정들을 연결하여 서로 이어진 큰 그림을 그릴 수 있는 능력이다.[157]

통합은 문제에 성찰적 태도로 접근하고, 타인과 건강하고 현명한 방식으로 상호작용을 할 수 있도록 돕는다. 또한 연민을 기반으로 한 연결과 소통을 촉진한다. 과거와 현재, 미래를 논리 정연하게 재연결하여 당신의 인생 이야기가 당신이라는 사람을 설명할 수 있게끔 한다. 시걸은 설명한다. "마인드사이트는 우리가 단지 '슬프거나' '화가 나는' 것을 넘어 슬픔이나 분노 같은 감정을 갖고 있음을 인정하고, 그런 감정들이 나라는 사람의 총체가 아님을 확인하고, 그 감정들을 있는 그대로 받아들인 뒤, 그것들이 우울이나 화, 분노를 낳지 않게 바뀔 수 있도록 해줍니다."[158]

자신이 무엇을 느끼고 있는지를 인식하면, 즉 내면세계와 발을 맞추고 있으면, 자신이 곧 외부 자극에 감정적으로 반응하리라는 전조를—심박수가 올라가고 호흡이 얕아지고 근육이 긴장하는 것을—알아차릴 수 있다. 그러면 잠시 멈춘다. 심호흡을 하고 한숨 돌리는 것이다. 그렇게 스스로를 진정시킬 수 있게 된다.

마인드사이트를 계발하면 새로운 뉴런과 시냅스 연결이 만들어진다. 또한 회백질이 증가하며, 미엘린 수초가 증가하여 새 백질이 만들어진다. "자신의 생각과 타인의 생각을 파악하게 되면, 주변 세상을 새로운 방식으로 이해하고 적절히 대응할 능력을 돕는 뇌와 몸의 다양한 측면들이 서로 연결됩니다." 시걸은 말한다. "그 덕분에 개인적인 안녕이 증진되고, 더 건강한 대인관계가 가능해지는 것이죠."

이렇듯 중요한 변화에 시동을 걸기 위해 반드시 합숙 훈련에 참가할 필요는 없다. 지금 있는 곳에서 주기적으로 내면생활을 돌이켜보고 남과 대화할 때 더 성찰적인 태도로 임하는 것만으로도 변화를 시작할 수 있다. [159]

다음과 같은 연습을 해보라. 눈을 감고 자문하는 것이다. "지금 내 몸 안에서 무엇이 느껴지는가?" 근육의 긴장이 느껴질 수도 있고, 박동하는 심장과 호흡하는 폐, 파도처럼 밀려오는 신체적 감각들이 느껴질 수도 있다. 마음의 눈에 어떤 이미지들이 떠오르는가? 당신 내부에 어떤 느낌들이 있는가? [160] 다음에 스트레스를 느끼거나, 누군가와 스트레스 받는 대화를 나누고 있을 때 한번 이런 자문들을 해보라.

느낌과 생각을 살필 때 정신이 하는 활동은 뇌 안에 에너지를 만들어낸다. "뇌의 기본 세포인 뉴런의 세포막을 통해 드나드는 이온들이, 이 뉴런들의 소통을 가능하게 만드는 화학물질을 분비시킵니다." [161] 시걸은 말한다. 이런 전기화학적 에너지가 생애 초기의 역경으로 인해 연결이 부족해진 뇌의 영역들이 다시 연결되도록 도우면서 뉴런의 성장을 촉진하고 뇌를 강화한다.

"마인드사이트를 지닌 가족들에게는 회복탄력성이 있습니다." 시걸은 말한다.

앞서 5단계에서 소개한 명상 수련을 시작한다면, 이미 뇌를 통합시키는 뉴런 연결을 만들어내기 시작한 셈이다. 다음 몇 단계 역시 마인드사이트를 계발하는 데 도움이 될 훌륭한 방법들이다.

8. 자비

명상은 당신과 당신의 생각이 맺는 관계를 바꾼다. 당신이 곧 당신의 생각이 아님을, 머릿속에서 지난 일을 곱씹고 계속 이야기를 만들어내는 것이 실제로 당신 주위에서 일어나고 있는 일과는 무관할 수 있다는 사실을 일깨워준다. 그리고 명상 훈련의 일종인 자비 훈련(compassion training)에서는 오랫동안 품어온 분노와 적의, 냉담성을 떠나보내기 위해 자신과 타인에 대한 감정과 전제들을 적극적으로 뜯어보게끔 한다. 이는 공감과 이해, 타인과의 연결감을 키우고 자신에 대한 깊은 애정을 기르는 데 도움이 된다. 당신으로 하여금 어쩌면 평생 처음으로 자신의 편에 서게 해주는 것이다.

심신의학(mind-body medicine) 연구자이자 애리조나대학교 의대 교수인 찰스 레이존은 6주 동안 자비명상(compassion meditation) 훈련 프로그램에 참여한 청소년들이 훈련 전에 비해 염증 표지들이 감소했음을 발견했다.[162]

경비 등급이 높은 교도소들에서 수감자들에게 자비명상법을 가르치자, 폭력이 20% 이상 감소했다.[163]

옛 인도의 팔리어(성전어)로 '메타(metta, 영어로는 loving-kindness)' 명상이라고도 하는 자비명상의 가장 잘 알려진 형태는 놀라울 정도로 간단하며 위안이 된다(연민명상, 자애명상, 자비명상 등 각종 명상의 분류 방식에 대해서는 다양한 주장이 있다. -옮긴이). 당신 자신을 향한 연민으로 시작하자. 이것이 중요한 이유는, 자신을 용서하고 연민하지 못하면 남을 용서하기가 어렵기 때문이다.

우선 조용히 앉아 호흡에 집중하라. 마음이 가라앉고 주의가 흐트러지지 않은 상태를 찾으면, 마음속에 자신의 이미지를 떠올리고, 다음 글귀들을 소리 내어 말하며 자신의 안녕을 빌어라.

내가 사랑과 자비로 가득하기를.
내가 안전하고 보호받기를.
내가 사랑하고 사랑받기를.
내가 행복하고 만족하기를.
내가 건강하고 강하기를.
내 삶이 편안하게 펼쳐지기를.

각 문장을 반복해 말하면서 반드시 진심으로 받아들이라.
다음으로는 아끼고 사랑하는 사람에게로 주의를 옮겨라. 마음의 눈으로 그 사람을 바라보며 다시 한 번 읊으라.

당신이 사랑과 자비로 가득하기를.
당신이 안전하고 보호받기를.
당신이 사랑하고 사랑받기를.
당신이 행복하고 만족하기를.
당신이 건강하고 강하기를.
당신의 삶이 편안하게 펼쳐지기를.

이제 마음속에 동네 집배원이나 머리를 잘라주는 미용사처럼 당신이 익히 알지 못하는 사람을 떠올리라. 그들을 생각하며 다시 위의 문장들을 읊으라.

다음으로는 당신과 관계가 어긋났거나 불화가 있었던 사람, 당신에게 약간 아픔을 준 사람을 마음의 눈에 떠올리라. 단, 아직은 당신에게 트라우마를 주었다고 생각되는 사람을 떠올릴 때는 아니다. 안전하게 가자.

당신에게 어려움을 준 그 사람을 생각하면서 위의 여섯 문장을 읊으라.

마지막으로 당신의 자비심을 모든 존재에게로 확장하라.

모든 존재가 사랑과 자비로 가득하기를.

모든 존재가 안전하고 보호받기를.

모든 존재가 사랑하고 사랑받기를.

모든 존재가 행복하고 만족하기를.

모든 존재가 건강하고 강하기를.

모든 존재의 삶이 편안하게 펼쳐지기를.

자비 수련을 마무리하며, 눈을 뜨기 전에 잠시 그대로 앉아 온몸으로 퍼져나가는 자비의 평온한 감각을 만끽하라.

9. 용서

자비는 자신과 타인에 대한 분노를 떠나보내도록 돕는다. 건강한 성인이 된다는 건, 과거의 이야기 속에서 길을 잃지 않도록 막아줄 정신적 전략들을 개발한다는 뜻이기도 하다.

앞서 소개한 모든 단계들은 당신이 궁극적으로 과거를 떨쳐버리고 용서하고 미래로 나아가는 법을 배우지 못한다면 아무 의미도 없다.

불가능한 주문처럼 느껴질지도 모른다. 우리가 사랑했으며 우리를 보호했어야 마땅한 사람이 도리어 우리에게 만성적이고 예측 불가능한 독성 스트레스를 주었다면, 그를 용서하기는 어려울 것이다. 안전과 신뢰의 상실로 인해 우리가 치러야 했던 대가에 대해 분노하지 않기란 어려울 테다.

마음챙김과 명상의 교의를 서양에 소개하여 많은 변화를 이끈 것으로 유명한 불교 명상 지도자이자 심리학자 잭 콘필드 박사는 자신의 트라우마를 치유하기 위해 마음챙김 명상과 심리치료 둘 다를 활용했다. 용서와 자비의 중요성을 설파하는 콘필드는 용서에 대해 "괴로움과 슬픔, 과거의 고통과 배신이라는 짐을 떨쳐버리고 그 대신 사랑이라는 신비를 택하는 것"이라고 말한다.[164]

이는 과거에 일어난 일이나 누군가의 과오에 대해 그저 눈감으라는 의미가 아니다. 콘필드는 말한다. "용서하고 잊어버리자는 말이 아닙니다. 사실 용서에는 자신을 보호하고 다시는 이런 일이 일어나지 않도록 하겠다는 결의가 당연히 포함된다고도 볼 수 있습니다." 콘필드에 의하면 용서는 "감상적인 것도, 금방 할 수 있는 것도" 아니다. "문제를 흐지부지 덮고 미소 지으면서 '용서합니다'라고 말할 수는 없습니다. 용서는 마음 깊은 곳에서 일어나는 과정입니다. 그 과정에서 우리는 자신 혹은 타인에 대한 배신을—그 슬픔과 분노, 상처, 공포를—결코 가벼이 넘겨서는 안 됩니다." 그는 여기에 오랜 시간이 걸릴 수 있음을 인정한다. "실제로, 용서 수련을 하다 보면 그 사람을 결코 용서할 수 없다고 깨달을지도 모릅니다. '결코'라 함은 시간이 좀 걸린다는 뜻이지요."

콘필드는 말한다. "한데, 그렇다 해도 당신의 괴로움에 충실할 필요는 없습니다." 우리는 자주 우리의 괴로움과 회한, 상실에 너무 충실한 나머지 '내게 일어난 일'의 트라우마에 집중하는 경향이 있다. "그래요, 그 일이 일어났습니다. 그래요, 끔찍한 일이었죠. 하지만 그게 당신이라는 사람을 정의합니까?" 콘필드는 용서가 없다면 인생은 견딜 수 없는 것으로 전락하리라고 말한다. "용서 없는 세상은 상상하기 힘듭니다. 용서가 없다면 우리는 과거의 괴로움에 얽매여 계속 그것만을 곱씹고 있을 테니까요. 여기서 해방될 길은 없을 겁니다."

용서는 단지 타인을 위한 것이 아니다. 우리가 용서하는 까닭은, 과거에 대한 집착에서 비롯되는 극심한 괴로움에서 벗어나 살기 위해서다. 다시 말해, 콘필드의 표현대로, 용서는 "삶을 충만하게 살 자신의 역량을 위한 것"이다.

용서하고 싶다면 마음챙김 명상, 자비, 심상유도 수련이 도움이 될 것이다. 내가 좋아하는 용서 수련 중 하나는 워싱턴 D.C.에 있는 심신의학센터의 설립자이자 소장인 제임스 고든이 가르치는 4단계 용서명상(forgiveness meditation)이다.[165] 고든은 일군의 명상 전문가들을 이끌고 자연재해의 피해를 당하거나 전쟁 트라우마를 입은 세계 각지 아동들에게 마음챙김 수련을 가르쳐왔다.

이 수련에서 고든은, 의자에 앉아 편안한 명상 상태에 들어가서 호흡하고 이완하면서 분노나 원망을 느끼는 대상의 이미지를 마음속에 떠올려보라고 말한다. 그 사람이 당신의 맞은편 의자에 앉아 있다고 상상하라.

굳이 당신의 삶에서 가장 큰 상처를 준 사람으로 시작할 필요는 없다. 약간의 분노를 느끼는 사람이면 된다. 그 사람을 바라보며 말하라. "나는 당신을 용서합니다. 당신이 내게 어떤 해를 입혔든, 그게 고의든 고의가 아니었든, 나는 당신을 용서합니다." 그 사람에 대한 마음을 누그러뜨리라. 그가 잠시 당신의 마음속에 들어온다고 상상하라. 숨을 들이쉬며 그 사람을 마음에 담으라. 숨을 들이쉬고, 내쉬고, 그의 존재를 느끼면서 긴장을 풀고, 그에 대해, 그가 한 일에 대한 용서를 느끼며 호흡하라. 그런 상태에 1, 2분 이상 머무르라. 이제 그를 떠나보내면서 말하라. "나는 당신을 용서합니다."

한 단계를 마치고 다음 단계로 넘어가기 전에는 잠시 그대로 앉아 호흡하면서 몇 분 동안 휴식을 취하라.

다음으로는 당신이 어떤 방식으로든 상처를 준 사람을 떠올리며 이 과정을 반복하라. 그 사람이 당신의 맞은편 의자에 앉아 있다고 상상하고, 그를 보며 말하라. "제가 당신에게 어떤 해를 입혔든, 그게 고의였든 고의가 아니었든, 저를 용서하세요. 용서해 주십시오." 그 사람을 당신의 마음에 몇 분 동안 담고 있으면서, 그와 당신의 가슴이 하나로 녹아드는 것을 상상하라. 숨을 들이쉬고 내쉬면서, 그 사람에게서 당신을 향해 용서가 흘러나오는 것을 느끼라. 이제 그 사람을 떠나보내면서 용서해 주어 고맙다고 말하라. 두 사람 사이의 연결을 느껴보라.

이어 몇 분 동안 호흡을 한 뒤, 당신 자신의 이미지를 마음속에 떠올리라. 당신 자신이 당신의 맞은편 의자에 앉아 있다고 상상해 보라. 그런 자신을 보고 말하라. "당신이 스스로에게 무슨 해를 입혔다고 생각하든, 당신을 용서합니다. 당신 자신을 어떻게 실망시켰든, 당신을 용서합니다." 자기 자신에게 마음을 여는 감각을 느껴보라. 맞은편 의자에 앉은 당신의 이미지와 당신이, 둘의 마음이, 서로 연결된 것을 느껴보라. 그 느낌을 유지한 채 잠시 더 호흡하라.

마지막으로 용서의 느낌이 당신에게서, 당신의 마음으로부터, 용서가 필요한 지상의 모든 존재에게로 퍼져나가도록 하라. 이 느낌이 커지고 확장되도록 두면서 숨을 들이쉬고, 숨을 내쉬고, 이완하라. 당신 자신을 비

256

롯해 용서가 필요한 지상의 모든 존재에게 말하라. "나는 당신을 용서합니다." 천천히 호흡하면서, 의자에 앉아 바닥에 발을 대고 있는 당신 자신에 대한 의식으로 돌아오라. 준비가 되면 눈을 뜨라. 이어 찾아오는 이완과 내려놓음의 느낌을 만끽하라.

　이런 수련은 상처에 곧바로 붙이는 일회용 반창고와는 다르다. 콘필드는 이렇게 가르친다. "용서는 우리 인생의 모든 차원을 아우르는 것입니다. 용서는 몸의 작용입니다. 감정의 작용입니다. 마음의 작용입니다." 용서에는 "당신에게 일어나는 일들에 영향받지 않는, 사랑과 자유의 영원한 역량"을 활용하는 "정체성의 전환"이 수반된다.

　궁극적으로, 당신이 언제나 원해 온 그 삶을 만들고 싶다면 과거의 일을 떠나보낼 마음의 준비가 되어야 한다.

　용서는 바로 '자신'을 위한 것이다.

10. 몸 고치기, 몸 움직이기

　마음과 뇌를 단련시키고자 한다면, '투쟁, 도피 혹은 경직' 상태에서 오는 신체와 근육의 긴장을 평생 담고 살아왔기 쉬운 우리의 몸을 단련시키는 것이 중요하다. 아래의 방법들은 근육에 쌓인 긴장을 풀고 염증반응을 다스리는 데 특히 효과가 좋다.

〈요가〉

　요가 수련 후 PET(양전자방출 단층촬영) 스캔을 해보면, 뇌의 경계 본부라 할 편도체를 향한 뇌 혈류량이 줄고, 전두엽과 전전두 피질을 향한 혈류량은 늘어난 것으로 나타난다. 전두엽과 전전두 피질은 생애 초기에 역경을 겪을 때 접속이 끊어지는 영역이기에 잘 달래서 접속을 복구할 필요가 있다.[166] 요가 수련은 뇌 기능을 향상시키고 평온을 촉진하는 화학물질 감마아미노뷰티르산(gamma-aminobutyric acid, 감마아미노낙산, GABA)의 수치를 높인다. GABA가 부족하면 우울과 불안을 느끼기 쉽다.[167] 주기적으로 요가를 수련하는 사람들은 염증이 있음을 보여주는 생체지표가 극적으로 줄었으며, 이는 실험실에서 스트레스 검사를 받을 때에도 마찬가지였다.

〈트라우마 해소 운동〉

요가의 또 다른 이점은 '투쟁-도피 근육'이라고도 불리는 요근(허리근)의 긴장을 풀도록 도와주는 특정 자세들을 취하게 된다는 것이다. 요근은 요추부를 두 다리와 연결시키고 내장을 지지하는 근육이다. 갑작스럽게 공포나 걱정, 상실감을 느끼면 요근이 활성화되어, 싸우거나 발로 차거나 주먹을 휘두를 수 있도록 몸을 준비시킨다. 아동기의 부정적 경험에 노출되었던 사람들은 매 순간 투쟁-도피 모드로 공격에 대처할 준비를 하고 있는 동물처럼 요근이 팽팽하게 긴장되어 있다. 시간이 흐르면서 그 긴장은 지극히 정상적인 상태로 느껴지고, 그렇게 우리는 자신이 과거의 감정을 붙들어 놓고 있다는 사실조차 깨닫지 못한다.

데이비드 버셀리 박사는 스트레스와 역경, 생애 초기 트라우마의 결과로 근육에 축적된 긴장을 방출하도록 돕는 여섯 가지 트라우마 해소 운동(Trauma Release Exercises, TRE)을 개발했다. 긴장 해소는 근육의 떨림을 유발하는데(이를 신경성 떨림이라고 한다), 이를 통해 신체의 중심부(core)에 담겨 있던 깊고 만성적인 근육 긴장이 해소된다. 요근에 의해 보호되는 몸의 중심부에서 일어난 떨림은 몸 전체로 퍼져나간다. 척추를 타고 움직이면서 천골(엉치뼈)에서 두개골까지 깊고 만성적인 긴장을 해소시킨다.

메리는 수련하던 요가원에서 우연히 TRE의 개발자를 만나서 그 운동을 배우기 시작했다. "처음 TRE를 해보았을 때, 깊은 흔들림과 떨림이 일어났습니다. 다리가 떨리기 시작하더니 멈출 수가 없었어요." 메리는 자신의 몸 안에 억눌려 있던 엄청난 에너지가 분출되는 걸 느끼면서, "어렸을 적엔 겁이 나도 몸을 떨 수 없었다는 사실"을 깨달았다. "아버지를 겁낸다는 사실을 아버지에게 들켜서는 안 되었습니다. 그랬다가는 그 사실을 가지고 창피를 주었을 테니까요. 그래서 저는 감정을 억누르는 법을 배웠습니다. 어렸을 적에 아무도 달래주지 않을 걸 알았기에 절대 울지도 않았던 것처럼 말입니다. 저는 떠는 것조차 스스로에게 용납하지 않았습니다." TRE와 요가를 통해 긴장을 몸 바깥으로 내보내는 법을 배우면서 메리는 "보도블록 틈새에서 자라 오르는 꽃들처럼, 삶을 향해 움직이는" 기분을 느꼈다. 시간이 흐르며 그녀는 "몸의 움직임을 연습하면서 스스로를 위로하는 기술을 배운 덕분에, 대부분의 문제를 흥분하지 않으면서 처리할 능력이 생겼"다고 한다. "제가 자신에게 줄 수 있었던 선물이라 할까요." 그 결과 메리는 신체적으로도 더 나아졌다. 과민대장증후군과 극심했던 허리통증이 사라졌다. 자가면역성 백반증이 낳은 피부 색소의 영구적인 변화는 되돌릴 수 없지만, 질환 자체는 더 진행되지 않고 있다. "자살 충동을 유발하는 우울과 불안도 사라졌습니다. 이제 저는 제 안의 좋은 것들을 보았고, 살면서 제가 보이는 여러 재능이—남을 잘 보살피고 길러내는 제 능력이—생애 초기에 겪은 역경에서 유래했음을 알았습니다. 트라우마 상태에서 벗어나 해방되는 방법을 배운 이래 제 몸은 변했습니다." 메리는 말한다. "요즘엔 아픈 적도 거의 없어요. 지난 4년 동안 감기 한 번 걸리지 않았습니다."

〈바디워크〉

'치유를 위한 글쓰기'의 의사 버니 시걸은 우리가 속에 담고 살아온 아동기의 상처를 불러내고 떠나보내는 한 방법인 바디워크(bodywork)의 힘을 이야기한다(바디워크란 대체의학의 한 분야로 수기요법, 호흡기법, 또는 에너지 요법 등 인체를 다루는 다양한 요법 및 인간계발 기법의 총칭이며, 인체 내외의 기[氣]를 이용하는 경우가 많다.─옮긴이). 시걸 자신의 출생이 그의 어머니에게는 트라우마였다. 건강상의 이유로 인해 그녀는 제왕절개 수술을 받을 수 없었다. 분만이 어찌나 어렵고 오래 걸렸던지, 나중에 어머니가 시걸에게 한 말에 의하면, 그가 태어났을 때 간호사가 "아기가 아니라 보라색 멜론을" 건네주더라는 것이었다. 시걸은 머리가 일그러져 있었고 피부는 얼룩덜룩했다. 시걸의 부모님은 아기를 사람들에게서 숨겼다고 한다. 그러나 할머니는 갓 태어난 손주가 제 모습을 찾을 수 있도록 하루에 몇 차례씩 "보라색 머리"에 오일을 바르고 정성껏 마사지를 해주었다. 그녀의 손길 아래서 버니는 깊이 사랑받는 느낌이 들었다.

그로부터 50년이 지난 지금, 머리를 완전히 민 시걸은 종종 치료 목적으로 전신 마사지를 받는다. 그런데 하루는 평소에 그를 담당하던 마사지 치료사가 바빠서 치료사의 아내에게 마사지를 받게 되었다. 시걸은 몸을 이완시키는 마사지를 기대하며 눈을 감았다. 새 치료사는 부드럽고 여성스러운 손에 오일을 바르고 시걸의 민머리를 문지르기 시작했다. 문득 정신을 차렸을 때, 그는 자신이 잠시 의식을 잃었던 것을 깨달았다. 남성 치료사가 마사지할 때는 한 번도 일어난 적 없는 일이었다.

시걸이 의식을 되찾고 눈을 떠보니 사람들이 자신을 둘러싸고는 당황해하고 있었다. 그들은 말했다. "우리가 말을 걸어도 당신이 전혀 반응하지 않았어요! 뇌졸중을 일으킨 줄 알았어요!" 지금 시걸은 설명한다. "그때 저는 무슨 일이 일어난 건지 정확히 알았습니다. 저는 트라우마를 입은 아기로 돌아갔던 거예요." 여성 치료사의 손길이 닿은 순간, 지금껏 몸에 저장되어 있던 트라우마의 기억이 되돌아온 것이다(이런 것을 신체기억[body memory]이라고 한다. 신체기억 가설의 일종인 세포기억[cellular memory]의 가능성은 실험을 통해 어느 정도 증명이 되었으나, 뇌 이외의 조직이 구체적으로 어떻게 기억을 저장할 수 있는지는 아직 알아내지 못했다고 한다. ─옮긴이). 다만 이제 시걸은 성인이었고, 이미 자가 치유를 이미 많이 거쳤기에, 수면 아래 잠겨 있던 그 감정들 속을 안전하게 헤쳐나와 정신을 차릴 수 있었다. 의사 생활을 하며 그는 사람의 손길을 받지 못하는 아기들은 주무름을 많이 받고 남과 살갗 접촉이 잦은 아기들에 비해 몸무게가 덜 늘고 발달도 느리다는 사실을 알았다. 그는 애정 어린 손길을 주었던 할머니에게 다시금 고마운 마음이 들면서, 그 손길의 도움으로 그가 낫고 잘 성장할 수 있었음을 또 한 번 느낄 수 있었다. 출생 시에 겪은 트라우마의 고통은 이제 사라지고 없었다.

바디워크가 치유를 돕는 원리와 이유를 과학적 증거로 설명할 수는 없지만, 내가 면담하고 이 책에 인용한 많은 사람들에게 바디워크 요법들은 인생을 바꿔주는 역할을 했다.

볼티모어의 마사지 숍인 '마사지 로'에서는 고객이 직접 치료사의 손을 자신이 고통을 느끼는 부위로 이끌도록 한다. 그러면 치료사가 손으로 그 부위에 압력을 가해 몸 깊숙한 곳의 근육 조직이 풀리도록 한다. 그때 몸 안에 저장되었던 감정이 더불어 풀려나기도 한다. 1970년대에 개발된 코어 에너제틱스(Core Energetics, CE) 요법의 마사지에서는 치료사들이 긴장된 근육을 이완시키는 동시에 몸 안에서 막혀 있던 에너지의 흐름도 풀어주어서 고객이 감정을 표현할 수 있게끔 한다. 접촉요법(Therapeutic Touch, 치료적 접촉, TT)이란 환자의 에너지 장을 민감하게 파악하도록 훈련받은 치료사가 환자와의 직접적인 접촉 없이 에너지 장을 통해 치료하는 방식이다. 이와 비슷한 요법으로 기(氣)치료, 지압 마사지, 두개천골요법(craniosacral therapy, CST) 등이 있다.

어느 요법을 택하든, 중요한 것은 치료사와의 관계를 당신이 안전하다고 느끼는 방식으로 맺는 것이다.

메리는 "직관의학자(medical intuitive, 직관력을 이용한 통찰을 통해 신체적, 정서적 문제의 원인을 파악한다는 대체의학 종사자–옮긴이)인 에너지 치료사"에게 바디워크를 받은 것이 자신의 치유를 도왔다고 생각한다.

그녀는 회상한다. "세션이 시작되고 10분쯤 지나면 신체적 감각에 변화가 생겼습니다. 항상 마음속을 억누르고 있던 엄청난 불안감에서 완전히 해방되는 경험을 하곤 했습니다." 선물처럼 찾아오는 해방감이었다. "직관의학 치료사는 저를 평화롭고, 신뢰하며, 치유되는 상태로 이끌 수 있었습니다. 저 혼자서는 불가능한 방식으로요. 저는 생애 처음으로 누군가의 손 안에서 긴장을 풀고 신체적으로 안전하다고 느낄 수 있었습니다." 세션이 끝나고 공포와 불안이 다시 고개를 내밀면 메리는 "누군가의 손 안에서 안전하다고 느낀 그 감각을 다시 불러오고, 현실 세계에서 부정적 감정을 촉발하는 요인들을 마주칠 때마다 그 평온한 느낌을 기억"했다고 한다. "위안을 받고 세상과 화해하는 그 느낌을 내면화한 겁니다."

치유를 향한 탐색에 나선 로라는 마사지 로에도 가보고 코어 에너제틱스 요법도 받아 보았고, 둘 다에서 "알고 있지만 상기하지는 못했던" 기억들을 떠올릴 수 있었다. 그녀는 어느 날 치료 세션에서 일어난 일을 내게 들려주었다. "치료사가 제 횡격막 부위를 어루만지고 있는데, 저도 모르게 큰 소리가 나오는 거였어요. '내게 이러지 말아요, 제발 그만둬요!' 저는 흐느끼면서 어린아이처럼 발버둥을 치고 있었습니다. 완전한 무력감과 공포심이 저를 사로잡더니 이내 사라지기 시작했습니다. 또 다른 날엔 치료사가 제 배를 만졌을 때 저도 모르게 이렇게 소리치며 울었습니다. '난 이 무게를 감당할 수 없어요! 이렇게 무거운 걸 올려놓지 말아요!' 그때 저는 어머니를 돌봐야 하고, 저의 세계에서 유일한 어른으로 살아가야 했던 청소년기의 그 모든 무게를 느낀 겁니다." 세션을 여러 차례 거듭하면서 과거의 고통은 수그러들기 시작했다. 로라는 과거를 "떠나보내고 있다고" 느낀다.

11. 장을 통한 마음 관리

세포 수준에서 들여다볼 때, 우리 몸은 대부분 박테리아로 이루어져 있다고 할 수 있다. 실제로 체내 단세포 생물(대부분이 박테리아다)의 수는 우리의 체세포보다 10배나 많으며, 그 대다수가 장에 살고 있다. 장내 '미생물군집'('미생물총'이라고도 하며 원 용어는 'microbiota 또는 microbiome'인데, 뒤의 것은 본디 '미생물군 유전체'를 뜻한다. –옮긴이)'이라고 불리는 이들 박테리아는 우리의 소화기 건강을 결정하고, 뇌의 상태에도 영향을 미친다.[168] 스트레스를 받으면 장내 박테리아 군집의 다양성이 줄어들고, 그에 따라 더 많은 유해 박테리아가 장을 뒤덮게 된다. 스트레스는 과민대장증후군과 염증성 장 질환과 같은 장의 이상을 악화시킨다. 최근의 연구 결과, 소화기 내에 존재하는 수십조 개의 박테리아는 복잡한 신경회로망을 통해 뇌로 메시지를 전달함으로써 우리의 마음 상태에 강력한 영향을 발휘한다고 한다. 뇌와 장 사이에 양방향의 되먹임 고리(feedback loop)가 존재하는 것이다. 정서적 역경, 정신적 스트레스, 트라우마는 장내에 유해한 박테리아가 더 증식하게 만들고, 유해한 장내 박테리아는 다시 저조한 기분, 불안, 우울로 이어지고, 역경이나 스트레스 상황에서 회복탄력성이 떨어지는 경향을 낳는다.

여기엔 두 가지 주된 이유가 있다. 첫째로, 장내 박테리아는 기분에 크게 영향을 주는 호르몬인 세로토닌의 체내 공급량 중 80% 이상을 생산한다. 둘째로, 프로바이오틱스(probiotics, 유산균 등 몸에 유익한 장내 박테리아를 증식시키는 식이 보충제. 본디는 적당량을 섭취하면 몸에 이로운 미생물, 즉 유익균을 총칭하는 말이다.─옮긴이)에 함유된 것과 같은 좋은 장내 미생물은 감마아미노뷰티르산(GABA)를 비롯한 뇌내 신경전달물질의 수용체에 직접적인 영향을 준다. 프로바이오틱스를 투여한 쥐는 스트레스로 인해 분비되는 호르몬들의 수치가 낮아졌고, 불안과 우울 관련 행동도 줄었다.

장내 박테리아와 뇌 사이의 메시지가 어떻게 전달되는지 아는가? 바로 염증성 스트레스 반응의 주된 조정자인 미주신경을 통해서다. 이것이 과학자들이 장을 "두 번째 뇌"라고 부르기 시작한 이유다. 장내 미생물군집은 신경 발달, 뇌 내의 화학작용, 감정적 행동, 고통 인지, 학습, 기억 등에 큰 영향을 미친다. 장내의 특정 미생물들이 불안장애와 우울증 같은 스트레스 관련 질환의 치료에 유용한 것으로 밝혀질지도 모른다.[169]

캘리포니아대학교 로스앤젤레스 캠퍼스에서 스트레스의 신경생물학 센터를 이끌고 있는 위장병 전문의 에머런 메이어 박사에 따르면, 뇌와 소통할 수 있는 장의 다면적인 능력을 감안할 때 "장이 마음의 상태와 관련해 중대한 역할을 하지 않는다고 생각하기는 거의 불가능하다."[170]

식단을 개선하고 가공식품과 설탕 섭취를 줄이고 녹색 채소와 과일, 프로바이오틱스가 풍부한 발효식품 섭취를 늘리는 것이 장의 치유에 매우 중요한 역할을 할 수 있다. 이는 생애 초기의 트라우마로 인해 고통받는 사람들이 신체와 뇌 둘 다를 치유하는 데에도 도움이 될 것이다. 장내 미생물들이 우리의 뇌를 통제한다면, 장내 미생물군집을 건강하게 만들기 위해 아낌없이 노력해야 마땅하다. 신경 경로들이 우리 뇌의 시냅스들을 통해 올바른 메시지를 전달하기 위해 필요로 하는 모든 세로토닌과 영양소를 제공해야 한다. 치유에 도움이 되는 다른 일들은 뭐든 부지런히 하면서, 구태여 스트레스 수용체들을 더 반응적으로 만드는 식사를 할 이유가 있을까?

이 책에서 추적한 사람들 중 여러 명이 치유를 촉진하기 위해 영양에도 주의를 기울였다. 엘리는 자가면역성 건선, 우울증, 불안을 줄이고자 식단에 신경을 썼다. 가공식품과 설탕 대신 잎채소를 비롯한 채소와 과일을 먹기 시작했다. 그러자 우선 일과 중에 "머릿속 안개가 걷히는 게" 느껴졌고, 몇 달 지나지 않아 불안이 줄었다고 엘리는 말한다. "자살에 대한 생각이 사라졌습니다. 제가 전보다 낙관적인 사람이 되고 있다는 느낌이 들었어요. 미묘한 변화였지만, 저는 엄연히 달라지고 있었습니다. 마치 음식이 제 마음과 몸을 변화시키는 듯한 기분이었어요." 엘리는 이윽고 또 하나 개선된 점을 눈치챘다. "아침에 일어날 때 좋은 기분이 들기 시작했습니다. 저는 평생 동안 제가 아침형 인간이 아니라고 주장해 왔고, 10시나 11시에 기상하는 게 저로서는 최선이었습니다. 그런데 어느 날 아침 7시 30분에 잠을 깨고 일어났어요. 창밖에서 지저귀는 새소리가 들렸습니다. 마치 어깨에 멘 10kg짜리 짐을 내려놓은 기분이었어요. 그때 깨달음이 일었습니다. 저는 깨어 있었고, 정신이 또렷했고, 살아 있었습니다."

자가면역성 건선도 줄었다. "아주 여러 해 만에 처음으로 피부가 깨끗해졌어요."

엘리는 홀리스틱 영양사 겸 코치 자격증을 따기로 결심했다. "과거에 우리에게 어떤 일이 있었든, 장과 마음의 연결고리를 다루고 장내 미생물군집에 변화를 주려고 노력한다면, 우리의 신체적·정신적 건강의 이야기를 다시 쓰는 데 도움이 될 수 있다고 느낍니다."

평생 셀리악병을 앓은 켄들도 식단을 바꿈으로써 장 내벽의 상피를 다시 자라게 하는 데 도움을 얻었다. 존도 식단 덕분에 자신이 더 건강해졌다고 믿는다. 캣 역시 "장을 치유"하기 시작한 것이 서서히 마음을 치유해가는 데 도움이 되었다고 느낀다. "다섯 살 적 그 스테이션왜건에 앉아서 엄마에게 무슨 나쁜 일이 일어났다는 걸 직감하면서도 스스로에겐 다 괜찮다고 말하던 그 순간부터 저는 평생 장의 이야기를 듣는 데 문제가 있었습니다(장을 뜻하는 'gut'에는 '직감'이라는 의미도 있다. ─옮긴이). 이제 장이 스스로를 치유하기 위해 필요로 하는 것에 주의를 기울여야 한다는 게 온당하게 느껴집니다." 캣은 유제품, 글루텐, 설탕, 가공된 탄수화물 등 유해 박테리아를 키우고 면역계의 반응을 일으킬 수 있는 식품을 전부 끊고 깨끗한 식단을 유지했다. 그녀는 식단에 "발효된 김치, 사워크라우트, 프로바이오틱스" 같은, 장 내에 좋은 박테리아를 키워줄 식품을 더했다. 그녀의 기분에 확실하게 변화가 일어나기까지는 여섯 달이 걸렸지만, "영양사와 협력하여 식단을 바꾼 것은 치유를 향한 저의 여정에 가장 큰 도움을 준 일 중 하나였습니다"라고 캣은 말한다.

온전한 사람이 되고자 모든 노력을 기울인 캣은 "마침내 제 과거의 각본을 다시 쓰고 있는" 기분이라고 한다. "저는 이제 과거를 돌이켜보면서 제 삶의 이야기와 지금의 저라는 사람을 만드는 데 관여한 모든 것에 진정으로 고마움을 느낀다고 말할 수 있습니다. 저는 제 이야기에 의미를 부여함으로써 그것을 다시 쓰고 있고, 현재 라이프 코치로 일하면서 다른 사람들도 그렇게 하도록 돕고 있습니다."

캣이 즐겨 하는 생각이 있다. "사람들이 저를 보고 스스로에게 이렇게 말할 수 있잖아요. '자기 뇌와 몸, 관계들, 그리고 인생의 이야기를 전부 새로 쓴 사람이 여기 있군.' 제가 그 모든 일을 겪고도 트라우마로 점철된 삶을 즐거운 삶으로 바꿀 수 있었다면, 그들 역시 치유될 수 있습니다."

12. 혼자가 아니다, 연결하라

우리는 때로 관계에서 상처를 받지만, 또한 관계에서 치유를 받기도 한다. 건강하게 상호작용을 하고 서로 지지하는 관계에 있을 때, 우리가 "돌봄을 받고 친교를 나눈다"고 느낄 때, 몸과 뇌 역시 더 나은 치유의 기회를 누리게 된다. 예를 들어 강한 사회적 유대 관계는 여성에게서 유방암과 다발경화증을 비롯한 여러 질환들이 더 잘 낫도록 돕는다.[171] 그 이유의 하나는 서로 지지하는 긍정적 상호작용이, 과잉 활성화된 염증성 스트레스 반응을 조정하고 누그러뜨리도록 돕는 "기분 좋은" 호르몬, 옥시토신을 더 많이 생산하도록 거들기 때문이다.[172]

상실감, 수치심, 죄책감, 불안, 슬픔을 느끼는 사람이 당신 혼자가 아님을 아는 건 중요하다. 아동기역경후증후군이 어떤 결과들을 불러오는지 이해하는 사람들에게 손을 내밀면 당신은 응원을 받을 뿐 아니라 인생을 보는 넓은 시야도 얻을 것이다. 당신의 이야기가 인류 차원의 더 큰 상처를 구성하는 수많은 이야기 중 하나일 뿐임을 알게 될 테니까.

당신의 고통이 혼자만의 고통이 아니고 아주 많은 사람들이—당신 주위 사람들의 적어도 64%가 성인기 건강에 영향을 줄 수 있는 역경의 이력을 지니고 있다—함께 겪는 것임을 이해하게 되면, 서로 지지하고 치유를 위한 아이디어를 나누기 시작할 수 있다. 지금 당신이 어떤 상태, 어떤 시점에 있든, 바로 거기서부터 치유를 시작할 길을 찾을 수 있다.

지역사회의 마음챙김 명상 그룹에 가입하거나 MBSR 수업을 듣는 것도 좋고, 당신이 건강한 관계를 맺고 있는 아끼는 친구들, 자신의 이야기와 자신에게 유익했던 정보와 방법들을 아낌없이 공유하고자 하는 친구들에게 도움을 청하는 것도 좋다. 아동기의 부정적 경험 설문지 혹은 이 책을 그것의 도움이 필요해 보이는 가족이나 친구, 동료에게 건네주면서 더 깊고 솔직한 대화를 시작하는 계기를 만들어볼 수도 있겠다.

제7장

전문가의 도움으로
아동기역경후증후군 치료하기

아무리 최선을 다해도 혼자서는 치유할 수 없는 경우가 있다. 그럴 때는 잘 훈련받은 전문가의 도움이 필요하다.

1. 심리치료의 중요성

심리학자이자 명상 지도자인 잭 콘필드 박사에 따르면, 해결되지 않은 문제들을 치료적 관계(therapeutic relationship) 속으로 가져와서, 그 관계의 도움을 받아 과거를 분석해 내야 할 때가 있다(치료적 관계란 의사·치료사·상담자 등 건강 전문가와 내담자 혹은 환자 사이에 형성되는 상호작용적 관계를 말하며, '치료적 동맹'이라고도 한다. 이상적인 치료적 관계를 위해서는 치료자의 진정성과 대상에 대한 무조건적 존중, 공감에 바탕을 둔 이해가 필요하다. –옮긴이). "명상으로도 항상 충분하지는 않다"는 것이다. 콘필드는 "폭력적이고 학대하는 아버지 슬하에서 자라는 고통"을 겪었고, 그러한 아동기에 따르기 마련인 "마음 속 깊이 도사린 공포"를 지니고 살았다. 콘필드는 많은 명상 교사와 제자들이 "해결되지 않은 슬픔, 두려움, 상처, 마무리되지 않은 과거사를 잔뜩 짊어지고" 명상을 찾는다고 말한다. 여러 해 동안 깊은 수련을 한 명상 교사들조차 "존재의 주요한 영역들이 무의식에 머물러 있거나, 두려움에 휩싸여 있거나, 접속이 끊겨 있으며, 이런 문제들을 해결하기 위해 심리치료(psychotherapy)가 필요"할 수 있다는 것이다. 콘필드의 표현을 빌리자면, 우리에게는 "깊은 치료적 관계"의 도움을 받아야 할 때가 있다.[173] 그 스스로도 명상 수련에 더해 "나 자신은 의식하지 못하는 동작이나 감정에 주의를 환기시켜 줄 노련한 치료사"와 힘을 모을 필요가 있음을 깨달았다.

노련한 치료사와의 치료적 관계 속에서 무언가 "오래된" 것을 경험하면 그 오래된 기억은, 당신의 마음에 주파수를 맞춰주고 당신을 보아주고 당신이 무엇을 겪었든 있는 그대로 받아들이는 사람 앞에서 자신을 드러낸다는 긍정적 경험과 짝지어진다. 그렇게 치유가 시작된다. 당신은 아마도 난생처음으로 신뢰를 느끼기 시작한다. 이런 과정이 반복될 때, 지금껏 당신에게 아무것도 신뢰할 수 없다고 말해 온 뇌 속의 낡은 회로들에 변화가 일어난다. 새 신경세포와 시냅스들이 생성되고, 그로써 새로운 습관과 타인에 대한 새로운 반응들이 만들어진다. 실제로, 이런 치료의 주요한 효력 하나는 성인이 되어 당신이 마침내 안전한 사람에게 애착을 가지는 법을 배울 수 있다는 점이다. 당신은 타인과 관계를 맺고, 어울리고, 상호작용하고, 유대를 맺는 것을 안전하게 느끼기 시작한다. 당신에 대한 치료사의 무조건적인 수용은 이렇게 당신의 뇌 회로를 다시 배선하여 더 온전하고 건강한 자아감을 가질 수 있도록 한다.[174]

치료는 저 깊이 세포 수준에서도 효과를 보인다. 트라우마를 초래할 정도의 스트레스가 DNA에 입힌 손상 역시 치유가 가능한 것이다. 트라우마 환자들은 다른 사람들보다 DNA가 더 많이 손상된 상태이기 일쑤지만, 치료는 분자 수준에서 DNA의 온전성에 긍정적 변화를 일으키며 심지어는 DNA를 고치기도 한다. 어떤 연구에서는 치료를 마치고 1년이 지난

사람들에게서도 이런 변화가 유지되었다.[175)]

빈센트 펠리티 박사에게는 58세의 환자가 있었다.[176)] 그의 연구에서 익명으로 처리된 그 환자를 여기서는 앨리스라고 부르겠다. 앨리스는 일생 동안 자신이 겪은 신체적·정서적 고통에서 아동기의 부정적 경험들이 어떤 역할을 했는지 알게 되었고, 치료 과정이 지닌 힘을 발견했다. 그녀는 어렸을 적의 자기는 건강 문제를 달고 사는, 비쩍 마르고 고분고분한 아이였다고 펠리티에게 보낸 편지에 썼다. 그녀에게 남아 있는 어린 시절의 기억은 얼마 되지 않는다. 일곱 살 적에 체벌로 엉덩이를 맞았던 것, 침대 옆에 야구방망이를 두고 자던 것, 소아과 의사가 기막혀할 정도로 자주 감염증이 생겼던 것 등. 의사는 그녀의 입술과 손톱이 어째서 자주 파래지는지도 걱정했다. 의사들은 앨리스의 편도선과 아데노이드를 제거했고, 흉선(가슴샘)에 방사선을 쬐었다. 12세의 나이에 앨리스에게는 의사가 "청진기 없이 들을 수 있는" 심장잡음이 생겼다. 이어진 30년 동안 그녀는 중증 골반염, 유선염, 심한 골반 통증, 불안, 우울, 자살 생각 따위에 시달렸다. 멍해지고 신경질적이 되는 일도 잦았다.

앨리스는 결혼했다가 이혼한 뒤 혼자 어린아이 둘을 키우면서, 아이들을 위해서라도 더 건강해져야겠다고 생각했다. 그녀는 자신에게 "심한 아동기 기억상실"이 있는 이유, 자신이 항상 "비참한 기분을 느끼는" 이유를 알아내겠다고 결심했다. 앨리스는 치료사를 만나 자신을 괴롭히는 악몽에 대해 말했다. 그 악몽에서 그녀는 "벨트 버클이 딸깍거리는 소리와 지퍼의 찍 소리"를 듣곤 했다. 여러 세션을 거친 뒤, 앨리스는 치료사의 인도하에 극도로 불안하고 혼란스러웠던 일곱 살 적 자신을 발견했고, 엉덩이를 맞은 날에 대해 입을 열었다. 앨리스는 오래전 그 사건의 고통과 공포를 다시 체험했다. 치료를 받는 동안 그녀는 자신에게 해를 입힌 사람이 할아버지임을 깨달았고, 아동기 기억의 빈 자리들을 많은 부분 채워 넣었다. 앨리스는 안전한 치료 환경에서 노련한 전문가의 조력하에 어렸을 적 단 한 번도 느끼지 못한 안도감을 느끼기 시작했다. 그렇게 치유가 시작되었다.

그녀가 다음번 연례 심장검진을 받으러 가니 담당 의사가 심장잡음이 사라졌다고 말했다. 고통의 근원을 기억해 내자 신체적 고통과 질환에 차도가 생긴 것이다.

2. 신체감각 알아차리기

역경과 트라우마가 닥치면 아이들은 방어적인 투쟁-도피 전략을 취하거나, 자기 몸이 느끼는 것을 거의 의식하지 못하는 '경직(동결)' 상태에 들어간다. 아동기에 역경과 트라우마를 겪은 환자를 치료하는 심리학자들은 환자들이 자신의 느낌을 알아차리고 통제할 수 있도록, 지금껏 잃고 살아온 느낌들을 그들이 편안하게 느끼는 속도로 되살려 주고자 한다. 그러기 위한 제일 좋은 방법은 신체감각 알아차리기(Somatic Experiencing, SE)라고 하는 것으로, 몸에서 지각하는 감각들에 집중하도록 돕는 요법이다(SE는 '신체중심 경험요법', '체험적 경험요법', 또는 '소매틱 경험요법'이라고도 한다.-옮긴이).

이 요법을 처음 개발한 사람은 신체감각 알아차리기 트라우마 연구소 소장인 피터 A. 러빈 박사다.[177] 그는 야생동물들이 목숨이 위험한 상황에 처하면 공포로 몸이 굳지만, 이내 원상태를 회복하는 것에 착안했다. 위협이 지나가면 야생동물들은 저도 모르게 몸을 떨거나 흔들어서 '투쟁, 도피, 혹은 경직' 상태에서 안에 담고 있던 신체적 긴장을 자연스럽게 전부 털어버린다. 이런 신체적 에너지 소비, 이런 방출 덕분에 동물들은 호흡 패턴을 되돌려 다시 깊은 숨을 쉬기 시작하며, 그에 따라 자율신경계가 정상으로 돌아오고, 신체는 평형 상태를 되찾는다. 동물들은 다시 중심을 잡는다. 공포는 사라지고, 몸 안을 휩쌌던 그 공포와 긴장이 유발한 과잉 에너지도 전부 사라진다. 이제 다시 일상을 이어갈 수 있다.

신체감각 알아차리기 요법은 트라우마적 사건을 겪는 동안 우리 몸에 축적된 모든 감정과 감각들을 안전하게 버리도록 해줌으로써 우리를 치유로 이끈다. 훈련받은 치료사들은 아동기역경후증후군이나 발달트라우마, 충격트라우마(shock trauma, 심한 출혈이나 부상 등 신체에 가해진 큰 충격에 의해 발생하는 트라우마-옮긴이), PTSD로 인한 증상들을 비롯해, 다양한 트라우마와 관련된 정신적·신체적 건강 문제의 증상들을 경감시키는 데 이 요법을 활용한다.

신체감각 알아차리기 요법을 받는 사람들은 자신에게 트라우마를 준 경험에 대해 말하라는 요구를 받지 않는다. 그들이 해야 할 일은 단지 신체가 스트레스를 어떻게 조절하는지 배우고, 신체감각을 알아차리고, 그 감각들에 주의를 기울여 어떤 느낌과 생각과 이미지가 떠오르는지 확인하는 것이다. 서서히, 안전한 환경에서, 피치료자들은 과거에 겪은 괴로움을 조금씩 경험하고, 몸에 쌓인 문제의 에너지를 방출하여 신경계의 평형을 되찾는 방법을 배운다. 시간이 흐르면서 그들의 가장 어려운 감정들이 속속 안전하게 드러나기 시작한다.

서서히 떠오르는 신체적 감각과 기억들을 다루기 위해 피치료자는 '진자운동(pendulation)'이라고 불리는 과정을 배운다. 이를 위해 마음속에 '안전한 장소'를 설정한다. 그 장소는 언제든 안도감을 느끼기 위해 찾아갈 수 있는 접점이 된다. 그곳은 자신과 가까운 사람이나 자신을 도와준 은인에 대한 기억일 수도 있고, 가본 적이 있거나 상상한—흔히 자연의—안전한 장소일 수도 있다. 혹은 단순히 지금 이 순간에 발 딛고 있도록 도와주는 물건을 손에 쥐는 것도 하나의 방법이다.

피치료자는 과거의 역경이나 트라우마가 유발하는 다루기 어려운 신체 감각 및 감정과 안전한 장소 사이를 진자처럼 오간다. 생애 초기의 스트레스를 안전하게 다시 대면하고 놓아 보냄으로써 신경계의 평형을 되찾는 방법을 배운다. 러빈은 이 진자운동을 "수축과 확장의 리듬"이라고 부른다.

진자운동은 스트레스에 반응하는 흥분 상태를 방출시키는 동시에 달랜다. 피치료자는 눈물을 흘리거나 흐느끼면서, 심지어는 몸을 떨면서 트라우마의 감각을 방출하고는 '안전한 장소'로 돌아가서 곧 다시 수월하게 호흡할 수 있는 상태에 이르게 된다. 이는 자율신경계가 흥분을 가라앉히고 치유되고 있다는 주된 징후다.

이 같은 진자운동을 배우면서 피치료자는 인내할 수 있는 영역을 더 넓혀나가고, 그럼으로써 삶의 흔들림들에 좀 더 잘 대처할 수 있게 된다.

통제하려 드는 어머니와 분노 폭발이 잦은 아버지 아래서 자라면서 "다툼이 실제로 일어나기도 전에" 긴장을 포착할 정도로 예민해진 조지아가 어릴 적 부모님과 살며 생긴 트라우마, 만성적인 건강 문제들, 여러 차례 허리 수술을 받은 트라우마에도 불구하고 새로운 수준의 치유를 향해 나아갈 수 있었던 것도 신체감각 알아차리기 요법을 통해서였다. "저는 '정서적 재활 계획'이 필요하다고 생각했습니다. 치유의 길에 오르거나, 아니면 다 접고 그만둬야 했어요."

조지아는 마음챙김 명상으로 시작했다. 마음챙김은 강력한 효과를 발휘했지만, 조지아는 자신의 신체, 자신의 감정과 다시 연결할 수 있도록 도와줄 일대일의 지도가 필요하다는 판단 아래 신체감각 알아차리기 요법을 시작해서 1년 이상 매주 한 차례씩 치료사를 만났다. 그녀는 말한다. "저의 치료사는 제 몸이 어떻게 소리를 내는지를 제가 깨닫도록 도와주었습니다. 가끔은 치료사가 저 스스로는 인지하지 못한 저의 미세한 반응을 포착하고선 '방금 무슨 일이 있었지요?' 하고 묻기도 했습니다. '무슨 말인지 모르겠어요'라고 대답하면, 그녀는 제게 잠시 가만히 있어 보라고 했습니다. 그제야 저는 제가 눈물을 참고 있었다는 걸 깨달았습니다. 제가 '슬퍼요'라고 말하면, 그녀는 '어디가요?'라고 물었습니다. 저의 슬픔은 자주 어깨뼈(견갑골) 아래에서 날카로운 통증과 함께 시작되었습니다. 슬픔을 그곳에 머무르게 놔두지 않고 표면으로 끌어올리면—대개 눈물의 형태로였는데—통증은 저 아래 허리로 퍼져가곤 했습니다. 통증은 제가 귀를 기울이기 전에는 사라지지 않았어요." 어떤 때는 위와 복부에서 불편이 느껴졌다. 치료사는 조지아가 신체의 중심부에 단단히 붙들어둔 신체적·정서적 고통에 주의를 집중하게끔 도왔다.

이제 조지아는 신체감각 알아차리기 요법에서 배운 기술들을 일상의 정서적 고통과 신체적 질환을 관리하는 데 활용한다. "아주 격렬한 감정을 느낄 때는, 작은 단계로 나누어 접근합니다. 우선 제게 편안한 장소를 찾고, 조금씩 고통스러운 것을 다뤄나가는 거죠."

조지아는 말한다. "슬픔을 느끼면 저는 주의를 집중하고, 제 몸과 대화를 나누기 시작합니다. 무엇이 필요한지 몸에게 묻지요. 이제는 제 어깨의 고통이나 위장관 증상—'직감'을 뜻하기도 하는 '뱃속의 느낌(gut feeling)'—이 시작되면 곧바로 그 감각에 귀 기울이는 법을 배웠습니다. 고통이 저를 마비시킬 때까지 놔두는 일은 더 이상 없습니다."

그녀는 일상 속에서 늘 자신을 달래는 법도 배웠다. "평생 성취를 향해 초고속도로를 달리던 사람은 고통에 휩싸여 있을 때조차도 한 걸음 물러나 자신에게 편안한 순간들을 만들어주는 걸 어렵게 여깁니다. 하지만 저는 위안의 기술을 배우고 있어요. 짬을 내어 차 한 잔을 들고 현관 앞에 앉아 햇살을 즐기고, 하루 종일 가고 싶었던 산책을 가고, 가만히 누워 제가 입양한 유기견을 끌어안고 좋은 행복 호르몬이 밀려오는 걸 만끽하는 등 저 자신을 돌보는 법을 익혀가고 있습니다."

조지아는 "몸이 말하지 않아도 되도록, 목소리로 말하는 법을" 배웠다고 한다. 그녀는 자기애적 성향이 있는 어머니와의 사이에 경계를 설정하고 "엄마, 그만하세요"라고 말할 수 있게 되었다. 그녀에게 해로운 이성 관계나 교우 관계에선 스스로 물러났다. "저는 제 몸에 귀를 기울이면서, 제가 오래전 생존을 위협받을 때 느꼈던 그 유독성의 흥분을 다시 경험하게 만드는 것이 어떤 사람, 어떤 상호작용, 어떤 유형의 압박인지를 배웠습니다."

신체감각 알아차리기 요법은 트라우마를 경험한 사람이 긴장의 끈을 늦추고, 고통스러운 감각을 편안하게 경험하고, 느낌에 압도되지 않고 인내하도록 돕는다. 안전하다는 느낌 속에서 스스로의 감정 상태를 인지할 수 있는 사람은 자신의 감정과 행동을 조절할 수 있다.

신체감각 알아차리기를 익히면 언제 자신이 분노나 불안으로 폭발하고, 과잉 반응을 하고, 평정을 잃고, 마음에도 없는 말과 행동을 하는 상태에 돌입할지를 알아차리는 데도 도움이 된다. 자신이 과민 상태가 되었다는 징후들—근육의 긴장, 목의 통증, 호흡하기를 잊는 것, 고통이나 무감각, 신체적 불편, 독감 증세 같은 피로 등등—을 '듣는' 법을 배우기 때문이다. 그렇게 당신은 훗날 후회할지 모르는 반응을 보이기 전에 잠시 멈추고 중심을 잡는 법을 배우게 된다.

3. 심상유도, 창조적 시각화, 최면

유도된 시각화 활동은 상상력과 심상을 이용해 신경 구조에 변화를 일으킨다. 심상유도(guided imagery)를 할 때는 이런 종류의 정신적 처리를 맡고 있는 뇌의 우반구를 사용하여 오래된 패턴을 재배선한다.

"심상은 단순히 무언가에 대해 생각하는 것과는 다릅니다."[178] 의사 버니 시걸은 말한다. "분석적 사고는 언어나 계획, 판단, 숫자가 지배하는 뇌의 좌반구 영역에서 주로 일어납니다. 반면 창조적 시각화, 혹은 심상은 주로 우반구에서 일어납니다. 기억과 기분, 감정뿐 아니라 시각, 청각, 후각도 사용하지요."

뇌의 두 반구가 어떻게 다르게 작동하는지 확실히 이해하고 싶다면, 시걸이 제안하는 레몬 실험을 해 보라. 장보기 목록에 레몬을 넣는다고 생각해 보자. "레몬을 좀 사야 해"라는 생각 자체가 좌반구를 활성화시킨다. 가게에서 레몬을 1파운드에 1.99달러로 팔고 있다고 가정하자. 레몬을 사고 값을 지불하는 것에 대해 생각하는 일—이것은 모두 당신이 해야 할 일을 하도록 돕는 좌반구 활동이다.

이제, 잘 익은 신선한 레몬을 손에 쥐고 있다고 상상해 보라. "손가락에 닿는 밀랍 같은 촉감의 껍질, 생생한 시트러스 향"이 느껴질 것이다. 시걸은 말한다. "날카로운 칼로 레몬을 네 조각으로 자른다고 상상해 보세요. 레몬즙이 살짝 튀면서 레몬 향이 더 강해집니다. 레몬 조각 하나를 엄지와 검지 사이에 놓고 부드럽게 눌러보세요. 레몬즙이 방울방울 올라와 레몬의 촉촉하고 통통한 과육을 따라 흘러내리는 걸 지켜보세요. 레몬을 입으로 가져와, 레몬즙을 혀 뒤로 흘려보내 보세요."

이제 당신은 뇌 전체를 이용해 레몬을 완전히 다른 차원에서 경험하고 있다. 군침을 흘리고, 레몬의 쓴맛 때문에 몸을 떨거나 입술을 오므리게 된다. 몸이 마치 진짜 레몬을 맛보는 것처럼 반응한다. 시각화가 뇌에게 레몬이 진짜라고 믿게 만든 것이다.

운동선수들은 중요한 경기를 앞두고 야구방망이를 휘두르거나 덩크슛에 성공하는 것을 상상하는 창조적 시각화를 활용해 기량을 강화한다. 매일 상상 속에서 다섯 손가락으로 피아노 연습을 한 사람은 실제의 피아노로 매일 연습한 사람만큼 뇌의 운동 피질 해당 부위에서 뉴런의 성장을 보인다.[179] 심상이 뇌를 속여, 우리가 상상하고 있는 행동을 실제로 하고 있다고 믿게끔 한 것이다.

심지어 위약(플라세보)을 먹고 그게 위약이라는 말을 들은 환자들조차 아무런 치료를 받지 않은 환자들보다 적은 고통을 보고했다.[180] 어쩌면 우리가 어떤 메시지를 받으면, 거기 담긴 내용이 '진짜'가 아니라는 걸 알더라도, 그 메시지로 인해 우리 안에 일종의 '신체 기억'이 만들어지고, 그 기억이 신체적, 신경생물학적 변화를 일으키는지도 모른다. 창조적 시각화와 최면이 효과를 내는 방식과 이유 역시 이로써 꽤 잘 설명된다.

치유의 여정에 오른 로라는 심상유도를 통해 '현명한 자아'를 불러내서는 상처 입고 버림받았던 어릴 적의 자신에게로 돌아가, 딸에게 굴욕을 주는 걸 소일거리로 삼았던 어머니에게서 한 번도 받지 못한 위로를 주고 자신을 있는 그대로 받아들여 주도록 했다. "저의 상상 속 현명한 자아는 예순쯤 되었습니다. 지금 제 안경과 같은 큼직하고 알이 동그란 거북딱지 테의 안경을 쓰고 있고, 짙은 갈색의 긴 머리카락 군데군데 흰머리가 두드러집니다. 그녀는 미소 짓고 있어요. 따뜻하고 저를 치유해 주는 미소를요. 저를 무조건적으로, 어머니가 자식을 사랑하듯 사랑해 주는 느낌이에요. 아주 슬프거나 심한 스트레스를 받을 때면 저는 그녀가 제 옆에 앉아 저를 안아주며 이렇게 말하는 걸 상상합니다. '괜찮아, 우리 로라, 괜찮아.

이것도 괜찮아질 거야, 정말이야. 두고 보렴.' 그러면 저는 거의 곧바로 평정을 되찾습니다. 아이에게 '괜찮을 거야, 무슨 일이 있어도 너를 사랑한단다'라고 말해 주는 현명한 어머니의 품에 안긴 열 살짜리처럼 평온해져요. 저는 그런 어머니를 갖지 못했지만요."

미셸은 열세 살 적 방광염 때문에 의사에게서 처방받은 항생제에 알레르기 반응을 일으켜서, 목숨을 위협하는 희귀 질환에 걸렸다. 병원에서 외상성 화상 피해자로 취급할 만큼 심각한 상태였다. 급작스러운 의료적 트라우마에 빠진 열세 살 소녀의 뇌는 그 고통과 충격을 버텨내지 못하고 접속을 끊어버렸다. 미셸은 신체적으로는 회복했지만, 항구적인 불안 상태에 빠지고 말았다. 그녀는 "당장이라도 나를 배반할 수 있는 몸을 지니고" 살아가고 있다고 느꼈다. 미셸은 자신에게 일어난 일에 대해 의사나 치료사에게 말하기를 거부했다. 입을 꾹 다물어버린 것이다. 조금이라도 더 고통을 느끼게 될까 봐 두려웠던 거다.

그로부터 스무 해가 흘러 30대 중반이 된 미셸은 만성피로, 과민대장증후군, 만성 부비동염, 불안, 우울, 근육 경련 등의 문제로 만신창이였다. 항시 자신을 사로잡고 있던 두려움에서 헤어나고 과거를 돌아볼 수 있는 힘을 되찾기 위해, 미셸은 자기 이야기를 기록하기로 결심했다. 글을 쓰면서 고통으로 점철된 과거의 기억을 꺼내자 "머리카락이 빠져서 직경 7cm가 넘는 탈모반이 생겼"다고 한다.

글을 쓰자 기분이 좀 나아졌지만, 미셸은 자신이 여전히 꼼짝없이 갇혀 있다고 느꼈다. "최선을 다해 보았지만 불안해하는 습관을 버릴 수 없었습니다. 마치 트라우마에 중독된 기분이었어요. 두려움을 떠나보낼 수 없었습니다. 제 정신은 계속해서 트라우마로 돌아갔어요. 열세 살 때 느낀 불안에 단단히 매달려서 계속 놓지 못하고 있었던 겁니다. 습관성이 된 두

러움을 끊을 수 없었어요."

그러던 어느 날 미셸은 운전을 하다가 "누군가가 최면의 도움으로 니코틴 중독에서 빠져나올 수 있다고 얘기하는 걸" 들었다고 한다. "저는 최면은 믿지 않았어요. 하지만 받아볼 만하다 싶었던 전통적 치료법은 이미 전부 시도해 본 뒤였죠. 제게 어떤 일이 일어났는지 설명하는 것도 지겨웠어요. 대화요법에서 아무리 거듭해서 제가 겪은 일을 이야기해도, 기대했던 해방감은 찾아오지 않더군요." 어쩌면 최면은 미셸이 기억을 다시 말로 표현하지 않고도 회복할 수 있도록 도울지도 몰랐다.

미셸은 최면치료사 일곱 명을 면담한 끝에 신경과학에 기반을 둔 치료 훈련을 받은 사람을 찾았다. 첫 세션에서 치료사는 대화를 통해 긴장을 풀어주는 과정을 거친 뒤, 지붕이 없으며 의자 두 개가 서로 마주보도록 놓인 방에 있다고 상상해 보라고 했다. "그녀는 저더러 두 의자 중 하나에 앉고, 저를 마주보고 있는 의자에는 빨간색 헬륨 풍선이 달린 상자를 놓으라고 했습니다. 그러고는 저를 인도하여 제 질환에 관련된 모든 두려움, 모든 분노, 슬픔, 모든 부정적이고 불편한 감정, 열세 살 때 일어난 일과 관련된 공포와 불안을 전부 그 상자 안에 넣게 했습니다. 상자가 가득 차자 저는 뚜껑을 닫고, 상자를 뚫린 천장 위로 날려 보냈습니다. 저는 상자가 하늘 멀리 날아가는 것을 바라보았습니다."[181]

다음으로 미셸의 치료사는 그녀에게 반대편 의자에 앉은 자신의 모습을 상상해 보라고 했다. 그녀는 말했다. "지금 당신은 자신을 마주하고 있어요. 자신을 마주보고, 당신의 질환과 관련해 그 모든 부정적인 감정을 느낀 것에 대해 스스로를 용서하기 바랍니다. 고통과 공포와 두려움을 느낀 자신을 용서하세요. 슬픔을 느끼고 질병과 그 모든 불건강에 시달린 자신을 용서하세요. 그것들을 떠나보낼 길을 찾지 못하고 있던 자신을 용서하세요." 이처럼 스스로를 용서해 나가는 과정이 계속되다가 치료사가 말했다. "스스로의 몸을 꼭 끌어안고 작아지는 기분을 느끼세요. 몸이 1인치까지 작아지면 당신의 심장에 내려앉으세요." 이렇게 말하면서 최면 치료사는 미셸의 팔을 톡톡 건드렸다.

미셸은 "세션 내내 실망스러울 정도로 정신이 말짱"했다고 기억한다. 그러나 세션이 끝나고 눈을 뜨자, 놀랍게도 "낮잠에서 깨어나는 것처럼 몽롱한" 기분이 들었다. 미셸은 자신이 "한 15분쯤 시각화를 하고 있었다고 생각했지만, 거의 한 시간이 지나 있었어요"라고 말한다.

"저는 그날 밤, 돈과 시간을 허비했다는 생각에 짜증스러운 기분으로 잠자리에 들었습니다. 그러나 처음 병을 앓은 이래 여덟 시간을 깨지 않고 내리 잔 건 그날 밤이 처음이었어요. 다음 날 아침 일어나자, 기억할 수 있는 한 처음으로 불안도 두려움도 느껴지지 않았습니다. 닷새 뒤 저는 여전히 평온한 상태를 유지했어요. 저는 생각했습니다. '무언가 잘못된 게 분명해. 이렇게 기분이 좋다니, 이건 말이 안 돼.'"

여섯 차례의 최면 세션 뒤 미셸에게는 변화가 일어났다. "저는 달라졌습니다. 감정 상태가 전과는 전혀 달랐어요. 다시 잠을 잘 수 있었고, 긴장이 풀렸습니다. 행복감도 느꼈습니다. 그때 엄마가 영영 잊지 못할 말을 하더군요. '미셸, 진짜 웃음을 되찾았구나. 네가 건강했던 열세 살 적, 그 병원에 가기 전에는 바로 이렇게 웃었단다. 그 이후 네 웃음은 꼭 억지로 웃는 가짜 웃음 같았지. 이게 네 진짜 웃음이야. 이게 진짜 너야.'"

구체적인 대상조차 없는 고질적인 불안에서 헤어났다고 느낀 미셸은 다른 면에서도 깨어나기 시작했다. 최면을 시작했을 즈음 그녀는 막 사교댄스를 시작했었는데, 춤은 그녀가 계속해서 "즐거움에 대해 깨어날" 수 있게끔 도왔다. 미셸은 인생을 뒤바꿔 놓은 트라우마로 고생한 사람들을 위해 블로그를 활발히 운영하기 시작했다. 지금 미셸은 PTSD를 전문으로 하는 공인 코치이자, 공인 최면술사다.

"잠재의식은 우리 마음의 88%를 차지합니다. 저는 최면이 제 뇌의 그 부분에 말을 걸었다고 생각합니다." 미셸은 말한다.

불안 증상이 사라지자 미셸의 신체적 질환들도 사라졌다. "여러 해 동안 높았던 간 효소 수치가 갑자기 정상이 되었습니다. 과민대장증후군도 나았고요. 근육통도 그냥 사라졌습니다." 무엇보다 주목할 만한 것은, 미셸의 골다공증이 진행을 멈추고 낫기 시작했다는 점이다. 그녀의 몸은 이완이라는 새로운 상태에 있었다. 미셸은 영양 풍부한 식단을 따랐고, 근력 강화운동 프로그램을 성실하게 수행했다. "제 뼈는 이제 튼튼하고 건강합니다." 미셸은 말한다.

미셸은 치유의 자리에서 자신의 이야기를 글로 써서 『세상이 침범하기 이전: 과거를 정복하고 미래를 창조하기(*Before the World Intruded: Conquering the Past and Creating the Future*)』라는 제목의 책을 펴냈다. 그녀는 또한 라디오 프로그램을 시작하고 트라우마, PTSD, 치유 등의 전문가들을 인터뷰했다. "저는 자신의 트라우마에 대해 이야기할 수 없었던 소녀에서 치유를 위해 이야기하는 여자로 바뀌었습니다." 미셸은 웃으며 말한다.

그렇다고 이제 그녀의 인생에 걱정이 하나도 없는 건 아니라고 미셸은 말한다. "하지만 저는 살면서 닥치는 일들에 대처하는 법을 배웠습니다. 또한 '왜 내게 이런 일이 일어난 거지?'라고 자문하지 않는 것을 배웠어요. 이런 질문은 당신을 어두운 토끼굴 안으로 끌고 내려갑니다. 진짜로 던져야 할 질문은 '내게 일어난 일에 대해 뭘 할 수 있을까?'입니다. 희망을 잃기는 너무나 쉽지만, 절대로 희망을 잃어서는 안 됩니다. 당신에게 어떤 일이 일어났든, 거기서 의미를 끌어낼 수 있습니다. 당신의 치유에 도움이 될 무언가를 찾을 수 있습니다."

4. 뉴로피드백

뇌파검사를 이용하는 뉴로피드백(EEG Neurofeedback)은 뇌 기능을 개선시킨다. 캐나다 웨스턴온타리오대학교에서 PTSD 연구실을 이끌고 있는 신경과학자이자 의사인 루스 레이니어스 박사에 따르면 "뉴로피드백은 트라우마로 인해 방해받은 신경망들의 일부를 다시 접속시키는 데 도움을 줄 수" 있다고 한다.

EEG 뉴로피드백 요법이나 훈련을 받는 환자들은 의자에 앉아 노트북 스크린을 마주본다. 노트북은 뇌의 전기적 활동을 관찰하기 위해 두피에 붙인 전극들에 연결되어 있다. 컴퓨터 소프트웨어가 뇌파 패턴을 모니터하고, 환자들이 자기 뇌의 상태를 얼마나 잘 관리하고 있는지를 스크린에 뜨는 이미지들을 통해 알려준다.

예를 들어 스크린에 들판의 이미지가 나타난다고 하자. 들판의 풍경은 환자의 뇌 활동에 대응하여 끊임없이 바뀐다. 뇌의 핵심 영역이 덜 활성화된 경우, 들판은 잿빛이며 진흙투성이고 꽃들도 시들시들하다. 그러나 그 영역이 다시 잘 연결되기 시작하면, 들판은 꽃들이 만개하여 총천연색으로 변하며 사운드트랙으로 새들이 지저귀기 시작한다. 이런 식으로 EEG 뉴로피드백은 이용자에게 그들의 뇌가 무엇을 하고 있는지, 그들이 어떻게 느끼고 있는지에 대해 실시간으로 피드백을 줌으로써 이용자가 자신의 뇌 활동에 확실하게 영향을 주는 법을 배우게끔 한다. 연습을 통해 환자들은 스크린에서 긍정적인 이미지와 소리를 일으킬 신경 활동을 유발하는 특정한 사고 패턴들을 활성화하는 법을 배우게 된다.

EEG 뉴로피드백의 과정은 오케스트라를 지휘하는 것과 비슷하다. 각 파트에 때로는 좀 더 부드럽게, 때로는 조금 더 크게 연주하라고 지시함으로써 더 큰 동시성과 조화를 얻는 것이니까 말이다. 뉴로피드백 세션이 끝나면 환자들은 상당수의 뇌 영역에서 신경망의 연결도가 높아지고, 정서적으로 회복하는 능력도 개선된다. [182]

EEG 뉴로피드백 자격증이 있는 치료사를 찾을 때는, 생애 초기 역경과 트라우마를 겪은 사람들을 도운 경험이 있는지를 먼저 물어보라.

5. EMDR과 기억의 탈민감화

힘든 경험들을 안전하게 기억하고, 그런 기억들을 새롭게 이해하여 더 이상 현재의 고통을 일으키지 않게끔 하는 법을 배우도록 돕는 유형의 요법들도 있다. 이런 치료법에서 환자들은 통제된 노출과 재노출을 통해 그들이 두려워하는 사물이나 기억을 부정적 감정과 결부시키지 않는 법을 익힌다. [183] 이를 안전한 방식으로 해내기 위해 치료사와 협업하면서, 그들은 차츰 과거에 두려워했던 사물, 사람, 사건을 떠올리고도 두려워하지 않게 된다. 그렇게 그들은 자유로워진다.

마운트사이나이 의과대학의 신경과학 및 정신의학 조교수인 대니엘라 실러 박사는 연구를 통해 "부정적 기억을 몇 번이고 반복해서 제시하면서, 그래도 아무런 나쁜 일도 일어나지 않는다는 걸 보여주면, 대부분의 사람은 그들의 두려움을 극복할 수 있게" 된다는 사실을 밝혀냈다. "무슨 일이 일어났는지는 여전히 알 거고, 그에 관한 정보를 얻는 것도 가능할 겁니다. 하지만 감정은 사라질 거예요." [184] 실러는 말한다. 예를 들어 과거에 굴욕을 주거나 해를 끼친 아버지나 어머니의 주위에 머물면서도 시간이 지나며 공황과 불안의 물결을 더 이상 경험하지 않는 일이 가능할 수 있다.

두려움이 사라졌기 때문이다.

어쩌면 우리는 두려움과 기억의 연결고리를 떼어버림으로써, 우리 자신을 가장 고통스러운 감정적 기억에 묶어두고 있던 굴레를 풀 수 있을지도 모른다.

EMDR(Eye Movement Desensitization and Reprocessing, 안구운동 민감소실 및 재처리)은 이 과정을 돕는 강력한 심리요법이다. EMDR 요법은 1990년 캘리포니아주 팰로앨토에 있는 정신연구소의 선임연구원이었던 프랜신 샤피로에 의해 개발되었다.[185] 샤피로는 우리가 렘수면(REM[rapid eye movement] sleep, 급속 안구운동 수면)의 가장 깊은 단계에서 그러는 것처럼 시선을 빠르게 왔다 갔다 이동시키면서 고통스러운 과거 경험을 생각하면, 그 기억에 결부되어 있던 감정과 스트레스 반응이 소멸한다는 사실을 발견했다(이처럼 두 방향을 오가며 받는 자극을 '양측성 자극[bilateral stimulation]'이라 하며, 뒤에 나오듯이 안구운동 외에 양측성 청각 자극 혹은 촉각 자극도 이용된다.—옮긴이)

심리학자로서 샤피로는 "많은 환자들이 불안을 호소하면서 의사나 심리학자의 진료를 받지만, 환자가 PTSD나 중증 외상 경험을 보고하는 경우가 아니라면, 의사나 치료사는 생애 초기 역경의 이력에 대해선 짐작조차 못할 것"임을 깨달았다. 샤피로가 보기에 이는 아주 중요한 걸 놓치는 것이었다. 루스 레이니어스와 마찬가지로 샤피로도 "부정적 경험은 PTSD와 똑같은 증상을 여러 가지 유발하며, 심지어 중증 외상보다 더 다양한 정서적 · 신체적 증상들을 낳는다는 사실"을 발견했다. "하지만 환자가 먼저 이야기를 꺼내지 않고, 환자의 증상이 PTSD 분류에 맞아떨어지지 않으면, 정신과 의사는 그에 대해 알 길이 없습니다. 그래서 의사들은 환자의 증상을 단순한 불안 증상으로 취급하고 약물을 처방하죠."

그러나 약물은 우리가 기억에 반응하는 방식을 바꾸는 데에는 효과가 없다. 현재까지도 우리를 그림자처럼 따라다니는 불안을 가려줄 뿐이다.

샤피로는 치료사들이 "대부분의 사람이 지니고 있는 아주 흔한 부정적 경험 유형들, 보다 작은 트라우마들을 지금보다 면밀히 살펴볼" 필요가 있다고 생각했다. 제대로 처리되지 않은 그런 기억들이 "우리가 보는 많은 질환의 배후에 있을지 모른다는" 사실을 염두에 두어야 한다는 것이다.

샤피로가 드는 예를 보자. 부정적 믿음을 나열한 아래 목록을 읽고, 이 중 어느 한 문장이라도 우리의 몸에 불편한 느낌을 주거나, 호흡이 빨라지든지 가빠지든지 턱 막히게 한다면, 우리는 생애 초기의 사건에 연원을 둔 처리하지 못한 감정들을 지니고 사는지도 모른다. 우리가 몸에 담고 있을지 모르는 부정적인 믿음들의 예는 다음과 같다.

나는 사랑받을 자격이 없다.

나는 형편없는 사람이다.

나는 나쁜 사람이다.

나는 부족한 사람이다.

나는 충분히 좋지 못하다.

나는 못생겼다(내 몸은 혐오스럽다).

나는 …할 자격이 없다.

나는 실망스러운 존재다.

나는 죽어도 싸다.

나는 비참해하며 살아도 싸다.

나는 남들과 다르다(어디에도 속하지 못한다).

무언가를 했어야 한다.

내가 무언가를 잘못했다.

그러지 말았어야 했다.

샤피로는 급속 안구운동이라는 자연스러운 신체적 과정을 통해 환자들이 안전하게 자신들의 부정적인 감정에 다가가고, 정서적 손상을 일으키는 부정적 믿음들과 결부된 생애 초기의 기억들을 재처리하도록 도울 수 있음을 알아냈다. [186)]

재처리가 일어나는 방식은 다음과 같다. EMDR 치료 세션에서 환자는 치료사의 조력을 받아 고통스러운 감정들에 접근한다. 그 감정들에 이끌려 환자는 힘들었던 경험들을 구체적으로 상기하고, 그 기억에 관련된 해묵은 느낌들이 올라오면, 환자는 시선을 빠르게 왔다 갔다 옮기라는 지시를 받는다. 흔히는 렘수면을 모방하여, 오른쪽에서 왼쪽, 왼쪽에서 오른쪽으로 움직이는 빛의 패턴을 눈으로 따라가게끔 한다. 치료사가 환자의 주의를 인도한다.

혹은 환자가 양손에 작은 막대 모양의 기구를 들고 좌우로 번갈아 신호가 오는 것을 느끼기도 한다. 양쪽에서 나는 '삐' 소리나 톡톡 치는 소리에 귀를 기울이게 하거나, 단순히 치료사가 들어 올린 두 손가락을 번갈아 보도록 하기도 한다. 치료사는 환자가 집중력을 잃지 않고 치료에 필요한 모든 처리 과정을 확실히 밟도록 구조화된 절차를 이용한다.

"우리 모두의 뇌 안에는 경험을 받아들여 검토하고 판단하는 일을 맡은 정보 처리 본부가 있습니다. 우리는 현재의 경험을 받아들이고, 그것을 우리가 살면서 겪은 과거의 모든 기억과 사건에 연관시켜 본 뒤, 거기서 나온 정보를 처리하여 새로운 결론을 내리지요." 샤피로는 말한다. 그렇게 내려진 결론은 격렬한 느낌을 불러일으키는 경우가 적잖다. "EMDR 요법에서 우리는 그런 느낌의 원인일 수 있는 생애 초기의 기억들과, 그 느낌을 직접 촉발하는 현재의 상황, 환자가 보이는 증상들의 유형, 그리고 환자가 더 건강하게 살아나가기 위해 미래에 필요한 것을 살펴봅니다."

EMDR 요법은 렘수면에서 일어나는 것과 동일한 신경학적 과정에 접속하여 뇌를 청소하는 것으로 보인다.[187] EMDR 요법에서 주의의 방향을 반복적으로 바꾸는 것은 렘수면에서 일어나는 것과 유사한 신경생물학적 상태를 유도하고, 이런 과정은—수면 중에나 EMDR 요법 중에나—역경을 겪고 만성적이며 예측 불가능한 독성 스트레스에 노출된 나머지 조절 장애가 일어난 뇌의 통합을 도와준다. 뇌가 통합되면 우리가 해마에 저장해 놓은 트라우마 사건의 일화기억(episodic memory, 명시적 기억의 한 종류로서, 자전적 사건들에 관한—그 시간과 장소, 감정, 인물, 이유 따위에 대한—기억을 말한다.–옮긴이)이 줄어들고, 편도체의 경계 상태가 누그러질 수 있다.[188]

다른 연구들에서는 EMDR 요법이 생애 초기에 역경과 트라우마를 겪은 이들에게서 크기가 작아지는 경향이 있는 해마의 부피를 증가시킨다는 사실이 밝혀졌다.

샤피로는 EMDR 요법이 안전한 치료적 환경에서 렘수면과 유사한 처리 경험을 유도함으로써 "부정적 감정을 없앨 수 있는 해결 단계로 나아가는 과정에 시동을 겁니다"라고 설명한다. "역경에 대한 고통스러운 기억은 우리가 더는 떠올리고 싶지 않은 꿈속의 작은 장면들과 같아요. 이런 기억은 처리되지 않은 형태로 저장되어 있기 때문에 감정을 자극할 힘을 유지하고 있죠. 그 상태가 그대로 유지되고, 세월이 아무리 흘러도 전혀 변화가 없게 마련입니다." 그러나 우리가 "그런 오래된 기억을 처리해 주면, 일상적으로 겪는 괴로움을 경감시킬 수 있습니다"라고 그는 말한다.

샤피로는 강조한다. "세상에는 대단히 많은 괴로움이 있어요. 고통이 만연해 있지요. 고통은 한 세대에서 다음 세대로 전달됩니다. 그렇지만 이제 우리에겐 뇌를 바로잡는 데 아주 효과적인 도구가 있는 거예요."

EMDR 요법은 너무 오래되었거나 너무 깊이 묻혀 있어서 의식의 영역 바깥에 존재하는 기억들에도 통할 수 있다.

어릴 적 죽을 위기를 넘겼고, 심신을 약화시키는 공황발작에 시달렸고, 승모판탈출증이라는 심장 질환을 앓고 있는 프리실라는 15년 동안 대화 요법을 받는 등 갖가지 방법을 시도했음에도 불구하고 해결할 수 없었던 감정들을 처리하기 위해 EMDR 요법을 받아보기로 했다. 그 경험에 대해 그녀는 이렇게 말한다. "[EMDR을 받으니] 기억을 일부러 불러내지 않고도 떠올릴 수 있었습니다. 제 신경계가 그 자체로 하나의 독립체라는 것을, 활성화될 수도 있고 진정시킬 수도 있는 것임을 이해하기 시작했습니다. 제 신경계는 그저 신경계들이 곧잘 하는 일을 하고 있었을 뿐입니다. 과잉 활성화되는 것 말입니다. 알고 보니 제가 지금까지 시도해 온 대부분의 요법은 문제의 본질을 건드리는 게 아니었습니다."[189]

프리실라의 치료사인 지나 콜렐리는 프랜신 샤피로의 제자로서, 9·11 테러 당시 응급 의료요원으로 일한 사람들과 테러 생존자들을 치료하는 작업을 했다. 그녀는 "전통적인 심리요법에서 벽에 부닥친 사람들에게 도움을 준다는 평판"을 받고 있었다.

프리실라는 EMDR 요법을 통해 자신의 감정들에 다가가고, 부모님에 의해 방임되었던 과거의 기억들을 꺼내고, 그동안 잊고 있었던 청소년기의 공황발작을 생각해 낼 수 있었다. 그녀는 말한다. "기억들을 되찾으면서 저는 이 어려운 느낌들이 저를 통과해 지나가게끔 했습니다. 그러고 나니 기분이 나아지기 시작하면서 더 큰 활기를 느끼고, 회복할 탄력을 얻었다는 생각이 들었어요. 가족이 준 고통을 내려놓을 준비가 된 겁니다."

EMDR은 그녀가 "제 안의 빛을 보도록" 도왔다. "그래서 저는 그 빛을 내뿜으며 세상으로 나설 수 있었습니다."

그 과정에서 프리실라는 깨달음을 얻었다. "저는 어머니를 미워하지 않았습니다. 어머니를 있는 그대로 받아들였습니다. 용서할 것이 없다는 걸 깨달았습니다. 어머니는 그저 자기 모습 그대로, 그때 자신이 할 수 있었던 최선을 다하고 있었던 겁니다." 그녀가 어머니를 향한 분노와 원망을 내려놓은 타이밍은 더없이 적절했다. 그해 프리실라의 어머니는 알츠하이머병으로 건강이 아주 악화되었고, 프리실라는 어머니 삶의 마지막 해에 그녀에게 보다 가까이 다가갈 방법들을 찾을 수 있었다.

콜렐리에 따르면, "우리가 신경계를 청소하면, 거기에 수반된 언어와 감정, 행동이 주관적인 경험에서 객관적인 경험으로 바뀐"다고 한다. 다시 말해, 일어나고 있는 일을 지켜본다 하더라도 전과 같은 고통스러운 감정은 느끼지 않는다는 뜻이다. 우리는 지금 여기서, 지금 당장 누릴 수 있는 충만한 삶의 가능성으로 나아갈 수 있다.

EMDR 요법은 아동기 부정적 경험의 기억에 딸려 있는 느낌들을 다시 경험하게끔 하고, 그 과정에 개입하여, 당시에 느꼈던 압도적인 공포에서 기억을 분리시켜 재응고화하는 방법을 제공한다고 할 수 있다.

오늘날 샤피로의 EMDR 요법은 자연재해 및 전쟁 상황에 놓인 아동과 성인의 트라우마 치료에 쓰여도 좋다고 세계보건기구(WHO)에서 추천한 단 두 가지 유형의 심리치료 중 하나다(다른 하나는 '외상 초점 인지행동치료[trauma-focused cognitive behavioral therapy, TFCBT]다.-옮긴이).

제8장
좋은 양육을 받지 못했어도
좋은 양육을 할 수 있다: 아동을 도우려는
당신을 도울 유용한 전략 14가지

당신이 부모, 교사, 혹은 멘토로서 아동과 청소년들이 만성적이고 예측 불가능한 독성 스트레스(CUTS)의 영향에서 회복하도록 돕는 데 유용한 전략들을 소개하겠다.

자신의 자녀와 가족을 돕기에 너무 늦은 때란 없다.

좋은 아동기인지 나쁜 아동기인지는 단지 한 순간에, 혹은 일련의 순간들에 정해지는 게 아니다. 지금이라도 상황에 개입하고, 변화를 일으킬 수 있다.

대인관계 신경생물학자이자 의사인 댄 시걸은 완벽한 양육 같은 건 없다고 말한다. 매사에 지극히 현명하게 행동하여, 발달 중인 자녀의 뇌가 흠집 하나 없는 신경생물학적 연결을 이루게끔 하는 부모란 없다는 얘기다. "자녀에 대한 이해심만으로는 뇌 속 신경 연결에 지장이 생기는 걸 완전히 막을 수 없습니다. 그런 일이 일부는 발생하게 마련이니까요. 우리 모두가 해야 할 일은, 유머 감각과 인내심을 발휘해 우리의 인간됨을 받아들이고, 아이들에게 열린 마음으로 다정하게 공감하는 것입니다. 아이에게 '실수'를 했다고 해서 계속 자책만 한다면, 자신의 감정적 문제에 골몰한 나머지 도리어 자녀와의 관계에서 벗어나는 결과를 낳습니다."

우리는 자녀를 역경이나 트라우마를 남기는 경험으로부터 완벽히 보호할 수 없을지도 모른다. 매분 매초 완벽한 부모가 되지 못할 수도 있다. 그러나 우리는 자녀가 만성적이고 예측 불가능한 스트레스의 대가를 오랜 세월 동안 치르지 않도록 하는 양육 방식을 취할 수 있다. 부모로서, 그리고 양육자로서 우리는 역경이 아이들에게 미치는 영향을 막거나 조절하는 궁극적인 역할을 한다.

설사 자신이 목표했던 부모가 되지 못했다 하더라도 "너무 늦은 때란 없습니다"라고 시걸은 말한다. 정신은 "참으로 '가소성'이 있어서—즉, 경험을 통해 변할 수 있어서—어떤 나이에도 더 건강하고 조화로운 방향으로 정신을 움직일 수" 있다는 것이다. 부모가 당장은 스트레스를 받고 있다 해도, 상황이 진정되고 한결 이완된 상태에서 자신과 자녀를 위해 견고하고 안정적인 환경을 만들 수 있다면, 걱정할 필요 없다.[190]

최근 몇몇 연구로 이 사실이 입증되었다. 어미에게서 스트레스 생체지표 단백질을 물려받은 실험쥐들은, 살면서 겪는 스트레스가 감소하면 그 생체지표를 잃었다.[191] 비슷한 맥락에서, 아버지나 어머니가 정신질환을 앓고 있다 해도 좋은 양육 기술을 발휘하기만 한다면, 그 자녀는 부모와 같은 정신질환에 걸릴 가능성이 유전적 소인이 없는 또래보다 높지 않다.[192]

내가 스스로에 대해 품은 걱정이 이것이었다. 나의 아이들은 아주 어렸을 적, 내가 목숨을 위협하는 자가면역질환으로 인해 힘겨워하는 것을 지척에서 지켜보았다. 나는 여러 차례 입원해서 아이들을 만나지 못하기도 했고, 집에서도 한 달씩 몸져눕곤 했다. 나는 단순 및 복합 외상성(트라우마성) 스트레스 반응의 치료를 전문으로 하는 워싱턴 D.C.의 심리치료사 디니 랄리오티스에게 내 아이들이 그 경험으로 돌이킬 수 없는 손상을 입었을지 물었다. 그녀의 대답에 나는 안도했다. "가족끼리 뭉쳐서 힘든 시간을 버텨냈고, 그러는 동안 아이들이 당신에 대한 애착을 안정적으로 느꼈다면, 그리고 이제 새로운 평안이 가족의 일반적인 상태로 자리 잡았다면, 발달 중인 아이들의 뇌는 새롭고 더 긍정적인 연상들을 만들어낼 것이고 시간이 흐르면 그것이 과거의 부정적인 연상들을 압도할 겁니다."

아이들이 나와 함께 하이킹을 하고, 케이크를 굽고, 해변에서 함께 산책하고 대화하고, 밤늦게까지 도란도란 인생 이야기를 나눈 새로운 기억들을 고수하기를, 그리고 그 기억들이 두 아이가 각기 여섯 살과 열 살 적에 내가 탄 휠체어를 밀던 기억이나 내가 잿빛 얼굴로 병원 침상에 누워 있던 모습의 기억을 대체하기를 소망한다. 아이들 앞에서 사라졌던 거나 다름없던 엄마에 대한 기억들이, 항상 아이들에게 전념하며 그들의 건강과 행복을 보살피는 엄마에 대한 긍정적인 기억과 통합되었기를 소망한다.

랄리오티스에 따르면, 고통스러운 이미지와 기억들이 말끔히 사라지지는 않았을지 몰라도, "아이들에게 중요한 것은 아이들이 그 경험을 잘 이해하도록 부모가 공감하며 도왔는지, 그리고 과거에 트라우마를 입었다 하더라도 아동기가 끝나기 전에 삶이 안정을 되찾았는지 여부"라고 한다.

일상 속 스트레스 인자에 반응하는 방식을 비롯하여 행동 양식을 바꾸면 바로 그 순간부터 "아동기 기억하기"의 새로운 과정이 시작될 것이다.

인간의 뇌는 삶의 초기에 형성된 신경 결속을 끊고 새로운 뉴런과 새로운 시냅스 연결을 생성하는 놀라운 생물학적 역량을 타고났다. 아동이 어릴수록 뇌가 적응하기는 더 쉽다. 우리가 되도록 이른 시점에 아이들을 도와야 한다는 뜻이다.

더 나은 양육을 위해서는 부모 자신의 반응성을 조절하는 법을 배우는 것이 무엇보다도 중요하다. 자신을 바꾸겠다고 결심했다면, 우선 다음과 같은 작고 간단한 단계들을 하나하나 밟아보자. 그러면 더 잘 집중하고, 더 잘 이해하여 대응하고, 더 잘 공감할 수 있게 될 테고, 자녀에게 평생 균형 잡히고 건강한 신경계를 안겨줄 평온한 가정을 이룰 수 있을 테다. 당신은 자녀에게 평생 좋은 건강을 누릴 최고의 기회를 주게 될 것이다.

부모나 다른 양육자, 멘토 들을 위해 아래에서 소개하는 열네 가지의 팁은 양육행동에 도움을 줄 기초적인 조언이다. 이게 전부라는 뜻이 결코 아님을 명심하길. 만일 당신의 아이가 겪고 있는 역경이 당신의 통제 밖이나 당신의 자기조절 능력 너머에 있는 것이라면(아이가 당신이나 다른 사람의 중독, 우울증, 정신질환으로 인해 신체적·성적 학대나 끈질긴 정서적 학대를 받고 있다면) 전문적 혹은 법적 도움을 요청해야 한다.

1. 자신의 '응어리'를 관리하라

두말할 나위 없이, 우리가 아이들에게 줄 수 있는 가장 큰 선물은 자신의 해결되지 않은 문제들을 관리하고, 우리의 아동기에서 비롯된 그 문제들이 밖으로 새어나와 아이들의 아동기까지 오염시키지 않도록 막는 것이다. 대인관계 신경생물학자 댄 시걸은 이를 다음과 같이 간명하게 표현한다. "더 나은 부모가 더 나은 아이를 만듭니다. 아이가 안정된 애착을 갖게 되는지 여부는 부모가 자신의 아동기 경험을 얼마나 잘 이해했는가에 가장 크게 좌우됩니다." 먼저 자신을 돌보는 방법부터 배워야 자녀에게 좋은 부모가 될 수 있다는 얘기다.

"부모로서 우리가 할 수 있는 일은 최선을 다하는 것뿐입니다." 시걸은 말한다. 아이들과의 상호작용에서 더 의식적으로 행동하기 위해 자신을 변화시킬 필요가 있는 사람이 당신 혼자만이 아님을 인식하면 도움이 될 것이다. 불안정했던 과거에서 안정적인 현재로 나아감으로써 자녀의 삶에도 안정을 선사할 수 있다.[193]

반사적 반응성을 줄이기 위해 자신이 안고 있는 문제들을 잘 관리하기 시작한다면, 당신뿐 아니라 어떤 부모든지 저지르는 불가피한 실수들을 개선하거나 바로잡기 위해 할 수 있는 가장 중요한 일을 하고 있는 셈이다. 그에 따라 실수의 빈도가 줄어들기 시작할 것이다.

시걸은 이렇듯 자신의 반응성을 관리하여 자녀의 필요에 더 잘 부응하게 되는 능력을 "부모로서의 조절"이라고 부른다. 부모로서 자신의 행동을 조절하는 법을 배울수록, 자녀가 안전감을 느끼기 위해 필요로 하는 것을 더 많이 줄 수 있을 것이다.

2. 만성적이고 예측 불가능한 독성 스트레스와 회복탄력성을 키워주는 아동기의 난관들을 혼동하지 말라

아이를 용감하고 친절하며, 시련이나 실패에서 회복하는 법을 알고, 호기심 넘치는 성인으로 길러내는 가장 믿을 만한 방법은 아이가 어렸을 때 되도록 만성적이고 예측 불가능한 스트레스를 받지 않게끔 신경 쓰는 것이다. 아동에게 해로운 유형의 역경과 아동을 거친 세상에서 꺾이지 않게끔 준비시키는 유형의 역경을 구분해야 한다. 자녀를 보호하는 것과 바깥세상에서 살아남을 수 있도록 조금은 다그치는 것 사이에서 균형을 잡아야 한다.

폴 터프는 저서 『아이는 어떻게 성공하는가(How Children Succeed)』에서 아무리 아이를 보호하고 싶어도 아이에게 규율과 규칙, 제한 역시 주어야 한다고 말한다. 모든 아이에게는 "아이들이 감당할 수 있는 크기의 역경, 넘어졌다가 도움 없이 스스로 일어설 기회"가 필요하다는 것이다. 터프는 부모들이 "아이에게 필요한 모든 것을 제공하고 모든 해로운 일로부터 아이를 보호하고자 하는 욕구와, 아이가 정말로 성공하길 바란다면 우선은 실패를 맛보도록 해야 한다는—더 정확히 말하면, 아이가 실패를 감당하는 법을 배우도록 도와주어야 한다는—인식 사이"에서 오래도록 씨름한다고 말한다.[194]

그걸 댄 시걸은 이렇게 표현한다. 균형 잡힌 접근법을 취하는 것이 부모의 책무다. 아이를 지지해 주는 동시에 아이가 부모로부터 분리해 나갈 수 있도록 뒷받침하라. 안전한 피난처를 제공하되, 탐험을 격려하자.[195]

우리는 아이를 위해로부터 보호하면서 동시에 아이가 역경을 이겨내는 법을, 고난과 실망과 상실에 대처하는 법을 배우기를 바란다. 기개를 좀 키워야 하기 때문이다. 다시 말하건대, 아이가 삶에 치여 넘어지지 않게 해주는 '흔들림(wobble)'을 가지려면 내면의 회복탄력성을 발달시킬 필요가 있다.

우리는 아이를 모든 것으로부터 보호할 수 없고, 그러려고 시도할 필요도 없다. 다만, 안전한 고투와 안전하지 않은 고투는 명확히 구분해야 한다. 아이가 어떤 잔일이나 숙제를 해내는 데 힘겨워하고 있으면, 혹은 형제나 자매와 말다툼을 하고 있으면, 직접 나서서 문제를 해결해 주거나 일을 해주는 대신 조언을 함으로써 아이를 지지할 수 있다.

예를 들어 아이의 선생님이 숙제를 늦게 제출한다거나 시험 준비를 안 한다거나 자꾸 늦잠을 자서 버스를 놓친다고 아이를 혼냈다면, 아이는 자기 행동의 결과를 감내하고 그 경험에서 교훈을 얻어야 한다. 제 나름대로 노력을 쏟아, 시험을 잘 보기 위해서든 버스를 놓치지 않기 위해서든 습관을 바꾸기 위해서든 필요한 일을 해야 한다. 자신의 훗날 성공을 위한 발판을 구축하는 방식으로 말이다. 당장에 선생님을 찾아가 아이를 가혹하게 대한다고 따지거나 시험을 다시 볼 수 없느냐고 요구하는 건 별반 도움이 되지 않는다. 그랬을 경우 아이는 스스로를 옹호하고, 가벼운 역경을 관리하고, 숙달감을 얻고, 실패를 털고 일어나 회복하는 법을 배울 기회를 박탈당한다.

아이가 "사물함에 과제물을 놓고 왔는데 시험이 내일이에요"라고 말한다면, 부정적인 예측을 하거나("그래? 그렇다면 시험을 망치겠구나!") 즉각적 해법을 내놓는("내가 선생님께 전화해 보마!") 것은 금물이다. 그 대신 이렇게 말하는 게 좋다. "문제가 생긴 것 같구나. 네가 해결할 수 있을 거야. 어떤 선택지가 있니?"[196]

역경 그 자체는 문제가 아니다. 역경은—그리고 실패는—삶의 피할 수 없는 구성 요소다. 우리는 역경과 실패를 통해서 배운다. 아동기나 십대의 아이에게, 그 나이에 감당할 수 있는 문제들을 스스로 해결하면서 역량을 키울 기회를 주라.

난관을 마주하여 사소한 실패를 겪으며 얼마간 기개를 키우는 건 바람직하다. 하지만 만일 아이가 괴롭힘을 당하거나, 학습장애 혹은 정서적 건강의 문제로 고심하거나, 섹스, 마약, 알코올과 같이 건강에 위험한 것들을 해보거나, 종류를 막론하고 정서적 혹은 신체적 학대를 당한다면, 부모로서 개입하는 것이 의무다.

게다가 아이가 일상에서 사랑하고 신뢰하는 어른들이 바로 아이가 겪는 역경일 때도 있다. 부모가 아이를 굴욕 주고, 폄하하고, 놀리고, 말대꾸도 안 하며 완전히 무시하고, 욕설이나 악담을 하고, 고함을 빽빽 지르고, 정서적·신체적으로 방치하고, 종잡을 수 없는 감정적 폭발을 보이면서 그것이 "딸을 강하게 키우는 것"이나 "아들을 사내로 만드는 것"이라고 착각할 경우엔, 부모 자신이 자녀에게 스트레스를 주는 원천이 되는 것이다. 만성적이고 유독성인 비판과 모욕은 평생 이어지는 면역 기능 이상과 건강상의 문제들 외에 온몸에 스며들어 사라지지 않는 정서적 상실감도 낳는 유형의 예측 불가능한 아동기 역경에 해당한다.

독성 스트레스는 아이의 기개를 키워주지 않는다. 아이의 몸과 뇌에 상처를 입히고, 일생의 건강과 행복에 해를 끼칠 따름이다. 독성 스트레스는 아이를 더 강하고 단단하게 만들기는커녕 신체적, 정서적으로 굳건해지는 데 보탬이 될 체내의 시스템들을 망가뜨린다.

3. 아이에게 '네 개의 S'를 심어주라

댄 시걸은 아이에게 안정 애착을 키워주고 싶다면 애착의 기본 요소인 '4S'를 기억하는 게 좋다고 권한다. 아이를 알아주고(let your child be seen), 안전하게 해주고(be safe), 달래주고(be soothed), 안도감을 주라는 (feel secure) 것이다.[197]

'알아주기'. 아이를 알아준다는 것은 아이가 어떤 사람인지를 마음속 깊은 곳에서 공감하는 태도로 인지한다는 의미다. 아이가 하는 행동의 밑바탕에 깔린 마음을 읽고, 이해한다고 말해 주고, 당신이 아이에게서 보는 타고난 선함을 이야기해 주라. 부모가 자신을 있는 그대로 봐준다고 느끼면, 그리고 부모가 자신이 생각하는 것과 느끼는 것에 귀를 기울여 준다고 생각하면, 아이는 더 강하고 안정된 애착을 키울 수 있을 것이다. 이는 더 높은 회복탄력성을 낳는다.

'안전하게 해주기'. 아이를 겁주거나 상처 입히는 행동, 반응, 대답을 피하라.

'달래주기'. 아이들이 다루기 힘든 감정과 두려움에 대처하는 것을 도우라. 아이가 무섭거나 스트레스 받는 상황에 놓이면 두 팔을 벌리고 아이 옆에 있어주라. 당신은 아이의 피난처다.

'안도감을 주기'. 아이가 세상 속에서 자신이 안전하다는 것을 분명히 알게 해줌으로써, 자신이 안녕하다는 내면화된 느낌을 키우도록 도우라.

4. 아이의 눈을 들여다보라

유아가 부모나 양육자의 눈을 들여다보는 것은 안전을 추구하는 반사적 행동이다. 눈맞춤은 유아가 환경과 상황에 적응하도록 돕고, 그가 안전하다는 걸 알려준다. 시선은 역경과 트라우마의 영향을 누그러뜨리는 데서도 중요한 역할을 한다.

아이를 진정시키고 달래는 사람이 되고 싶다면, 하나의 방법은 노스캐롤라이나대학교 채플힐 캠퍼스의 정신의학 교수인 스티븐 W. 포지스 박사가 "사회적 관여 행동(social engagement behaviors)"이라고 부르는 걸 이용하는 것이다.[198] 그중 하나가, 마음이 깊이 통하는 기분으로 아이의 눈을 들여다보는 것이다. 이런 행동은 미주신경을 자극한다. 뇌와 심장, 얼굴과 연결되어 심박수와 호흡, 표정의 조절에 간여하는 중요한 신경회로인 미주신경의 활동을 증진시키면 심장과 폐가 진정되는 효과가 있고, 또한 신체의 시상하부-뇌하수체-부신(HPA) 스트레스 축이 진정되어 스트레스 반응이 누그러진다.[199]

아이가 어려움에 처해 스트레스를 받고 있을 경우, 아주 단순한 행동 하나로 도움을 줄 수 있다. 하고 있던 일을 당장 그만두고, 몸을 틀어 아이의 눈을 깊이 들여다보면서, 얼굴 근육을 이용해 따뜻하고 애정 어린 시선을 보내라. 그리고 달래는 말투로 말하라. "지금 하던 일을 내려두고 너한테만 집중할게." 혹은 이런 말도 좋다. "그 문제에 관한 네 얘기를 정말 듣고 싶구나."

이처럼 눈을 맞추고 응시한다는 지극히 단순한 행동 하나가 아이를 두려움의 상태에서 벗어나게 하고, 부모가 자신을 알아준다는 느낌과 안도감을 준다. 사랑이 담긴 부모의 눈맞춤은 그토록 다정하고 위안이 되며 대단한 치유력이 있다.

전전두 피질이 안전감과 안도감을 지니고 기능할 때, 우리는 다른 사람들과도 눈맞춤을 추구한다. 다른 사람의 눈을 들여다보며 그들과 마음을 통하고자 하고, 교류하고자 한다.[200]

마음먹고 아이의 눈을 들여다본다는 것은 아이를 있는 그대로 본다는 것이다. 아이의 타고난 선함을 당신이 보고 있음을 알려주는 것이다. 그럼으로써 말 한마디 하지 않고서도 아이가 안전함을 느끼고 안정 애착을 키우도록 도울 수 있다.

5. 화를 냈을 때는 즉시 사과하라

댄 시걸은 일을 망치면 반드시 바로잡아야 한다고 말한다. 잠시 멈춰서 마음을 추스르고, 심호흡을 하고 중심을 잡으라. 그리고 나서 당장 사과하는 게 아이를 위한 최선이다. 시걸이 제안하는 사과의 말은 다음과 같은 유의 것이다. "내가 잠시 발끈했구나. 무서웠지? 미안하다." "내가 참지 못하고 화를 내서 네게 겁을 줬구나. 그러지 않았어야 하는데. 미안해." 부모가 나서서 자신이 잘못했다고 인정하면, 아이의 뇌 속 공포중추는—항상 경계 중인 편도체는—불이 꺼지고 진정한다.

기억과 역경에 관한 최근의 연구들에서는, 우리가 더 빨리 나서서 사과하고 망친 일을 바로잡을수록 불행하거나 두려운 기억이 머릿속에 남을

가능성이 줄어드는 것을 확인했다.[201]

　워낙 화가 많이 나서 당장은 아이에게 적절한 말을 할 자신이 들지 않는다면, 최소 90초만 참아라. 댄 시걸은 "90초가 지나면 하나의 감정이 해변에 밀려드는 파도처럼 솟구쳤다가 누그러질 것"이라고 말한다. 분노를 비롯해 어떤 기분 상태에서 벗어나는 데에 걸리는 시간은 단지 90초다. 필요하다면 90초 동안—심호흡을 15차례쯤 하는 시간이다—마음을 가다듬고 나서, 아이에게 사과하고 아이를 달래는 데 필요한 말을 하라. 그러면 스스로 평정심을 되찾고, 아이가 안전감과 안도감을 느끼도록 도울 수 있다.

　아이에게 사과하고 당신의 행동이 본디 목표로 삼은 좋은 양육에 미치지 못했음을 인정한다 해서 아이에게 당신의 모습이 위축되어 보이는 것은 아니다. 당신은 오히려 아이에게 신용을 얻고 신뢰를 쌓을 수 있다. 심지어는 그 일을 완전히 새로운 방식의 대화를 시작하는 계기로 삼을 수도 있다. 아이에게 이렇게 말해 보면 어떨까. "애야, 요즘 이런 일이 있었단다. 그게 내가 이렇게 반응한 까닭이고. 미안해. 네게 한 말, 네게 한 행동, 전부 잘못이야. 앞으로는 더 잘 하고 싶구나."

　조지아의 사례를 기억해 보자. 조지아는 아버지가 갑자기 분노를 쏟아낸 다음에 사과를 전혀 하지 않아서 무척 힘들어했다. 메리의 경우, 아버지가 술에 취해 성차별적 행동을 하고서도 결코 "미안해"라는 한마디를 하지 않았다. 우리는 어쩔 수 없이 실수를 한다. 그러나 부모가 자녀를 겁먹게 만들고선 사과를 하지 않는다면, 자녀가 입는 상처는 두 배가 된다.

　의사 버니 시걸은 말한다. "제일 중요한 건 '미안해'라고 말하는 겁니다. 그래야만 아이들이, 당면한 문제가 무엇이든 간에, 그게 자기 탓이 아니라는 걸 알 테니까요."

6. 아이의 모든 감정을 인정하고, 정상으로 받아들이라

당신이 설사 이상적인 방식으로 행동하지 못했다 하더라도, 실수를 인정했다면 거기에 집착할 필요가 없다. 의사 댄 시걸의 조언이다. 자신의 이야기에 사로잡혀 있는 부모는 아이에게 별반 도움이 되지 않는다. 아이의 모든 감정을 인정하고, 그걸 정상으로 받아들이는 단계로 나아가라. 아이의 감정을 그냥 묻어버리거나 좋게 포장하지 말라. 아이가 당신에게 화가 났다면, 마음껏 화를 내게 놔두라. 이렇게 답할 수 있다. "무슨 얘긴지 알겠어." "크게 실망했겠구나." "힘들었겠구나."[202]

아이가 당신에게 힘겨운 감정들을 털어놓는다면, 토를 달거나 평가하지 말고 단순히 이렇게 말하라. "그것에 대해 좀 더 얘기할래?" 혹은 아이의 말을 메아리치는 것도 좋다. "내가 지금껏 네 말을 잘 이해했는지 확인해 보자…." "~에 대해서 ~하게 느끼는구나."

아이를 달래준다는 것이 제한을 두지 않는다는 뜻은 아니다. 아이가 느끼는 감정을 전부 받아들이는 한편 아이의 행동에 제한을 거는 두 가지의 메시지를 동시에 보낼 수 있다.[203] 이렇게 하면 아이는 부모가 자신의 말을 들어 준다고 느끼는 동시에 스스로의 행동에 책임져야 한다는 걸 알게 된다. 집에 늦게 오거나, 화가 났을 때 물건을 던지거나, 부모에게 소리지르거나, 지금 어디 있느냐고 물었을 때 대답하지 않아서는 안 된다는 것 말이다.

당신이 명확하게 세운 규칙들을 아이가 어기는 바람에 참지 못하고 화를 냈다면, 한 발짝 물러서서 당신의 행동을 후회한다고 인정하고, 사과하고, 아이를 안아주라. 그러는 한편, 아이가 어떻게 행동해서 당신이 그런 반응을 보이게 된 것인지를 아이가 이해하도록 하라. 예컨대 이렇게 말할 수 있다. "많이 속상하겠구나. 하고 싶은 대로 하지 못하는 건 힘들지.

그런데 너도 알다시피, 정해진 귀가 시간을 꼭 지키기로 약속했잖니. 규칙을 어기면 이런 일이 생긴단다." 아이에게 사과하면서도 입장을 분명히 고수하는 방법이다.

7. 좋은 느낌을 증폭시키라

우리는 걱정하도록 진화했다. 조상들은 불안해했고 걱정했기에 포식자나 다른 공격자들에 대한 경계심을 늦추지 않고 망을 보았다. 불안에 대한 유전적 성향은 그들에게서 우리로 전해져 내려왔다. 인간은 걱정하는 종족이다. 걱정이 우리의 생존을 도왔기 때문이다.

그러나 우리는 스트레스 받는 상황과 상호작용이, 심지어는 역경의 경험들까지도, 우리의 경이감 및 선량함에 의해 상쇄될 수 있게끔 노력해야 한다. 우리 자신이 그렇게 해야 하고, 아이 역시 그렇게 하도록 도와야 한다. 아이가 좋은 것들을 찾아 나서고 받아들이도록 도와야 한다.

예를 들어 놀이터에서 놀던 어린아이가 누군가가 자기에게 못된 말을 했다고 이른다면, 우선 아이를 달랜 뒤 이렇게 말해 보자. "와, 너 정말 잘했어. 무서운 일이었을 텐데, 바로 엄마(아빠)한테 와서 말해 주다니. 올바른 행동을 한 거야."

아들을 데리러 유치원에 갔는데 아들이 엄마가 보고 싶었다며 운다면, 아이를 달랜 뒤 이렇게 말할 수 있다. "이제 엄마랑 다시 만났잖니. 기쁘지 않아?" 좋은 것들에 주의를 기울이면서, 일상에서 긍정적인 경험으로 부각시킬 수 있는 일반적인 순간들을 찾으라.

신경심리학자 릭 핸슨 박사는 말한다. "우리의 뇌는 부정적인 것을 더잘 받아들이는 성향이 강하므로, 일상 속의 유익한 경험들을 인지하고 그것들이 감사와 연민, 회복탄력성, 자아존중감 같은 내면의 강점으로 바뀔 수 있도록 돕는 것 또한 중요합니다. 긍정적인 경험들에 계속 주의를 기울이면, 그것들이 뇌에 새겨지는 데 보탬이 됩니다."[204]

핸슨은 기억의 신경기제들을 영리하게 이용함으로써 뇌의 부정편향을 물리치고 "자신감을 키우고, 기분을 좋게 하고, 속상하거나 심하게는 트라우마를 남기는 경험들을 점진적으로 치유할 수" 있다고 말한다.

의사이자 연구자인 존 가트맨 박사는 일반적으로 어떤 관계에서나 하나의 나쁜 상호작용을 벌충하기 위해선 다섯 개의 좋은 상호작용이 필요하다는 사실을 밝혀냈다.[205] 그 이유는 고통스러운 경험이 즐거운 경험보다 훨씬 더 기억에 남기 때문이다.

핸슨은 그걸 이렇게 비유한다. "뇌는 부정적인 경험에 대해서는 잘 달라붙는 벨크로 같고, 긍정적인 경험에 대해서는 눌어붙기 힘든 테플론 같습니다." 그게 우리가 일부러 "좋은 것들을 받아들여야" 하는 까닭이다. "그렇게 할 수 있도록 도움을 받은 아이들은 시간이 흐르면서 좋은 경험이 남긴 정서적 잔여물들 덕분에 한층 밝은 세계관을 지니게 될 것입니다." 이것이 뇌라는 운동장을 한쪽으로 기울지 않도록 고르고, 아이가 새롭고 긍정적인 신경회로들을 발화시키고 서로 연결시켜 어려움이 닥쳐도 넓은 시야를 잃지 않는 뇌를 발달시키도록 하는 방법이다. 핸슨은 그럼으로써 아이가 더 큰 회복탄력성과 자신감을 갖고, 행복을 느끼게 된다고 말한다.

그는 "좋은 사실들을 찾아 나서고, 그것들을 좋은 경험으로 바꾸라"고 제안한다. 정원에서 오색방울새 또는 딱따구리를 발견하거나, 연못에서 물고기를 발견할 수 있다. 토끼 한 마리가 뛰어가는 걸 보거나, 아름다운 노을을 볼 수도 있다. 그럴 때면 아이와 잠시 멈춰 서서 그 순간이 얼마나 아름다운지, 눈에 어떤 색깔들이 보이고 귀에 어떤 소리들이 들리는지, 그 순간이 얼마나 즐거운지를 이야기하라. 혹은 "아이와 당신이 먹고 있는 초콜릿의 맛이 얼마나 끝내주는지, 라디오에서 좋아하는 노래가 나와서 얼마나 기쁜지" 이야기해도 좋다고 핸슨은 말한다.

"그 순간을 10초, 20초, 30초 동안 만끽하면 그만큼 뇌에 더 깊이 새겨질 겁니다. 무언가를 의식에 오래 붙들어 둘수록, 그것이 정서적으로 더 큰 자극을 줄수록, 더 많은 뉴런이 발화되고 함께 회로를 만들어서 기억에 더 큰 흔적을 남깁니다."

아이가 잠들기 직전에 다음과 같은 활동을 하는 것도 좋다. 그날 중 행복했거나 즐거웠던 소소한 순간들을 하나하나 되짚어 보는 것이다. 나아가 아이로 하여금 그 좋은 경험들이 자신에게로 스며드는 것을—가슴을 통해 퍼져나가는 따뜻한 기운 같은 것을—느껴보라고 할 수도 있다. 또는 "마음의 보물 상자 속으로 보석 하나가 들어가는 장면을 상상"하라고 하는 것도 좋다고 핸슨은 제안한다.

전문가들은 아이들의 좋은 점도 상세히 언급하며 강조하라고 권한다. 아들이 어려운 숙제를 하느라 눈에 띄게 노력을 쏟고 있다면, 이렇게 말하라. "너 정말 끈기 있구나." 아들이 휠체어를 탄 다른 사람을 위해 문을 붙잡아 주면 "참 사려 깊네!"라고, 딸이 하기 싫었던 집안일을 마치면 "책임감이 아주 강하네"라고 말해 주라. 아이를 평가하기보다("너 아주 똑똑하구나!" "너 그거 참 잘한다!") 아이가 보인 긍정적인 성격 특성(창의력, 배려, 노력, 실행력, 용기, 사랑 등)을 구체적으로 집어내고 강조해서 당신이 아이의 좋은 점을 보고 있다는 걸 알려주라.

한편으로는 부모인 당신 자신도 좋은 것들을 주목하고 음미하라. 식료품점 직원들의 친절한 응대, 아이 머리칼에서 나는 좋은 냄새, 직장에서 거둔 성과, 깨끗이 마친 설거지, 피곤한데도 성질을 추스르는 자신의 모습, 그리고 당신이 타고난 선량함 등등을.

8. 멈추고, 보고, 가라

가톨릭 수사이며 초종교적 학자인 데이비드 스타인들-라스트는 우리가 좋은 것을 받아들이고 그에 감사하도록 돕는 아주 간단한 방법 하나를 가르친다. 얼마나 간단하냐면, 실은 우리가 어렸을 적 길 건너기를 익힐 때 이미 배운 것이라고 스타인들-라스트는 말한다. "멈추고, 보고, 가세요. 그거면 됩니다. 간단하지요? 하지만 우리가 살면서 멈추는 때가 얼마나 될까요? 우리는 분주하게 살아갑니다. 멈추질 않아요. 그리고 멈추지 않기 때문에 기회를 잃지요." 그건 "우리의 삶에 '정지' 표지판을 만들어야" 한다는 의미라고 그는 말한다.[206]

당신이 지금 어디에 있든, 다음 할 일에 착수하기 전에 멈추고, 보고, 눈에 들어오는 아름다운 것들이나 지저귀는 새 소리, 하늘을 가로지르는 구름, 혹은 품에 안긴 누군가의 감촉을 받아들이는 일이 많을수록 당신은 더 많은 감사를 느끼게 된다. 그리고 감사를 느끼는 사람은 더 깊은 행복감과 즐거움을 느낀다. 이것이야말로 염증성 스트레스에 대한 궁극적 해독제다.

잠시 멈춰서 세상의 아름다움을, 남들이 당신을 아낀다는 징후를, 당신 자신의 장점을 적극적으로 찾아보라. 다음 일로 향하기 전에 그 좋은 느낌에 흠뻑 젖으라. 아이 또한 그렇게 하도록 도우라. 아동기의 만성적이고 예측 불가능한 독성 스트레스(CUTS)가 남긴 악영향에 맞서는 데 도움이 될 것이다.

9. 힘겨운 감정에 이름을 붙이라

캘리포니아대학교 로스앤젤레스 캠퍼스의 심리학 교수인 매슈 리버먼 박사는 우리가 자신의 감정에 이름을 붙이면 반사적 반응성을 줄이는 데 도움이 되는 뇌 영역들이 활성화된다는 사실을 발견했다.[207] 아이들로 하여금 자기 안에서 일어나고 있는 일들에 이름을 붙이도록 도우면—이를테면 "지금 화가 나고 겁나요"라고 말하도록 하면—뇌 안의 경계 본부인 편도체의 반응이 현저하게 줄어든다. 감정을 명명하는 역할을 하는 뇌 영역을 훈련시킬수록 아이들은 스트레스 받는 일에 당면해서도 스트레스를 덜 받게 된다.

댄 시걸은 이를 간명하게 표현한다. "무언가를 길들이려면 이름부터 붙여야지요."

아이가 자기 내면에서 이는 느낌에 이름을 붙이지 못한다면, 몇 가지 선택지를 제시하라. "화가 났니? 슬프니? 겁이 나니?" 이런 질문을 적어서 아이에게 주고 해당하는 감정 전부를 선택토록 할 수도 있다. 또는 아이의 감정을 상상하면서 대화를 시도해도 좋다. "방금 있었던 일, 아주 무서웠어. 너 지금 무섭니?" 아이들이 감정에 휘말리기 전에 그것에 이름을 붙이는 법을 배우도록 도와주라.

불안이나 공포, 분노를 느끼는 것 자체는 문제가 아니며, 그런 감정에 휘말렸을 때 반응하는 방식이 문제라는 점을 아이들에게 상기시키라. 다루기 어려운 감정들 전부에 이름을 붙이도록 도움으로써 당신은 아이들이 감정을 행동화(acting out, 방어기제의 하나로, 자신의 억눌린 고통을 사회적으로 좋지 않다고 간주되는 행동을 통해 해소하는 것-옮긴이)하거나, 감정에 압도되어 어찌할 바를 모르거나, 마음을 닫아버리는 일을 막을 수 있다.

10. 포옹 20초의 놀라운 힘

아이가 당신과 교류하고, 상호작용하고, 유대를 맺는 것이 안전하다고 느끼게 되면 아이는 당신에게 다가가고, 자신이 정서적 고통을 조절할 수 있게 돕는 것을 허용할 것이다. 이것이 안정 애착의 요체다. 이 과정에 힘을 싣는 방법의 하나는 20초 동안 아이의 온몸을 꼭 안아주는 것이다. 참으로 단순하게 들리지만, 워낙 바쁘게 살아가다 보니 우리는 아이들을 안을 때에도 포옹을 짧고 급하게 끝내곤 한다.

아이를 20초 동안 꼭 안으면, 접촉감과 따뜻한 느낌이 "유대의 호르몬"인 옥시토신을 분비시킨다. 옥시토신은 편도체를 진정시킬 뿐더러, 최근 연구에 따르면 뇌 기능에 필수적이자 평온감의 증진을 돕는 신경전달물질 감마아미노뷰티르산(GABA)의 생산을 늘리는 데에도 일조한다고 한다.

11. '지금 무슨 일이 일어나고 있는지'에 대해 안전하고 솔직한 대화를 나누라

아동기 역경이 그토록 큰 피해를 입히는 이유의 하나는 그런 상황이 발생하는 데서 더 나아가 흔히 비밀에 부쳐진다는 점에 있다. 아이들은 비밀을 나쁜 것으로 이해한다. 자신이 당면한 역경이 비밀로 취급되고 아무도 그에 대해 이야기하지 않으면, 아이는 무언가 잘못된 게 틀림없다고 생각한다. 하지만 아이들은 자기가 처한 상황에 문제가 있다고 생각지 않고, 그 일이 비밀이 된 건 분명 자기 자신이 나쁘거나 멍청하거나 잘못했기 때문이라고 이해하기 쉽다. 그리고 마치 자신이 완벽하지 못해서 이런 상황이 벌어진 것처럼 자책한다.

지금 어떤 일이 일어나고 있는지를 인정하라. 터놓고 대화하라. 아이를 지지하는 분위기에서 안전하게 이루어진다면, 이 대화는 아이에게 대단히 중요할 수 있다.

로라는 항상 가깝게 지냈던 이모 덕분에 자신의 어머니가 잔인한 사람이라는 비밀이 자기 혼자만의 것이 아님을 깨달을 수 있었다. 로라는 말한다. "돌이켜보면 이모가 제 목숨을 구했다고 생각해요. 제가 열네 살이었던 어느 날 이모가 와서 제 방 침대에 앉더니 이렇게 말하더군요. '네 잘못이 아니야, 알겠지? 이건 네 엄마의 문제야. 지금 일어나고 있는 일이 너 때문이 아니라는 걸 알았으면 좋겠어.' 언뜻 듣기엔 대단한 말 같지 않겠죠. 하지만 그 오랜 시간 혼자서 엄마의 끊임없는 비판을 받았던 저는 제게 아주 글러먹은 데가 있는 게 분명하다고 생각하기에 이르렀습니다. 그게 아니라면 어째서 엄마가 저를 끊임없이 비난하겠어요? 다른 엄마들이 자녀에게 그런 식으로 말하는 건 듣지 못했으니까요. 그런데 이모와 나눈 그 10초짜리 대화가 제게 한 줄기 희망을 주었습니다. 전부가 제 잘못은 아닐지도 모른다고, 제가 그렇게 경멸받아 마땅한 사람이 아닐지도 모른다고, 제가 지독히도 사랑받을 수 없는 사람은 아닐지도 모른다고요. 그 대화를 계기로 저는 문제가 있는 사람이 사실은 엄마일지도 모른다는 인식을 처음 갖게 되었습니다. 저는 가끔 궁금해합니다. 만일 그때 이모가 제 침대에 걸터앉아 그 열여덟 단어를 말해주지 않았더라면, 제가 십대를 버텨낼 수 있었을까요? 제가 지금 이렇게 살아 있을까요?"

세상에서 완전히 혼자라고 느끼면서 "내게 무슨 문제가 있어서 이런 일이 일어나는 거지?"라고 자문하고, 자기가 타고나기를 못된 사람이며 지금 일어나는 일을 당해도 싸다고 생각하는 아이에게 그가 겪고 있는 상황의 진실을 드러내주면, 아이는 자신에게 훨씬 더 건강한 질문들을 던질 기회를 얻게 된다. "나를 이렇게 대하는 사람은 뭐가 문제인 걸까?" "이 상황은 뭐가 문제지?"

진실을 말하는 것은 아이로 하여금 자신이 문제가 아니라는 결정적이고 꼭 필요한 믿음으로 도약하게끔 돕는 방법이다. 자신이 가치 없는 사람도 아니고, 사랑받을 수 없는 사람도 아니라는 걸 깨닫게 해주는 방법이다. 이렇게 사고의 도약을 할 수 있도록 도와주면 아이들은 치유될 가능성이 훨씬 높아진다.

신디의 장남은 현재 16세다. 신디는 "어려운 문제들에 대해 아들과 대화할 수" 있다고 말한다. 그녀는 "오래된 일, 즉 제가 아동기에 겪은 일에서 유래한 많은 감정들을 느끼고 있을 때면" 아들에게 사실대로 말하는 법을 익혔다. "어떤 일이 벌어지고 있는지를 아들에게 인정하고, 제가 잘 대처하고 있다고 알려주고, 다른 일로 넘어갑니다." 어릴 적 신디는 흔히들 하는 말처럼 '방 안에 코끼리 한 마리가 버티고 있는데도 모두가 모른 척하고 있는' 것 같은 느낌을 짙게 지니고 살았다. 아버지가 분명히 식구들에게 가혹하게 굴고 있었는데도 아무도 그의 잘못을 지적하며 "저 사람, 그러면 안 되지. 지금 뭐 하는 거지? 아이들은 괜찮은가?"라고 묻지 않았다.

이제 신디는 괴로울 때 대처하는 법을 안다. "과거가 저 자신이나 지금 제가 아이를 양육하는 방식에 큰 영향을 미치고 있다고 느낄 때면, 저는 아이들에게 제가 줄 수 있는 가장 큰 선물을 줍니다. '지금 이런 일이 일어나고 있는 거야' 하고 알려주는 것 말입니다. 그러면 저희는 솔직하고 안전한 대화를 나눌 수 있습니다. 저는 아이들을 위해 해줄 수 있는 제일 좋은 일 중 하나가 제 경험을 공유하고, 제가 맞섰던 난관들을 하나하나 이름하며 알려주고, 제가 얻은 교훈을 전해 주는 것이라고 생각합니다. 저는 완벽한 엄마가 전혀 아닙니다. 때로는 과거에서 비롯된 불안이 제 발목을 잡고 문제를 일으키기도 합니다. 하지만 아이들에게 그런 사실을 말해주면, 아이들은 문제가 있는 게 자기네가 아니라 저라는 걸 알게 됩니다. 이렇게 간단한 선물을 주지 않을 이유가 있겠어요?"

12. 대물림된 트라우마의 이야기를 재구성하라

자신이 겪은 역경이 앞 세대가 겪은 역경에서 물려받은 것임을 이해하고 나면, 부모와 조부모, 자신과 자녀를 아우르는 더 폭넓은 서사를 만들어 낼 수 있다.

켄들은 아버지가 어렸을 적 자신의 어머니가 자살하고 가족들이 그것을 비밀로 하려 들었던 경험에서 얼마나 큰 상처를 받았을지에 생각이 미치자 아버지에게 연민을 품게 되었다. "아버지가 알코올 중독이 되는 데는 그 일이 분명 일조했을 거예요. 그렇게 생각하자, 어머니가 저를 가혹하게 대할 때도 아버지가 제 편을 전혀 들지 않은 이유 또한 이해가 갔습니다. 아버지는 자기 아내가 완벽하고 어떤 어려움에도 굴하지 않는 어머니라고 믿어야 했습니다. 아버지에게, 자살한 자신의 어머니처럼 결함이 있는 것은 죽음이나 자신이 알아온 모든 것의 상실과 같은 의미였으니까요." 켄들은 어머니에게도 연민을 느낀다. "우울증을 앓는 알코올 중독자 남편과 사는 게 쉽진 않았을 겁니다. 어머니는 신경증적인 대처 방식을 갈고닦아서, 속상하거나 불편한 일이 일어나도 잘못된 건 하나도 없다고 고집을 부리게 된 거예요. 남편에게도 아무 문제 없고, 딸인 저에게도 아무 문제가 없는 척을 한 거죠. 어머니 역시 자신이 양육된 방식에서 이런 잘못된 대처 기제를 배웠을 겁니다."

이 모든 것을 안다고 해서 힘들었던 아동기가 없었던 일이 되는 건 아니라고 켄들은 말한다. "하지만 아동기의 그 일이 저에게서 비롯된 게 아님을 이해하는 데에는 도움이 되었습니다. 그리고 이 해로운 유산이 세대에서 세대로 전해지는 것을 끝내야 한다는 결의가 더 굳어졌지요."

조지아 역시 비슷한 감상을 들려준다. "우리 가족의 여러 세대에 걸친 패턴을 들여다보면 나름의 통찰을 얻게 됩니다. 제 문제가 개인적인 것으로만 보이지 않고, 저 자신의 문제로만 보이지도 않지요. 외할머니는 어렸을 적에 버림받았습니다. 상처가 많은 분이셨죠. 그래서 저희 어머니를 학대했고요. 어머니 역시 깊은 상처를 받은 나머지 할머니처럼 된 겁니다. 친가 쪽에서도 비슷한 패턴이 펼쳐졌어요. 제가 태어나기도 전부터 본격적으로 작용하고 있던 패턴들입니다."

존은 "아버지의 성장기 가정생활이 저의 그것보다 더 괴로웠다는" 사실을 알게 되자 아버지에게 다가가기가 한결 쉬워졌다고 말한다. "할머니는 18세에 싱글맘이 되었고, 아버지는 자기 아버지가 누구인지도 몰랐습니다. 아버지를 위해 곁을 지켜주는 사람은 아무도 없었어요. 그래서 아버지는 감정지능(emotional intelligence)이란 것을 제대로 키우지 못하고 자랐습니다."

역경과 트라우마가 대물림되는 방식을 이해하면, 자녀의 이야기를 당신 자신의 과거에만 근거를 두지 않은, 따라서 덜 개인적인 이야기로 다시 구성하는 것이 가능해진다. 가족들의 이야기로 짜인 그물망을 파악하고 이해하면 당신의 경험이 당신이 태어나기도 전에 다른 이들에 의해 이미 써진 것임을 인식할 수 있다. 감정적 족쇄에서 벗어나는 법을 배우고, 부모가 지녔던 상처의 잔여물들을 당신 자녀의 미래로 끌어들이는 우를 피하려는 노력을 시작할 수 있다.

13. 아이에게는 믿음직한 어른이나 멘토가 필요하다

하버드대학교 교수로 아동발달센터 소장인 의사 잭 숀코프가 말하기를, 독성 스트레스를 예방하거나 그 영향을 바로잡는 제일 좋은 방법은 "아이들이 상황을 잘 헤쳐나가도록 돕고, 아이들이 안전하고 보호받는다는 느낌이 들게끔 도우며, 무엇보다도 중요하게는 스트레스에 대응하고 견뎌내는 스스로의 역량을 키워나가기 시작하게끔 돕는 어른들이 곁에 있어주는" 것이라고 한다. 아이들이 문제에 빠지는 이유는 자신이 주변의 완충과 보호를 받는다는 느낌을 갖지 못해서인 경우가 많다. "배려심 있는 어른과의 꾸준하고, 믿음직스럽고, 지지와 보호를 받는 관계"가 결여돼 "역경을 헤쳐나가고, 역경에 대응하는 법을 배우는 데 도움을 받지" 못하는 것이다. [208]

위협을 느끼고 쉴 새 없이 스트레스 반응을 보이는 아이들에게 제일 필요한 것은 의지할 수 있는 사람이 있음을 아는 것이다. 역경의 구체적 상황은 사건들이 일어나는 맥락의 영향을 받는다. 그리고 그 맥락은 아이를 도와줄 어른의 존재 여부에 거의 전적으로 달려 있다.

대인관계 신경생물학자 댄 시걸에 따르면, 믿음직한 어른과의 관계는 아동기에 회복탄력성을 키우는 데 있어 가장 중요한 요소 중 하나다. 여기에는 아이가 의지할 수 있는 가족 아닌 어른의 존재도 포함되며, 격동의 청소년기에 특히 그렇다. 시걸은 지적한다. "역사를 통틀어 인류는 공동체들을 만들어 함께 살아왔고, 청소년은 손위의 어른들과 다양하고 중요한 교육적 상호작용 관계를 유지하는 가운데 독립성을 모색하고 확보했습니다." 시걸은 이렇듯 세대 사이를 연결하는 끈들이 "오늘날은 제구실을 못할 정도로 미약해지고" 있다고 말한다. "우리 문화에는 이제 사실상 그런 관습이 없습니다. 하지만 아이들 곁에는 교사든 멘토든 코치든, 누군가 부모가 아닌 어른들이 있어야 합니다." [209]

아이들이 아직 어릴 때, 안전하고 신뢰할 수 있는 어른인 멘토는 자신이 혼자가 아님을 확인하고자 찾는 안전한 피난처와 같다. 분별 있는 조언과 위안, 자신감과 자기라는 사람에 대한 믿음을 주는 현명한 목소리 하나가 많은 것을 바꿀 수 있다.

청소년들이 발달의 자산으로 활용할 수 있는 40가지를 정리한 목록이 있다. 위기에 처한 젊은이 및 소외계층을 돕는 멘토링 그룹들이 이용하는 이 목록에는 "다른 어른과의 관계" 항목이 올라 있다. 멘토링 그룹들에선 젊은이들이 부모가 아닌 어른 세 사람 이상에게서 지지를 받는 것이 좋다고 한다.[210] 이 같은 관계가 주 양육자와 안정 애착을 형성하는 것을 대신할 수는 없다. 하지만 아이들의 삶에 주 양육자 외의 안전하고 믿음직한 어른들이 존재하면 자신을, 그리고 자신의 선함을 믿는 데 도움이 된다.

버니 시걸은 생애 초기에 아주 많은 역경을 겪고 자주 자살을 생각하던 한 십대 청소년을 도운 이야기를 들려준다. 하루는 이 소녀가 그를 만나러 와서 말했다. "당신이 제 '선아(CD)'예요." 시걸은 그게 무슨 뜻이냐고 물었다. "그러자 아이가 답하더군요. '제가 선택한 아빠(Chosen Dad)라고요.' 우리가 고통받고 있는 젊은 사람에게 우리와 함께 있으면 안전하고 사랑받는다는 걸 알려주면 이처럼 좋은 영향을 줄 수 있습니다."

이 책을 쓰면서 내가 인터뷰한 사람들 중 많은 이들이 자신의 삶에 멘토 역할을 한 사람, 자신을 도와 안전한 환경을 제공한—정서적 은인이라 할만한—사람이 있었다고 말했다. 주변에 안전하고 믿음직스러운 어른이 한 사람이나마 존재한 덕분에 그들은 성인이 되어 자신의 경험을 더 깊은 이해와 성장의 밑거름으로 삼을 수 있을 때까지 버텨낼 수 있었다.

메리의 가정은 엉망이었지만 친구 앤드리아의 어머니는 항상 메리에게 침대 하나를 내주었고, 빵 굽는 법도 가르쳐주었다. "앤드리아의 어머니는 저희 아빠가 술을 마시는 것도, 체벌로 저희 엉덩이를 때리는 것도 알고 있었습니다. 고함을 지르고 화를 낸다는 것도, 벽에 끔찍한 사진들이 붙어 있다는 것도 다 알았어요. 그런데도 그분은 저를 사랑해 주었습니다." 메리는 말한다. "앤드리아가 저희 집에 가는 것은 금했지만, 앤드리아 집에서는 어느 날 어느 때든 저를 반겨주었지요."

신디 역시 비슷한 이야기를 들려준다. "같은 거리에 저에게 무척 잘해주는 이웃이 있었습니다. 저희 집 상황이 얼마나 엉망인지를 알고, '너에게는 항상 문이 열려 있으니' 아무 때든 오라고 했지요. 저는 여러 해 동안 매일 그 집에 갔습니다. 심지어 휴가도 따라갔어요. 돌이켜보면 그 가족, 특히 그 집 아주머니가 제가 아동기를 헤쳐나가는 데 막중한 역할을 했다는 걸 알겠어요. 아주머니는 결코 저를 돌려보내는 일이 없었습니다."

켄들에게는 그녀가 성장기에 얼마나 힘들었는지를 지켜본 나이 든 여성 친구가 있었다. 그녀는 켄들이 자신의 과거를 이해하도록 돕고, 치료를 받도록 격려했다고 한다.

고모·이모나 숙모, 조부모 같은 특별한 친척의 도움을 받은 이들도 있었다. 존에게 그런 사람은 외할머니였다. "그분은 제 삶에 크나큰 영향을 미쳤습니다. 당신이 저를 무조건적으로 사랑한다는 걸 언제나 알려주셨죠. 저희 아버지와 정반대였어요. 기회 있을 때마다 '사랑해'라고 말해 주셨습니다. 저는 온 마음으로 할머니를 사랑했어요. 밤에 할머니 개를 함께 산책시키다가 달이 뜬 걸 보면, 할머니는 제 손을 잡은 채 달에게 말을 걸었어요. '달님, 안녕?' 할머니는 당신의 눈을 통해 저에게 세상의 아름다움을 보게 해주었습니다. 할머니 덕분에 제가 죽지 않고 살았다고 생각합니다. 요즘에도 쓰레기를 버리러 나갔다가 밤하늘에 달이 뜬 걸 보면 할머니를 생각합니다. 제 아동기에 유일하게 좋았던 것이 할머니의 사랑이었다는 생각을 하지요."

캣 역시 외할머니의 사랑이, 고등학교 때 외할머니와 함께 보낸 몇 년이 자기 목숨을 구했을지 모른다고 생각한다. 캣은 회상한다. "저희는 단둘이었습니다. 할머니는 제가 아무리 불퉁하게 굴고 말을 하지 않으려 들고 반항을 해도 저에 대해 인내심을 잃지 않았습니다. 제가 가야 할 곳이 있으면 어디든 차로 데려다주셨죠. 할머니는 매일 점심 도시락을 싸고 봉지에 검은색 매직펜으로 커다랗게 제 이름을 써주었습니다. 제가 아프면 모든 일을 내려놓고 집에 머무르며 저를 돌보셨어요. 닭고기 수프를 만들어주면서요. 저는 할머니를 애정을 담아 '지마(G-Ma)'라고 부르기 시작했습니다. 그 하나의 관계, 할머니의 사랑이 제게 어마어마한 변화를 만들었습니다. 당시에는 이해하지 못했지만요." 캣은 처음 교사 일을 시작했을 때 할머니가 카드를 보냈던 것을 회상한다. 카드엔 이런 말이 적혀 있었다. "캣, 네 어머니가 살아 있었다면 너를 무척 자랑스러워했을 거야." 할머니는 각 단어에 세 번씩 밑줄을 그었다. "제가 엄마를 그리워한다는 걸 누군가가 인정해준 게 너무나 오랜만이었어요. 제가 무얼 해서 누군가 자랑스럽다고 말해준 건 아마 난생처음이었고요." 캣은 말한다.

할머니는 그로부터 오래지 않아 세상을 떠났다.

"할머니와 살았던 그 짧은 기간이 없었더라면, 저를 사랑해 주는 할머니가 계시지 않았더라면, 저는 '나도 치유될 자격이 있지 않을까' 하고 느끼는 제 안의 작은 부분을 발견하지 못했을 거라고 생각합니다."

14. 학교에 마음챙김을 도입하라

학기 중에 아이들은 깨어 있는 시간의 거의 절반을 학교에서 보낸다. 경쟁하고 성취해야 한다는 대단한 압박이 가해지는 학교는 아이들에게 아주 많은 스트레스를 주는 환경일 수 있다. 괴롭힘과 사회적 배제 역시 스트레스에 일조한다.

미국의 십대들은 학기 중 자신의 스트레스 수치를 10점 만점에 6점으로 보고한다.[211] 여름방학 중에는 스트레스 수치가 현저히 하락한다. 공부, 시험, 고사, AP(Advanced Placement) 시험, SAT, ACT(American College Testing) 같은 데서 높은 성과를 내기 위한 부담스러운 노력으로 미국 십대의 일과가 점철되는 것이 합당한지는 우리 어른들이 자문해 볼 문제다.

2014년, 수백 명의 교육자들이 워싱턴 D.C.에서 열린 '교육에서의 마음 챙김 콘퍼런스'에 모여 학교에 연민과 마음챙김을 도입할 방법을 강구했다. 콘퍼런스를 이끈 사람 중 하나였던 잭 콘필드 박사는 이제 교사 등 교육자들이 "아이를 가르치려고 하는데 그 아이의 부모가 이혼 절차를 밟고 있다면, 아이가 등교해서 조용히 책상 앞에 앉아 리포트 쓰는 법을 배우기는 어렵다는" 사실을 이해하기 시작했다고 평했다. [212]

우리는 아이들이 가정과 학교에서 받는 스트레스 수준을 검토하고, 스트레스를 관리하거나 완화시키는 기술을 가르쳐야 한다.

최근 연구들에 따르면 마음챙김과 명상을 배운 고등학생들은 정신건강이 개선되고 성적이 올라가며 스트레스가 감소하는 결과를 보였다. 어느 연구에서는 10분 동안 마음챙김 명상 교습을 받은 학생들이 고부담 수학 시험들에서 스트레스를 덜 받았고 점수도 다른 학생들보다 평균 5점이 높은 것으로 나타났다. [213] 명상 훈련을 받은 사람들은 주의 집중을 요하는 표준화 시험에서 현저히 나은 결과를 내고, 40분짜리 명상 수업을 네 시간 듣고 하루에 8분 이상 CD를 들으며 명상 수련을 하는 남자 청소년들은 더 큰 안녕감을 느낀다. [214]

또 다른 연구에서는 마음챙김 코스를 들은 청소년들이 우울감이 덜하고 스트레스 수준도 더 낮은 것으로 나타났다. [215] 마음챙김 수련을 더 할수록 스트레스 수준이 낮아지고 더 큰 안녕감을 느꼈으며, 이런 현상은 연구가 끝나고 석 달이 지난 뒤까지도 관찰되었다. 존스홉킨스대학교 블룸버그 공중보건대학원 교수인 크리스티나 베셀 박사에 의하면, 두 가지 이상의 아동기 부정적 경험(ACE)에 노출된 아동 가운데 회복탄력성의 몇 가지 측면을 계발한—예를 들어 어려움에 직면했을 때 평정을 유지하고 자기통제를 잃지 않는 능력을 갖게 된—아동들은 같은 조건이되 회복탄력성을 키우지 않은 아동들에 비해 학업에 몰두할 확률이 1.5배 이상 높았다.[216)]

한편, 학생들이 가정이나 동네, 심지어 학교에서도 트라우마와 씨름하고 있을지 모른다는 사실에 학교들도 주의를 기울이기 시작했다. 워싱턴주 어느 학교의 관리자들은 가정에서 역경을 겪고 있을 수 있는 학생들에게 도움을 주기 위해 트라우마 감수성을 기반으로 한 관행들을 도입했다. 목표는 훈육 시스템을 "탓하고 수치 주고 벌주는 접근법"에서 아이들이 학업에 전념할 수 있게끔 그들을—그리고 교사들을—뒷바라지하는 접근법으로 바꾸는 것이었다. 유치원에서 5학년까지의 학생 275명을 전보다 따뜻하게 보살피는 학교 환경에서 가르친 결과, 정학이 89% 줄었고 아이들이 퇴학당하는 빈도도 줄었다. 뉴스 사이트인 에이시스투하이닷컴(ACEsTooHigh.com)과 소셜 네트워크 사이트 에이시스커넥션닷컴(ACEsConnection.com)—이 사이트 회원들이 ACE 연구에 근거한 관행들을 도입하고 있다—의 설립자이자 편집자인 제인 스티븐스는 "트라우마에 대한 감수성이 높은 학교가 더 좋은 학교"라고 말한다. 이미 수백 군데의 학교들이 이처럼 트라우마에 유념하는 접근법을 채택하고 있지만, 스티븐스는 "더 광범위한 효과를 거두기 위해서는 이를 전국적 수준으로 확산해야 합니다"라고 강조한다.

이는 교사들에게도 마음챙김을 훈련시켜야 한다는 뜻이기도 하다. 템플대학교의 소아과학 및 공중보건학 교수이자 소아과 의사인 로버트 휘터커는 마음챙김이 아동기의 부정적 경험의 신체적·정신적 영향으로부터

318

사람들을 어떻게 보호하는지 연구해 왔다. 그가 헤드스타트 프로그램에 참여한 펜실베이니아주의 교사와 직원 2,000여 명을 대상으로 조사한 결과, ACE 때문에 고통받은 사람은 많았지만 그중 마음챙김을 수련한 사람들은 ACE 점수와 무관하게 자신의 정신적·신체적 건강 상태를 더 긍정적으로 보고했다.[217]

교사들이 마음챙김을 실천하고 평정을 잃지 않으면, 아이들이 행동상의 문제나 다른 문제를 보이더라도 그들에게 안전한 환경을 만들어줄 역량이 더 커진다. 휘터커는 말한다. "괴로운 상황에 처해 있더라도 삶의 의미를 이해할 수 있게 돕는 다른 어른들이 존재하거나 그런 어른들과 소통하고 있다면 아이는 회복탄력성을 키우는 데 도움이 됩니다." 특히 "아이가 안전감을 느끼는 사람으로부터 공감하고 연민하는 반응을 얻는 것"이 필수라고 한다.

스티븐스는 "재능 있는 교사들이 자신의 스트레스 수준을 낮추도록 돕는 것 역시 중요"하다고 말한다.

부모, 양육자, 교육자로서 우리는 학부모회와 학교에, 우리 아이들을 위하여 마음챙김 프로그램을 도입하고, 성공을 위한 전인교육의 일부로 스트레스 관리법의 교육을 강조하라고 요청할 수 있다.

맺는 글

아동기 역경은 당신을 무너뜨릴 수도 있지만, 당신을 성장하게 만드는 가장 큰 자극이 될 수도 있다. 아동기 역경의 트라우마를 원동력 삼아 성장을 향한 여정으로 나아가려면 엄청난 용기와 내면의 힘이 필요하다. 그러나 일단 마음을 가다듬고 새로운 방향을 잡으면, 치유의 가능성이 펼쳐질 것이다.

이때 중요한 건 두 가지 관점 사이에서 균형을 잘 잡는 것이다. 아동기의 부정적 경험(ACE)에 관한 연구 결과의 복잡성을 받아들이되, 그 때문에 당신에겐 행복하고 충만하고 만족스러운 삶을 누릴 기회가 결코 없으리라고 지레짐작해선 안 된다는 얘기다.

『한낮의 우울(The Noonday Demon: An Atlas of Depression)』과 『부모와 다른 아이들(Far from the Tree: Parents, Children, and the Search for Identity)』(모두 국역본 제목임)의 저자 앤드루 솔로몬은 어릴 적 남과 '다르다'는 이유로 고통스러운 괴롭힘을 당했다고 말한다(훗날 그는 그 다른 점들이 모두 자신이 동성애자라는 사실과 연관되어 있음을 깨닫게 된다). "생애 초기의 이러한 경험은 매우 강력하고 결정적일 수 있습니다. 그 경험을 통해 자신의 이미지, 자신의 강점과 약점에 대한 이미지, 세상이 훗날 자신을 어떤 방식으로 제약하게 될지에 대한 이미지를 형성하게 되기 때문입니다."

그럼에도 솔로몬은 이렇게 말한다. "트라우마를 받아들이고, 그것이 지금의 자신을 구성하는 요소들의 일부임을 인정해야 합니다. 삶의 최악의 사건들을 승리의 서사에 녹여서, 상처를 준 일들에 대한 응답으로 더 나은 자신의 모습을 드러내는 겁니다."

솔로몬은 말한다. "무의미한 고통은 견딜 수 없습니다. 하지만 목적이 있다고 믿는다면 큰 고통도 견뎌낼 수 있습니다. 실제로, 우리로 하여금 의미를 찾고자 노력하게 만드는 것은 바로 우리의 불운입니다." [218]

그에 더해, 자신이 고난을 헤치며 살았다는 사실을 인정하면 우리는 더 깊은 공감 능력을 발달시키게 되고, 친밀함을 더 많이 추구하고 삶의 달콤한 순간들의 가치를 알아보게 되며, 타인들, 나아가 온 세상과의 연결을 소중히 여기게 된다. 이것이 괴로움을 겪어본 사람이 힘겹게 얻은 혜택이다.

연구자들은 인생의 말년을 살고 있는 65세에서 84세 사이 노인들의 경우, 아동기에 역경을 겪지 않은 사람들이 겪은 사람들보다 염증성 호르몬 수치가 오히려 높다는 것을 발견했다. [219] 어쩌면 세월이 흐르며 우리가 자신의 경험에 의미를 부여하고, 과거를 우리의 복잡한 정체성에 포함시키고, 그것이 어떻게 지금의 우리를 빚어냈는지 인정하기 시작하면서 우리는 궁극적으로 더 깊은 자아감과 더 강한 자기수용(self-acceptance, 자신의 약점과 실패를 포함한 존재의 모든 양상을 받아들이는 것—옮긴이) 의식을 얻게 되는지도 모른다.

연구자들에 따르면 과거에 역경을 겪은 사람들은 "향유하는 능력"이 커진다고 한다. "인생 최악의 경험들은 삶의 작은 즐거움들을 만끽하는 능력을 높여줌으로써 결과적으로 긍정적인 측면 또한 지니는 건지도 모른다" 라는 게 그들의 결론이었다. [220]

결국, 아동기의 부정적 경험에 노출된 뒤 치유의 과정을 적극 수용한 사람은 애초에 그토록 괴로움을 겪지 않았다면 그가 되었을 수 있는 사람이 되는 게 아니다. 그보다 더 나은 사람이 된다. 어렵사리 얻은 삶의 지혜라는 선물을 인생의 모든 장에서 활용할 수 있기 때문이다.

새로운 의학적 지평

오늘 갑자기 아동 학대와 방임이 사라진다면, 『정신장애의 진단 및 통계 편람(DSM)』은 두 세대 만에 소책자 크기로 줄어들고 교도소는 텅텅 비게 될 거라는 말이 있다. [221]

반세기 동안 의료계에 몸담아온 버니 시걸은 그걸 이렇게 간명하게 표현한다. "저는 공중보건에 있어 제일가는 문제가 우리의 아동기라는 확신을 갖게 되었습니다."

ACE 연구의 개척자인 의사 빈센트 펠리티는 생물학적 '모든 것의 이론' —아동기의 부정적 경험이 신체적, 신경학적, 정서적 차원에서 현재의 우리, 미래의 우리를 빚어낸다는 이론—이 "의료를 하는' 방식"을 바꾸는 속도가 도저히 이해할 수 없을 정도로 느렸다고 말한다. "[ACE에 대한] 새로운 이해에 따라 부과되는 추가적인 책임을 받아들이는 데 관심을 보이는 내과 의사나 의학 교육기관은 대단히 적습니다."

이러한 상황은, 의사들이 가능한 모든 지식과 방법을 동원하며 노력을 기울여야 "만성적이고 치료하기 어려운 질환이나 고통, 괴로움의 근본 원인을 밝힐" 수 있다는 점을 감안했을 때 더더욱 놀랍기 이를 데 없는 일이라고 펠리티는 말한다. ACE 연구에 대한 이해는 지금껏 의학이 대체로 실패해 온 영역에서 새로운 길을 열어준다. 수십 년 동안 만성 질환으로 가망 없이 고통받아 온 환자들에게 도움이 될 수 있는 것이다.

펠리티는 말한다. "의사로서 우리가 잘 알다시피 진단을 위한 정보의 출처는 현실적으로 단지 세 가지뿐입니다. 병력 청취, 진찰, 그리고 실험실(진단검사실) 검사 말입니다. 거의 모든 환자들은 진단이 검사를 근거로 내려진다고 짐작하지만, 경험이 아주 풍부한 의사들은 전체 진단의 75~80%가 병력을 근거로 내려진다고 말할 겁니다." 펠리티는 덧붙인다. "병력에 더해, 우리가 8년의 기간 동안 성인 환자 44만 명에게 활용한 트라우마 관련 질문들을 도입하면, 환자와 어떤 치료를 해야 하고 어떤 치료를 할 필요가 없는지를 사전에 파악하는 데 도움이 됩니다."

펠리티는 "지금 당장 환자에게 나타나고 있는 증상들에 대응하는 것이 애초에 그 문제가 생겨난 이유를 이해하는 것보다 더 쉽다는 데"에는 이론의 여지가 없다고 말한다. "특히 문제가 만성적일 경우엔 그렇습니다. 하지만 의사들이 사람들의 생물의학적 신체와 증상뿐 아니라 삶까지 이해하고자 노력하면, 환자들에게는 건강을 찾을 새 가능성이 열립니다."

실제로 성인 환자들이 자신의 아동기 경험과 성인기 건강 문제 사이의 잠재적 연관성을 인식하고 의논하도록 이끌어줄 경우, 직접적인 건강상의 이점이 있는 것으로 보인다. 환자 12만 5,000명을 대상으로 한 최근의 한 연구에서 펠리티는 병력에 관한 문진의 일환으로 ACE 검사를 받고 그 점수에 대해 의사와 의논한 사람들은 다음 한 해 동안 의사를 방문한 횟수가 35%, 응급실 방문 횟수는 11% 감소했음을 발견했다.[222] 이 현상은 치료하기가 특히 어려운 만성 질환을 지닌 성인 환자들에게서 더욱 두드러졌다.

그러나 의료비 지원이 늘면서 의사들이 진료실에서 환자들과 일대일로 얘기하는 데 쓰는 시간은 날이 갈수록 줄고 있다. [223] 의사들은 보통 환자 예약을 15분 간격으로 잡는다. 하지만 의사들은 환자들에게 질문하고, 이야기를 듣고, 받아들임으로써 "환자들에게 큰 위안을 줄 수" 있다고 펠리티는 말한다. 임상에서 의사는 이렇게 말할 수 있다. "문진 응답 내용을 보니 [아버지가 알코올 중독자였군요/성폭력을 당했군요/어머니에게 양극성 장애가 있었군요/오빠가 자살을 했군요/어렸을 적에 자주 놀림을 받았군요]. 그 일이 훗날 환자분에게 어떤 영향을 미쳤는지 얘기해 주겠습니까?"

이런 질문이 "진료실에서 판도라의 상자를 여는" 결과를 낳을까 봐 많은 의사들이 우려하지만 환자들의 대답은 고작 몇 분으로 끝났다. 그러나 이 짧은 대화에 힘입어 의사들은 "환자 관리에 심대하고 이로운 효과가 있는" 정보에 깊고 폭넓게 접근할 수 있었고, 그 덕분에 환자들이 심신의 안녕을 향해 치유의 궤도를 바꾸도록 도울 수 있었다.

그러나 과거와 현재의 연결고리를 보려면 약간의 시간을 들여야 한다. 환자가 처음 문진표를 작성할 때 그 일환으로 ACE 설문 검사를 받게끔 하여 아동기에 부정적 경험이 있었는지 여부를 확인하고, 진료 시에 아동기에 관해 물어야 하기 때문이다. 아울러 의사는 환자의 신체적, 정서적 고통의 원천이 무엇인지에 대한 통찰을 얻기 위해 환자의 병력을 세심히 읽어야 한다. 또한 환자와 차분히 이야기를 나누고(관련 연구들에 따르면 의사가 이렇게 하는 경우는 전체의 9%에 불과하다), 더 나아가 악수를 하거나 어깨에 손을 얹는 등 위안의 몸짓을 해주는 일이 필요할 수도 있다. 전통 의학에서 할 수 있는 최선의 조치들에 더하여, 환자가 치유되도록 해줄 적절한 단계들을 제시해야 함은 물론이다.

이제 우리에게는 아동기의 부정적 경험에 관한 연구들이 있다. 바라건대 의사들이 환자를 생애 경험이 전체론적으로 총합된 존재로 보기 시작하고, 오래된 과거에서 유래한 스트레스 인자가 시한폭탄이 되어 훗날 폭발함으로써 환자의 건강을 해칠 수 있다는 견해를 받아들였으면 한다. 아동기의 부정적 경험을 질환에 관여하는 여러 핵심 요인 중 하나로 보는 이 같은 의학적 패러다임은 많은 환자들에게 치유의 과정에서 몇 년을 절약하게 해줄 수도 있다.

개입하지 않을 경우, 치러야 하는 대가가 훨씬 크다. 환자들이 건강과 행복을 잃게 된다는 점에서도 그러하지만, 의료 비용 역시 만만찮다. 미국 질병통제예방센터(CDC)에서 발표하기를, 미국에서 아동 학대로 인해 드는 생애비용(lifetime cost)은 매년 총 1,240억 달러라고 한다.[224] 아동 학대를 경험한 각 개인이 평생 지출하는 의료비는 21만 12달러로 추산된다.[225] 이는 개인에게 평생 15만 9,846달러를 지출케 하는 뇌졸중이나 18만 1,000달러에서 25만 3,000달러 사이를 지출케 하는 제2형 당뇨병 등 돈이 많이 드는 다른 질병들에 비견할 만한 비용이다.

변화를 저해하는 요인 중에는 신체를 다루는 성인의학(성인에게서 주로 발견되는 질병의 진단과 치료 및 예방을 담당하는 분야로, 보통은 내과학이라고 한다.—옮긴이)과 심리를 다루는 의학이 여전히 별개의 영역으로 여겨진다는 사실도 있다. ACE 연구를 활용하여 우리가 "의료를 하는" 방식을 바꾸려면 '신체적'인 것과 '정신적' 혹은 '정서적'인 것을 갈라놓는 의료상의 오래된 구분을 타파해야 하는데, 이는 어려운 일이다. 의사들은 오로지 손으로 만지고 눈으로 보고 현미경이나 스캔 장비로 확인할 수 있는 것만을 다루도록 철저히 훈련받지 않았는가.

그러나 이제 뇌가 아동기 경험으로 인해 유전자 수준의 변화까지 일으

326

킨다는 과학적 증거가 있으니만큼, 더 이상 모래 위에 그은 선 같은 구분을 고집할 수는 없다. 수백 건의 연구를 통해 아동기 역경이 우리의 정신적, 신체적 건강에 해를 입히며 학습장애, 심혈관 질환, 자가면역질환, 우울증, 비만, 자살, 물질남용, 대인관계 실패, 폭력, 나쁜 양육, 조기 사망 등을 낳는다는 사실이 밝혀졌다.

2013년에 '천재상'으로 불리는 맥아더펠로상을 받은 제프리 브레너 박사가 얼마 전 이렇게 말했다.[226] "아동기의 부정적 경험 점수는 신장이나 체중, 혈압만큼이나 중요한 활력 지표가 되어야 마땅합니다. 의사들이 흡연이나 안전하지 않은 성관계, 비만 같은 것들에 대해 묻고 그런 문제를 다루는 걸 꺼리던 시절이 있었습니다. 환자들과 아동기 트라우마를 얘기하는 것에 대한 금기와 불편감 역시 없앨 필요가 있습니다."

소아과학의 희망찬 신개척지

한편, 좀 더 가까이에서 희망을 볼 수 있다. 소아과학 분야와 교육계에서 변화가 일어나고 있는 것이다. 의사이며 하버드대학교 아동발달센터 소장인 잭 숀코프는 아동기의 독성 스트레스에 대한 새 연구들을 접한 의학계의 세부전문의들이 고무를 받아 자료와 치료 체계를 서로 공유하게 되리라고 믿는다. 숀코프는 최근 한 라디오 방송과의 인터뷰에서 강조했다. "이에 관한 과학은 통합적인 것입니다. 교육과 관련된 것인 만큼이나 건강과도 관련 있습니다. 노년의학에 관련된 것인 만큼이나 소아과학과도 관련 있고요." 그는 이제 과학적 증거가 있으니만큼 "과학에 기반한 책무와 도덕적 책임 둘 다에 근거하여 '이대로 놔둬선 안 된다'라고 말할 수 있습니다. 공중보건을 위협하는 다른 요인들에 긴급히 대응했듯, 여기에

도 긴급히 대응해야 합니다"라고 말한다. [227]

2014년 6월, 미국소아과학회에서는 아동기 독성 스트레스의 장기적 위험에 대한 심포지엄을 열고 소아과 의사, 정책 입안자, 연방기구들에게 국가적 차원에서 더 강한 대응책을 마련하라고 촉구했다. 미국소아과학회는 그러한 노력을 촉진하고자 얼마 전 아동건강·회복탄력성센터를 설립하여 소아과 의사와 다른 임상의들이 발달 중인 뇌를 보호하는 방법을 교육받도록 장려하고, 소아과 의사들에게 외상성(트라우마성) 스트레스를 겪고 있는 가족들을 선별해 낼 수단을 제공하고, 부모들에게는 참조하거나 의지할 수 있는 적절한 자원들을 연결시켜 주기 시작했다.

미국소아과학회의 전 회장이자 아동건강·회복탄력성센터 소장인 로버트 W. 블록 박사는 "소아과학에선 이제 만성적인 독성 스트레스가 아이들에게 미치는 실재적이고 중대한 영향을 인정"한다고 말한다. [228]

그러나 역경과 트라우마에 직면한 아이들의 삶에 개입하기 위한 쉽지 않은 노력은 이제 막 시작되었을 따름이다. 가족치료사인 로빈 카모스는 말한다. "우리 미국인은 어린아이들의 문제에 대해서는 바보와 같습니다. 제1세계의 후기산업사회 나라들 가운데 유엔 아동권리협약에 서명하지 않은 유일한 나라가 미국이죠. 아동 학대와 방임의 비율을 생각하면 미국은 커다란 오점을 안고 있는 겁니다." 설상가상으로 "미국의 영유아 보육 체계는 아직도 개탄스럽습니다. 사회적 필요를 전혀 따라가지 못하고 있어요. 우리는 많은 아이들을 버려두고 있습니다." [229]

이 시점까지, 서서히나마 가장 큰 변화가 일고 있는 분야는 소아과학, 사회 서비스, 청소년 사법제도, 위기에 처한 학생들을 돕는 K-12(유치원에서 12학년까지 미국의 무상교육 기간—옮긴이) 교육 환경 등이다. 빈곤과 폭력 속에서 자라면 스트레스가 더욱 축적되어 학습 잠재력이 무뎌지고, 평생 동안 정서적·신체적으로 망가진 건강을 안고 살아야 할 수 있다. 이런 사실을 새로운 토대로 삼아 학교를 다시 생각하고, 학생들에게 트라우마 감수성이 높은 학교 환경을 제공할 방법을 고민해야 한다.

아동기의 부정적 경험 연구는 또한 병역에 대해, 그리고 누가 군 복무를 해야 하는가에 대해 새로운 질문들을 촉발해야 옳다. ACE 검사는 장기적 PTSD(외상후스트레스장애)가 생길 경향이 더 높은 사람을 걸러내는 수단이 될 수 있다. 전투에서 복귀한 사람들이 트라우마를 완화시키는 치료를 받도록 고무하는 데도 도움이 될 수 있다. ACE 연구는 또한 중독을 '자가 투약'으로—역경에 의해 생겨난 고통을 완화하려는 실패한 시도로—간주함으로써 중독의 이해와 치료를 돕는 새로운 방법을 보여준다.

일부 도시나 카운티, 주에서는 의료, 기업, 아동복지, 학교 등 여러 부문의 종사자들이 힘을 합쳐 트라우마에 대한 지역사회의 인식을 제고하고 사람들의 회복탄력성을 키우고자 노력하고 있다. 워싱턴주, 아이오와주, 메인주, 버몬트주를 비롯한 서른 개 가까운 주에서는 아동 학대, 가정폭력, 물질남용 등 아동 및 가족 문제를 다루는 공중보건 프로그램을 개선하기 위해 아동기의 부정적 경험 자료를 수집하기 시작했다.

"지역사회들은 서로 협력하면서, 탓하고 수치 주고 벌주는 규칙과 정책들을 이해하고 보살피는 해법과 접근법으로 대체하기 위해 조직과 제도를 변화시키고자 노력하고 있습니다." 소셜 네트워크 사이트 에이시스커넥션닷컴과 뉴스 사이트 에이시스투하이닷컴의 설립자인 제인 스티븐스는 말한다. "이렇게 하는 이유의 많은 부분이 경제적이지만—의료비와 사회 서비스 비용 감축으로 시 예산 수억 달러를 아낄 수 있으니까요—그럼으로써 더 건강한 사람들, 더 행복한 지역사회가 만들어지기도 합니다."

그러는 사이에도 살아 있는 사람들이 고통받고 있음을 잊지 말자.

권하건대, 거울 앞으로 가서 그 안에서 당신을 마주하고 있는 어른을 바라보라. 거울에 비친 당신의 눈 속에서 어릴 적의 당신을 찾아보라. 그 애의 이야기에 집중하라. 그리고 당신이 진정한 자신의 모습으로 돌아갈 수 있게 도와줄, 이제 활용 가능한 여러 전략과 기법을 상기하라. 그 변화의 여정을 통과하면 당신은 심지어 원래보다 더 좋고, 현명하고, 강한 사람이 될 수도 있다. 그러니 어릴 적의 당신에게 약속하라. 너를 데리고 치유를 찾는 여정에 오르겠다고.

아동기의 부정적 경험에 대한 대화를 이어가기 위하여

이 책에 담긴 이야기에 관해 공동의 대화를 이어나가고, 서로 연락하고, 자료와 희망의 이야기들을 찾고 공유하기를 원하는 사람은 내 페이스북 페이지에서 커뮤니티 토론에 참여하거나(https://www.facebook.com/donnajacksonnakazawaauthor), 나의 〈Childhood Disrupted〉 블로그를 방문해 주기 바란다(www.donnajacksonnakazawa.com).

누구든 환영이니, 방문과 참여를 고대하겠다. 치유로 가는 길을 찾는 이야기를 공유하며 함께 힘써 보자. 당신이 살아야 마땅한 삶을 마침내 살 수 있도록.

감사의 말

삶의 좋은 것들에 감사하는 일은 행복을 증진하는 여러 방법 가운데 하나다. 이 책이 세상에 나올 수 있게 도와준 많은 사람들에게 감사를 표할 기회를 얻어 기쁘다.

내 취재는 많은 학자, 과학자, 연구자들의 관대함과 지혜에 두루 힘입었지만, 특히 나와 많은 대화를 나누고 자주 연락하면서 친절과 관대함, 인내심을 보여준 빈센트 J. 펠리티 박사에게 깊이 감사드린다. 아동기의 부정적 경험 연구(ACE Study)의 '과학적 아버지'인 의사 펠리티와 로버트 앤다는 인간의 괴로움과 치유를 더 잘 이해하게 해주는, 삶을 바꾸는 패러다임을 창조했다. 자신들의 연구 결과를 자세히 캐내어 활용할 수 있게 허락해 준 두 분에게 감사한다.

신경과학, 신경생물학, 면역학 분야의 다음과 같은 유수한 전문가와 생각 깊은 분들이 보여준 관대한 정신은 내게 대단한 도움이 되었다. 자신들이 내게 준 도움의 크기를 과소평가하는 일이 없기를 바란다. 메릴랜드대학교 의대 신경과학 교수인 마거릿 매카시 박사는 기꺼이 나를 맞아 그녀의 곁에서 연구실을 관찰하게 해주었고, 내가 크고 작은 의문이 생길 때마다 의지할 수 있는 든든한 과학적 고문 역할을 해주었다. 존스홉킨스대학교 블룸버그 공중보건대학원과 메이오클리닉의 독성학 부교수인 델리사 페어웨더 박사는 여성과 아동기의 부정적 경험, 그 경험이 여성의 면역계와 어떻게 교차하는지에 관한 자신의 중요한 연구를 내가 이해할 수 있도록 많은 도움을 주었다. 캘리포니아대학교 로스앤젤레스 캠퍼스(UCLA)의 소아신경정신과 의사이자 임상교수인 댄 시걸 박사, 위스콘신대학교에서 소아청소년정신의학 조교수를 맡고 있는 신경정신과 의사 라이언 헤링어 박사, 캐나다 웨스턴온타리오대학교에서 정신의학 교수로 일하며 PTSD 연구실을 이끌고 있는 신경과학자 루스 레이니어스 박사는 내게 시간과 통찰을 아낌없이 나눠주어, 아동기의 부정적 경험이 발달 중인 뇌와 대인관계 생물학, 생애 초기 발달 등에 어떻게 영향을 미치는지를 더 잘 이해할 수 있게 해주었다.

나와 대화하며 자신의 연구와 발견을 이해하도록 도와준 의사 버니 시걸, 캘리포니아주 팰로앨토에 있는 정신연구소의 선임연구원 프랜신 샤피로 박사, 버팔로대학교 심리학 부교수인 마크 D. 시어리 박사, 에머리대학교 의과대학의 정신의학·행동과학 교수 케리 레슬러 박사, 다큐멘터리 〈목적지 없는 경주〉의 감독 비키 에이벌리스에게도 감사드린다.

이메일 교신을 통해 자신의 연구 내용을 명확하게 이해시켜 준 다음의 과학자, 전문가, 학자들에게도 나는 많은 빚을 졌다. 그레이터굿 과학센터의 선임연구원인 신경심리학자 릭 핸슨 박사, 가족치료사 로빈 카-모스, 위스콘신대학교 심리학 교수이자 아동정서연구실을 이끄는 세스 폴락 박사, 예일대학교 의대 아동·청소년 연구 교육(CARE) 프로그램을 이끄는 존 카우프먼 박사, 예일대학교 의대 정신의학 교수이자 기분장애 연구 프로그램 책임자인 힐러리 P. 블럼버그, 템플대학교의 소아과학 및 공중보건학 교수 로버트 휘터커, 미국소아과학회 전 회장이자 아동건강·회복탄력성센터 소장인 로버트 W. 블록, 록펠러대학교 신경내분비학 교수 브루스 S. 매큐언, 스탠퍼드대학교의 심리학자 켈리 맥고니걸 박사가 그들이다. 또한 불교 명상 지도자이자 심리학자인 잭 콘필드 박사, 명상 교사이자 심리학자인 타라 브락 박사, 워싱턴 D.C.의 심신의학센터 설립자이자 소장인 의사 제임스 고든에게 그들의 가르침을 인용해도 좋다고 허락해 준 데에 감사하며, 의사이자 하버드대학교 아동발달센터 소장인 잭 숀코프의 연구를 인용하는 데 도움을 준 아동발달센터 커뮤니케이션 및 대중참여 실장 앨 레이스에게도 고마움을 전한다.

저술가 앤드루 솔로몬에게 특별히 마음 깊은 곳으로부터 감사를 보낸다.

저널리스트이자 소셜 네트워크 사이트 에이시스커넥션닷컴과 뉴스 사이트 에이시스투하이닷컴의 설립자인 제인 스티븐스에게도 신세를 졌다. 실은 아동기의 부정적 경험(ACE) 연구 분야 자체가 그녀에게 많은 빚을 졌다.

이 책은 나에게 자신들의 트라우마와 회복 이야기를 들려주고 그걸 책에 담도록 허락한 대담하고 용감한 이들이 없었더라면 쓸 수 없었을 것이다. 그들 모두에게 깊이 감사한다. 그들의 이야기, 그들의 치유, 어떤 장애물에 맞닥뜨리더라도 의미 있는 삶을 만들어내겠다는 그들의 굳은 결의를 제대로 기리는 책이 되었기를 바란다.

나의 에이전트이자 소중한 친구 엘리자베스 캐플런에게 이 말을 하고 싶다. 고통과 괴로움, 질환을 야기하는 게 무엇인지를 조명함으로써 세상에 변화를 가져오고, 무엇이 치유를 일으키고 굳히는지 독자들이 이해하도록 돕고 싶다는, 내가 평생의 과업으로 삼은 일을 자기가 격려해 준 덕에 내가 이 일을 해낼 수 있었어. 나를 믿어주어 고마워. 에이트리아 출판사의 레슬리 메러디스에게는 이 책의 가치를 알아봐 주고 정성을 기울여 꼼꼼히 편집해 준 것에 대해, 도나 로프레도에게는 친절과 쾌활함으로 책이 나오기까지 모든 과정이 원활히 진행되도록 해준 데 대해 감사를 전한다. 그리고 내 친구 리 크래비츠에게, 이 책의 초반 장들이 더 잘 읽히게 도와줘서 고마워.

내 '사전 독자 서클'의 친구들 젠 브리튼, 레슬리 호프마이스터, 세라 주드, 바비 휘터커("시스타")에게, 이 책의 초기 원고를 읽고 논평해 준 것에 감사한다. 덕분에 내 삶이 한결 나아졌다. 원고를 읽어주고 응원해 주고 출간까지의 과정에서 달가운 기분전환을 제공한 킴벌리 미니어에게 진심으로 감사한다. 그 기분전환들이 없었더라면 이 분주한 제작 사이클을 버텨내지 못했을 것이다.

이 책을 마치기 위해 내가 꼭 필요로 했던 시간을 허락해 준 버지니아 창조예술센터에 감사를 표한다.

마지막으로 제일 중요한 사람, 나의 남편 젠지에게 감사한다. 그는 내가 하루에 16시간씩 글을 쓰는 일과를 버틸 수 있도록 '구석기 시대' 식 저녁식사, 끝없는 포옹, 인내심, 쾌활함 등 가능한 모든 방법으로 나를 도와주었다. 나의 아이들에게는, 엄마의 글이 세상을 더 건강한 곳으로 만드는 데 일조할 수 있다는, 어쩌면 과장된 믿음을 가져준 것에 대해 감사한다("엄마, 할 수 있어요!"). 내 아이들이, 그리고 다음 세대가 잘 자라고 잘 살아가기를 바라는 나의 소망은 지금 당신이 손에 들고 있는 책을 쓰게 한 아마도 가장 큰 원동력이었을 것이다.

후주

여는 글

1) 세계보건기구(WHO)에서 만든 '아동기의 부정적 경험 국제 설문'은 공동체 내의 폭력, 또래 간 폭력, 가정폭력과 훗날 성인기 건강의 연관성을 점검한다. http://www.who.int/violence_injury_prevention/violence/activities/adverse_childhood_experiences/en/ (인터넷 액세스 일자는 2015년 3월 29일).

제1장 어른은 누구나 한때 아이였다

2) 펠리티는 환자들과의 일대일 면담에서 시간순, 즉 연대기적 접근법을 취해, 이런 질문들을 던졌다. "출생 시에, 유치원생이었을 때, 6학년 때 각기 체중이 얼마나 되었습니까? 숫자가 기억나지 않는다면, 반에서 가장 뚱뚱한 축이었는지, 가장 마른 축이었는지, 아니면 보통이었는지요?" 그 얼마 전부터 펠리티는 비만 클리닉에서 함께 일하는 두 간호사에게서 환자들이 "성적인 문제들"에 대해 언급한다는 암시를 가끔 받은 바 있었다. 그래서 펠리티는 환자들에게 처음 성경험을 한 나이를 묻기로 했다. 그런데 어느 날 면담 중 말이 헛나와, 한 여성 환자에게 처음 성경험을 했을 때의 체중을 물었다. 환자는 답했다. "18kg이요." 그리고 흐느끼며 덧붙였다. "상대는 아버지였어요." 펠리티는 어째야 할지, 뭐라고 해야 할지를 몰라서 그냥 그녀의 일생에 대한 시간순 질문을 천천히 계속하던 중, 환자가 성적 학대를 경험한 직후 체

---

* 후주와 참고자료 목록에 나오는 저서들의 국역본 저자 이름 표기는 해당 책의 것을 따랐기에 이 책 본문의 표기와 다를 수도 있다.

중이 늘기 시작했음을 알게 되었다. 열흘 뒤, 펠리티는 또 한 사람의 아동 성폭력 피해자를 만났다. 이번에도 환자는 생애 초기의 성적 학대에 대해 이야기했다. 이후 펠리티는 그가 진료하는 모든 비만 환자에게 이에 관한 질문을 정례적으로 하기 시작했다. 결과는 펠리티도 처음엔 믿기 어려웠을 만큼 충격적이었다. "제가 질문한 환자 둘 중 하나꼴로 아동기에 성적 학대를 당한 경험이 있는 것 같더군요." 펠리티는 말한다. "이럴 리가 없다고 생각했습니다. 이게 사실이라면 진작 알려졌을 테고, 누군가 제게 말해 줬을 것이거든요. 그러라고 의대가 있는 것 아닌가요?" 펠리티는 수개월에 걸쳐 비만 프로그램 참여자 중 아동기에 성폭력을 경험한 사례 186건을 수집했다. 기록으로 확인해 보니 그가 면담한 환자의 55%가 성폭력을 당한 이력을 인정한 것으로 드러났다. 펠리티는 다음 100명의 비만 환자 면담은 동료 다섯 명에게 부탁했다. 은연중에 자신의 어떤 편견이 작용한 것은 아닌지 우려했기 때문이다. 그러나 동료들이 얻은 결과도 똑같았다. 펠리티는 "생애 초기의 트라우마와 비만 사이에는 실제로 관계가 있는데도 지금껏 아무도 알고자 하지 않았"다고 확신하게 되었다. 그는 말한다. "대다수의 동료들은 그런 질문을 던지는 것조차 부적절하다고 느끼고 제게 말했습니다. '그런 질문은 하면 안 돼! 환자들은 기분이 몹시 상할 거고, 어쨌든 진실을 말해 주지도 않을 거야.'" 펠리티는 아동기의 부정적 경험 연구(ACE Study)는 이렇듯 "비만 프로그램에서 발견한, 직관에 반하는 관찰 내용"에서 탄생했고, 그중에는 "체중을 많이 감량하는 것이 야기하는 위험의 발견"도 포함되었다. 다시 말해, 트라우마를 겪은 여자들은 성적 접근과 학대에 대한 방어막으로서 과체중을 유지하길 무의식적으로 원할 수 있고, 학대를 당한 남자들은 보호의 수단으로 체중을 유지하길 무의식적으로 원할 수 있다는 것이다('지위나 권력을 마구, 부당하게 휘두른다'는 뜻인 관용구 'throw one's weight around'에서 '체중[무게]'이라는 말이 힘을 의미한다는 것을 생각하라). 이 책 본문과 주석에 실린, 펠리티가 ACE 검사를 개발하기 전에 의사로서 경험하고 발견한 사실들의 이야기는 내가 그와 지난 2년 동안 나눈 대화와 2015년 2월 2일에 주고받은 이메일들을 바탕으로 서술했다.

3)   V. J. Felitti, K. Jakstis, V. Pepper, et al., "Obesity: Problem, Solution, or Both?," *The Permanente Journal*, 14, no. 1 (Spring 2010), 24-30.

4)   당시의 상황에 대해 펠리티는 이렇게 말했다. "저는 1990년 애틀랜타에서 열린 한 비만 관련 전미 콘퍼런스에서 제가 발견한 사실을 발표했습니다(북미비만연구협회 [NAASO] 콘퍼런스였다.—옮긴이). 거기서 저는 청중들에게 공격받았지만, 질병통제예방센터(CDC)의 의사 데이비드 윌리엄슨을 만나기도 했죠. 바로 그곳에서 ACE 연구가 시작되었습니다. 연사 만찬 때 제 옆자리에 앉은 데이비드 윌리엄슨이 말했습니다. '이봐요, 당신 얘기가 사실이라면 의학뿐 아니라 미국 전체에 대단한 중요성을 지닌 것입니다. 하지만 사례가 286건뿐이라면 연구를 아무리 잘 했더라도 아무도 믿어주지 않을 거예요. 우리에게 필요한 건 수천수만 명의 환자를 대상으로 한 역학적으로 견실한 연구예요. 그 대상은 당신이 비만 프로그램에서 모은 특이한 부분집

단이 아니라 일반인구여야 하고요.' 잠시 생각한 뒤 저는 데이비드에게 샌디에이고에 그런 연구를 할 만한 곳이 있다고 말했습니다. 제가 일하는 카이저 퍼머넌테이 병원 예방의학과의 건강평가 분과에서는 연간 성인 5만 8,000명에게 이례적으로 종합적이고 표준화된 의학적 검진과 평가를 제공하고 있었습니다. 우리는 대상자가 몇 명이나 되면 '충분'할지 의논했고, 2만 6,000명이면 적당할 거라는 결론을 내렸습니다. 그러고 나서 저는 질병통제예방센터에 연사로 초대받았고, 그곳 고위직 몇 사람이 저희 병원을 방문했습니다."

5) 의사인 로버트 F. 앤다는 수년 동안 질병통제예방센터(CDC) 본부가 있는 애틀랜타와 카이저 퍼머넌테이 병원이 있는 샌디에이고를 오가면서 아동기의 부정적 경험(ACE) 검사 설문들을 만들고 취합했으며, 후에는 질병통제예방센터에서 자기가 관할하는 팀을 이끌고 ACE 연구에서 발견된 사실들을 분석했다. ACE 연구 초기에 로버트 F. 앤다가 ACE 검사지를 만들고, 실제 조사를 하고, 그 결과를 분석한 이야기는 내가 2015년 4월 8일 그와 나눈 대화를 바탕으로 서술했다.

6) V. J. Felitti and R. F. Anda, "The Relationship of Adverse Childhood Experiences to Adult Medical Disease, Psychiatric Disorders, and Sexual Behavior: Implications for Healthcare," in *The Impact of Early Life Trauma on Health and Disease: The Hidden Epidemic*, edited by R. Lanius, E. Vermetten, C. Pain (New York: Cambridge University Press. 2010), 77.

7) Ibid.

8) 빈센트 J. 펠리티와 로버트 F. 앤다의 아동기의 부정적 경험에 대한 최초 연구와 그 결과를 더 알고 싶다면 다음을 보라. V. J. Felitti and R. F. Anda, "The Lifelong Effects of Adverse Childhood Experiences," in *Child Maltreatment: Sexual Abuse and Psychological Maltreatment*, Vol. 2, edited by D. L. Chadwick, A. P. Giardino, R. Alexander, et al., (St. Louis, MO: STM Learning, 2014), 203-15.

9) S. R. Dube, R. F. Anda, V. J. Felitti, et al., "Growing Up with Parental Alcohol Abuse: Exposure to Childhood Abuse, Neglect, and Household Dysfunction," *Child Abuse and Neglect* 25, no. 12 (December 2001), 1627-40. 또한 다음을 참조하라. H. Larkin and J. Records, "Adverse Childhood Experiences: Overview, Response Strategies and Integral Theory Perspective" (2006): 13. 이 논문이 처음 게재된 학술지는 *Journal of Integral Theory and Practice* 2, issue no. 3이다. https://www.researchgate.net/publication/261634018_Adverse_childhood_experiences_Overview_response_strategy_and_integral_theory.

10) D. W. Brown, R. F. Anda, et al., "Adverse Childhood Experiences and the Risk of Premature Mortality," *American Journal of Preventive Medicine* 37, no. 5 (November 2009), 389-96.

11) I. Shalev, S. Entringer, P. D. Wadhwa, et al., "Stress and Telomere Biology: A Lifespan Perspective," *Psychoneuroendocrinology* 38, no. 9 (September 2013), 835–42; L. H. Price, H. T. Kao, D. E. Burgers, et al., "Telomeres and Early Life Stress: An Overview," *Biological Psychiatry* 73, no. 1 (January 2013), 15–23.

12) M. Dong, W. H. Giles, V. J. Felitti, et al., "Insights into Causal Pathways for Ischemic Heart Disease: Adverse Childhood Experiences Study," *Circulation* 110, no. 13 (September 28, 2004), 1761–66; D. W. Brown, R. F. Anda, V. J. Felitti, et al., "Adverse Childhood Experiences Are Associated with the Risk of Lung Cancer: A Prospective Cohort Study," *BMC Public Health* 19, no. 10 (January 2010), 20; R. Anda, G. Tietjen, E. Schulman, et al., "Adverse Childhood Experiences and Frequent Headaches in Adults," *Headache* 50, no. 9 (October 2010), 1473–81; R. D. Goodwin, M. B. Stein, "Association Between Childhood Trauma and Physical Disorders Among Adults in the United States," *Psychological Medicine* 34, no. 3 (April 2004), 509–20; S. R. Dube, D. Fairweather, W. S. Pearson, et al., "Cumulative Childhood Stress and Autoimmune Diseases in Adults," *Psychosomatic Medicine* 71, no. 2 (February 2009), 243–50. 아동기의 부정적 경험(ACE) 점수와 특정 질병의 관계에 대해 더 알고 싶으면 다음 링크를 방문하라. http://www.cdc.gov/ace/outcomes.htm (인터넷 액세스 일자는 2013년 2월 19일).

13) M. A. Bellis, K. Hughes, N. Leckenby, et al., "Measuring Mortality and the Burden of Adult Disease Associated with Adverse Childhood Experiences in England: A National Survey," *Journal of Public Health* (Oxford), August 30, 2014.

14) C. Heim, U. M. Nater, E. Maloney, et al., "Childhood Trauma and Risk for Chronic Fatigue Syndrome: Association with Neuroendocrine Dysfunction," *Archives of General Psychiatry* 66, no. 1 (January 2009), 72–80. 어머니나 아버지를 잃은 아동은 성인이 되어 우울증에 걸릴 확률이 3배 높다: N. M. Melhem, M. Walker, G. Moritz et al., "Antecedents and Sequelae of Sudden Parental Death in Offspring and Surviving Caregivers," *Archives of Pediatrics and Adolescent Medicine* 162, no. 5 (May 2008), 403–10.

15) "Is There a Link Between Parental Divorce During Childhood and Stroke in Adulthood? Findings from a Population-Based Survey," presented by Esme Fuller-Thomson, PhD, and coauthored by Angela D. Dalton and Rukshan Mehta, on November 22, 2010, at the Gerontological Society of America (GSA) 63rd Annual Scientific Meeting. 이 논문은 2005년 캐나다 지역사회 건강

조사(CCHS) 결과에서 추출한 대표성 있는 1만 3,000명 이상의 표본에 근거를 두고 있다.

16) 내가 알기로, 삶의 내력이 신체에 새겨진다는 개념을 전체론적 건강(holistic health) 분야에 도입한 사람은 캐럴린 메이스(Caroline Myss)다. 그녀의 강의와 책들에서 이 개념이 사용된다.

17) N. D. Walsh, T. Dalgleish, M. V. Lombardo, et al., "General and Specific Effects of Early Life Psychosocial Adversities on Adolescent Grey Matter Volume," *NeuroImage: Clinical* 4 (2014): 308-18, http://dx.doi.org/10.1016/j.nicl.2014.01.001.

18) Ibid.

19) R. J. Herringa, R. M. Birn, P. L. Ruttle, et al., "Childhood Maltreatment Is Associated with Altered Fear Circuitry and Increased Internalizing Symptoms by Late Adolescence," *Proceedings of the National Academy of Sciences of the United States of America* 110, no. 47 (November 19, 2013), 19119-24.

20) V. J. Felitti and R. F. Anda, "The Relationship of Adverse Childhood Experiences to Adult Health, Well-Being, Social Function, and Health Care," in *The Impact of Early Life Trauma on Health and Disease: The Hidden Epidemic*, edited by R. Lanius, E. Vermetten, C. Pain, (New York: Cambridge University Press, 2010), Chapter 8.

제2장 서로 다른 역경이 비슷한 건강 문제를 낳는다

21) 로버트 새폴스키 박사가 TV 다큐멘터리 〈*Killer Stress: A National Geographic Special*〉에서 한 말이다. 이 다큐멘터리는 유튜브에 올라 있다.

22) J. K. Kiecolt-Glaser, K. J. Preacher, R. C. MacCallum, et al., "Chronic Stress and Age-Related Increases in the Proinflammatory Cytokine IL-6," *Proceedings of the National Academy of Sciences of the United States of America*, 100, no. 15 (July 22, 2003), 9090-95.

23) M. Rostila, J. Saarela, and I. Kawachi, "Mortality from Myocardial Infarction After the Death of a Sibling: A Nationwide Follow-up Study from Sweden," *Journal of the American Heart Association* 27, no. 2 (February 27, 2013), e000046.

24) C. J. Hogue, C. B. Parker, M. Willinger, et al., "A Population-Based Case-Control Study of Stillbirth: The Relationship of Significant Life Events to the Racial Disparity for African Americans," *American Journal of Epidemiology* 177, no. 8 (April 15, 2013), 755-67; K. Wisborg, A. Barklin, M. Hedegaard, et

al., "Psychological Stress During Pregnancy and Stillbirth: Prospective Study," *BJOG* 115, no. 7 (June 2008), 882-85.

25) H. A. Fink, M. A. Kuskowski, and L. M. Marshall, "Association of Stressful Life Events with Incident Falls and Fractures in Older Men: The Osteoporotic Fractures in Men (MrOS) Study," *Age and Ageing* 43, no. 1 (January 2014), 103-8.

26) J. Li C. Johansen, H. Brønnum-Hansen, et al., "The Risk of Multiple Sclerosis in Bereaved Parents: A Nationwide Cohort Study in Denmark," *Neurology* 62, no. 5 (March 9, 2004), 5, 726-29.

27) "상심증후군은 증상이 심장마비와 비슷하다. 이 증후군은 극도로 스트레스를 받는 시기의 여성에게 주로 일어난다. 하지만 대개는 영구적인 피해를 일으키지 않고 증상이 사라진다." *Heart Advisor* 11, no. 4 (April 2008), 5, 7.

28) C. Heim, U. M. Nater, E. Maloney, et al., "Childhood Trauma and Risk for Chronic Fatigue Syndrome: Association with Neuroendocrine Dysfunction," *Archives of General Psychiatry* 66, no. 1 (January 2009), 72-80; D. W. Brown, R. F. Anda, V. J. Felitti, et al., "Adverse Childhood Experiences Are Associated with the Risk of Lung Cancer: A Prospective Cohort Study," *BioMedCentral Public Health* 19, no. 10 (January 2010), 20; D. W. Brown, R. F. Anda, V. J. Felitti, et al., "Adverse Childhood Experiences and Frequent Headaches in Adults," *Headache* 50, no. 9 (October 2010), 1473-81; R. D. Goodwin and M. B. Stein, "Association Between Childhood Trauma and Physical Disorders Among Adults in the United States," *Psychological Medicine* 34, no. 3 (April 2004), 509-20; S. R. Dube, D. Fairweather, W. S. Pearson, et al., "Cumulative Childhood Stress and Autoimmune Diseases in Adults," *Psychosomatic Medicine* 71, no. 2 (February 2009), 243-50. 아동기의 부정적 경험(ACE) 점수와 질환의 관계에 대한 더 많은 자료는 다음 링크를 참조하라. http://www.cdc.gov/ace/outcomes.htm (인터넷 액세스 일자는 2015년 2월 20일).

29) M. Dong, W. H. Giles, V. J. Felitti, et al., "Insights into Causal Pathways for Ischemic Heart Disease: Adverse Childhood Experiences Study," *Circulation* 110, no. 13 (September 28, 2004), 1761-66.

30) 마이클 미니(Michael Meaney)의 유전자 메틸화 이론에 대한 나의 설명은 폴 터프 (Paul Tough)가 다음 기사에 쓴 설명을 토대로 했다. Paul Tough, "The Poverty Clinic," *The New Yorker* (March 21, 2011), 25-30. 아동기의 부정적 경험이 해마 뉴런의 몇몇 유전자의 프로모터(promoter, DNA 가닥의 한 영역으로 전사 [transcription], 즉 DNA를 주형으로 하여 RNA를 합성하는 것의 시작에 관여한

다. '촉진유전자'라고도 한다. -옮긴이)에서 일어나는 후성유전적 변이와 어떤 관계가 있는지 더 알아보고 싶다면 다음을 참조하라. B. Labonte, M. Suderman, G. Maussion, et al., "Genome-Wide Epigenetic Regulation by Early Life Trauma," *Archives of General Psychiatry* 69, no. 7 (July 2012), 722-31.

31)   N. Weder. H. Zhang, K. Jensen, et al., "Child Abuse, Depression, and Methylation in Genes Involved with Stress, Neural Plasticity, and Brain Circuitry," *Journal of the American Academy of Child and Adolescent Psychiatry* 53, no. 4 (April 2014), 417-24.e5.

32)   S. E. Romens, J. McDonald, J. Svaren, et al., "Associations Between Early Life Stress and Gene Methylation in Children," *Child Development* (July 24, 2014). 다음 웹 기사에서 세스 폴락의 최근 연구에 대해 읽을 수 있다. "Abuse Casts a Long Shadow by Changing Children's Genes," by Eleanor Nelsen, http://www.pbs.org/wgbh/nova/next/body/epigenetics-abuse (인터넷 액세스 일자는 2015년 2월 15일). 세스 폴락의 연구가 있기 전인 2005년에 맥길대학교의 모세 시프(Moshe Szyf)와 마이클 미니는 학대하는 어미에 의해 양육된 어린 쥐들에게서 후성유전적 변화가 나타나는 것을 발견했다. M. J. Meaney and M. Szyf, "Environmental Programming of Stress Responses Through DNA Methylation: Life at the Interface Between a Dynamic Environment and a Fixed Genome," *Dialogues in Clinical Neuroscience* 7, no. 2 (2005), 103-23.

33)   세스 폴락 박사는 인간 후성유전학 연구와 관련해 한 가지 유념해야 할 점이 있다고 말한다. "사실 우리가 아동들에게서 관찰한 것들이 스트레스 반응 체계의 이 같은 문제를 반영하는 건지 확실히 알 수는 없습니다. 인간 아닌 동물의 연구에서는 (동물 뇌 조직을 이용해) 뇌에서 직접 채취한 유전자를 들여다보고 판단합니다. 아동을 대상으로는 물론 그렇게 할 수 없으므로 혈액에서 유전자를 채취합니다. 하지만 혈액은 뇌에서 멀리 떨어져 있습니다. 우리가 혈액에서 발견한 유전자가 뇌의 유전자와 똑같이 작동한다면 저희 이론이 맞는다는 걸 알 수 있겠지요. 그러나 만일 유전자가 혈액과 뇌에서 다르게 기능한다면, 스트레스 반응 체계의 브레이크가 망가졌다고 말할 수는 없습니다. 그렇다 해도 스트레스 반응 체계가 아동의 면역계에 영향을 줄 것이라는 말은 할 수 있습니다. 스트레스에 노출된 아이들은 병원체를 물리치는 능력이 떨어지고, 질환에 더 취약해진다는 뜻입니다. 실제로 그렇다는 것을 우리는 발견했습니다." 이에 관해 더 알고 싶다면 다음을 참조하라. E. A. Shirtcliff, C. L. Coe, and S. D. Pollak, "Early Childhood Stress Is Associated with Elevated Antibody Levels to Herpes Simplex Virus Type 1," *Proceedings of the National Academy of Sciences of the United States of America* 106, no. 8 (February 2009), 2963-67.

34)   M. Suderman, P. O. McGowan, A. Sasaki, et al., "Conserved Epigenetic

Sensitivity to Early Life Experience in the Rat and Human Hippocampus," *Proceedings of the National Academy of Sciences of the United States of America* 109, Suppl. 2 (October 16, 2012), 17266–72.

35) B. Z. Yang, H. Zhang, J. Kaufman, et al., "Child Abuse and Epigenetic Mechanisms of Disease Risk," *American Journal of Preventive Medicine* 44, no. 2 (February 2013), 101–17.

36) A. Gjelsvik, D. M. Dumont, A. Nunn, et al., "Adverse Childhood Events: Incarceration of Household Members and Health-Related Quality of Life in Adulthood," *Journal of Health Care for the Poor and Underserved*, 25, no. 3 (August 2014), 1169–82.

37) C. G. Reich, M. E. Taylor, and M. M. McCarthy, "Differential Effects of Chronic Unpredictable Stress on Hippocampal CB1 Receptors in Male and Female Rats," *Behavioural Brain Research* 203, no. 2 (November 5, 2009), 264–69.

38) National Institute of Mental Health, 'Any Mental Illness (AMI) Among Adults,' http://www.nimh.nih.gov/health/statistics/prevalence/any-mental-illness-ami-among-adults.shtml (인터넷 액세스 일자는 2015년 2월 20일).

39) "New Data Show Millions of Americans with Alcohol and Drug Addiction Could Benefit from Health Care," Partnership for Drug Free Kids (September 28, 2010), http://www.drugfree.org/untaxed/new-data-show-millions-of (인터넷 액세스 일자는 2015년 2월 20일).

40) Robert Anda, MD, "The Health and Social Impact of Growing Up with Adverse Childhood Experiences," http://s3.amazonaws.com/zanran_storage/www.aapweb.com/ContentPages/17392325.pdf.

41) Vincent J. Felitti, MD, and Robert F. Anda, MD, "The Relationship of Adverse Childhood Experiences to Adult Health Status," (September 27, 2010), https://www.acf.hhs.gov/sites/default/files/cb/nccan14_opening_plenary.pdf.

42) Ibid.

43) D. P., C. L. Whitfield, V. J. Felitti, et al., "Adverse Childhood Experiences and the Risk of Depressive Disorders in Adulthood," *Journal of Affective Disorders* 82, no. 2 (October 2004), 217–25.

44) N. M. Melhem, M. Walker, G. Moritz, et al., "Antecedents and Sequelae of Sudden Parental Death in Offspring and Surviving Caregivers," *Archives of Pediatrics and Adolescent Medicine* 162, no. 5 (May 2008), 403–10.

45) R. P. Bentall, S. Wickham, M. Shevlin, et al., "Do Specific Early-Life

342

Adversities Lead to Specific Symptoms of Psychosis? A Study from the 2007 The Adult Psychiatric Morbidity Survey," *Schizophrenia Bulletin* 38, no. 4 (June 2012), 734-40.

46) Vincent J. Felitti, MD, and Robert F. Anda, MD, "The Relationship of Adverse Childhood Experiences to Adult Health Status," (September 27, 2010), https://www.acf.hhs.gov/sites/default/files/cb/nccan14_opening_plenary.pdf.

47) S. R. Dube, R. F. Anda, V. J. Felitti, et al., "Childhood Abuse, Household Dysfunction, and the Risk of Attempted Suicide Throughout the Life-Span: Findings from the Adverse Childhood Experiences Study," *Journal of the American Medical Association* 286, no. 24 (December 2001), 3089-96.

48) M. A. Sheridan, N. A. Fox, C. H. Zeanah, et al., "Variation in Neural Development as a Result of Exposure to Institutionalization Early in Childhood," *Proceedings of the National Academy of Sciences of the United States of America* 109, no. 32 (August 7, 2012), 12927-32.

49) C. L. Cunningham, V. Martinez-Cerdeno, and S. C. Noctor, "Microglia Regulate the Number of Neural Precursor Cells in the Developing Cerebral Cortex," *Journal of Neuroscience* 33, no. 10 (March 6, 2013), 4216-33.

50) D. P. Schafer, E. K. Lehrman, A. G. Kautzman, et al., "Microglia Sculpt Postnatal Neural Circuits in an Activity and Complement-Dependent Manner," *Neuron* 74, no. 4 (May 24, 2012), 691-705.

51) A. Sierra, S. Beccari, I. Diaz-Aparicio, et al., "Surveillance, Phagocytosis, and Inflammation: How Never Resting Microglia Influence Adult Hippocampal Neurogenesis," *Neural Plasticity*, March 2014, 610343.

52) T. Kreisel, M. G. Frank, T. Licht, et al., "Dynamic Microglial Alterations Underlie Stress-Induced Depressive-like Behavior and Suppressed Neurogenesis," *Molecular Psychiatry* 19 (2014), 699-709.

53) 소아신경정신과 의사인 댄 시걸은 대인관계 신경생물학이라는 신생 분야의 과학적 아버지로 널리 인정받고 있다. 그는 *Brainstorm: The Power and Purpose of the Teenage Brain*과 *Mindsight: The New Science of Personal Transformation*(국역본: 대니얼 J. 시걸/오혜영 역, 『마음을 여는 기술: 심리학이 알려주는 소통의 지도』, 21세기북스, 2011년), 티나 페인 브라이슨과 공저한 *The Whole-Brain Child: 12 Revolutionary Strategies to Nurture Your Child's Developing Mind*와 *No-Drama Discipline* 등 여러 권의 책을 썼다.

54) 이 유비는 뉴욕 시에서 열린 패밀리 액션 네트워크 주최 강연에서 댄 시걸이 자신의 저서 *Mindsight: The New Science of Personal Transformation*을 기반으로 이

야기한 내용에 대략 근거하고 있다. https://www.youtube.com/watch?v=kH-BO1rJXbQ (인터넷 액세스 일자는 2015년 2월 20일).

55) 2012년 통계에 의하면, 미국 내 18세 이상의 성인 가운데 직전 1년 동안 1회 이상의 주요우울증 삽화를 경험한 수는 1,600만 명쯤으로 추산되었다. 12세에서 17세까지의 청소년 가운데 직전 1년 동안 1회 이상의 주요우울증 삽화를 경험한 수는 220만 명으로 추산되었다. 둘을 합산하면 우울증은 미국인 1,800만 명에게 영향을 미치고 있다. http://www.nimh.nih.gov/health/statistics/prevalence/major-depression-among-adults.shtml (인터넷 액세스 일자는 2015년 2월 25일, 같은 페이지에 성인과 청소년 통계가 모두 있음).

56) World Health Organization, "Depression: A Hidden Burden," http://www.who.int/mental_health/management/depression/flyer_depression_2012.pdf (인터넷 액세스 일자는 2015년 2월 20일).

57) Y. Nakatomi, K. Mizuno, A. Ishii, et al., "Neuroinflammation in Patients with Chronic Fatigue Syndrome/Myalgic Encephalomyelitis: An 11C-(R)-PK11195 PET Study," *Journal of Nuclear Medicine* 55, no. 6 (March 24, 2014), 945–50.

58) C. Heim, U. M. Nater, E. Maloney, et al., "Childhood Trauma and Risk for Chronic Fatigue Syndrome: Association with Neuroendocrine Dysfunction," *Archives of General Psychiatry* 66, no. 1 (January 2009), 72–80.

제3장 어째서 어떤 사람은 남들보다 더 고통받는가?

59) 이 부분의 인용과 설명은 내가 2015년 1월 26일에 마저리 실버와 이메일로 나눈 대화 및 다음의 온라인 인터뷰를 바탕으로 한 것이다. Norman Swan, "Interview with Margery Silver and Thomas Perls," September 14, 2008, http://centenariansecrets.blogspot.com/2008/09/interview-with-margery-silver-and.html (인터넷 액세스 일자는 2015년 2월 20일).

60) Malcolm Gladwell, *David and Goliath: Underdogs, Misfits, and the Art of Battling Giants* (New York: Little, Brown, 2013)(국역본: 말콤 글래드웰/선대인 역, 『다윗과 골리앗』, 21세기북스, 2014년); Robert Krulwich, "Successful Children Who Lost a Parent–Why Are There So Many of Them?," National Public Radio (October 16, 2013). www.npr.org/blogs/krulwich/2013/10/15/234737083/successful-children-who-lost-a-parent-why-are-there-so-many-of-them (인터넷 액세스 일자는 2015년 2월 20일).

61) 미국 PBS 웹사이트의 역사 부문, 전기 메뉴에서 이와 관련한 자료를 더 읽을 수 있다. Rose Kennedy, http://www.pbs.org/wgbh/americanexperience/features/biography/kennedys-bio-rose-fitzgerald/. 존 F. 케네디의 건강에 대

한 또 다른 몰랐던 이야기들은 다음 기사에서 읽을 수 있다. Robert Dallek, "The Medical Ordeals of JFK," *The Atlantic Monthly*, December 2002, http://www.theatlantic.com/magazine/archive/2002/12/the-medical-ordeals-of-jfk/305572/. 위 기사의 저자는 엑스선 사진과 처방약 기록을 포함하여 1955년부터 1963년까지의 케네디의 사적인 문서들에 대해 독점적 접근을 허락받았다고 한다. (인터넷 액세스 일자는 2015년 2월 22일).

62) Joe Nocera, "Killing Giants: Malcolm Gladwell's 'David and Goliath,' " *The New York Times Sunday Book Review* (October 11, 2013), http://www.nytimes.com/2013/10/13/books/review/malcolm-gladwells-david-and-goliath.html?_r=0%20http:// (인터넷 액세스 일자는 2015년 2월 20일).

63) M. D. Seery, R. J. Leo, E. A. Holman, et al., "Lifetime Exposure to Adversity Predicts Functional Impairment and Healthcare Utilization Among Individuals with Chronic Back Pain," *Pain* 150, no. 3 (September 2010), 507-15.

64) M. D. Seery, R. J. Leo, S. P. Lupien, et al., "An Upside to Adversity? Moderate Cumulative Lifetime Adversity Is Associated with Resilient Responses in the Face of Controlled Stressors," *Psychological Science* 24, no. 7 (July 1, 2013), 1181-89.

65) M. D. Seery, E. A. Holman, R. C. Silver, et al., "Whatever Does Not Kill Us: Cumulative Lifetime Adversity, Vulnerability, and Resilience," *Journal of Personality and Social Psychology* 99, no. 6 (December 2010), 1025-41.

66) 2012년 2월 7일에 하버드대학교 공중보건대학원에서 주최한 포럼 "아동기 초기 역경의 독성 스트레스: 건강과 교육 정책을 다시 생각한다(The Toxic Stress of Early Childhood Adversity: Rethinking Health and Education Policy)"에서 논의된 내용이다. http://developingchild.harvard.edu/resources/multimedia/lectures_and_presentations/hsph-forum/ (인터넷 액세스 일자는 2015년 2월 20일).

67) Ibid.

68) K. A. McLaughlin, J. Greif Green, M. J. Gruber, et al., "Childhood Adversities and First Onset of Psychiatric Disorders in a National Sample of U.S. Adolescents", *Archives of General Psychiatry* 69, no. 11 (Nov. 2012), 1151-60.

69) Center on the Developing Child, Harvard University, "Key Concepts: Toxic Stress," http://developingchild.harvard.edu/index.php/key_concepts/toxic_stress_response/ (인터넷 액세스 일자는 2015년 2월 20일).

70) Ibid.

71) B. Bradley, T. A. Davis, A. P. Wingo, et al., "Family Environment and Adult Resilience: Contributions of Positive Parenting and the Oxytocin Receptor

Gene," *European Journal of Psychotraumatology* (September 18, 2013), 4.

72) 유전자 변이형(gene variants)은 대립유전자(gene alleles)라고도 한다. '이형 (other form)'을 뜻하는 단어 'allelomorph'에서 비롯된 'allele'은 하나의 유전자가 취할 수 있는 서로 다른 형태들을 일컫는다. 예를 들어, 우리의 대립유전자는 적혈구 가 둥글고 가운데가 오목한 형태로 만들어지도록 유전 암호를 지정하는 것이 일반 적이다. 그러나 그 유전자에 변이가 일어나 다른 대립유전자가 발현되면, 적혈구가 낫 형태로 만들어져 겸상적혈구 빈혈증을 초래하기도 한다.

73) K. Karg, M. Burmeister, S. Sen, et al., "The Serotonin Transporter Promoter Variant (5-HTTLPR), Stress, and Depression Meta-Analysis Revisited: Evidence of Genetic Moderation," *Archives of General Psychiatry* 68, no. 5 (May 2011), 444-54. 이 연구에서 미시건대학교 의대 정신의학 조교수인 스리잔 센 (Srijan Sen) 박사와 동료들은 2001년에서 2010년 사이에 도합 4만 1,000명을 대 상으로 실시된 54건의 연구를 검토 · 분석했다. 이는 개인의 세로토닌 관련 유전자 구성과 역경을 딛고 일어서는 능력 사이의 관계에 대해 지금까지 실시된 최대 규모의 분석이다.

74) M. Aquilera, B. Arias, M. Wichers et al., "Early Adversity and 5-HTT/BDNF Genes: New Evidence of Gene-Environment Interactions on Depressive Symptoms in a General Population," *Psychological Medicine* 39, no. 9 (September 2009), 1425-32.

75) M. Owens, I. M. Goodyer, P. Wilkinson, et al., "5-HTTLPR and Early Childhood Adversities Moderate Cognitive and Emotional Processing in Adolescence," *PLoS One* 7, no. 11 (2012), e48482.

76) D. Albert, D. W. Belsky, M. Crowley, et al., "Can Genetics Predict Response to Complex Behavioral Interventions? Evidence from a Genetic Analysis of the Fast Track Randomized Control Trial," *Journal of Policy Analysis and Management* (January 2, 2015), doi: 10.1002/pam.21811.

77) J. Belsky and M. Pluess, "Beyond Diathesis Stress: Differential Susceptibility to Environmental Influences," *Psychological Bulletin* 135, no. 6 (2009), 885-908; J. Belsky, "Variation in Susceptibility to Rearing Influences: An Evolutionary Argument," *Psychological Inquiry* 8 (1997), 182-86; J. Belsky, "Theory Testing, Effect-Size Evaluation, and Differential Susceptibility to Rearing Influence: The Case of Mothering and Attachment," *Child Development* 68, no. 4 (1997), 598-600; J. Belsky, "Differential Susceptibility to Rearing Influences: An Evolutionary Hypothesis and Some Evidence," in *Origins of the Social Mind: Evolutionary Psychology and Child Development*, edited by B. Ellis and D. Bjorklund (New York: Guildford, 2005), 139-63.

78) S. E. Taylor, B. M. Way, W. T. Welch, et al., "Early Family Environment, Current Adversity, the Serotonin Transporter Promoter Polymorphism, and Depressive Symptomatology," *Biologial Psychiatry* 60, no. 7 (October 1, 2006), 671-76.

79) David Dobbs, "The Science of Success," *The Atlantic*, December 2009 (인터넷 액세스 일자는 2015년 2월 20일). 이 기사에서 필자 데이비드 돕스는 미국 국립보건원의 비교행동학 연구소에서 몇 개의 연구실을 이끌고 있는 붉은털원숭이 연구자 스티븐 수오미(Stephen Suomi) 박사가 세로토닌 유전자의 세 가지 다른 형태를 연구하고 그것들의 영향을 밝히기 위해 '환경-유전자 상호작용' 연구를 시행한 첫 번째 학자라고 서술한다. 수오미의 연구 결과, 위험한 것으로 여겨지는 짧은 대립유전자/짧은 대립유전자 쌍을 지녔으면서 어머니에게서 좋은 보살핌을 받은 원숭이들이 어렸을 적 친구들을 더 잘 사귀었고, 나이가 들면서는 다른 원숭이들과 강한 동맹 관계를 맺고 그걸 이용하는 법을 알았으며, 더 큰 규모의 집단 갈등에도 잘 대처했다. 그들은 자신이 속한 집단의 위계질서 내에서 높은 지위까지 올라갔다. 세로토닌 유전자의 짧은 대립유전자를 지녔음에도 불구하고, 그들은 집단 내에서 가장 큰 성공을 거두었다. 이 발견의 함의는, 어떤 뇌는 다른 뇌보다 가소성이 크며, 따라서 환경적으로 지지를 받을 때의 긍정적인 효과나 그렇지 못할 때의 부정적인 효과에 모두 더 크게 영향을 받는다는 것이다.

80) A. Keller, K. Litzelman, L. E. Wisk, et al., "Does the Perception that Stress Affects Health Matter? The Association with Health and Mortality," *Health Psychology* 31, no. 5 (2012), 677-84.

81) 스트레스의 긍정적 측면에 대한 켈리 맥고니걸의 TED 강연은 아래의 링크에서 볼 수 있다. Kelly McGonigal, PhD, "How to Make Stress Your Friend," TEDGlobal 2013 (June 2013), http://www.ted.com/talks/kelly_mcgonigal_how_to_make_stress_your_friend (인터넷 액세스 일자는 2014년 4월 7일).

82) E. S. Faber, A. J. Delaney, J. M. Power et al., "Modulation of SK Channel Trafficking by Beta Adrenoceptors Enhances Excitatory Synaptic Transmission and Plasticity in the Amygdala," *Journal of Neuroscience* 28, no. 43 (October 22, 2008), 10803-13.

83) J. Debiec, L. Diaz-Mataix, D. E. Bush, et al., "The Amygdala Encodes Specific Sensory Features of an Aversive Reinforcer," *Nature Neuroscience* 13, no. 5 (May 2010), 536-37.

84) 이 부분의 설명은 내가 2013년 11월 1일과 11일에 루스 레이니어스 박사와 한 인터뷰 내용을 근거로 했다.

85) H. Schmolck, E. A. Buffalo, and L. R. Squire, "Memory Distortions Develop over Time: Recollections of the O. J. Simpson Trial Verdict After 15 and 32

Months," *Psychological Science* 11, no. 1 (January 2000), 39–45.

86) 웨슬리언대학교 총장이자 *Memory, Trauma, and History: Essays on Living with the Past*의 저자 마이클 S. 로스(Michael S. Roth)가 올리버 색스의 저서 *Hallucinations*(국역본: 올리버 색스/김한영 역, 『환각: 존재하지 않는 것을 본 적 이 있는가』, 알마, 2013년)에 대한 서평에서 쓴 말이다. "A Neurologist in the Sky with Diamonds," *Washington Post*, December 30, 2012; (인터넷 액세스 일자는 2015년 2월 21일).

87) 틱낫한의 이 말은 프리실라의 책에 인용되었다. Priscilla Warner, *Learning to Breathe: My Yearlong Quest to Bring Calm to My Life* (New York: Free Press, 2011), 79.

88) 부부·가족치료사 린다 그레이엄(Linda Graham)이 2008년 가을 캘리포니아주 산 라파엘에 있는 지역사회심리치료원(CIP)의 임상 대화 세션에서 한 강연 "애착의 신 경과학(The Neuroscience of Attachment)"에 나오는 내용이다. 이 강연의 필기록 은 다음 링크에 있다. http://lindagraham-mft.net/resources/published-articles/ the-neuroscience-of-attachment/ (인터넷 액세스 일자는 2015년 2월 21일).

제4장 여성의 뇌와 역경: 자가면역질환, 우울증, 불안과의 관련성

89) V. J. Felitti and R. F. Anda, "The Relationship of Adverse Childhood Experiences to Adult Medical Disease, Psychiatric Disorders, and Sexual Behavior: Implications for Healthcare," in *The Impact of Early Life Trauma on Health and Disease: The Hidden Epidemic*, edited by R. Lanius, E. Vermetten, and C. Pain (New York: Cambridge University Press, 2010), Chapter 8, p. 77.

90) S. R. Dube, D. Fairweather, W. S. Pearson, et al., "Cumulative Childhood Stress and Autoimmune Diseases in Adults," *Psychosomatic Medicine* 71, no. 2 (February 2009), 243–50.

91) Ibid.

92) G. S. Cooper, M. L. Bynum, E. C. Somers, "Recent Insights in the Epidemiology of Autoimmune Diseases: Improved Prevalence Estimates and Understanding of Clustering of Diseases," *Journal of Autoimmunity* 33, nos. 3–4 (November–December 2009), 197–207.

93) D. L. Jacobson, S. J. Gange, N. R. Rose, et al., "Epidemiology and Estimated Population Burden of Selected Autoimmune Diseases in the United States," *Clinical Immunology and Immunopathology* 84, no. 3 (September 1997), 223–43.

94) American Autoimmune Related Diseases Association, Inc., press release for National Autoimmune Disease Awareness Month, March 22, 2014, http://myemail.constantcontact.com/Spread-the-news-about-autoimmune-disease.html?soid=1115217054950&aid=HHLCBw3ETFs (인터넷 액세스 일자는 2014년 4월 9일).

95) C. Spitzer, M. Bouchain, L. Y. Winkler, et al., "Childhood Trauma in Multiple Sclerosis: A Case-Control Study," *Psychosomatic Medicine* 74, no. 3 (April 2012), 312–18.

96) American Autoimmune Related Diseases Association, Inc., press release for National Autoimmune Disease Awareness Month, March 22, 2014, http://myemail.constantcontact.com/Spread-the-news-about-autoimmune-disease.html?soid=1115217054950&aid=HHLCBw3ETFs (인터넷 액세스 일자는 2014년 4월 9일).

97) J. L. Hamilton, J. P. Stange, L. Y. Abramson, et al., "Stress and the Development of Cognitive Vulnerabilities to Depression Explain Sex Differences in Depressive Symptoms During Adolescence," *Clinical Psychological Science* (October 2, 2014).

98) Bessel van der Kolk, MD, *The Body Keeps the Score: Brain, Mind, and Body in the Healing of Trauma* (New York: Viking, 2014), 126–27.

99) R. J. Herringa, R. M. Birn, P. L. Ruttle, et al., "Childhood Maltreatment Is Associated with Altered Fear Circuitry and Increased Internalizing Symptoms by Late Adolescence," *Proceedings of the National Academy of Sciences of the United States of America* 110, no. 47 (November 2013), 19119–24.

100) E. F. Edmiston, F. Wang, C. M. Mazure, et al., "Corticostriatal-limbic Gray Matter Morphology in Adolescents with Self-Reported Exposure to Childhood Maltreatment," *Archives of Pediatrics and Adolescent Medicine* 165, no. 12 (December 2011), 1069–77.

101) J. Czerniawski and J. F. Guzowski, "Acute Neuroinflammation Impairs Context Discrimination Memory and Disrupts Pattern Separation Processes in Hippocampus," *Journal of Neuroscience* 34, no. 37 (September 10, 2014), 12470–80.

102) C. Heim, B. Bradley, T. C. Mletzko, et al., "Effect of Childhood Trauma on Adult Depression and Neuroendocrine Function: Sex-Specific Moderation by CRH Receptor 1 Gene," *Frontiers in Behavioral Neuroscience* 3 (November 2009), 6;3:41.

103) S. M. DeSantis, N. L. Baker, S. E. Back, et al., "Gender Differences in

the Effect of Early Life Trauma on Hypothalamic-Pituitary-Adrenal Axis Functioning," *Depression and Anxiety* 28, no. 5 (May 2011), 383-92.

104) V. J. Felitti and R. F. Anda, "The Relationship of Adverse Childhood Experiences to Adult Medical Disease, Psychiatric Disorders, and Sexual Behavior: Implications for Healthcare," in *The Effects of Early Life Trauma on Health and Disease: the Hidden Epidemic*, edited by R. Lanius, E. Vermetten, and C. Pain (New York: Cambridge University Press, 2010), Chapter 8, 78.

제5장 충분히 좋은 가족

105) L. G. Russel and G. E. Schwartz, "Feelings of Parental Caring Predict Health Status in Midlife: A 35-Year Follow-up of the Harvard Mastery of Stress Study," *Journal of Behavioral Medicine* 20, no. 1 (February 1997), 1-13.

106) L. G. Russel and G. E. Schwartz, "Narrative Descriptions of Parental Love and Caring Predict Health Status in Midlife: A 35-Year Follow-up of the Harvard Mastery of Stress Study," *Alternative Therapies in Health and Medicine* 2, no. 6 (November 1996), 55-62.

107) 로빈 카-모스는 메러디스 S. 와일리(Meredith S. Wiley)와 *Scared Sick: The Role of Childhood Trauma in Adult Disease* (New York: Basic Books, 2012), *Ghosts in the Nursery: Tracing the Roots of Violence* (New York: Grove Press, 2013)를 공저했다.

108) 이 부분은 로빈 카-모스와 내가 주고받은 이메일 대화와 다음 인터뷰를 근거로 서술했다. Thomas Rogers, "How Stress is Really Hurting Our Kids, *Salon* (January 2, 2012), http://www.salon.com/2012/01/02/how_stress_is_really_hurting_our_kids/ (인터넷 액세스 일자는 2014년 5월 15일).

109) R. E. Kneeland and S. H. Fatemi, "Viral Infection, Inflammation and Schizophrenia," *Progress in Neuropsychopharmacology and Biological Psychiatry* 42 (April 5, 2013), 35-48.

110) P. Dominguez-Salas, S. E. Moore, M. S. Baker, et al., "Maternal Nutrition at Conception Modulates DNA Methylation of Human Metastable Epialleles," *Nature Communications* 5 (April 29, 2014), 3746; Assad Meymandi, MD, PhD, "The Science of Epigenetics," *Psychiatry* (Edgmont) 7, no. 3 (March 2010), 40-41.

111) Inna Gaisler-Salomon, "Inheriting Stress," *The New York Times Sunday Review* (March 7, 2014), http://www.nytimes.com/2014/03/09/opinion/

sunday/can-children-inherit-stress.html (인터넷 액세스 일자는 2015년 2월 22
일).

112) V. Engert, F. Plessow, R. Miller, et al., "Cortisol Increase in Empathic
Stress Is Modulated by Social Closeness and Observation Modality,"
Psychoneuroendocrinology, April 17, 2014.

113) S. F. Waters, T. V. West, and W. B. Mendes, "Stress Contagion: Physiological
Covariation Between Mothers and Infants," *Psychological Science* 25, no. 4
(April 2014), 934-42.

114) A. M. Graham, P. A. Fisher, and J. H. Pfeifer, "What Sleeping Babies Hear:
A Functional MRI Study of Interparental Conflict and Infants' Emotion
Processing," *Psychological Science* 24, no. 5 (May 2013), 782-99.

115) C. U. Rask, E. Ørnbøl, E. M. Olsen, et al., "Infant Behaviors Are Predictive
of Functional Somatic Symptoms at Ages Five to Seven Years: Results from
the Copenhagen Child Cohort CCC2000," *Journal of Pediatrics* 162, no. 2
(February 2013), 335-42.

116) T. Dix, A. Moed, and E. R. Anderson, "Mothers' Depressive Symptoms
Predict Both Increased and Reduced Negative Reactivity: Aversion Sensitivity
and the Regulation of Emotion," *Psychological Science* 25, no. 7 (May 2014),
1353-61.

117) S. E. Anderson, R. A. Gooze, S. Lemeshow, et al., "Quality of Early
Maternal-Child Relationship and Risk of Adolescent Obesity," *Pediatrics* 129,
no. 1 (January 2012), 132-40.

118) G. E. Miller, M. E. Lachman, E. Chen, et al., "Pathways to Resilience:
Maternal Nurturance as a Buffer Against the Effects of Childhood Poverty on
Metabolic Syndrome at Midlife," *Psychological Science* 22, no. 12 (December
2011), 1591-99.

119) W. E. Copeland, D. Wolke, S. T. Lereya, et al., "Childhood Bullying
Involvement Predicts Low-Grade Systemic Inflammation into Adulthood,"
*Proceedings of the National Academy of Sciences in the United States of
America* 111, no. 21 (May 27, 2014), 7570-75.

120) W. E. Copeland, D. Wolke, A. Angold, et al., "Adult Psychiatric Outcomes of
Bullying and Being Bullied by Peers in Childhood and Adolescence," *JAMA
Psychiatry* 70, no. 4 (April 2013), 419-26.

121) G. Novembre, M. Zanon, and G. Silani, "Empathy for Social Exclusion
Involves the Sensory-Discriminative Component of Pain: A Within-Subject
fMRI Study," *Social Cognitive & Affective Neuroscience* 10, no. 2 (February

2015), 153-64.

122) P. E. Gustafsson, U. Janlert, T. Theorell et al., "Do Peer Relations in Adolescence Influence Health in Adulthood? Peer Problems in the School Setting and the Metabolic Syndrome in Middle-Age," *PLoS One* 7, no. 6 (2012), e39385.

123) Stomp Out Bullying, "About Bullying and Cyberbullying," http://www.stompoutbullying.org/index.php/information-and-resources/about-bullying-and-cyberbullying (인터넷 액세스 일자는 2015년 1월 14일).

124) Bullying Statistics, "School Bullying Statistics," http://www.bullyingstatistics.org/content/school-bullying-statistics.html (인터넷 액세스 일자는 2015년 1월 14일).

125) Ibid.

126) C. D. Bethell, P. Newacheck, E. Hawes, et al. "Adverse Childhood Experiences: Assessing the Impact on Health and School Engagement and the Mitigating Role of Resilience," *Health Affairs* 33, no. 12 (2014):2106-2115.

127) N. J. Burke, J. L. Hellman, B. G. Scott, et al., "The Impact of Adverse Childhood Experiences on an Urban Pediatric Population," *Child Abuse & Neglect* 35, no. 6 (June 2011), 408-13.

128) Laura K. Kerr, PhD, "ADHD Symptoms? Psychologists, Psychiatrists Should Consider Child Maltreatment as the Cause Before Prescribing Meds" (March 6, 2013), ACEsTooHigh.Org.

129) American Psychological Association, "American Psychological Association Survey Shows Teen Stress Rivals That of Adults" (February 11, 2014), http://www.apa.org/news/press/releases/2014/02/teen-stress.aspx (인터넷 액세스 일자는 2014년 5월 19일).

130) N. Von der Embse, J. Barterian, and N. Segool, "Test Anxiety Interventions for Children and Adolescents: A Systematic Review of Treatment Studies from 2000-2010," *Psychology in the Schools*, Vol. 50, Issue 1(Hoboken, NJ: Wiley Periodicals, Inc., 2013), 57-71. 저자들은 말한다. "고부담 시험들은 학생의 성취도와 학교의 효율성을 평가하는 방식에서 점점 더 중요한 역할을 하고 있다. 교육적 의사결정에서 시험을 활용하게 되면서 시험 불안이 증가했다." S. King, C. T. Chambers, A. Huguet, et al., "The Epidemiology of Chronic Pain in Children and Adolescents Revisited: A Systematic Review," *Pain* 152, no. 12 (December 2011), 2729-38.

131) 루스 레이니어스는 *The Impact of Early Life Trauma on Health and Disease: The Hidden Epidemic* (New York: Cambridge University Press, 2010)의 공동-

편집자이기도 하다.

132) S. C. Bunce et al., "When Positive Becomes Negative—ERP Evidence for Differential Processing of Affective Stimuli in Subjects with Parental Loss," *Psychophysiology* 33 (1996), 26. Press release: "Unconscious Fear of Intimacy Linked to Early Parental Loss," *Michigan News* (May 21, 1997), http://ns.umich.edu/new/releases/1542-unconscious-fear-of-intimacy-linked-to-early-parental-loss (인터넷 액세스는 2014년).

133) J. Ellis, C. Dowrick, and M. Lloyd-Williams, "The Long-Term Impact of Early Parental Death: Lessons from a Narrative Study," *Journal of the Royal Society of Medicine* 106, no. 2 (February 2013), 57–67.

134) 부부·가족치료사 린다 그레이엄의 2008년 강연 "애착의 신경과학(The Neuroscience of Attachment)"에 나오는 내용이다. 강연에 대한 추가 정보와 필기록 링크는 앞쪽 주 88번에 있다.

135) 이 추적연구에서 연구자들은 자녀들이 아주 어릴 때 부모와 어떠한 상호작용을 보이는지 평가하고, 이후 20년 동안 엄마와 안정 애착을 보인 아동들과 그보다 애착이 덜했던 아동들을 모두 추적했다. 연구 참가자들이 청년이 되자, 연구자들은 그들로 하여금 연애 상대를 연구실에 데려와서 둘 사이에 의견이 자주 엇갈리는 주제에 대해 열띤 토론을 벌이도록 했다. 커플들은 10분 동안 논쟁했다. 그 직후 4분 동안 연구자들은 참가자들이 부정적인 기분에서 얼마나 잘 회복하고 연애 상대와의 의견 충돌을 잊는지 평가했다. J. E. Salvatore, S. I. Kuo, R. D. Steele, et al., "Recovering from Conflict in Romantic Relationships: A Developmental Perspective," *Psychological Science* 22, no. 3 (March 2011), 376–83.

136) D. C. Kerr, D. M. Capaldi, K. C. Pears, et al., "A Prospective Three Generational Study of Fathers' Constructive Parenting: Influences from Family of Origin, Adolescent Adjustment, and Offspring Temperament," *Developmental Psychology* 45, no. 5 (September 2009), 1257–75.

137) M. H. Mallers, S. T. Charles, S. D. Neupert, et al., "Perceptions of Childhood Relationships with Mother and Father: Daily Emotional and Stressor Experiences in Adulthood," *Developmental Psychology* 46, no. 6 (November 2010), 1651–61.

138) D. C. Kerr, D. M. Capaldi, K. C. Pears, et al., "A Prospective Three Generational Study of Fathers' Constructive Parenting: Influences from Family of Origin, Adolescent Adjustment, and Offspring Temperament," *Developmental Psychology* 45, no. 5 (September 2009), 1257–75.

139) Louis J. Cozolino, *The Neuroscience of Human Relationships: Attachment and the Developing Social Brain* (New York: Norton, 2006), 7.

140) 이 부분의 설명은 내가 2013년 11월 1일과 11일에 루스 레이니어스 박사와 한 인터 뷰 내용을 근거로 했다.

141) 이 검사는 메인주 오거스타의 '서던 케네벡 헬시 스타트(Southern Kennebec Healthy Start)' 소속 아동기 초기 서비스 제공자, 소아과 의사, 심리학자, 건강 옹 호자들에 의해 2006년에 개발되었고, 2013년 2월에 업데이트되었다. 개발자들 가 운데 심리학자 마크 레인스(Mark Rains)와 케이트 매클린(Kate McClinn)이 14 개 문항을 만들었고, 다른 멤버들은 수정이나 가필 제안을 했다. 이 검사의 평점 시스템은 부정적 아동기 경험 연구의 ACE 검사를 본뜬 것이다. 문항 내용은 지 난 40년 동안 축적된 에미 워너(Emmy Werner) 등 여러 학자들의 연구를 기반으 로 했다. 이 검사의 목적은 육아 교육에 한정되며, 연구를 위해 개발된 것도 아니 다. ACESTooHigh News, "Got Your ACE Score? (and, at the end, What's Your Resilience Score?)," http://acestoohigh.com/got-your-ace-score/.

142) 제인 스티븐스는 사람들, 각종 조직 및 정부 기관들, 지역사회가 여러 난제들을—예 를 들어 학교의 정학과 퇴학을 없애고, 가정폭력을 멈추고, 노숙자들을 자립시키는 문제를—해결하고 그 결과 절약되는 돈을 다른 용도에 사용할 수 있도록 하기 위해 ACE 연구를 어떻게 이용하고 있는지에 대한 저서를 마무리하는 중이다.

143) J. M. Smyth, A. A. Stone, A. Hurewitz, et al., "Effects of Writing About Stressful Experiences on Symptom Reduction in Patients with Asthma or Rheumatoid Arthritis: A Randomized Trial," *JAMA* 281, no. 14 (April 1999), 1304-9.

144) 제임스 W. 페니베이커 박사는 텍사스대학교 오스틴 캠퍼스 심리학과장이자 리젠 츠 센테니얼 교수이며 *Writing to Heal: A Guided Journal for Recovering from Trauma and Emotional Upheaval* (Oakland, CA: New Harbinger Publications 2004)(국역본: 제임스 페니베이커/이봉희 역, 『글쓰기치료』, 학지사, 2007년)을 비롯 해 여러 권의 책을 썼다.

145) J. M. Smyth, J. R. Hockemeyer, K. E. Heron, et al., "Prevalence, Type, Disclosure, and Severity of Adverse Life Events in College Students," *Journal of the American College of Health* 57, no. 1 (July-August 2008), 69-76; J. W. Pennebaker, S. D. Gosling, and J. D. Ferrell, "Daily Online Testing in Large Classes: Boosting College Performance While Reducing Achievement Gaps," *PLoS One* 8, no. 11 (November 2013), e79774.

146) J. W. Pennebaker, J. K. Kiecolt-Glaser, and R. Glaser, "Disclosure of Traumas and Immune Function: Health Implications for Psychotherapy," *Journal of Consulting and Clinical Psychology* 56, no. 2 (April 1988), 239-45.

147) K. S. Kassam and W. B. Mendes, "The Effects of Measuring Emotion: Physiological Reactions to Emotional Situations Depend on Whether Someone Is Asking," *PLoS One* 8, no. 7 (June 5, 2013), e64959. 카네기멜론 대학교에서 사회과학과 의사결정의 과학을 가르치는 조교수인 카림 카삼(Karim Kassam) 박사는 가장 인상적이었던 것이 "미세한 조작이 사람들의 생리학적 반응에 큰 영향을 미쳤다는 사실"이라고 말한다. "기본적으로 말하면, 우리는 사람들에게 지금 기분이 어떤지 물으면서, 그렇게 묻는 것이 그들의 심혈관 반응에 상당한 영향을 미친다는 사실을 발견하고 있습니다."

148) 이 책에서 인용한 의사 버니 시걸의 말들은 그와 내가 전화 및 이메일로 나눈 대화에서 발췌한 것이다.

149) P. Kaliman, M. J. Alvarez-Lopez, M. Cosin-Tomas, "Rapid Changes in Histone Deacetylases and Inflammatory Gene Expression in Expert Meditators," *Psychoneuroendocrinology* 40 (February 2014), 96–107; 위스콘신대학교 매디슨 캠퍼스의 심리학·정신의학 교수이자 *The Emotional Life of Your Brain: How Its Unique Patterns Affect the Way You Think, Feel, and Live-and How You Can Change Them* (New York: Penguin, 2012)(국역본: 리처드 J. 데이비드슨·샤론 베글리/곽윤정 역, 『너무 다른 사람들』, 알키, 2012년)의 저자인 리처드 데이비드슨(Richard Davidson) 박사는 마음챙김을 뇌를 변화시키는 데 도움이 되는 "신경 차원의 착안에 따른 행동 차원의 개입"이라고 부른다.

150) 라이언 헤링어 박사는 위스콘신대학교에서 헤링어 연구실을 이끌고 있다.

151) C. E. Kerr, M. D. Sacchet, S. W. Lazar, et al., "Mindfulness Starts with the Body: Somatosensory Attention and Top-Down Modulation of Cortical Alpha Rhythms in Mindfulness Meditation," *Frontiers in Human Neuroscience* 7 (February 13, 2013), 12.

152) T. Magyari, "Teaching mindfulness to women with complex trauma" in *Mindfulness-Oriented Interventions for Trauma: Integrating Contemplative Practices*, edited by V. M. Follette, J. Briere, D. Rozelle, J. W. Hopper, D. I. Rome (New York: Guildford Press, 2015), 143.

153) B. K. Holzel, J. Carmody, M. Vangel, et al., "Mindfulness Practice Leads to Increases in Regional Brain Gray Matter Density," *Psychiatry Research* 191, no. 1 (January 30, 2011), 36–43.

154) O. Singleton, B. K. Holzel, and M. Vangel, "Change in Brainstem Gray Matter Concentration Following a Mindfulness-Based Intervention Is Correlated with Improvement in Psychological Well-Being," *Frontiers in Human Neuroscience* 8 (February 18, 2014), 33.

155) 타라 브락은 *True Refuge: Finding Peace and Freedom in Your Own*

Awakened Heart (New York: Bantam, 2013)(국역본: 타라 브랙/윤서인 역,『호흡하세요 그리고 미소지으세요』, 불광출판사, 2018년)와 *Radical Acceptance: Embracing Your Life with the Heart of a Buddha* (New York: Bantam, 2003)(국역본: 타라 브랙/김선주 · 김정호 역,『받아들임』, 불광출판사, 2012년)의 저자이기도 하다.

156) 타라 브랙 박사에 대해 더 알고, 명상법을 배우고 싶으면 다음 웹사이트에 접속하라. http://www.tarabrach.com/howtomeditate.html (인터넷 액세스 일자는 2015년 1월 17일).

157) 이 부분은 내가 2015년 10월 16일 대니얼 J. 시걸을 인터뷰한 내용과 그와의 이메일 대화, 그리고 그의 저서 *Brainstorm: The Power and Purpose of the Teenage Brain* (New York: Penguin, 2014) 40쪽과 111쪽을 바탕으로 서술했다(국역본: 대니얼 J. 시겔/최욱림 역,『십대의 두뇌는 희망이다』, 처음북스, 2014년).

158) Ibid, 41, 42.

159) Ibid, 42, 43.

160) Ibid, 47

161) Ibid, 46

162) T. W. Pace, L. T. Negi, B. Dodson-Lavelle, et al., "Engagement with Cognitively Based Compassion Training Is Associated with Reduced Salivary C-Reactive Protein from Before to After Training in Foster Care Program Adolescents," *Psychoneuroendocrinology* 38, no. 2 (February 2013), 294–99.

163) NPR, "At End-of-the Line Prison, an Unlikely Escape" (February 8, 2011), http://www.npr.org/2011/02/08/133505880/at-end-of-the-line-prison-an-unlikely-escape (인터넷 액세스 일자는 2015년 2월 23일).

164) 여기 인용된 콘필드의 말들은 인간의 용서하는 능력을 우리가 어떻게 활용할 수 있는지에 대한 그의 강연 〈The Ancient Heart of Forgiveness〉에 나온 것이다. https://www.youtube.com/watch?v=yiRP-Q4mMtk (인터넷 액세스 일자는 2014년 8월 28일).

165) 아래에서 소개하는 것은 '용서명상'의 내용을 발췌 요약한 것으로, 제임스 고든의 허락을 받아 싣는다. 더 길고 온전한 버전은 고든의 저서 *Unstuck: Your Guide to the Seven-Stage Journey Out of Depression* (New York: Penguin, 2008), 296–98에서 읽을 수 있다.

166) D. L. Cohen, N. Wintering, V. Tolles, et al., "Cerebral Blood Flow Effects of Yoga Training: Preliminary Evaluation of Four Cases," *Journal of Alternative and Complementary Medicine* 15, no. 1 (January 2009), 9–14.

167) C. C. Streeter, J. E. Jensen, R. M. Perlmutter, et al., "Yoga Asana Sessions Increase Brain GABA Levels: A Pilot Study," *Journal of Alternative and*

Complementary Medicine 13, no. 4 (May 2007), 419-26.

168) http://www.apa.org/monitor/2012/09/gut-feeling.aspx (인터넷 액세스 일자는 2014년 8월 28일).

169) J. A. Bravo, P. Forsythe, M. V. Chew, et al., "Ingestion of Lactobacillus Strain Regulates Emotional Behavior and Central GABA Receptor Expression in a Mouse via the Vagus Nerve," *Proceedings of the National Academy of Sciences United States of America* 108, no. 38 (September 20, 2011), 16050-55.

170) 다음 두 연구를 참조하라. M. Fleshner, "The Gut Microbiota: A New Player in the Innate Immune Stress Response?," *Brain, Behavior, and Immunity* 25, no. 3 (March 2011), 395-96; and M. T. Bailey, S. E. Dowd, J. D. Galley, et al., "Exposure to a Social Stressor Alters the Structure of the Intestinal Microbiota: Implications for Stressor-Induced Immunomodulation," *Brain, Behavior, and Immunity* 25, no. 3 (March 2011), 397-407.

171) M. Epplein, Y. Zheng, W. Zheng, et al., "Quality of Life After Breast Cancer Diagnosis and Survival," *Journal of Clinical Oncology* 29, no. 4 (February 1, 2011), 406-12; R. F. Brown, C. C. Tennant, M. Sharrock, et. al., "Relationship Between Stress and Relapse in Multiple Sclerosis: Part II. Direct and Indirect Relationships," *Multiple Sclerosis Journal* 12, no. 4 (August 2006), 465-75.

172) J. P. Gouin, C. S. Carter, H. Pournajafi-Nazarloo, et al., "Marital Behavior, Oxytocin, Vasopressin, and Wound Healing," *Psychoneuroendocrinology* 35, no. 7 (August 2010), 1082-90.

제7장 전문가의 도움으로 아동기역경후증후군 치료하기

173) 이 말들은 잭 콘필드 박사의 허가를 받아 인용한 것이다. Jack Kornfield, "Psychotherapy/Meditation: Even the Best Meditators Have Old Wounds to Heal" at http://buddhanet.net/psymed1.htm (인터넷 액세스 일자는 2014년 8월 12일).

174) 부부·가족치료사 린다 그레이엄의 2008년 강연 "애착의 신경과학(The Neuroscience of Attachment)"에 나오는 내용이다. 강연에 대한 추가 정보와 필기록 링크는 앞쪽 주 88번에 있다.

175) J. Morath, M. Moreno-Villanueva, et al., "Effects of Psychotherapy on DNA Strand Break Accumulation Originating from Traumatic Stress," *Psychotherapy and Psychosomatics* 83, no. 5 (2014), 289-97.

176) 아래 내용은 *The Permanente Journal* 6, no. 1 (Winter 2002)에 실린 익명의 환자

의 편지 "Dear Doctor: A Patient's Personal Case Study of Adverse Childhood Experiences"에서 인용한 것이다. 이 편지는 의료 종사자들이 그들 눈에 보이는 증상의 기저에 있는 진정한 문제를 알아보지 못하는 경우가 얼마나 잦은지, 신체적 치유에 있어 치료의 과정이 얼마나 중요한지를 보여준다. 아래의 링크에서 편지 전문을 읽을 수 있다. https://www.ncbi.nlm.nih.gov/pmc/articles/PMC6220627/.

177) 피터 러빈은 다음 책들의 저자다. Peter Levine and Maggie Kline, *Trauma-Proofing Your Kids: A Parents' Guide for Instilling Confidence, Joy and Resilience* (Berkeley, CA: North Atlantic Books, 2014); Peter Levine and Maggie Phillips, *Freedom from Pain: Discover Your Body's Power to Overcome Physical Pain* (Louisville, CO: Sounds True, 2012); Peter Levine, *In an Unspoken Voice: How the Body Releases Trauma and Restores Goodness* (Berkeley, CA: North Atlantic Books, 2010).

178) 이 부분은 내가 2013년 11월 13일에 의사 버니 시겔을 인터뷰한 내용, 그와의 이메일 교신, 그의 저서 *The Art of Healing: Uncovering Your Inner Wisdom and Potential for Self-Healing* (Novato, CA: New World Library, 2013), 33쪽을 바탕으로 서술했다. 시겔은 *Love, Medicine & Miracles: Lessons Learned About Self-Healing from a Surgeon's Experience with Exceptional Patients* (New York: HarperCollins, 2011)의 저자이기도 하다.

179) A. Pascual-Leone, D. Nguyet, L. G. Cohen, et al., "Modulation of Muscle Responses Evoked by Transcranial Magnetic Stimulation During the Acquisition of New Fine Motor Skills," *Journal of Neurophysiology* 74, no. 3 (September 1995), 1037-45.

180) S. Kam-Hansen, M. Jakubowski, J. M. Kelley, et al., "Altered Placebo and Drug Labeling Changes the Outcome of Episodic Migraine Attacks," *Science Translational Medicine* 6, no. 218 (January 8, 2014), 218ra5.

181) Michele Rosenthal, *Before the World Intruded: Conquering the Past and Creating the Future* (Palm Beach Gardens, FL: Your Life After Trauma, LLC, 2012), 193-202.

182) 레이니어스는 최근 동료들과 함께 시행한 연구에서 환자들에게 30분짜리 EEG 뉴로피드백 세션을 한 차례 받게 했다. 그러자 환자들은 평온감을 높이는 특정 뇌파의 증가를 보였다. 레이니어스는 EEG 뉴로피드백이 아직은 새로운 기법이라고 경고하면서도, "도구상자에 추가하면 좋을 강력한 도구가 하나 더 생긴 것"이라고 말한다. R. C. Kluetsch, T. Ros, J. Theberge, P. A. Frewen, et al., "Plastic Modulation of PTSD Resting-State Networks and Subjective Wellbeing by EEG Neurofeedback," *ACTA Psychiatrica Scandinavica* 130, no. 2 (August 2014), 123-36, doi: 10.1111/acps.12229.

183) 더 알고 싶으면 다음을 읽으라. Michael Specter, "Can Neuroscience Help Us Rewrite Our Most Traumatic Memories?," *The New Yorker* Dept. of Psychiatry(May 19, 2014), 46-47.

184) 연구자들은 기억과 그에 딸려 있는 두려움을 서로 분리시키기 위해 이 '업데이트' 과정에 개입할 방법을 실험해 왔다. 연구자들은 예로부터 공포를 유발하는 데에는 일가견이 있지만, 자극과 공포 반응의 연결 관계를 해소하는 방법에 대해서는 그리 잘 알지 못한다. 마운트사이나이 의과대학의 신경과학 및 정신의학 조교수인 대니엘라 실러 박사는 고통스러운 감정을 기억에서 떼어놓을 방법을 연구해 왔다. 그녀는 사람들을 깊은 공포를 유발하는 사물에 노출시킨 뒤에도 그들이 그 사물과 관련해 어떠한 부정적 감정도 느끼지 않도록 도울 수 있다는 것을 발견했다. 한 연구에서 그녀는 피험자들에게 색깔 있는 정사각형을 거듭 보여주면서 그때마다 충격을 가해 두려움을 느끼게끔 훈련시켰다. 하루 뒤, 피험자들에게 다시 색깔 있는 정사각형을 보여주니 그들은 그걸 보는 것만으로도 두려움을 드러냈다. 실러는 10분 뒤 피험자의 3분의 1에게 정사각형을 아주 여러 차례, 충격을 가하지 않고 보여주었다. 그리고 몇 시간 뒤 피험자 중 다른 집단에게도 정사각형을 충격을 가하지 않고 다시 보여주었다. 10분 뒤에 충격 없이 정사각형을 본 집단은 공포를 완전히 잊었다. 몇 시간 뒤에 정사각형에 다시 노출된 집단은 전과 똑같이 스트레스 반응을 보였고 무서워했다(실러 등의 실험은 두려움의 소거와 재응고화, 그리고 그 시간적 조건에 관한 것인데, 여기의 설명은 독자 편의를 위해 실험 내용을 단순화했다.-옮긴이). 실러의 연구에 대해 더 알고 싶다면 다음 기사와 논문을 읽으라. Michael Specter, "Can Neuroscience Help Us Rewrite Our Most Traumatic Memories?" *The New Yorker* Dept. of Psychiatry(May 19, 2014), 46-47.; D. Schiller, M. H. Monfils, C. M. Raio, et al., "Preventing the Return of Fear in Humans Using Reconsolidation Update Mechanisms," *Nature*, 463, no. 7277 (January 7, 2010), 49-53.

185) EMDR에 대한 나의 설명은 내가 2013년 11월 15일 프랜신 샤피로 박사를 인터뷰한 내용과 이후 우리가 주고받은 이메일을 바탕으로 했다. EMDR 요법에 대해 더 알고 싶다면 샤피로의 저서 *Getting Past Your Past: Take Control of Your Life with Self-Help Techniques from EMDR Therapy* (New York: Rodale, 2012)를 읽으라.

186) 샤피로는 EMDR이 여덟 단계로 구성된 과정을 통해 환자들로 하여금 부정적인 감정에 다가가고 생애 초기 기억을 재처리하는 걸 돕는다고 말한다. 이 여덟 단계에 대해 더 많은 정보를 얻으려면 샤피로의 저서 *Getting Past Your Past: Take Control of Your Life with Self-Help Techniques from EMDR Therapy* (New York: Rodale, 2012)를 읽으라.

187) 최근에 로체스터대학교의 과학자들은 우리의 수면 중에 뇌가 스스로를 "세척

(brainwash)"한다는 사실을 밝혀냈다('brainwash'는 본디 비유적인 '세뇌', 즉 의식을 다른 방향으로 바꾸게 하거나 특정한 사상을 뇌에 주입하는 일을 뜻하나 여기서는 물리적으로 뇌를 씻어내는 것을 뜻한다.—옮긴이). 자는 동안에 뇌척수액이 뇌를 훑고 지나가면서 우리가 깨어 있는 동안—특히 스트레스성 사건을 겪을 때—뇌세포들 사이에 쌓이는 유해한 독소와 폐기된 단백질을 문자 그대로 "씻어낸다는" 것이다. 뇌척수액이 이처럼 뇌조직 깊숙이까지 밀고 들어와 독소들을 청소하는 것은 오로지 우리가 자고 있을 때뿐이다. 연구자들은 이 과정을 뇌 안의 "식기세척기"에 비유한다. 그들은 뇌척수액을 뇌와 신경계 안에서 순환시키는 시스템이 우리가 자는 동안 아주 빠른 속도로 뇌척수액을 뇌로 쏟아 넣었다가 다시 내보낸다는 사실을 발견했다. 그러나 우리가 일단 깨어나면 세포들 사이를 흐르는 뇌척수액은 속도와 양이 크게 줄어 마치 "수도꼭지를 닫은" 것처럼 된다. 이렇듯 뇌 안의 오물과 쓰레기를 제거하는 과정에서, 알츠하이머병 발생에 기여하는 아밀로이드반(amyloid plaque)이 쌓이게끔 하는 베타아밀로이드 응집물(이것 역시 깨어 있을 때 증가하고 자고 있을 때 감소한다)도 제거되는 것으로 보인다.

다른 연구들에서는, 수면이 부족하거나 깊은 잠을 이루지 못할 때 스트레스 반응의 원활한 조절에 관여하는 뇌 영역인 청반(locus coeruleus)의 뉴런들이 제대로 기능하지 못하는 것으로 나타났다.

L. Xie, H. Kang, W. Xu, et al., "Sleep Drives Metabolite Clearance from the Adult Brain," *Science* 342, no. 6156 (October 18, 2013), 373–77. 이 연구에 대해 더 알고 싶다면 다음 두 웹페이지를 참고하라. http://www.npr.org/blogs/health/2013/10/18/236211811/brains-sweep-themselves-clean-of-toxins-during-sleep (인터넷 액세스 일자는 2014년 8월 22일); http://thekojnnamdishow.org/shows/2014-08-18/science-sleep/transcript (인터넷 액세스 일자는 2014년 8월 26일).

188) 이것은 현재 하버드 의대 정신의학 부교수인 로버트 스틱골드(Robert Stickgold) 박사의 연구 결과다. R. Stickgold, "EMDR: A Putative Neurobiological Mechanism of Action," *Journal of Clinical Psychology* 58, no. 1 (January 2002), 61–75.

189) 프리실라가 한 말들은 내가 전화로 그녀를 여러 차례 인터뷰한 내용과 그녀의 저서 *Learning to Breathe: My Yearlong Quest to Bring Calm to My Life* (New York: Free Press, 2011)에서 인용했다.

제8장 좋은 양육을 받지 못했어도 좋은 양육을 할 수 있다: 아동을 도우려는 당신을 도울 유용한 전략 14가지

190) *Scared Sick: The Role of Childhood Trauma in Adult Disease*의 공저자인 로빈

카모스도 다음의 인터뷰에서 이에 관해 얘기했다. Thomas Rogers, "How Stress Is Really Hurting Our Kids," *Salon* (January 2, 2012), http://www.salon.com/2012/01/02/how_stress_is_really_hurting_our_kids/ (인터넷 액세스 일자는 2015년 2월 22일). 2015년 1월 26-28일에 내가 그녀와 주고받은 이메일에도 관련 내용이 나온다.

191) Inna Gaisler-Salomon, PhD, "Inheriting Stress," *New York Times*, March 7, 2014, http://www.nytimes.com/2014/03/09/opinion/sunday/can-children-inherit-stress.html?_r=0 (인터넷 액세스 일자는 2014년 4월 26일).

192) J. G. Johnson, P. Cohen, S. Kasen, et al., "Association of Maladaptive Parental Behavior with Psychiatric Disorder Among Parents and Their Offspring," *Archives of General Psychiatry* 58, no. 5 (May 2001), 453-60.

193) Daniel J. Siegel, MD, *Brainstorm: The Power and Purpose of the Teenage Brain* (New York: Penguin, 2014), 36. (국역본: 대니얼 J. 시겔/최욱림 역, 『십대의 두뇌는 희망이다』, 처음북스, 2014년).

194) Paul Tough, *How Children Succeed: Grit, Curiosity, and the Hidden Power of Character* (New York: First Mariner Books, 2013), 183. (국역본: 폴 터프/권기대 역, 『아이는 어떻게 성공하는가?』, 베가북스, 2013년 11월).

195) 이 부분은 내가 2015년 10월 16일 대니얼 J. 시겔을 인터뷰한 내용과 그와의 이메일 대화, 그리고 그의 저서 *Brainstorm* 33-34쪽을 바탕으로 서술했다(국역본: 대니얼 J. 시겔/최욱림 역, 『십대의 두뇌는 희망이다』, 처음북스, 2014년).

196) 이 장에서 제안하는, 아이들의 회복탄력성을 키워주는 말하기 방식 중 몇 가지는 칙 무어먼(Chick Moorman)의 책에 실린 내용을 참조하여 작성한 것이다. Chick Moorman, *Parent Talk: How to Talk to Your Children in Language that Builds Self-Esteem and Encourages Responsibility* (New York: Simon & Schuster, 1998).

197) Siegel, *Brainstorm*, 33-34.

198) Stephen W. Porges, PhD, *The Polyvagal Theory: Neurophysiological Foundations of Emotions, Attachment, Communication, and Self-Regulation* (New York: Norton, 2011).

199) 스티븐 포지스 박사는 캘리포니아주 오클랜드의 세이브룩대학교에서 한 최근 강연에서 이렇게 말했다. "당신의 눈빛에 사랑이 담겨 있습니다. 당신의 마음은 그 눈빛을 숨길 수 없습니다. 사랑의 눈빛은 말로 표현할 수 있는 것보다 훨씬 더 많은 것을 이야기합니다."(가수 더스티 스프링필드의 1967년도 히트송인 「The Look of Love」의 가사를 그대로 인용한 것이다. -옮긴이) 이렇듯 얼굴을 마주하고 사랑의 눈빛을 나누면 적응적인 사회적 관여(social engagement)가 한결 쉬워지고, 트라우마 치유에 도움이 된다. https://www.saybrook.edu/forum/mbm/dr-

stephen-porges-expert-heart-rate-variability-provides-address-venice-italy-evolutionary-and-p (인터넷 액세스 일자는 2015년 2월 24일).

200) 나는 애착의 신경생물학과 미주신경의 역할을 이해하는 데 있어 부부 · 가족치료사 린다 그레이엄의 강연 "애착의 신경과학(The Neuroscience of Attachment)"에서 대단히 큰 도움을 받았다. 강연에 대한 추가 정보와 필기록 링크는 앞쪽 주 88번에 있다.

201) D. Schiller, M. H. Monfils, C. M. Raio, et al., "Preventing the Return of Fear in Humans Using Reconsolidation Update Mechanisms," *Nature* 63, no. 7277 (January 7, 2010), 49–53.

202) 임상사회복지사 크리시 포저텍(Krissy Pozatek)이 다음의 글에서 이에 대해 썼다. "How to Raise a Resilient Child," (December 12, 2014), http://www.mindbodygreen.com/0-16635/how-to-raise-a-resilient-child.html. 포저텍은 *Brave Parenting: A Buddhist-Inspired Guide to Raising Emotionally Resilient Children* (Somerville, MA: Wisdom Publications, 2014)의 저자이기도 하다.

203) Ibid.

204) 릭 핸슨 박사는 캘리포니아대학교 버클리 캠퍼스에 있는 그레이터굿 과학센터의 선임 연구원이며 *Hardwiring Happiness: The New Brain Science of Contentment, Calm, and Confidence* (New York: Harmony, 2013; Oakland, CA: New Harbinger, 2009)의 저자다.

205) 존 가트맨 박사는 "The Magic Relationship Ratio"라는 강연에서 긍정적인 상호작용 대 부정적인 상호작용의 5:1 비율에 대해 이야기한다. https://www.youtube.com/watch?v=Xw9SE315GtA (인터넷 액세스 일자는 2015년 2월 25일) (이것은 한국에서는 못 보게 되어 있는데, 가트맨의 "Making Marriage Work" 강연에도 같은 이야기가 나온다. https://www.youtube.com/watch?v=AKTyPgwfPgg—옮긴이)

206) 베네딕트회 수사인 데이비드 스타인들-라스트는 다음의 TED 강연에서 감사의 "부드러운 힘"에 대해 이야기한다. https://www.ted.com/talks/david_steindl_rast_want_to_be_happy_be_grateful (인터넷 액세스 일자는 2014년 8월 19일).

207) J. D. Creswell, B. M. Way, M. D. Lieberman, et al., "Neural Correlates of Dispositional Mindfulness During Affect Labeling," *Psychosomatic Medicine* 69, no. 6 (July–August 2007), 560–65; L. J. Burklund, J. D. Creswell, M. D. Lieberman, et al., "The Common and Distinct Neural Bases of Affect Labeling and Reappraisal in Healthy Adults," *Frontiers in Psychology* 5 (March 24, 2014), 221.

208) 이 인용문들은 하버드대학교 공중보건대학원의 웹캐스팅 시리즈인 '더 포럼 (The Forum)'의 필기록 중 "The Toxic Stress of Early Childhood Adversity:

Rethinking Health and Education Policy,"(February 7, 2012)에서 발췌한 것이다. http://developingchild.harvard.edu/resources/multimedia/lectures_and_presentations/hsph-forum/ (인터넷 액세스 일자는 2015년 2월 20일).

209) 댄 시겔은 2014년 1월 6일 라디오 프로그램인 〈다이앤 렘 쇼(Diane Rehm Show)〉에 출연하여 이에 대해 이야기했다. https://dianerehm.org/shows/2014-01-06/daniel-siegel-brainstorm-power-and-purpose-teenage-brain (인터넷 액세스 일자는 2014년 8월 10일).

210) Search Institute, "40 Developmental Assets for Adolescents," http://www.search-institute.org/content/40-developmental-assets-adolescents-ages-12-18 (인터넷 액세스 일자는 2015년 2월 24일).

211) 다음 보도자료에서 더 많은 내용을 읽을 수 있다. "American Psychological Association Survey Shows Teen Stress Rivals That of Adults" (February 11, 2014), https://www.apa.org/news/press/releases/2014/02/teen-stress (인터넷 액세스 일자는 2014년 5월 19일).

212) 여기서 언급된 '교육에서의 마음챙김 콘퍼런스(The Mindfulness in Education Conference: Bringing Mindfulness Practice to Children Grades K-12)'는 2014년 7월 25일-27일 뉴욕주 라인벡에 있는 오메가 연구소에서 열렸다.

213) Jonah Lehrer, "Under Pressure: The Search for a Stress Vaccine," Wired (July 28, 2010), http://www.wired.com/magazine/2010/07/ff_stress_cure/all/1 (인터넷 액세스 일자는 2014년 8월 9일). 이 글에서 조나 레러는 시카고대학교의 심리학자인 시안 바일락(Sian Beilock)이 주도한 2010년 연구의 결과—10분 동안 마음챙김 명상 교습을 받은 학생들이 고부담 수학 시험에서 스트레스를 덜 받았고 점수도 다른 학생들보다 평균 5점이 높았다는 것—를 언급하고 있다.

214) R. Prakash, I. Dubey, P. Abhishek, et al., "Long-term Vihangam Yoga Meditation and Scores on Tests of Attention," Perceptual Motor Skills 110, no. 3, part 2 (June 2010), 1139-48; F. A. Huppert and D. M. Johnson, "A Controlled Trial of Mindfulness Training in Schools: The Importance of Practice for an Impact on Well-being," Journal of Positive Psychology 5, no. 4 (July 2010), 264-74. 더 많은 정보는 http://mindfulnessinschools.org를 참조하라(인터넷 액세스 일자는 2014년 8월 9일).

215) W. Kuyken, K. Weare, O. C. Ukoumunne, et al., "Effectiveness of the Mindfulness in Schools Programme: Non-Randomised Controlled Feasibility Study," British Journal of Psychiatry 203, no. 2 (August 2013), 126-31.

216) C. D. Bethell, P. Newacheck, E. Hawes, et al., "Adverse Childhood Experiences: Assessing the Impact on Health and School Engagement and the Mitigating Role of Resilience," Health Affairs, 33, no. 12 (2014): 2106-15.

217) R. C. Whitaker, T. Dearth-Wesley, R. A. Gooze, et al., "Adverse Childhood Experiences, Dispositional Mindfulness, and Adult Health," *Preventive Medicine* 67 (October 2014), 47-53.

맺는 글

218) 여기서 인용한 말들은 작가 앤드루 솔로몬의 TED 강연 "How the Worst Moments in Our Lives Make Us Who We Are"(2014년 3월 촬영)에서 나온 것이며, 솔로몬과의 이메일 교환을 통해 다듬었다. 이 강연은 아래 링크에서 볼 수 있다. http://www.ted.com/talks/andrew_solomon_how_the_worst_moments_in_our_lives_make_us_who_we_are?language=en (인터넷 액세스 일자는 2015년 2월 24일).

219) Chioun Lee, "Childhood Abuse and Elevated Markers of Inflammation in Adulthood: Do the Effects Differ Across Life Course Stages?," http://paa2013.princeton.edu/papers/130463 (인터넷 액세스 일자는 2015년 2월 24일); Chioun Lee, "Childhood Abuse and Physiological Dysregulation in Midlife and Old Age," http://dx.doi.org/doi:10.7282/T39W0D8D (인터넷 액세스 일자는 2015년 2월 24일)

220) C. Croft, E. W. Dunn, and J. Quoidbach, "From Tribulations to Appreciation: Experiencing Adversity in the Past Predicts Greater Savoring in the Present," *Social Psychological and Personality Science* (November 25, 2013).

221) 심리학자 존 브리어(John Briere) 박사가 한 말이다. 그는 아동 학대와 방임이 사라진다면, 300종 가량의 정신질환을 수록한 886쪽짜리 두툼한 책인 『정신장애의 진단 및 통계 편람(*DSM*)』은 두 세대 만에 소책자만큼 얇아질 것이며 교도소는 텅 빌 거라고 했다. 출처는 다음의 글이다. Claudia Rowe, "Fostering Resilience," *Crosscut* (July 24, 2013), http://crosscut.com/2013/07/resilience-in-foster-kids/ (인터넷 액세스 일자는 2015년 2월 24일).

222) V. J. Felitti and R. F. Anda, "The Lifelong Effects of Adverse Childhood Experiences," in *Chadwick's Child Maltreatment: Sexual Abuse and Psychological Maltreatment*, vol. 2, edited by D. L. Chadwick, A. P. Giardino, R. Alexander, et al., (MO: St. Louis), STM Learning, 2014, 211-12.

223) Roni Caryn Rabin, "15-Minute Visits Take a Toll on the Doctor-Patient Relationship," *Kaiser Health News* (April 21, 2014), http://www.kaiserhealthnews.org/stories/2014/april/21/15-minute-doctor-visits.aspx (인터넷 액세스 일자는 2014년 8월 10일).

224) Centers for Disease Control and Prevention, "Child Abuse and Neglect Cost

the United States $124 Billion," http://www.cdc.gov/media/releases/2012/
p0201_child_abuse.html (인터넷 액세스 일자는 2014년 8월 29일).

225) Ibid.

226) 제프리 브레너 박사는 캠던보건의료인연합(Camden Coalition of Healthcare
Providers)의 설립자이자 대표이며 2013년에 '천재상'으로 불리는 맥아더펠로상을
받았다. 그는 뉴저지주 캠던에서 병원 응급실을 자주 찾는 '단골 고객'들을 데이터
를 이용해 알아내는 획기적인 연구를 했다. 그런데 이 단골 고객 중 많은 수가 아동
기의 부정적 경험으로 괴로워하는 사람들이었다. 브레너는 쿠퍼 유니버시티 헬스
케어 병원에서 도시건강연구소 소장을 맡고 있다. 아동기의 부정적 경험에 대한 그
의 에세이를 아래에서 읽을 수 있다. Jeffrey Brenner MD, "The Secret to Better
Care: It Really Is All in Your Head," Philly.com (January 29, 2014), http://
www.philly.com/philly/blogs/fieldclinic/The-Secret-to-Better-Care-It-Really-
Is-All-in-Your-Head.html (인터넷 액세스 일자는 2015년 2월 25일).

227) Iris Adler, "How Childhood Neglect Harms the Brain," *CommonHealth* (June
26, 2014), http://commonhealth.wbur.org/2014/06/trauma-abuse-brain-
matters (인터넷 액세스 일자는 2014년 8월 7일).

228) 2012년 초에 하버드대 공중보건대학원의 웹캐스팅 시리즈인 '더 포럼'에서 이 주제
를 다루었는데, 로버트 W. 블록과 하버드대 아동발달센터 소장 잭 숀코프 등 이 분
야의 선도적 전문가들이 패널로 나와 얘기를 나눴다. "The Toxic Stress of Early
Childhood Adversity: Rethinking Health and Education," February 7, 2012, in
Boston, http://developingchild.harvard.edu/resources/multimedia/lectures_
and_presentations/hsph-forum/ (인터넷 액세스 일자는 2014년 5월 20일). 또한
B. M. Kuehn, "AAP: Toxic Stress Threatens Kids' Long-term Health," *JAMA*
312, no. 6 (August 2014), 585–86을 참조하라.

229) 내가 로빈 카-모스와 이메일로 나눈 대화와 다음 인터뷰를 바탕으로 서술했다.
Thomas Rogers, "How Stress Is Really Hurting Our Kids, *Salon* (January 2,
2012), http://www.salon.com/2012/01/02/how_stress_is_really_hurting_
our_kids/ (인터넷 액세스 일자는 2014년 5월 15일).

참고 자료와 더 읽을 것들

Tara Brach, PhD, *True Refuge: Finding Peace and Freedom in Your Own Awakened Heart* (New York: Bantam, 2013)

(국역본: 타라 브랙/윤서인 역, 『호흡하세요 그리고 미소지으세요』, 불광출판사, 2018년)

Tara Brach, PhD, *Radical Acceptance: Embracing Your Life with the Heart of a Buddha* (New York: Bantam, 2003)

(국역본: 타라 브랙/김선주 · 김정호 역, 『받아들임』, 불광출판사, 2012년)

Richard Davidson, PhD, *The Emotional Life of Your Brain: How Its Unique Patterns Affect the Way You Think, Feel, and Live—and How You Can Change Them* (New York: Penguin, 2012)

(국역본: 리처드 J. 데이비드슨 · 샤론 베글리/곽윤정 역, 『너무 다른 사람들』, 알키, 2012년)

James S. Gordon, MD, *Unstuck: Your Guide to the Seven-Stage Journey Out of Depression* (New York: Penguin, 2008).

Rick Hanson, PhD, *Hardwiring Happiness: The New Brain Science of Contentment, Calm, and Confidence* (New York: Harmony, 2013)

(국역본: 릭 핸슨/김미옥 역, 『행복 뇌 접속』, 담앤북스, 2015년)

Rick Hanson, PhD, *Just One Thing: Developing a Buddha Brain One Simple Practice at a Time* (Oakland, CA: New Harbinger, 2011)
(국역본: 릭 핸슨/이보경 역, 『붓다처럼 살기』, 열대림, 2012년)

Rick Hanson, PhD, and Richard Mendius, *Buddha's Brain: The Practical Neuroscience of Happiness, Love, and Wisdom* (Oakland, CA: New Harbinger, 2009)
(국역본: 릭 핸슨 · 리처드 멘디우스/장현갑 · 장주영 역, 『붓다 브레인』, 불광출판사, 2010년)

Robin Karr-Morse and Meredith S. Wiley, *Ghosts in the Nursery: Tracing the Roots of Violence* (New York: Grove Press, 2013)

Robin Karr-Morse and Meredith S. Wiley, *Scared Sick: The Role of Childhood Trauma in Adult Disease* (New York: Basic Books, 2012)

Jack Kornfield, PhD, *A Lamp in the Darkness: Illuminating the Path Through Difficult Times* (Louisville, CO: Sounds True, 2014)
(국역본: 잭 콘필드/정준영 역, 『어려울 때 힘이 되는 8가지 명상』, 불광출판사, 2013년)

Jack Kornfield, PhD, *The Wise Heart: A Guide to the Universal Teachings of Buddhist Psychology* (New York: Bantam 2009)

Jack Kornfield, PhD, and Daniel J. Siegel, MD, *Bringing Home the Dharma: Awakening Right Where You Are* (Boston, MA: Shambhala, 2012)

Peter A. Levine, PhD, and Maggie Kline, *Trauma-Proofing Your Kids: A Parents' Guide for Instilling Confidence, Joy and Resilience* (Berkeley, CA: North Atlantic Books, 2014)

Peter A. Levine, PhD, and Gabor Mate, *In an Unspoken Voice: How the Body Releases Trauma and Restores Goodness* (Berkeley, CA: North Atlantic Books, 2010)

Peter A. Levine, PhD, and Maggie Phillips, *Freedom from Pain: Discover Your*

Body's Power to Overcome Physical Pain (Louisville, CO: Sounds True, 2012)

Kelly McGonigal, PhD, *The Upside of Stress: Why Stress Is Good for You, and How to Get Good at It* (New York: Avery, 2015)

(국역본: 켈리 맥고니걸/신예경 역, 『스트레스의 힘』, 21세기북스, 2015년)

Kelly McGonigal, PhD, *The Willpower Instinct: How Self-Control Works, Why It Matters, and What You Can Do to Get More of It* (New York: Avery, 2013)

(국역본: 켈리 맥고니걸/신예경 역, 『왜 나는 항상 결심만 할까』, 알키, 2012년)

James W. Pennebaker, PhD, *Writing to Heal: A Guided Journal for Recovering from Trauma and Emotional Upheaval* (Oakland, CA: New Harbinger Publications, 2004)

(국역본: 제임스 페니베이커/이봉희 역, 『글쓰기치료』, 학지사, 2007년)

Stephen W. Porges, PhD, *The Polyvagal Theory: Neurophysiological Foundations of Emotions, Attachment, Communication, and Self-Regulation* (New York: Norton, 2011)

Krissy Pozatek, *Brave Parenting: A Buddhist-Inspired Guide to Raising Emotionally Resilient Children* (Somerville, MA: Wisdom Publications, 2014)

Francine Shapiro, PhD, *Getting Past Your Past: Take Control of Your Life with Self-Help Techniques from EMDR Therapy* (New York: Rodale, 2012)

(국역본: 프랜신 샤피로/김준기 · 배재현 · 사수연 역, 『트라우마, 내가 나를 더 아프게 할 때』, 수오서재, 2014년 8월)

Bernie S. Siegel, MD, *The Art of Healing: Uncovering Your Inner Wisdom and Potential for Self-Healing* (Novato, CA: New World Library, 2013)

Bernie S. Siegel, MD, *Love, Medicine & Miracles: Lessons Learned About Self-Healing from a Surgeon's Experience with Exceptional Patients* (New York: HarperCollins, 2011)

Daniel J. Siegel, MD, *Brainstorm: The Power and Purpose of the Teenage Brain* (New York: Penguin, 2014)

(국역본: 대니얼 J. 시겔/최욱림 역, 『십대의 두뇌는 희망이다』, 처음북스, 2014년)

Daniel J. Siegel, MD, *Mindsight: The New Science of Personal Transformation* (New York: Bantam, 2010)

　(국역본: 대니얼 J. 시겔/오혜영 역, 『마음을 여는 기술: 심리학이 알려주는 소통의 지도』, 21세기북스, 2011년)

Daniel J. Siegel, MD, and Tina Payne Bryson, *No-Drama Discipline: The Whole-Brain Way to Calm the Chaos and Nurture Your Child's Developing Mind* (New York: Bantam, 2014)

　(국역본: 티나 페인 브라이슨 · 다니엘 J. 시겔/김창기 · 김선희 역, 『아이의 인성을 꽃 피우는 두뇌 코칭』, 행복포럼, 2015년)

Daniel J. Siegel, MD, and Tina Payne Bryson, *The Whole-Brain Child: 12 Revolutionary Strategies to Nurture Your Child's Developing Mind* (New York: Bantam, 2012)

　(국역본: 대니얼 J. 시겔 · 티나 페인 브라이슨/Ricardo Dokyu 역, 『내 아이를 위한 브레인 코칭』, 알에이치코리아, 2012년)

Andrew Solomon, *Far from the Tree: Parents, Children, and the Search for Identity* (New York: Scribner, 2013)

　(국역본: 앤드류 솔로몬/고기탁 역, 『부모와 다른 아이들 1 · 2』, 열린책들, 2015년)

Andrew Solomon, *The Noonday Demon: An Atlas of Depression* (New York: Scribner, 2002)

　(국역본: 앤드류 솔로몬/민승남 역, 『한낮의 우울』, 민음사, 2004년)

Paul Tough, *How Children Succeed: Grit, Curiosity, and the Hidden Power of Character* (New York: Mariner, 2013)

　(국역본: 폴 터프/권기대 역, 『아이는 어떻게 성공하는가?』, 베가북스, 2013년)

Bessel van der Kolk, MD, *The Body Keeps the Score: Brain, Mind, and Body in the Healing of Trauma* (New York: Viking, 2014)

　(국역본: 베셀 반 데어 콜크/제효영 역, 『몸은 기억한다: 트라우마가 남긴 흔적들』, 을 유문화사, 2016년)

Priscilla Warner, *Learning to Breathe: My Yearlong Quest to Bring Calm to My Life* (New York: Free Press, 2011).

찾아보기

---

* 쪽 번호 뒤의 'n'은 후주 부분임을 나타낸다.

저자 소개

도나 잭슨 나카자와는 과학 저널리스트이자 『최후이자 최고의 치료법(The Last Best Cure: My Quest to Awaken the Healing Parts of My Brain and Get Back My Body, My Joy, and My Life)』, 『자가면역이라는 역병(The Autoimmune Epidemic)』, 『나 같은 모습의 사람이 또 있나요?(Does Anybody Else Look Like Me?: A Parent's Guide to Raising Multiracial Children)』의 저자이며, 앤드루 와일 통합의학총서의 하나인 『통합 위장병학(Integrative Gastroenterology)』에 공저자로 참여해 '환자들이 의사에게 바라는 것'을 썼다. 듀크대학교를 졸업했고, 《워싱턴 포스트》, 《모어》, 《글래머》, 《레이디스 홈 저널》, 《워킹 마더》, 《AARP 더 매거진》 등의 매체와 《사이콜로지 투데이》의 블로그에 기고해 왔다. 그녀는 버지니아 창조예술센터, 맥다월 콜로니, 야도 등 저술 공간을 지원하는 아티스트 콜로니의 회원으로 선정되었다. 가족과 함께 메릴랜드주에 살고 있다.

멍든 아동기, 평생건강을 결정한다
−성인기를 위협하는 아동기 부정적 경험 치유하기

초판 인쇄 : 2020년 2월 7일
초판 발행 : 2020년 2월 14일

지은이 : 도나 잭슨 나카자와
옮긴이 : 박다솜

펴낸이 : 박경애
펴낸곳 : 모멘토
등록일자 : 2002년 5월 23일
등록번호 : 제1−3053호
주 소 : 서울시 마포구 만리재 옛4길 11, 나루빌 501호
전 화 : 711−7024
팩 스 : 711−7036
E−mail : momentobook@hanmail.net
ISBN 978−89−91136−35−9   03180

* 잘못된 책은 구입하신 곳에서 바꿔 드립니다.